한글 연대기
훈민에서 계몽으로, 계몽에서 민주로

한글 연대기
훈민에서 계몽으로, 계몽에서 민주로

최경봉 지음

2025년 10월 9일 초판 1쇄 발행

펴낸이	한철희
펴낸곳	돌베개
등록	1979년 8월 25일 제406-2003-000018호
주소	(10881) 경기도 파주시 회동길 77-20 (문발동)
전화	(031) 955-5020
팩스	(031) 955-5050
홈페이지	www.dolbegae.co.kr
전자우편	book@dolbegae.co.kr
블로그	blog.naver.com/imdol79
인스타그램	@dolbegae79
페이스북	/dolbegae

편집	이경아
표지 디자인	신덕호
본문 디자인	이은정·이연경·김민해
마케팅	고운성·김영수·정지연
제작·관리	윤국중·이수민·한누리
인쇄·제본	한영문화사

ISBN 979-11-94442-51-6 (03910)

책값은 뒤표지에 있습니다.

한글 연대기

훈민에서 계몽으로, 계몽에서 민주로

최경봉
지음

한글 연대기

돌베개

추천사

문학평론가이자 편집자로서 나는 한국어와 한글을 일용할 양식 삼아 살아 온 셈이다. 그러나 어린 나이에 외국에 유학 가는 바람에 한국어에 대한 체계적 공부와 연이 멀었고 나 같은 문외한과 소통해 줄 전문가가 없을까 하고 여기저기 기웃거리기도 했다. 이런 내게 몇 해 전 최경봉 교수와의 만남은 큰 행운이었다. 다만 이후에도 기회를 충분히 살릴 부지런함을 못 갖춘 자신이 개탄스러울 뿐이었다.

한글은 우리가 세계적으로 자랑하는 문자요 한국어는 대부분의 동포에게 대체 불가능한 모어인 동시에 시간이 갈수록 세계인의 관심을 모으고 있는 언어인데, 저자가 주목하듯이 그 둘을 칼같이 구분하는 것이 불가능한 우리 나름의 역사가 있다. 그 역사를 한글 창제 시기부터 오늘날까지 '한글의 연대기'라는 이름으로 정리한 것이 최경봉 교수의 이 책이다. 어문의 역사이자 한국어의 역사이며 일종의 사회사를 겸하고 있다. 아, 한국어에 대한 나의 무지를 이제 좀 벗겨 낼 기회가 온 것인가!

백낙청 서울대 명예교수, 창작과비평 명예편집인

이 책은 한글이라는 문자가 한국어를 얼마나 풍성하게 하고 그 언어로 살아가는 사람들을 어떻게 지탱해 왔는가를 그려 낸 장대한 투쟁의 기록이다. 문자는 단순한 표기의 도구가 아니다. 문자는 종종 언어의 중추를 파고들어 언어를 변혁하고, 나아가 사람들의 사유와 삶마저 바꾸어 놓는다. 한글은 그러한 사실을 우리에게 뚜렷이 일깨워 준다. 저자가 형상화한 강인한 물음과, 누가 어떻게 고민하며 분투했는가를 짚어 낸 사실의 정교한 자리매김이 이 연대기를 이루고 있다. 그 근간에 흐르는 저자의 사상은 한국어를 살아가는 민중의 시각에 놓여 있으며, 한글이 '우리의 언어'를 떠받친다는 신념이 책 전편을 꿰뚫고 있다. 독자는 이를 지적 흥분을 동반한 거대한 서사시로 읽게 된다. 배울 바가 크다. 귀중한 도판과 주석에 실린 한문 원문이 감흥을 더해 준다.

노마 히데키(野間秀樹) 전 도쿄 외국어대학 대학원 교수, 언어학자, 미술가

책머리에

이 책은 한글의 연대기, 즉 한글의 탄생부터 현재에 이르기까지의 역사를 시간순으로 보여 준다. 그러나 단순한 연대기가 아니다. 한글이 만들어진 후 어떻게 쓰이고 어떻게 변해 왔는지뿐만 아니라, 한글이 쓰이고 변하는 맥락을 짚으면서 한글을 어떻게 생각하고 한글에 어떤 의미를 부여해 왔는지를 보여 준다. 이 책에서의 한글 연대기는 이렇게 '역사적 사실로서 한글의 모습'이라는 표면구조와 '역사적 맥락 속 한글의 의미'라는 내면구조를 함께 들여다보며 이야기를 펼친다.

'세종이 한글을 창제하고 세종과 그를 잇는 조선의 왕들이 한글을 널리 보급했다'는 역사적 사실의 연대기는 '조선 왕조가 성리학적 이상 사회 건설을 위해 한글로 백성을 교화했다'는 역사적 맥락의 연대기와 겹친다. 이 연대기의 내면구조에서 한글은 결국 중세 질서를 유지하는 힘으로 작용하지만, 중세 질서를 유지하는 힘이었던 한글은 근대화의 맥락에서 근대 개혁을 추동하는 힘으로 전환된다.

이처럼 이 책에서는 단선적 서술이 되기 쉬운 연대기의 내면구조를 들여다보면서, 한글이 우리에게 어떤 의미를 가졌고 어떤 의미를 가지고 있는지를 드러내기 위해 노력했다. 그러나 이러한 서술이 순탄하게 이루어지기는 어려웠다. 근대 어문 개혁의 연대기에 이르러, 한글이 우리말의 또 다른 이름으로 재규정되는 상황에서, 한글 연대기는 존재론적 문제에 부딪혔다.

한글 연대기는 무엇을 서술해야 하나?

문자로서의 한글인가, 우리말로서의 한글인가?

나는 2012년에 쓴 『한글 민주주의』에서, “한글과 한국어를 혼동할 수밖에 없는 우리의 언어 의식에는 한글과 한국어를 분리해 생각할 수 없었던 역사적 경험과 상처가 착종되어 있다”라고 했다. 우리말 공동체가 ‘한글’에 새겨 온 의미를 근대적 어문 개혁이라는 역사적 맥락에서 이해해야 한다는 취지의 말이었다. 그 문제의식의 연장선에서 한글 연대기의 서술 대상을 정하였다.

국어사전 편찬은 우리말을 기록하고 정리하는 문제이지만, 한글을 쓰고 정리하는 문제이기도 하다. 글쓰기 방식의 변화는 우리말 문체가 변하는 문제이지만, 문체의 변화에 따라 한글의 사용 영역에 변화가 생겼다면 이는 한글의 문제가 된다. 한글을 정리하는 일과 우리말을 정리하는 일이 동시에 진행되었던 근대 어문 개혁 과정에서, 우리말의 문제가 한글의 문제가 되고 한글의 문제가 우리말의 문제가 되었다면, 근대사의 서술에서 문자로서의 한글과 언어로서의 우리말을 굳이 구분하는 건 별 의미가 없다. 다만 서술의 초점을 한글을 쓰고 정리하는 과정에 둘 것이냐, 우리말을 쓰고 정리하는 과정에 둘 것이냐의 선택만이 남는다.

이 책에서는 근대 어문 개혁이 한글 쓰기 문제에 대한 논의로부터 시작했던 사실에 주목하며, 한글을 쓰고 정리하는 과정에 초점을 두고 한글 연대기를 서술했다. 영어권 교양인은 19세기의 작품을 원본 그대로 읽을 수 있는데, 왜 한국어권 교양인은 특별한 훈련을 받지 않는 한 20세기 초반의 작품조차 원본 그대로 읽기가 어려운가?

공적 글쓰기에서 한문을 퇴출하고 한글 글쓰기를 모색한 게 19세기의 끝자락이었다. 한문을 대체할 수 있는 근대적 글쓰기 양식과 규범이 다양하게 제안되었고, 수십 년에 걸쳐 나왔던 다양했던 제안이 결합하고 결합해 오늘의 글쓰기 양식과 규범이 만들어졌다. 100년 전 한국어를 듣고 이해할 수는 있어도 이를 옮긴 당시의 글을 읽고 이해하기 어려운 곡절이 여기 있다.

이런 맥락에서 이 책의 한글 연대기는 한문 해체의 연대기로부터 시작한다. 2장에서 서술한 한문 해체의 연대기는 중세 질서를 해체하는 연대기이자 근대 질서를 구축하는 연대기이다. 넓어진 공론장에서 새로운 근대 질서를 구축하는 과정은 넓어진 공론장에서 더 널리 유통될 수 있는 글쓰기 양식을 확정하는 과정이기도 했다. 자연히 한문 해체의 연대기는 한글 글쓰기 확장의 연대기로 이어진다.

3장에서 서술한 한글 글쓰기 확장의 연대기는 공론의 장을 확장해 가는 한글 신문의 연대기 속에서 구체화된다. 『독립신문』에서 시작하여 『대한매일신보』에서 분명해진 한글 신문의 가능성은 『동아일보』와 『조선일보』를 거쳐 『한겨레신문』에서 꽃피운다. 신문 독자의 요구를 의식하며 신문의 글쓰기를 조정해 온 한글 신문의 연대기는 그렇게 한글 글쓰기 확장의 연대기와 겹친다.

공론의 장에서 이루어지는 한글 글쓰기는 당연히 통일적인 어문규범을 요구한다. 따라서 한글 글쓰기의 확장은 어문규범 제정의 연대기로 자연스럽게 이어진다. 4장에서 7장까지 서술한 어문규범 제정의 연대기는 외래어 표기법과 한글 맞춤법의 제정, 그리고 국어사전 편찬의 연대기로 이루어진다. 한글을 쓰고 정리하는 문제에 초점을 둔 이 연대기에서 표준어 제정의 연대기는 한글 맞춤법 제정의 연대기와 국어사전 편찬의 연대기 안에서 서술된다.

어문규범 제정의 연대기는 규범을 둘러싼 연구와 논쟁의 연대기이다. 한글 창제의 원리를 밝히고 한글 쓰기의 관습을 정리하는 연구는 어문규범을 제안하고 이를 관철시킬 논리를 세우는 일이었다. 일관성 있는 또는 쉬운 어문규범을 정립한다는 목표 아래 양보 없는 논쟁이 끝없이 이어졌다. 나라의 존립이 위태롭던 시절에도, 나라가 식민지로 전락한 시절에도, 해방 후에도, 심지어 현재까지도.

이처럼 치열한 논쟁이 계속된 이유는 뭘까?

이 논쟁을 추동한 동력은 뭘까?

사람마다 그 대답은 다를 수 있지만, 이 책에서는 논쟁의 이유와 논쟁을 추동한 동력을 한글을 대하는 우리의 특별한 마음에서 찾는다. 그 특별한 마음은 우리 민족의 우수성을 보여 줄 증거인 한글을 발전시키는 것이 우리 민족의 발전으로 이어진다는 어문민족주의적 신념이다. 우리 민족의 발전이 절박했던 만큼 한글의 과학성과 우수성을 제대로 발현할 수 있게 어문규범을 세우는 일은 절박한 문제였다. 어문규범을 둘러싼 논쟁의 내면에는 이처럼 절박한 어문민족주의적 신념이 충돌하고 있었고, 그런 점에서 어문규범 제정의 연대기는 한글과 우리말과 우리 민족의 운명적 관계를 내면화하는 연대기이기도 했다.

한글의 과학성과 우수성에 대한 믿음에서 비롯한 자부심

은 한글을 지켜야 한다는 또는 우수한 한글을 널리 알려야 한다는 소명 의식이 되었다. 8장에서 서술한 한국어 세계화의 연대기는 한글을 가진 한국은 문화적 독립국이고 그렇기에 정치적으로 독립해야 한다는 호소로 시작하여, 해방 후에는 문화 간 상호 이해와 존중의 정신을 강조하는 연대기로, 21세기 들어서는 국제사회에 한국어를 전파하고 한국의 영향력을 높이는 정책의 연대기로 전환된다.

한글을 소유한 민족으로서의 자부심은 한글이 문자의 모든 가능성을 보일 수 있다는 믿음이기도 했다. 한글이 세계 언어의 모든 음성을 기록할 수 있어야 한다고 생각했듯이, 한글은 문자와 관련한 모든 문명의 이기에 가장 적합한 문자여야 했다. 9장에서 서술한 한글 기계화의 연대기는 문명의 이기가 출현할 때마다 한글의 과학성을 입증하기 위해 애썼던 우리말 공동체의 분투기이다. 한글의 과학성을 입증하기 위한 분투는 우리말을 표현하는 특수문자를 개발하는 열정으로도 이어진다. 10장에서 서술한 한글 응용의 연대기는 한글을 소유한 우리말 공동체의 자부심이 특수문자의 개발로 이어졌음을 보여 준다.

10장까지의 한글 연대기는 한글 쓰기와 관련한 여러 사건을 서술하지만, 이 연대기가 역동적일 수 있는 것은 결국 한글의 운명이 민족의 운명을 결정짓는다는 믿음이 한글 연대기의 내면을 채우고 있기 때문이다. 흥미로운 것은 암흑의 시절에도 그 운명론은 항상 낙관적이었다는 사실이다. 그런 낙관론은 한글의 과학성과 우수성에 대한 믿음, 한글을 통한 소통의 효율성에 대한 믿음, 한글의 쓰임이 확대될 것이라는 믿음이 뒷받침하고 있다. 그 믿음은 어디에서 시작하여 어떻게 유지되고 있는 것일까? 11장에서 서술한 한글날 제정의 연대기는 곧 한글을 우리 민족의 자부심이자 운명으로 받아들이는 과정의 연대기이다.

2023년 7월 7일 이경아 편집자로부터 "갑오경장 이후 현재의 우리말이 정립되기까지의 역사를 사건별, 인물별로 시간순으로 정리한 책을 만들어 보자"는 제안을 받았다. 그의 제안을 나는 근대 국어학사와 사전 편찬사와 국어 정책사와 근대 초기 문체 정립사를 담아낸 책을 써 보지 않겠냐는 뜻으로 받아들였다. 그건 그간 발표한 내 연구의 대부분을 한자리에 모아 놓고 새롭게 구성해 보자는 말이기도 했다.

책을 어떻게 구성할 것인지 생각하는 데 반년의 시간을 흘려보낸 후 이 책의 집필을 시작했다. 이 책 저 책에서 쓰고 이 논문 저 논문에서 썼던 내 글들을 기둥으로도 다듬고 서까래로도 다듬으면서 이 책을 지어 나갔다. 그런데 기둥과 서까래만으로 집이 될 수 있을까? 기둥과 기둥 사이에 벽을 만들어 방을 내고 서까래 위에 지붕을 얹는 일에, 구들장을 놓고 방바닥을 까는 일에, 창과 문을 내는 일에 더 많은 시간이 필요했다. 이렇게 책을 완성해 갈 때쯤 더 넓고 더 높은 집을 지어 보는 건 어떨까 하는 생각이 불쑥 들었다. 내가 생각하는 더 넓고 더 높은 집은 분단 이후 북한에서의 한글 연대기를 포함한 집. 남한과 1945년까지의 한글 연대기를 공유하는 북한의 한글 연대기는 어떻게 서술할 수 있을까? 새로운 과제가 생겼다.

지금까지 여러 책을 썼지만, 추천사를 받는 것은 이 책, 『한글 연대기』가 처음이다. 존경하는 백낙청 선생님과 노마 히데키 선생님께서 추천사를 써 주신다고 했다. 완성되지 않은 교정지를 두 분께 보내드리려니 숙제 검사받는 학생의 마음이 된다.

긴장되고 두렵지만 한편으론 설렌다.

2020년 창비 여름호에 실린 좌담회 “근대 한국어, 그 파란의 역사와 희망찬 오늘”을 준비할 때, 백낙청 선생님께 처음 인사를 드렸다. 선생님께서 좌장으로서 좌담회를 준비하시면서 변변치 않은 내 책을 꼼꼼히 읽으시고 이메일로 의견을 주셨을 뿐만 아니라, 좌담 과정과 좌담 내용을 묶은 『한국어, 그 파란의 역사와 생명력』(2020)을 발간하는 과정에서도 많은 가르침을 주셨다. 근대 국어학사 서술에서 1965년을 근대적 과제를 완결한 시점으로 본 내 견해를 비판하시며, “근대 적응과 극복의 이중 과제”를 오늘날 어문 문제에 접근하는 틀로 제시하신 게 특별히 기억에 남는다. 오늘날의 어문 문제에 접근할 땐 ‘근대 적응’보다 ‘근대 극복’에 방점을 찍어야 한다고 생각하지만, 근현대사를 관통하는 이 책의 한글 연대기는 결국 ‘근대 적응과 극복’의 연대기다.

노마 히데키 선생님은 직접 뵌 적은 없지만, 선생님의 한국어 명사 연구와 한글 연구는 내 연구에 많은 영향을 미쳤다. 나는 국어 명사 연구로 박사 학위를 받았고, 한글과 과학 문명에 대한 책을 낸 바 있다. 선생님께서 일본어판 『한글의 탄생』을 출간하신 후 내게 책을 보내셨다. 감사한 마음만큼 오래 기억에 남는 건 선생님이 보내 주신 편지의 아름다운 한글 글씨체다. 선생님의 연구와 비슷한 주제의 연구를 했고, 선생님께서 엮으신 『한국의 미를 읽다』와 『한국의 마음을 읽다』에 내 글을 실었던 걸 생각하면, 선생님과 나의 인연이 평범하진 않은 듯하다. 그럼에도 나는 왜 선생님을 여태껏 한 번도 뵙지 못했을까? 이 또한 평범하지 않은 일 아닌가.

만나 뵐 기회를 쉽게 만들 수 없었으면서도 내게 깊은 영향을 미친 두 분과의 특별한 인연을 생각한다. 추천사를 통해 전해질 두 분의 말씀은 앞으로의 내 학문 여정에 어떤 영향을 미칠까? 아직 가지 않은 길, 『한글 연대기』 이후의 여정을 상상하며, 기대하며 글을 맺는다.

2025년 7월 뜨거운 날,

최경봉

차례

1장

조선 시대 사람들에게 한글은 어떤 의미였을까? 21

한글 창제와 보급의 연대기

1443년 한글을 창제하다 23 • 1449년 한글을 배운 백성이 공론의 장으로 들어오다 27 • 1472년 한글 교화의 시작, 『삼강행실도』를 한글로 번역하다 32 • 1489년 한글 실용서의 출간, 『구급간이방언해』를 간행하다 36 • 1517년 『삼강행실도』에서 『소학』으로, 한글 교화서를 다양화하다 40 • 1527년 한글 교육의 한 방법론, 『훈몽자회』를 간행하다 43 • 1546년 한글 교육기관의 확대, 교화 기관으로서 서당 설립을 장려하다 48 • 1588년 한글을 통한 유교 경전의 표준화, 칠서언해를 간행하다 51 • 1637년 한글 문화의 형성, 한글 소설이 유행하기 시작하다 55 • 1782년 한글 정치의 한 양상, 한글로 이질 사상에 대응하다 59 • 1824년 한글의 재평가, 『언문지』에서 한글의 우수성을 조명하다 64

2장

어떤 글이 한문을 대체할 수 있을까? 71

한문 해체의 연대기

1883년 유길준, 『세계대세론』에서 한문 해체의 가능성을 보이다 73 • 1886년 다양한 문체 실험의 장, 『한성주보』를 창간하다 75 • 1894년 고종, 한글을 기본으로 하는 공문식을 공포하다 81 • 1895년 유길준, 국한문 쓰기의 규범을 보여 준 『서유견문』을 출간하다 84 • 1898년 국한문이 보통 문체로, 『황성신문』을 창간하다 91 • 1906년 기독교계, 한글 성경과 국한문 성경을 동시 발간하다 95 • 1908년 유길준과 박승빈, 새로운 방식의 국한문을 선보이다 101 • 1931년 이윤재, 『문예독본』에서 한글 문체를 실험하다 109

3장

한글 신문으로 공론의 장을 넓히자 113

한글 신문의 연대기

1896년 서재필, 최초의 한글 신문인 『독립신문』을 창간하다 115 • 1898년 『독립신문』을 잇는 한글 신문을 잇달아 창간하다 123 • 1904년 한글로 국한문으로, 한 제호 두 신문 『대한미일신보』 127 • 1920년 일제 강점의 암흑기, 조선어 신문을 발행하다 131 • 1970년 전면적 한글전용을 선포한 정부, 신문의 반발에 부딪히다 137 • 1988년 최초의 한글 가로쓰기 신문, 『한겨레신문』을 창간하다 141

4장

세계를 어떻게 한글로 기록할 수 있을까? 145

외래어 표기의 연대기

1894년 서양의 인명과 지명을 어떻게 기록할까? 147 • 1897년 학부, 서양 인명 지명 표기의 규범을 제시하다 150 • 1897년 이봉운, 언어의 상통이 문명의 진보임을 주장하다 155 • 1933년 『한글 마춤법 통일안』, 외래어 표기법의 대원칙을 담다 160 • 1940년 조선어학회, 『외래어 표기법 통일안』을 완성하다 164 • 1948년 문교부, 『외래어 표기법 통일안』을 부정하다 169 • 1959년 다시 통일안으로, 외래어 표기법을 개정하다 174 • 1969년 통일안의 대원칙을 완전히 복원한 개정안이 문교부 심의를 통과하다 177 • 1986년 『외래어 표기법』을 확정 공포하다 179

5장

한글 쓰기 원칙을 세우자 185

『한글 마춤법 통일안』까지 맞춤법의 연대기

1896년 독립신문사 교보원 주시경, '국문동식회'를 조직하다 187 • 1897년 주시경, 한글 표기법을 공개 제안하다 189 • 1905년 지석영의 『신정국문』을 공식 표기법으로 공포하다 194 • 1907년 최초의 어문 연구 기관, 국문연구소를 설립하다 199 • 1909년 국문연구소의 최종 보고서, 『국문연구의정안』을 완성하다 205 • 1912년 조선총독부, 『보통학교용 언문철자법』을 제정하다 208 • 1933년 조선어학회, 『한글 마춤법 통일안』을 완성하다 213

6장

쉬운 맞춤법이 진리 227

한글 맞춤법에 대한 이의 제기의 연대기

1931년 박승빈, 조선어학연구회를 결성하다 229 • 1932년 마르크스주의자들, 표기법 논쟁에 뛰어들다 237 • 1947년 형태주의 표기법의 문제를 다시 지적하다 246 • 1953년 대통령 이승만, 『한글 맞춤법 통일안』의 폐기를 시도하다 256 • 1970년 국어국문학회, 맞춤법 개정의 물꼬를 트다 263 • 1988년 문교부, 『한글 맞춤법』을 확정 고시하다 267

7장

우리말 사전을 만들자 273

국어사전 편찬의 연대기

1897년 주시경, 국어사전의 필요성을 이야기하다 275 • 1909년 지석영, 『언문』을 간행하다 277 • 1911년 주시경과 최남선, 『말모이』 편찬에 나서다 279 • 1925년 심의린, 『보통학교 조선어사전』을 간행하다 286 • 1929년 조선어사전편찬회를 결성하다 291 • 1938년 문세영, 첫 우리말 사전인 『조선어사전』을 출간하다 296 • 1947년 『조선 말 큰 사전』 첫째 권과 『표준 조선말 사전』을 출간하다 304 • 1957년 한글학회, 『큰 사전』을 완간하다 311 • 1961년 『국어대사전』의 출간, 우리말 집대성을 위한 사전 편찬의 시대를 열다 321 • 1998년 정보화 기술을 국어사전 편찬에 적용하다 324

8장

세계에 한글을 알리자 329

한국어 세계화의 연대기

1900년 김규식, 미국 대학의 학보에 한국어론을 발표하다 331 • 1923년 이극로, 한글과 한국어를 알리며 일제 강점의 부당성과 조선 독립의 정당성을 알리다 340 • 1939년 대한인국민회, 재외 동포 국어 교과서의 정체성을 모색하다 349 • 1943년 최봉윤, 버클리 대학에서 한국어 교재를 출판하다 354 • 1959년 연세대학교, 국내 최초로 한국어학당을 설립하다 359 • 1997년 첫 한국어능력시험을 실시하다 365

9장

글씨 쓰는 기계와 한글의 만남 367

한글 기계화의 연대기

1914년 이원익, 한글 타자기를 개발하다 369 • 1927년 송기주, 영문 타자기를 풀어쓰기 한글 타자기로 개조하다 370 • 1934년 한글 타자기를 출시하다 371 • 1947년 한글 타자기, 언어정책과 만나다 374 • 1948년 공병우, 한글 타자기를 실용화하다 378 • 1956년 송계범, 전자뇌를 이용한 '보류식 인쇄 전신기'를 개발하다 384 • 1994년 휴대전화 자판 개발을 시작하다 388

10장

특수문자로서 한글의 재탄생 393

한글 응용의 연대기

1888년 김학우, 한글 전신부호를 만들다 395 • 1894년 선교사 로제타 셔우드 홀, 한글 점자를 만들다 399 • 1926년 박두성, 한글 점자 '훈맹정음'을 만들다 401 • 1946년 윤백원, 한글 '지문자'를 만들다 405

11장

한글을 기념하다 409

한글날 제정의 연대기

1907년 서막: 주시경, 국어강습원을 설립하다 411 • 1924년 훈민정음 창제를 기념하는 기념식을 열다 415 • 1926년 훈민정음 반포를 기념하는 기념식을 열다 416 • 1945년 문화적 해방의 날로 한글날을 기념하다 421 • 1981년 정부 주관으로 한글날을 기념하다 423

일러두기

1. 본서에서 인용한 원문이 한문 또는 국한문인 경우, 현대어로 번역한 것을 본문에 제시하고 미주에 그 원문을 제시했다. 다만 국한문이더라도 현대문에 근접할 경우, 한자만 한글로 바꿔 제시하고 그 원문은 따로 제시하지 않았다.
2. 인용한 원문의 표기는 현대 표기법으로 통일해 제시했다. 단, 당시의 서사 특성을 설명하기 위한 인용의 경우는 원문을 그대로 유지했다.
3. 인용한 원문의 띄어쓰기는 가독성을 높이기 위해 현행 띄어쓰기로 바꿔 제시했다.

1장

조선 시대 사람들에게 한글은 어떤 의미였을까? —

한글 창제와 보급의 연대기

중세적 질서 안에서 한글은 한문이 닿을 수 없는 영역을 보충하는 역할을 하였다. 한글에는 조연의 역할만이 허용되었던 것. 그러나 한글은 상하 계층이 공유할 수 있는 문자로 사용자가 가장 많았기에, 조선 사회의 체제 유지를 위한 도구로 적극 활용되었다. 한문을 교육하는 데도, 과학 기술의 성과를 보급하고 교육하는 데도 한글은 없어서는 안 될 중요한 문자였다.

이처럼 한글이 중세 봉건 사회의 유지를 위한 도구로 활용된 시간은 한글이 근대 사회를 여는 주인공으로 등극하기 위한 준비기이기도 했다. 중세 사회를 유지하기 위한 도구로 널리 보급된 한글은, 근대화의 압력이 거세지는 시기, 근대 사회를 여는 강력한 도구로 새롭게 등장했다. 백성에게 삼강오륜을 교육하는 과정에서 백성의 문자로 깊이 뿌리 내린 한글이 삼강오륜으로 상징되는 중세적 질서를 해체하고 근대적 질서를 구축하기 위한 공론장의 주류 문자가 되었던 것이다. 그런 점에서 전근대 시기 한글 보급의 연대기는 근대 이후 한글 발전의 연대기와 자연스럽게 연결된다.

1443년
한글을 창제하다

이달에 임금께서 친히 언문(諺文) 28자를 지었는데, 그 글자가 옛 전자(篆字)를 모방하고, 초성·중성·종성으로 나누어 합한 뒤에야 글자를 이루었다. 무릇 문자에 관한 것과 이어(俚語)에 관한 것을 모두 쓸 수 있고, 글자는 비록 간단하고 긴요하지만 전환하는 것이 무궁하니, 이것을 훈민정음(訓民正音)이라고 하였다. —『세종실록』, 1443. 12. 30.[1]

1443년 12월 30일자 『세종실록』 기사의 한 대목이다. 세종이 친히 한글을 창제했다는 사실과 함께 한글의 기원과 사용 원리와 특성을 간결하게 서술하고 있다. '문자'에 관한 것과 '이어'(항간에 떠도는 속된 말)에 관한 것을 모두 쓸 수 있는, 즉 한자의 음과 우리말을 모두 기록할 수 있는 글자, 간단한 28자를 전환하여 모든 소리를 기록할 수 있는 글자, 한글의 특성에 대한 서술은 곧 한글의 힘에 대한 첫 평가였다. 한글의 힘을 폭넓게 쓰일 수 있는 글자라는 데서, 그리고 간단하면서도 기능이 우수한 글자라는 데서 찾았던 것이다.

중화 문명권의 보편 문자인 한자의 음을 기록하면서도 우리말을 기록할 수 있는 글자로서 폭넓게 쓰일 수 있으니, 독자적으로 국가를 운영하며 소중화(小中華)를 꿈꾸는 조선 사회에서 한글이 중요한 역할을 하리라 기대하는 것은 자연스러웠다. 국왕이 스스로 글자를 만들어 백성에게 인간의 도리를 가르치고자 했으니, 성리학적 이상 사회를 건설하고자 했던 조선 사회에서 한글이 그러한 목적을 이루는 데 기여하리라 기대하는 것 또한 자연스러웠다. 한글 창제의 목적을 밝힌 세종의 말에서 그러한 기대를 읽는 건 어렵지 않다.

> 나랏말이 중국과 달라 문자(한자)와는 서로 통하지 아니하므로, 우매한 백성들이 말하고 싶은 것이 있어도 마침내 제 뜻을 잘 표현하지 못하는 사람이 많다. 내 이를 딱하게 여겨 새로 28자를 만들었으니, 사람들로 하여금 쉬 익혀 날마다 쓰는 데 편하게 할 뿐이다. — 어제 서문, 『훈민정음』, 1446.[2]

세종은 창제자로서 한글 창제의 목적을 밝히며, 쉽고 간편한 한글의 장점을 절실히 표현하고 있다. 그 장점이 한글이 갖는 힘의 핵심이었음은 이후의 역사에서 확인할 수 있다. 집현전 학사 정인지(鄭麟趾, 1396~1478)는 신문자 해설서, 즉 해례본(解例本) 『훈민정음』에서 한글의 장점이자 힘을 실감 나게 표현한다.

> 28자로 전환이 무궁하며, 간단하지만 요긴하고, 정밀하지만 소통이 쉽다. 그러므로 똑똑한 자는 반나절이면 깨우칠 수 있고, 우둔한 자라도 열흘이면 배울 수 있다. — 정인지 서문, 『훈민정음』, 1446.[3]

똑똑한 사람은 반나절이면 깨우칠 수 있고 우둔한 사람도 열흘이면 배울 수 있는 글자. 정인지의 이러한 평가에 세종은 모든 백성이 한글로 읽고 쓰며 인간의 도리를 깨우치는 세상을 흐뭇한 마음으로 상상하지 않았을까? 세종은 한글을 창제한 후 "내

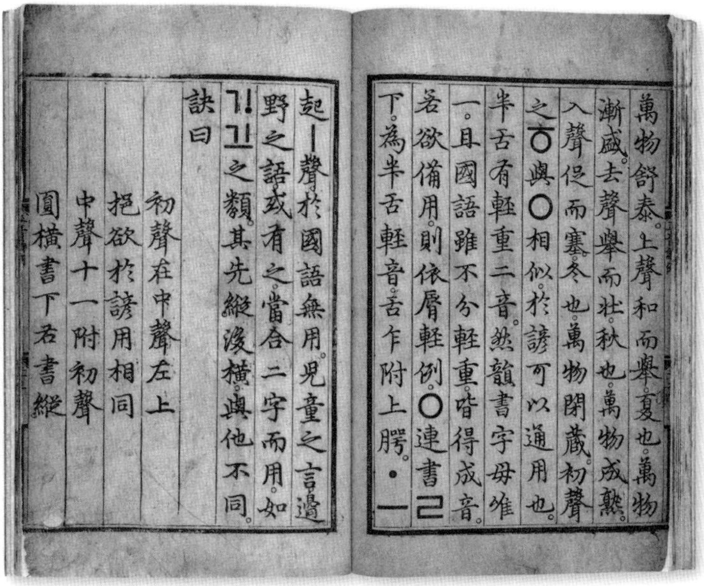

『훈민정음』 1446년, 국보 제70호, 간송미술관 소장
『훈민정음』의 창제 목적과 원리 등을 설명한 한문 해설서. 모두 33장으로 이루어진 한 권의 책이다. 이 책은 세종이 지은 「어제 서문」과 「어제 예의」, 신하들이 지은 다섯 개의 해(解: 「제자해」, 「초성해」, 「중성해」, 「종성해」, 「합자해」)와 한 개의 례(例: 「용자례」), 그리고 「정인지 서문」으로 구성되어 있다. 이런 이유로 한문 해설서 『훈민정음』을 '해례본' 혹은 '훈민정음 해례본'이라 부른다. 『훈민정음』의 내용 중 「어제 서문」과 「어제 예의」 부분이 언해되어 전해지는데, 이를 '훈민정음 언해본'이라 부른다.

가 만일 언문으로 『삼강행실도』(三綱行實圖)를 번역하여 민간에 반포하면 어리석은 남녀가 모두 쉽게 깨달아서 충신·효자·열녀가 반드시 무리로 나올 것이다"[4]라고 하면서 한글 창제의 의미를 강조하였다. 세종은 교육을 통해 성리학적 이상 사회를 건설할 수 있다고 믿었고, 그 교육에 한글이 큰 힘을 발휘하리라 믿었던 것이다.

그런데 한글은 세종이 기대했던 성리학적 이상 사회를 건설하는 힘으로만 작용하지는 않았다. 세종은 음양오행이라는 성리학적 원리에 따라 한글을 만들었지만, 한글이란 문자에 담겨 전해진 것은 성리학이 아니라 과학적 원리였다. 세종은 성리학적 원리에 따라 만들어진 쉽고 간편한 한글이 삼강오륜의 이치를 빠르게 전파할 수 있는 도구가 되리라 기대했겠지만, 한글은 삼강오륜의 이치에 반하는 지식과 사상조차 빠르게 전파할 수 있는 쉽고 간편한 글자였다. 이처럼 어떤 지식과 사상이라도 빠르게 전파할 수 있는 한글이었기에, 한글이 담는 지식과 사상의 범위는 갈수록 넓어질 수밖에 없었고, 그 과정에서 우리는 한글의 진정한 힘을 목도할 수 있었다.

한글의 힘에 대한 기대가 시대적 상황에 따라 달라졌기 때문일까? 한글은 그 기대의 방향에 따라 다른 이름으로 불렸다.

세종은 자신이 창제한 문자에 '훈민정음'(訓民正音)이라는 이름을 붙였다. 그러나 세종을 포함하여 당시 사람들은 진서(眞書) 혹은 문자(文字)로 불렸던 한문과 한자에 대비하여, 훈민정음을 '언문'(諺文)이라고도 불렀다. '언문'이란 이름은 한문과 한자가 주류인 세상에서 한글의 쓰임은 비주류 영역에 국한됨을 말해 준다.

근대 시기에 오면서 언문은 '국문'(國文)이 되었다. 민족과 국가의 의미가 새로워지면서 우리의 말과 문자도 새롭게 인식되었고, '속되다'를 함의할 수밖에 없었던 '언문'을 더 이상 용납할 수 없게 된 것이다. 그러나 '언문'을 버리고 '국문'이라는 말을 새롭게 쓰던 시절은 아이러니하게도 국가의 존립이 위태로운 시절이었다. 결국 국가는 일본에 병합되었고, 국문과 국어는 일문과 일본어를 뜻하는 이름이 되었다. 우리말과 글이 주류 영역을 벗어나면서 조선인들은 '국문'을 대신할 이름을 찾았고, 이에 '한글'이 탄생했다.

'한글'이라는 말은 대한제국의 글 또는 문자라는 뜻으로 사용되던 '한문'(韓文)을 풀어쓴 것이었다. '국문'에 대비된 비주류 문자의 이름이었지만, 나라를 빼앗긴 사람들에게 '한글'은 독립의 의지를 일깨우는 이름이기도 했고 민족의 얼을 상징하는 이름이기도 했다. '대한제국의 문자'라는 의미는 새롭게 다가올 수밖에 없었고, 상처 입은 민족적 자존심을 치유하기 위해 '한글'에는 '큰', '위대한' 또는 '유일한'이라는 의미가 덧붙었다.

1449년
한글을 배운 백성이 공론의 장으로 들어오다

1443년 한글이 창제되고 1446년 한글의 제자(制字) 원리를 밝힌 해례본 『훈민정음』이 간행되었다. 한글 해설서까지 완성되었으니, 애초 뜻한 대로 백성을 상대로 한 한글 교육은 차근차근 이루어졌을 것이고, 백성에게 삼강오륜을 가르칠 한글 교화서의 발간도 준비하기 시작했을 것이다. 그런데 한글은 백성을 가르칠 글자이면서 백성이 자신의 뜻을 펴는 글자이기도 했다. 한글을 배운 백성은 자신의 뜻을 펴는 데 한글을 적극적으로 사용했다. 한글을 창제한 후 6년이 지난 시점에, 한글은 공론의 장에 등장했다. 정승 하연(河演)을 비난하는 한글 벽보가 나붙은 것이다.

> 하연은 까다롭게 살피고 또 노쇠하여 행사에 착오가 많았으므로, 어떤 사람이 언문으로 벽에다 쓰기를, '하 정승아, 또 공사(公事)를 망령되게 하지 말라'고 하였다.
>
> —『세종실록』, 1449. 10. 5.[5]

어떤 일을 널리 알리기 위하여 사람들이 다니는 길거리나 많이 모이는 곳에 방(榜)을 써 붙이는 일은 관청의 일이었고, 그 방의 내용을 알기 위해서는 한문을 아는 사람의 해설이 필요한 시절, 한글 벽보는 누구나 자신의 생각을 공론화할 수 있음을 보여 준 사건이었다.

공론화를 위해 한글 벽보를 붙인 것을 보면, 그 벽보를 쓴 사람은 한글 벽보가 가진 파급력을 계산했을 것이다. 그렇다면 한양에서 한글을 읽을 수 있는 사람이 상당수였음을 짐작할 수 있는데, 그 시기가 한글 창제 후 6년 만이었다는 건 한글의 보급이 그만큼 빠르게 이루어졌음을 말해 준다.

이런 상황에서 벽보뿐만 아니라 한글 투서도 횡행했던 것으로 보인다. 한글이 창제된 지 40여 년이 흐른 후인 1485년 『성종실록』의 기록은 한글을 쓸 수 있는 사람이 많아졌고, 그들이 자신의 생각을 적극적으로 써서 알리고자 했음을 보여 준다.

이덕량(李德良) 등이 물러간 지 얼마 안 되어 다시 와서 언문 두 장(張)을 가지고 들어와 아뢰었는데, 이는 곧 저자 사람이 판서(判書)와 참판(參判)을 비웃고 헐뜯는 말이었다. 그 대략에, 저자를 옮겨 배치하는 것은 공도(公道)에서 나온 것이 아니라 하고, 판서를 가리켜 제 자식을 위한 것이라 하고, 참판을 가리켜 뇌물을 받기 위한 것이라 하며…….

—『성종실록』, 1485. 7. 17.[6]

위의 기록은 저자 사람, 즉 시장 상인들이 고위 관료를 비난하는 글을 써서 투서하는 일이 벌어졌음을 알려 준다. 부조리를 말로만 고발할 수 있는 상황이라면 그 고발이 자유로울 리 없었겠지만, 한글이 있었기에 시장 상인들도 거침없이 고위 관료의 비리를 고발했던 것이다. 비리의 고발만이 아니라 자신의 억울함을 한글로 써서 임금에게 올리는 일도 일어났다.

철비(鐵非)는 종실(宗室)의 딸인데, 언문으로 상언하는 말을 써서 예(例)에 따라 성상의 덕을 입어 사천(私賤)을 면해 주기 바랐다. 정원(政院)이 아뢰기를, "철비는 언문으로 상언을 올려 지극히 무례하고, 또한 그 소원도 들어줄 수 없는 것이니, 추고(推考)하여 죄를 다스리시기 바랍니다" 하니, 그대로 따랐다. 철비는 곧 이과(李顆)의 어미이다. —『중종실록』, 1509. 9. 11.[7]

『중종실록』의 이 기사는 역적으로 몰려 천민이 된 '철비'라는 여성이 면천해 달라는 글을 한글로 써서 임금에게 올렸지만, 그 글이 무례하고 받아들일 수 없다는 이유로 벌을 받았다는 이야기이다. 여성이 직접 자신의 소원을 한글로 써서 임금에게 올렸다는 것 역시 한글의 보급 정도와 사용 영역을 가늠할 수 있는 단서가 될 것이다.

역사 기록으로 남은 것은 몇 개의 사례에 불과하지만, 이를 통해 현실에서 일어나는 크고 작은 일에 대한 의견 표출이 적지 않았음을 짐작하는 건 어렵지 않다. 이처럼 한글은 창제 후 얼마 되지 않아 대중적 의사소통 수단으로서 역할을 톡톡히 했다.

그런데 한글로 부조리를 고발하거나 불만을 표출하는 일이 권력자의 심기를 불편하게 하면서, 이를 억압하는 일이 일어났다. 한글 투서에 분노한 연산군은 한글 필적을 조사해 범인을 색출하라는 지시를 내렸다. 한글 창제 후 60여 년이 흐른 1504년의 일이다.

> 정승들 및 의금부 당상에게 명하여 오부(五部) 중에서 언문을 아는 자를 모아 글씨를 시험하게 하였으나, 그 필적이 다 대략 같아서 가릴 수 없으매, 유순(柳洵) 등이 아뢰기를, "이것으로 진범(眞犯)을 알아내기는 어려우니, 청컨대 익명서를 널리 보여서 필적을 알아보는 자에게 고발하게 하면, 알아낼 수 있을지 모릅니다." —『연산군일기』, 1504. 7. 23.[8]

1504년에 연산군의 패륜 행위를 꾸짖는 익명의 한글 투서가 날아들며 조정이 발칵 뒤집혔다. 왕의 분노는 하늘을 찔렀고, 조정에서는 도성 내에 한글을 아는 사람을 모아서 익명서의 필적과 대조해 범인을 색출하려 하였다.

여기서 흥미로운 점은 도성 사람들의 필적을 투서의 필적과 대조했다는 사실이다. 서울에서 한글 아는 사람을 모두 모아 필적을 대조한 것이 사실이라면, 16세기 초까지도 한글을 아는 사람이 많지 않았다고 추정할 수 있다. 그러나 한글 창제 직후부터 서울에 한글 벽보와 투서가 등장했음을 감안하면, 이러한 추정에 선뜻 고개를 끄덕일 수 없다. 그렇다면 필적 조사를 했다는 기록을 어떻게 이해해야 할까?

이 실록 기사에서 주목할 것은 '한글을 아는 자를 모아 글씨를 시험하게 하였으나, 그 필적을 가릴 수 없어 필적을 아는 자로 하여금 고발하도록 유도하자는 의견이 있었다'는 내용이다. 신고를 유도하는 방향으로 수사를 전환하려 한 것을 보면, 필적 조사가 간단치 않았음을 알 수 있다.

더구나 이에 앞서 한글을 배우거나 쓰는 것을 금지하는 전교를 내릴 때(1504. 7. 20.), '언문을 아는 자를 고발하지 않으면 죄를 주겠다'고 엄포부터 놓은 것은 한글을 아는 사람의 수를 파악할 수 없는 상황이었음을 말해 준다. 이러한 정황을 볼 때, 필적 조사로 투서한 자를 잡겠다는 시도는 한글 해득자의 수를 가늠하지 않은 누군가의 돌발적인 제안에 따라 이루어진 것으로 보인다. 결국 필적 조사를 통해 투서한 자를 색출하려던 시도는 실패로 돌아갈 수밖에 없었다.

연산군은 한글을 배우거나 쓰는 것을 금지하는 조치를 공식적으로 거두지는 않았지만, 그해 12월 연산군 스스로가 역서(曆書)의 언문 번역을 지시했듯이, 이미 백성의 생활 속에 자리 잡은 한글을 금지하는 조치는 지속될 수 없는 것이었다. 15세기 후반부터 출간되기 시작한 한글 교화서는 16세기에 이르러 서울이 아닌 지방에서까지 간행되었고, 이처럼 전국적으로 한글 보급의 기반이 구축되자, 한글 보급은 더 빠른 속도로 진행되었다.

1472년
한글 교화의 시작, 『삼강행실도』를 한글로 번역하다

세종은 한글을 도구 삼아 성리학적 이상 사회를 건설하고자 했고, 조선 왕조는 성리학을 국가 이념으로 자리매김하는 정책을 일관되게 추진했다. 이처럼 국가적으로 한글의 활용 방안을 적극 모색했음에도, 조선 왕조에서는 1894년 이전까지 한글을 공식 문자로 인정하지 않았다. 한글 문서는 공문서의 양식을 예시한 『경국대전』(經國大典)의 '용문자식'(用文字式)에서 다루어지지 않았고, 법령에서는 한글로 된 문서의 효력을 인정하지 않는다는 점을 명시하기까지 했다. 그런데 흥미로운 것은 한글을 공식 문자에서 엄격히 배제했던 『경국대전』에 한글을 통한 백성의 교화 방법이 구체적으로 제시되어 있다는 사실이다.

> 『삼강행실도』를 언문으로 번역하여 서울과 지방 사족의 가장, 부로(父老) 혹은 교수, 훈도 등으로 하여금 부녀자, 어린이 들을 가르쳐 이해하게 하고, 만약 대의에 능통하고 몸가짐과 행실이 뛰어난 자가 있으며 서울은 한성부가 지방은 관찰사가 왕에게 보고하여 상을 준다.
>
> —『경국대전』 권3, 「예전」(禮典), '장권'(奬勸)[9]

『경국대전』에서 성리학을 권장하기 위한 규정을 담은 '장권'의 대목에는 이처럼 교재, 교수자, 교육 대상, 교육 방법 등이 구체적으로 정해져 있다. 이를 통해 조선 왕조가 백성 교화를 국가의 주요 정책으로 삼았으며 이를 위한 한글의 역할을 분명하게 인식했음을 알 수 있다. 유교적 이념 사회를 구축하려 했던 조선 왕조에서, 유교적 가치관의 확산을 뜻하는 '교화'는 국가의 정체성을 유지하고 사회적 규범을 완성하는 문제였고, 배우기 쉬운 한글은 교화에 최적화된 문자로 자리매김했던 것이다.

흥미로운 점은 이러한 교화 정책이 조선 후기까지 일관되게 추진되었으며 왕조가 위기에 처할수록 교화 정책은 더 정교하게 추진되었다는 사실이다. 조선 왕조가 한글 보급과 연결 지어 교화 정책을 일관되게 추진했음은 『조선왕조실록』의 언해 관련 기사에서도 확인할 수 있다. 실록에 나타난 언해 관련 기사를 정리한 연구에 따르면, 총 273건의 내용 중 교화에 해당하는 기사가 218건으로 전체의 80%에 달한다.[10]

당시 한글 보급과 교화의 방법론에 대한 고민은 실록의 기사에 잘 나타나는데, 아래의 『성종실록』 기사에는 이러한 고민이 잘 드러나 있다.

> "청컨대 전교서(典校署)로 하여금 전지(傳旨)를 베껴 찍도록 하고, 이를 한성부와 모든 도의 여러 고을에 반포해서 관문(官門)과 방시(坊市)·촌락(村落)·여항(閭巷)에 걸어 두도록 하여, 위로는 높고 낮은 조신(朝臣)으로부터 아래로는 궁벽한 곳에 사는 백성에 이르기까지 성상께서 백성을 인도하는 지극한 뜻을 알지 아니함이 없게 하여, 각각 깨닫고 살피는 마음을 품어서 스스로 곤궁한 짓을 남기지 말게 할 것입니다.

이와 같이 하여도 오히려 뉘우쳐 고치지 않는 자가 있으면, 이는 스스로 허물을 불러들이는 것이니, 이를 형벌케 하여 용서해 주지 않는 것이 어떻겠습니까?" 하니, 임금이 "언문으로 번역하고 찍어 내 서울과 시골에 반포하여, 부녀자와 어린아이까지 두루 알지 아니함이 없도록 하라"고 명하였다.

—『성종실록』, 1472. 9. 7.[11]

위의 기사는 임금의 교서(敎書)를 한글로 번역한 후 전국에 배포해, 모든 백성이 읽고 이해할 수 있도록 하라는 내용이다. 여기에서 주목할 점은 교서를 한글로 번역하여 배포함으로써 전국의 백성에게 왕의 뜻을 이해시킬 수 있다고 생각했다는 사실이다. 성종은 한글로 쓴 정보의 확산력을 분명하게 인식했다고 볼 수 있는데, 이를 성종 대에 완성된 『경국대전』의 교화 방침과 연결지어 보면, 한글 창제 후 30년이 채 되지 않아 이미 한글이 백성과의 소통을 위한 문자로 자리 잡았음을 짐작할 수 있다.

『삼강행실도』는 백성 교화를 목적으로 펴낸 대표적 서적으로, 이를 한글로 번역해 백성을 가르쳐야 한다는 과제는 한글 창제 직후부터 제시된 것이었다. 그러나 이 과제는 성종 대에 이르러서야 실현되었다. 『삼강행실도』 언해본이 출간된 이후 나온 실록의 기사를 그 이전의 기사와 비교해 보면, 한글이 유교적 가치관을 교육하는 데 어떻게 기여했는지를 가늠해 볼 수 있다.

(ㄱ) 『삼강행실도』를 여러 고을의 교생(校生)으로 하여금 배우게 하되, 감사(監司)가 강서(講書)할 때에 아울러 강(講)하게 하여서 풍속을 권장하도록 하라. —『성종실록』, 1471. 3. 28.[12]

(ㄴ) 언문으로 된 『삼강행실열녀도』의 질(帙)을 약간 찍어서 서울의 오부와 모든 도에 내려 나눠주어, 촌항의 부녀가 다 강습할 수 있게 하라. 그러면 아마도 풍속을 바꿀 수 있을 것이다. —『성종실록』, 1481. 3. 24.[13]

(ㄷ) 『삼강행실도』를 서울의 오부와 팔도의 군현에 내려 나눠주고 우부우부(愚夫愚婦)로 하여금 두루 알지 못함이 없게 하라고 명하였다. —『성종실록』, 1490. 4. 1.[14]

언해본 출간 이전의 실록 기사인 (ㄱ)을 보면, 『삼강행실도』를 강습할 대상을 향교의 '교생'(校生)으로 설정하고 있다. 그런데 언해본 출간 이후의 실록 기사인 (ㄴ), (ㄷ)을 보면, 『삼강행실도』를 강습할 대상은 '촌항의 부녀'와 '우부우부'(愚夫愚婦)로 넓어졌다. 이에 따라 한글의 힘에 대한 믿음은 『삼강행실도』의 강습을 통해 풍속을 바꿀 수 있다는 자신감((ㄴ))으로 나타났다. 이런 자신감은 전국 백성의 교화에 한글 교화서를 활용할 수 있을 만큼 한글이 널리 보급되었다는 판단에서 나왔다. 언해한 『삼강행실도』를 출간하기 이전에 한글은 전국적으로 널리 보급된 상태였고, 이러한 한글 보급의 기반 위에서 유교적 가치관을 확산하기 위한 교화 정책이 본격적으로 추진된 것이다.

이 지점에서 조선 왕조 한글 보급 정책의 양면성에 주목할 필요가 있다. 한글을 공식적인 문자로 인정하지 않으면서도 이를 국가 이념인 유교 사상의 전파 도구로 활용한 정책은 조선 왕조의 정체성을 보여 준다. 그렇다면 한글 보급 정책의 양면성을 이해하는 것은 문자 보급에서 나타나는 조선의 특수성을 포착해 한글 보급의 동인과 시대적 의미를 규명하는 출발점이 된다.

한글 보급 정책에 나타난 양면성은 성리학적 이념 사회를 구축하는 동시에 '동문동궤'(同文同軌)로 상징되는 중화 문명의 질서에 편입되고자 했던 조선 왕조의 목표에서 비롯한 것이다. 조선 왕조는 전 백성을 아우른 성리학적 이념 사회를 구축하기 위해 한글을 활용해야 했고, 중화 문명의 질서에 편입되기 위해 한자와 한문에 기반한 공적 소통 체계를 확립해야 했던 것이다.

1489년
한글 실용서의 출간, 『구급간이방언해』를 간행하다

한글 창제 후 교화서의 언해와 더불어 진행된 것이 실용서의 언해였다. 실용서 중 한글 번역이 가장 활발히 이루어진 것이 응급 상황이나 전염병 등에 대처하는 데 필요한 의학서와 약학서이다. 구급 의학서인 『구급간이방』(救急簡易方)을 편찬해 올리자, 성종은 각 도의 관찰사에게 "지금 『구급간이방』을 보내니, 도착하는 즉시 개간(開刊)하여 인출(印出)해서 널리 펴라"고 명한다. 왕명에서 느껴지는 긴박감은 조선 왕조가 구휼 정책을 왕도 정치 구현의 일환으로 중시했던 맥락에서 이해할 수 있다. 각 약방문마다 언해문을 덧붙여 놓은 이 책이 있으면 의원이 없는 시골에서도 치료법을 찾을 수 있으니, 백성이 읽을 수 있는 구급 의학서의 보급은 교화서의 보급만큼 중요한 일이었던 것이다.

한글 의학서는 한글 교화서의 보급이 활발히 이루어지던 16세기 이후 더 활발하게 간행되었다. 세조 때 간행된 『구급방』

을 언해하여 재간행하기도 하고, 『간이벽온방언해』(簡易辟瘟方諺解), 『분문온역이해방』(分門瘟疫易解方) 등 일반 백성이 직접 읽고 활용할 수 있는 내용의 의학서를 새로 간행하기도 했다. 이들 의학서의 편찬 목적은 궁벽한 지방에 사는 백성일지라도 스스로 약재를 구하고 처방할 수 있도록 하는 데 있었다.

이런 이유로 전문 서적에 해당하는 의학서의 경우에는 언해가 이루어지지 않았다. 허준(許浚)의 『언해두창집요』(諺解痘瘡集要)와 『언해태산집요』(諺解胎産集要)는 한글화되어 간행된 반면, 당대의 의학 지식을 집대성한 『동의보감』(東醫寶鑑)은 언해하지 않았다. 두창(천연두)이나 임신·출산에 대한 의학 지식은 민간에서 스스로 적용할 수 있는 지식이지만, 『동의보감』의 방대한 의학 지식은 민간에서 스스로 적용할 수 없는 것인 만큼 한글화가 불필요하다고 판단했을 것이다. 다만 『동의보감』의 경우 내경편(內景篇)만을 한글화하여 필사한 경우도 있지만, 이 필사본은 19세기에 궁중 내에서 여성들이 활용할 목적으로 작성한 것으로, 한글 의학서의 간행과는 차원을 달리한다.

이처럼 책에서 다루는 실용 지식의 성격에 따라 한글화 양상에는 차이가 있었다. 민간에서 직접 활용할 수 있는 실용 지식은 한글화가 활발하게 이루어졌지만, 그렇지 않은 지식의 경우, 특정 교육 목적의 언해서(말 수의학서인 『마경초집언해』馬經抄集諺解, 법의학서인 『증수무원록언해』增修無冤錄諺解 등)를 제외하고는 한글화가 이루어지지 않았다. 다만 농업 서적의 간행은 민간에서 활용할 수 있는 실용 지식인지 아닌지를 판단하는 것과는 다른 차원에서 이루어졌다.

농업은 조선 사회의 기간산업으로 모든 백성이 여기에 관

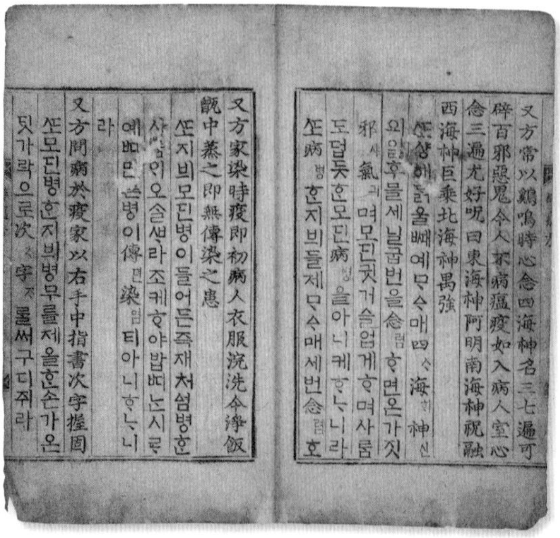

ㄱ

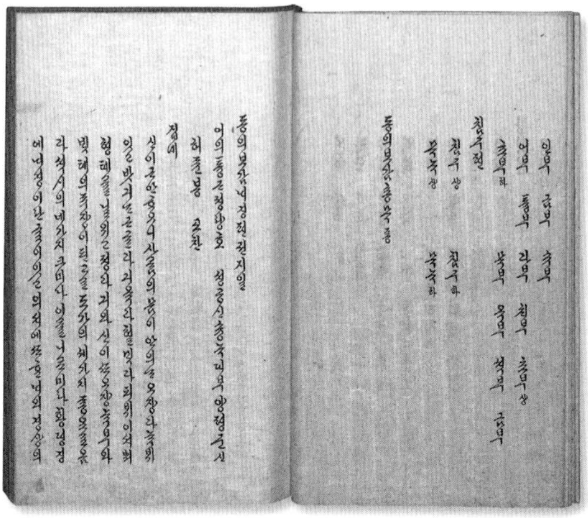

ㄴ

ㄱ. 『간이벽온방언해』 1578년 추정, 보물 제2079호, 국립한글박물관 소장
ㄴ. 『동의보감』「내경편」 한글 필사본, 장서각 소장

여한다고 해도 과언이 아니었다. 이처럼 농업을 기간산업으로 삼은 조선에서는 중국의 농법을 수용함과 동시에 조선의 환경에 맞는 농법을 정리하는 것이 절실히 필요했다. 그리고 이러한 필요에 따라 『농상집요』(農桑輯要), 『사시찬요』(四時纂要), 『농사직설』(農事直說), 『농가집성』(農家集成) 등을 간행하였다. 그러나 이 서적들은 한문으로 된 것이었고 이에 대한 언해본은 나오지 않았다. 한글 농업서로는 김안국(金安國, 1478~1543)이 중국 농업서를 번역한 『잠서언해』(蠶書諺解)와 『농서언해』(農書諺解)가 있지만, 조선의 농법을 반영·정리한 『농사직설』과 『농가집성』이 언해되지 않은 것은 주목할 필요가 있다.

농민이 직접 활용할 수 있는 한글 자료로 『농가월령가』(農家月令歌)를 들 수도 있지만, 이것이 월령체 가사였음을 생각하면, 당시 한글이 조선의 농업 지식을 전파하는 데 활용되었다고 보기는 어렵다. 각 분야 실용서의 한글화가 부분적으로나마 이루어졌던 점을 고려하면, 이처럼 조선 농법을 다룬 한글 농업서가 없는 상황은 이례적이라 할 수 있다. 그렇다면 이를 어떻게 설명할 수 있을까?

한글 농업서를 간행하지 않은 이유는 유교적 농업관과 중세적 농업 생산 양식에서 찾을 수 있다. 조선 사회에서 관리와 양반의 중요한 임무 중 하나가 농사를 지도 관리하는 권농(勸農)과 감농(監農)이었다. 따라서 조선의 농업 지식은 노농(老農), 즉 경험 많은 농민의 현장 지식을 반영하여 구체화되었지만, 농민의 경험을 농업서에 반영하는 주체도, 그러한 농업서를 활용해 권농에 힘써야 할 주체도 관리와 양반이었다. 이런 이유로 농업서는 직접 생산자인 농민이 아니라 수령, 아전, 양반 등 농사를 지도 관리하는 이들을 대상으로 편찬되었다. 그러므로 농업서를 굳이 한글화할 필요가 없었던 것이다.

이런 점에서 조선 시대 실용서의 한글화 양상은 중세 사회의 질서에서 비롯한 지식의 위계 및 한글과 한문의 위상 차이를 보여 준다고 할 수 있다. 그런데 제한된 영역에서 출간된 한글 실용서조차도 대부분 한문 텍스트 다음에 한글 텍스트를 병기하는 형식을 취함으로써 텍스트의 준거가 한문 텍스트임을 명확히 하고 있다. 한문 텍스트가 보편적 텍스트인 상황에서는 한글 텍스트도 한문 텍스트에 귀속된 체제로 간행하는 것이 자연스러웠던 것이다.

이처럼 중세적 지식의 위계가 그대로 유지되고, 한문의 위상과 역할에 변화가 없다면, 한글 서적의 양적 확장이 지식 정보의 생산과 유통 방식의 변화로 이어졌다고 말하기는 어렵다. 실용 지식의 한글화는 결국 중세 질서의 유지를 목적으로 했던 한글 보급 정책의 영향권 내에 있었던 것이다.

1517년
『삼강행실도』에서 『소학』으로, 한글 교화서를 다양화하다

고려의 풍속이 많이 남아 있는 개성 지역에는 불교를 숭상하는 사람이 많았다. 이는 조선 왕조의 근심거리일 수밖에 없었는데, 중종은 이에 대한 해결법을 교화에서 찾았다. 그리고 "『삼강행실도』의 수량을 더 많이 인쇄하여서 내려보내게 하라"고 명령한다.[15] 중종의 명은 조선 초기부터 이루어진 교화 정책의 핵심이 『삼강행실도』를 민간에 보급하는 것이었음을 말해 준다.

그런데 『삼강행실도』의 보급만으로 이루어지는 교화는 곧 한계가 드러날 수밖에 없었다. 특수한 상황에 처했던 충신, 효자, 열녀의 행실은 존경할 만한 것이었지만 일반 백성이 따를 수 있는 게 아니었던 만큼, 교화의 효과가 떨어졌다. 『삼강행실도』의 보급을 지속하는 한편으로 한글 교화서의 종류를 다양화할 필요성이 제기된 건 이 때문이었다. 현실에 맞게 효과적으로 백성을 교화하기 위해서는 교화의 내용과 방법을 다양화할 필요가 있었고, 이를 위해서는 다양한 교화서의 번역이 이루어져야 했다.

> 『삼강행실도』에 실려 있는 것은, 거의가 변고와 위급한 때를 당했을 때의 특수한 몇 사람의 격하고 높은 행실이지, 일상생활 가운데에서 행하는 도리는 아닙니다. 그러므로 누구에게나 그것을 요구할 수는 없는 것입니다. 하지만 『소학』(小學)은 곧 일상생활에 절실한 것인데도 일반 서민과 글 모르는 부녀들은 혼자 학습하기가 어렵게 되었습니다. 바라옵건대 여러 책 가운데에서 일용(日用)에 가장 절실한 것, 이를테면 『소학』이라든가 『열녀전』(列女傳)·『여계』(女誡)·『여칙』(女則)과 같은 것을 언문으로 번역하여 찍어 내 반포하게 하소서. 그리하여 위로는 궁궐로부터 조정 벼슬아치의 집에 미치고 아래로는 여염의 백성에 이르기까지 모르는 사람 없이 다 강습하게 해서, 일국의 집들이 모두 바르게 되게 하소서. —『중종실록』, 1517. 6. 27.[16]

흥미로운 것은 『소학』, 『열녀전』, 『여계』, 『여칙』 등 구체적인 책 제목을 열거하며 이 책들을 한글로 번역·출판해 보급하라고 왕에게 요구했다는 점이다. 이는 교화 정책이 하향식으로만 이루어진 것이 아니라 현장의 요구를 반영하며 이루어졌음을 보여 준다. 이러한 요구가 있은 후 얼마 되지 않아 『번역소학』(1518)이 간행되었는데, 『소학』은 이후 『소학언해』(1587)와 『어제소학언해』(1744)로 개고될 만큼 중요한 교화서로 취급되었다.

교화서의 고전이었던 『삼강행실도』도 그 언해본이 나온 뒤 이어서 『속삼강행실도』(1514)가 나오고, 이를 증보하여 『동국신속삼강행실도』(1617)가 나오고, 『삼강행실도』에서 다루지 않은 이륜을 가르치기 위해 『이륜행실도』(1518), 그리고 이를 통합한 『오륜행실도』(1797)를 간행하였다. 이러한 일련의 교화서 발행은 조선 왕조가 한글 교화서를 통한 교화를 얼마나 중시했는지 잘 보여 준다. 특히 『동국신속삼강행실도』가 임진왜란을 겪은 후 사회 질서를 바로잡기 위해 간행되었다는 점에 주목해 보면, 한글 교화서를 통한 교화 정책이 곧 왕조 유지를 위한 정책으로 연결되는 것이었음을 알 수 있다.

교화 정책이 왕조의 유지를 목적으로 한 것이었기에, 교화서의 보급과 함께 중시된 것이 교화 기관의 설립과 관리였다. 조선 왕조는 궁벽한 시골까지 교화 기관을 설립해 관리할 방안을 강구하였고, 교화서의 보급에 따라 한글 교육은 궁벽한 시골에서도 이루어졌다.

1527년
한글 교육의 한 방법론, 『훈몽자회』를 간행하다

조선 왕조가 교화 정책의 일환으로 한글 교화서를 보급하고, 민본 정치의 일환으로 한글 의학서를 보급하였다면, 조선 왕조가 한글을 백성들에게 가르치는 일에도 관심을 기울였으리라고 추론하는 건 자연스럽다. 그렇다면 한글 창제 후 한글 교육은 어떻게 이루어졌을까?

이에 답하기 위해서는 한글 교육과 관련한 당시의 기록이나 교육 자료를 살펴봐야 하는데, 한글 교육과 관련한 기록은 거의 없고, 교육 자료로 볼만한 것은 중국어 역관 최세진(崔世珍, 1468~1542)이 편찬한 『훈몽자회』(訓蒙字會)의 '언문자모'(諺文字母) 정도이다. 『훈몽자회』가 어린아이에게 한자를 가르치기 위한 책이었음을 고려하면, 이 책에 실린 '언문자모'는 한자의 음과 훈을 한글로 적어 놓은 『훈몽자회』를 학습하기 전 필수적으로 학습했을 것이다.

'언문자모'에서는 한글 자모 27자를 초성과 종성에 통용되는 8자(ㄱ, ㄴ, ㄷ, ㄹ, ㅁ, ㅂ, ㅅ, ㆁ), 초성에만 홀로 쓰이는 8자(ㅋ, ㅌ, ㅍ, ㅈ, ㅊ, ㅿ, ㅇ, ㅎ), 중성에만 홀로 쓰이는 11자(ㅏ, ㅑ, ㅓ, ㅕ, ㅗ, ㅛ, ㅜ, ㅠ, ㅡ, ㅣ, ㆍ)의 순으로 배열하고, 각 글자의 이름을 'ㄱ其役, ㄴ尼隱, … ㅋ箕, ㅌ治, … ㅏ阿, ㅑ也 …'처럼 한자를 빌려 적어 그 음가를 보였다. 그리고 '가 갸 거 겨 고 교 구 규 그 기 ᄀᆞ'처럼 초성자와 중성자를 합해 글자를 만드는 법, '각 간 갇 갈 감 갑 갓 강' 등처럼 초·중·종성자를 합해 글자를 만드는 법을 간략하게 보여 주었다. 이런 점을 보면 '언문자모'의 내

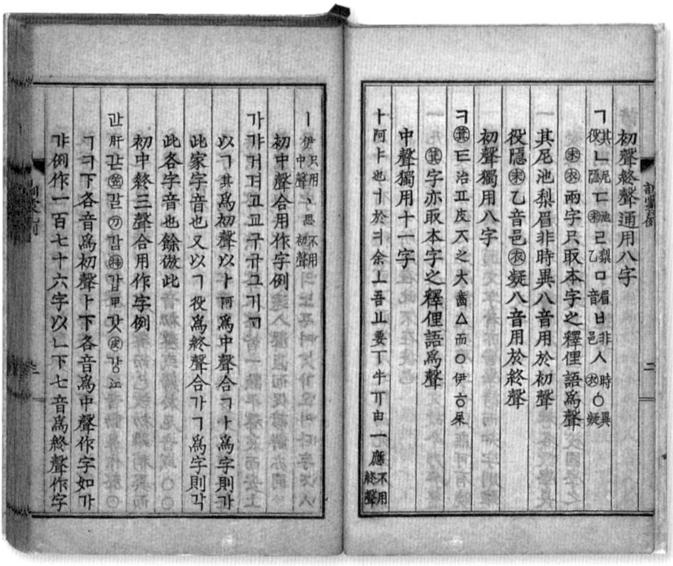

『훈몽자회』 '언문자모' 1914년 1월 20일, 조선광문회(朝鮮光文會) 편, 장서각 소장

용은 곧 한글을 깨치기 위한 기본 내용임을 알 수 있다.

실제 『훈몽자회』를 저술한 최세진은 이 책의 '범례'에서 "지금 '언문자모'를 함께 기록하여 그들로 하여금 언문을 먼저 익히고 다음에 『훈몽자회』를 익히게 하면 깨닫고 가르치는 유익함이 있을 것이다"[17]라고 하였다. 이처럼 한글을 알고 한자를 학습하면 더 효과적이라 강조하면서 이를 위해 '언문자모'를 포함해 책을 엮었다고 밝혔다면, '언문자모'와 같은 학습 자료를 사용해 한글을 가르치는 교육 절차는 『훈몽자회』를 간행하기 이전부터 일반화된 것으로 추정할 수 있다. '언문자모'는 그 뒤 '반절표'로 간략화되어 근대 초기까지 한글 교육에 활용되었다.

이처럼 '언문자모'로부터 당시 한글 학습 자료의 모습을 그려 나가다 보면, 세종이 한글 창제 후 한글의 음가와 운용 방법을 간략히 설명한 '예의'(例義)를 저술했다는 사실이 새롭게 다가온다. 세종이 한글 창제 직후 '예의'를 만들어 신문자 교육에 활용하였다고 추정해 볼 수 있는 것이다.

정인지가 『훈민정음』(1446)의 서문에서 "계해년(1443) 겨울 우리 전하께서 정음 28자를 만드시고 간략하게 예의를 들어 보이시고 이름을 훈민정음이라 하셨다"[18]라고 한 것은 해례본 『훈민정음』이 나오기 이전 '예의' 부분이 따로 나왔음을 말해 준다. 이에 근거하면 '예의'는 한글 학습 자료로 쓰였을 가능성이 높다. 또한 이 '예의'가 『월인석보』(月印釋譜)에 첨부되었음도 '예의'가 한글 학습 자료였을 가능성을 높여 준다. 더구나 『훈몽자회』의 '언문자모'가 최세진이 고안한 것이 아니라 전래의 관용을 정리하여 기록한 것이라 한다면,[19] 당시 '예의'와 다른 체제로 고안된 다양한 한글 학습 자료가 만들어졌을 가능성도 있다.

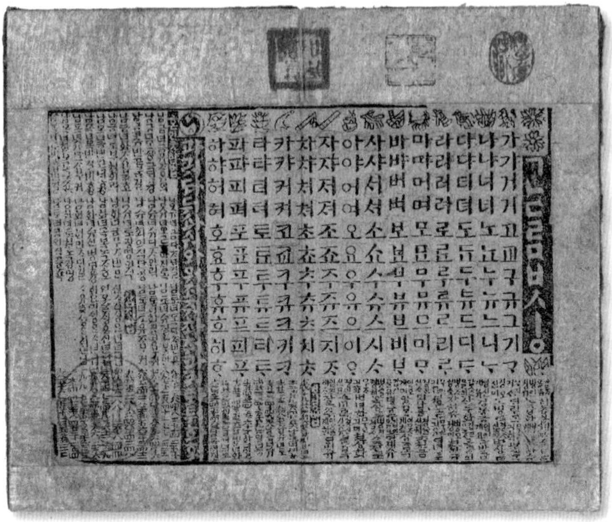

ㄱ

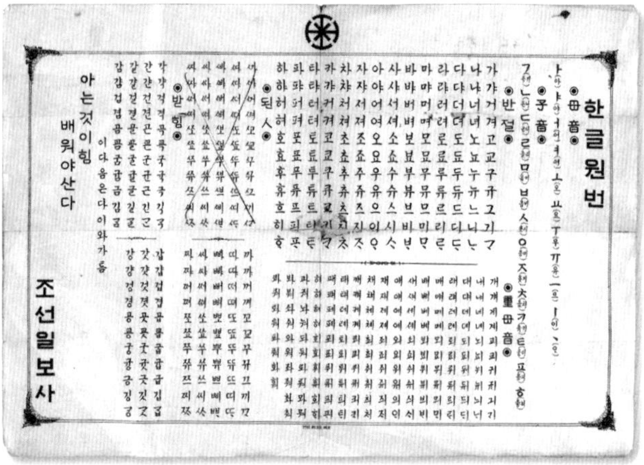

ㄴ

ㄱ. **19세기 후반 낱장으로 유통된 목판본 한글 반절표** 음절 글자와 종성자(ㄱㄴㄷㄹㅁㅂㅅㅣㅇ) 이외에, 맨 위에는 각 행의 초성자가 쓰이는 사물의 그림(ㄱ행 개, ㄴ행 나비, ㄷ행 닭, ㄹ행 라(나)팔, ㅁ행 말…)이, 왼쪽과 아래쪽에는 '혼인궁합법', '삼재(三災)법', '구구법', '육갑' 등 생활 정보가 있다. 이와 유사한 구성의 다양한 반절표가 널리 유통되었다는 사실에서 조선 후기 한글의 보급 정도를 가늠해 볼 수 있다.

ㄴ. **「한글원번」** 1929년 9월~1933년 10월 사이에 조선일보사가 발행한 한글 학습 교재. 상단에는 언문 반절, 하단에는 중모음이 배치되어 있다.

그런데도 한글을 교육하는 일을 다룬 기록을 찾기는 어렵다. 그 이유는 무엇일까? 『훈민정음』에서부터 한글이란 문자를 "지혜로운 사람은 아침나절이 되기 전에 이를 이해하고, 어리석은 사람도 열흘 만에 배울 수 있"을 만큼 쉽다고 강조했던 데에 그 답이 있다. 그렇게 배우기 쉬운 한글이었기에 그 교육 방안을 모색하는 것은 부차적인 일이었고, 그 교육 과정을 특별히 기록할 동기도 없었던 것이다.

그렇다면 한글이 빨리 보급될 수 있었던 이유는 일단 이 지점, 즉 한글이 배우기 쉬운 문자라는 데서 찾을 수 있다. 그러나 아무리 쉬운 문자여도 교육과 활용의 동기가 분명하지 않은 이상 빠른 속도의 보급은 불가능하다. 그렇다면 한글의 교육과 활용의 동기를 찾을 필요가 있는데, 이를 한글 창제의 동기와 관련지어 보면, 삼강오륜으로 상징되는 유교적 공동체의 수립이라는 시대적 과제에 주목하게 된다. 유교적 공동체는 교화 정책을 통해 구성되었으니, 공동체의 중심에는 교화 기관이자 교육 기관인 향교와 서당이 있었고, 이를 거점으로 한글 교화서에 대한 교육과 더불어 한글 보급이 이루어졌을 것이다.

특히 『훈몽자회』가 어린아이에게 한자 교육과 한글 교육을 하는 교육 자료로 활용되었음을 고려하면, 『훈몽자회』나 『천자문』 등의 한자 학습서와 『삼강행실도』, 『소학』 등과 같은 교화서를 가르쳤을 서당은 실질적으로 한글 교육기관이었다고 볼 수 있다. 이 지점에서 다시금 한글 보급과 교화 정책의 연결 고리를 확인하게 된다. 교화의 사회적 기반은 곧 한글 보급의 사회적 기반이었고, 교화 정책이 강력히 이루어질수록 한글 보급도 빠르게 이루어졌던 것이다.

1546년
한글 교육기관의 확대, 교화 기관으로서 서당 설립을 장려하다

16세기에 향약(鄕約)을 자치 규약으로 삼은 향촌(鄕村) 조직이 구성되면서, 교화 정책은 향촌을 중심으로 이루어졌다. 이때 『경국대전』에서 교화 방식을 규정하면서, 한글로 번역한 『삼강행실도』를 교재로 하라고 한 것은 교화의 기반을 전국적으로 구축하는 데 중요한 역할을 하였다. 한글 서적을 교재로 사용하면 한문에 능통한 사람이 없는 마을에서도 교화가 이루어질 수 있고, 이는 궁벽한 시골 마을에까지 교화의 기반을 구축하는 결과로 이어진 것이다. 이런 맥락에서 교화와 한글 보급의 사회적 기반으로 특별히 주목해야 할 것은 기초 교육을 담당했던 서당이다.

서당은 문중이나 마을에서 학자를 초빙하여 설립하거나 그 지역의 한학자가 직접 설립하여 유학의 기초 경전을 가르쳤던 기관이다. 이처럼 서당은 향촌의 민간 교육기관으로 시작되었지만, 다음 『명종실록』의 기사는 국가가 서당 설립을 장려하면서 교화 정책을 적극 추진했음을 보여 준다. 서당의 증가는 이처럼 교화의 기반을 전국적으로 구축하고자 했던 조선 왕조의 목표와 연결되어 있었다.

> 어제 경연관이 아뢴 뜻은 '시골의 천민·서민은 오륜(五倫)의 도를 알지 못하여 법을 어기기가 쉬우니 법으로 다스리는 것은 옳지 않다'는 것인데, 지금 이 의득(議得)은 그 대강만을 들었다. 감사가 각 읍을 순행하여 『소학』으로 권장하고 징벌한

다 했으니, 이것은 학교의 일을 말한 것이고 궁벽한 시골 사람을 가르치는 방법을 말한 것은 아니다. 궁벽한 시골이라 하나 어찌 글을 아는 자가 없겠는가. 각 여리(閭里)에서 글을 아는 자를 가려서 천민·서민을 가리지 말고 학장(學長)을 삼아서 가르쳐 깨우치게 하고 예조로 하여금 규정 조항을 상세하게 마련토록 하라. —『명종실록』, 1546. 6. 10.[20]

16세기에는 궁벽한 시골 사람들을 교화하는 방법을 강구할 만큼 교화 정책이 더 치밀해졌다. 그 방안으로 국가는 궁벽한 시골까지 서당을 설립하도록 하고 이를 체계적으로 관리하고자 하였다. 여기에서 서당 설립을 '오륜의 도를 깨우치는 일'과 연결지어 이야기하는 것은 서당의 설립이 교화의 일환이었음을 분명히 보여 준다. 특히 조선이 철저한 신분 사회였음을 고려할 때, 글을 아는 자를 가려서 천민·서민을 가리지 말고 학장을 삼으라는 왕명은 충격적이기까지 하다. 그만큼 조선 왕조는 교화 기반을 촘촘하게 구축하는 문제를 절박하게 여겼다.

그런데 한글 교화서가 보급되지 않았다면, '글을 아는 자라면 천민과 서민이라도 서당의 학장을 할 수 있도록 하라'는 왕명이 실현되기는 어려웠을 것이다. 한글 교화서가 교육에 활용되는 상황에서야, '글을 아는 자'(解文者)의 범위를 '한문에 능통한 자'뿐만 아니라 '한글로 번역한 교화서를 참고하며 한문을 해독할 수 있는 자'까지로 확대할 수 있기 때문이다. 그런 점에서 보면, 한글 교화서가 본격적으로 보급되기 시작한 16세기 중반에 서당이 향촌의 기초 교육기관으로 자리 잡은 것은 우연한 일이 아니다. 이처럼 서당이 증가하면서, 평민과 천민의 자제도 서당에서 교육을 받을 수 있었고, 교화와 한글 보급의 사회적 기반으로서 서당의 역할도 더 커지게 되었다.

서당의 증가와 함께 서당 교육을 경험한 사람이 증가한 것은 한글 해득자의 증가와 관련하여 특히 주목할 필요가 있다.[21] 이는 서당에서 『동몽선습』(童蒙先習)과 『소학』 등을 가르치기 전에 『천자문』이나 『훈몽자회』 등 한글로 음과 훈을 기록한 기초 한자 학습서를 가르쳤다는 사실 때문인데, 그렇다면 한자 교육을 본격화하기 전에 가정이나 서당에서 한글을 읽고 쓰는 교육이 선행되었다고 가정하는 건 자연스러운 일이다. 서당은 기초 한자 교육을 통해 한글 학습의 동기를 제공하고, 유학의 기초 경전을 교육하면서 유교적 가치관을 확산하는 교화 기관의 역할을 했던 것이다.

서당의 증가는 자연스럽게 농민 지식인을 양산하는 계기가 되었다. 생업으로 농사를 지으면서 마을의 아동들을 가르치는 이들이 늘어나면서, 조선 중기까지는 볼 수 없었던 새로운 지식 계층이 형성된 것이다. 18세기 이후에 두드러진 이런 변화에 주목하면, 이를 지식 세계의 변화가 시작된 것으로 볼 수도 있다.[22] 그러나 새로운 지식 계층의 지식 기반이 결국 유학의 기초 지식이었고 이들의 활동이 대부분 통치 질서를 유지하는 조력자의 역할이었음을 감안하면, 농민 지식인의 증가는 유교적 가치관이 광범위하게 뿌리내리는 환경을 조성했다고 봐야 한다. 새로운 지식 계층이 중세 질서의 균열이 아닌 그 질서의 공고화에 기여한 것에서 조선 왕조를 지탱한 힘의 원천이 교화 정책에 있었음을 확인할 수 있다.

그렇다면 동학 혁명 세력의 주축이 농민 지식인이었다는

사실은 어떻게 이해해야 할까? 동학 혁명에 참여한 농민 지식인들을 이해하기 위해서는 이들이 가치관의 측면에서 서학에 맞서는 이념으로서 동학을 표방했다는 점을 주목할 필요가 있고, 동학의 이념이 민중들의 폭넓은 지지를 얻을 수 있었던 배경으로는 생활 기반이 같은 농민 지식인과 농촌 민중이 교화를 고리로 유교적 가치관을 공유했다는 점에 주목할 필요가 있다. 왕도정치를 벗어난 조선의 부패한 현실과 중화 질서의 붕괴를 틈탄 외세의 무도한 간섭을 마주한 상황에서, 농민 지식인들은 폭넓게 공유된 유교적 가치관에 기반한 동학 이념을 내세워, 지배 세력과 외세를 동시에 혁파하고 새 시대를 열고자 했다.

교화 정책의 하부 실행자로서 중세 질서를 공고화하는 데 기여했던 농민 지식인이, 새롭게 조성된 국면에서, 중세 질서를 해체하는 혁명을 주도하였다는 점에서, 농민 지식인의 운명은 한글의 운명과 겹치는 면이 있다. 궁벽한 농촌까지 흘러들어 갔던 한글 교화서는 농민 지식인이 운영하는 서당에서 활용되었을 것이고, 그렇게 중세 질서를 공고화하는 데 기여했던 한글은, 급격하게 조성된 근대화의 국면에서, 중세 질서를 해체하고 근대 질서를 구축하기 위한 공론장의 주류 문자가 되었다.

1588년
한글을 통한 유교 경전의 표준화, 칠서언해를 간행하다

유교 관련 한글 서적 중 풍속 교화를 목적으로 한 서적은 교화 정책의 목표에 따라 간행과 보급이 이루어졌다. 『번역소학』, 『여훈』, 『삼강행실도』, 『이륜행실도』, 『여씨향약언해』(呂氏鄕約諺解), 『정속언해』(正俗諺解) 등이 그러한 성격의 서적이다.

그러나 칠서(七書), 즉 사서삼경(四書三經)의 언해는 유학의 대표적 경전에 대한 표준 해석을 제시한다는 목적에 따른 것으로 백성의 교화라는 정책적 목표와는 다른 차원에서 이루어졌다. 칠서의 언해는 1448년에 세종의 명으로 시작되었으나 1588년에야 완성되었는데, 이처럼 긴 시간이 필요했던 까닭은 구결 달기와 해석에서의 이견을 조정하여 표준안을 도출해야 했기 때문이다. 이황, 이이 등 걸출한 성리학자를 거쳐서야 언해본이 나올 수 있었다는 것은 이 언해 작업이 백성의 교화가 아닌 유학의 학문적 기반을 닦는 사업이었음을 말해 준다.

그런 점에서 칠서언해(七書諺解)의 간행은 간경도감에서 불경 언해서를 간행한 것과 그 목적이 같다고 할 수 있다. 불경 언해서가 불경 해석을 일원화한 결과물이라는 점에서 보면, 불경 언해서의 간행은 승려 교육에 활용할 표준 해석본을 만드는 일이었다.[23] 표준 해석을 확립하기 위해 간경도감에서 간행한 『능엄경언해』(楞嚴經諺解, 1462), 『법화경언해』(法華經諺解, 1463), 『금강경언해』(金剛經諺解, 1464) 등 정통 불교 경전은 16세기 이후 지방에서 간행되던 대중적인 불교 언해서인 『부모은중경언해』(父母恩重經諺解), 『초발심자경문언해』(初發心自警文諺解), 『칠대만법』(七大萬法) 등과 간행 목적이 달랐다.

따라서 사서 언해의 출간을 "사서의 독서층을 확대하여 인민들에게 유교적 윤리와 가치관을 부식(扶植)하기 위함이었다. 사서의 한문을 언문으로 번역하면 사족층 아녀자는 물론 언문을 아는 양민 중의 일부가 성현의 가르침에 쉽게 접할 수 있기 때문이다"[24]라고 평가하는 것은 '언해 작업은 곧 백성의 교화'라는 등식에 견인된 것이라 할 수 있다. 물론 여성이나 평민 중에도 사서삼경 언해서를 통해 성현의 가르침을 접하는 사람이 있을 수는 있었겠지만, 사서삼경 언해서 출간의 정책적 목표와 이 언해서의 활용 가능성은 구분해서 볼 필요가 있다.

사서삼경의 언해서가 지방에서까지 방각본으로 간행된 것은 한글 서적의 보급이라는 차원에서 중요한 의미를 지닌다. 그러나 사서삼경 언해서의 확산 또한 국가의 교화 정책과는 다른 차원에서 이루어진 일이었다. 다음 실록의 기사는 사서삼경 언해서의 확산이 과거 시험 합격을 목표로 했던 양반층의 수요에 따른 것이라 추정할 수 있는 근거가 된다.

> 남구만이 말하기를, 식년 문과는 3년마다 33명을 뽑는데, 단지 구송(口誦)만 취하니, 글의 뜻은 전혀 해득하지 못합니다. 그래서 외딴 시골의 거친 사람은 혹은 언문을 어려서부터 익혀 읽다가 과거에 오르게 되면, 서찰의 수응(酬應)도 하지 못하기 때문에, 바야흐로 지금 문관이 사람의 수는 비록 많다고 하더라도 삼사(三司)의 관직에는 매양 사람이 없음을 근심하고 있으며, 경외(京外)의 시관(試官)도 간혹 구차스럽게 채우니, 경장(更張)이 없을 수 없습니다. —『숙종실록』, 1684. 9. 11.[25]

남구만(南九萬, 1629~1711)은 경전을 외우기만 하고 글의 뜻은 전혀 해득하지 못하는 과거 급제자가 다수인 현실을 한탄하며, 과거 시험의 개선을 요청하였다. 과거에 합격한 후 관리로 임용된 이들이 한문 서찰을 주고받는 데 어려움을 겪는다면 국가

행정이 제대로 이루어질 수 없을 것이니, 조정의 중신인 남구만으로서는 큰 위기감을 느꼈을 것이다. 그런데 그 위기의 근원은 과거 시험 과목이었던 사서삼경을 언해한 칠서언해의 존재였다.

남구만의 한탄을 통해 당시를 그려 보면, 과거 시험을 준비하는 유생들은 사서삼경 언해서를 반드시 구입했을 것이고, 이를 구입한 유생들 사이엔 언해 텍스트를 이용해 해당 경전의 원문을 학습하는 학습법이 유행했을 것이다. 이런 점을 감안하면, 사서삼경 언해서는 독립적인 번역서로 활용된 것이 아니라 한문 텍스트인 유교 경전에 귀속된 텍스트로 활용되었다고 할 수 있다.

이처럼 유교 경전의 한문 텍스트를 언해문과 함께 읽는 것이 일반화되었다면, 칠서언해의 언해문은 유학자들의 한글 글쓰기에 깊은 영향을 미쳤을 것이다. 이런 맥락에서 보면, 근대 개혁 조치로서 한문을 폐지한 상황에서, 근대 지식인들의 글쓰기 모델이 칠서언해의 언해문이 된 것은 자연스러운 일이었다. 『서유견문』(西遊見聞)을 통해 근대적 글쓰기의 모델을 제시했던 유길준(兪吉濬, 1856~1914)은, 한글과 한자를 섞어 쓴 문장을 선택한 이유를 설명하면서, "우리나라 칠서언해의 기사법을 대략 본받아서 상세하고도 분명한 기록이 되도록 하기 위해서다"라고 밝혔다.

언해의 목적이 달랐던 한글 교화서와 칠서언해는 그 대상에 맞춰 서로 다른 한글 문장을 선보였다. 그리고 한글 교화서의 언해문과 칠서언해의 언해문은 근대로 이어져 각각 국문 글쓰기와 국한문 글쓰기의 모델이 되었다. 한글 교화서와 칠서언해의 독자층이 달랐듯이, 근대 초기 국문으로 쓴 글은 대부분 민중을 독자로 삼은 글이었고, 국한문 글은 대부분 지식인을 독자로 삼은 글이었다.

1637년
한글문화의 형성, 한글 소설이 유행하기 시작하다

15세기까지 왕실이 주도하여 한글 서적을 출간하였지만, 16세기에는 지방에서도 한글 교화서, 대중적인 불교 서적, 실용서 등 다양한 한글 서적을 출간하였다. 지방에서 출간된 한글 서적은 한글이 전국적으로 보급되어 뿌리내렸음을 말해 준다. 지방에서 한글 서적이 간행되었다는 것은 그만큼 한글 서적의 수요층이 안정적으로 확보되었다는 뜻이다. 다만 그 규모를 출판 시장의 형성으로 말하기는 어렵다. 18세기에 이르러서야 출판 시장이 형성되었다고 할 수 있는데, 교화서와 실용서를 중심으로 한 한글 서적의 출판과 유통 방식에 변화의 바람을 몰고 온 것은 한글 소설이었다. 한글 소설이 유행하면서 방각본(坊刻本)•과 세책(貰冊)이라는 출판·유통 방식이 자리 잡았다.

그런데 한글 소설의 유행은 방각본과 세책이라는 출판·유통 방식이 자리 잡기 이전부터 시작되었다. 병자호란이 끝난 1637년 이후 대체 역사물의 일종인 『임진록』, 『박씨전』 등의 한글 군담소설이 등장하면서 한글 소설이 유행할 조짐이 일었는데, 1687년에 유배 중이던 김만중(金萬重, 1637~1692)이 어머니의 근심과 적적함을 덜어 주기 위해 한글 소설 『구운몽』을 쓴 사실에서도 한글 소설의 유행 정도를 가늠할 수 있다. 이처럼 독자층을 넓혀 나가던 한글 소설은, 18세기 들어, 한글 소설을 대

• 방각본(坊刻本)
조선 후기 민간 출판업자가 목판에 새겨 간행한 책. 민간 출판업자의 방각본 출판은 16세기 후반부터 시작되었지만, 사대부가 수요층인 서적 중심이었다. 방각본 출판이 본격화한 것은 18세기 이후 서적의 수요층이 전 계층으로 확대되면서부터다. 방각본은 출판 지역에 따라 서울의 '경판본', 전주의 '완판본', 안성의 '안성판본' 등으로 구분된다.

여하는 '세책'이 성행하여 사회 문제가 될 정도로 유행하게 된다.

> 살펴보건대 요즘 여자들이 서로 다투어 능사로 삼는 것이 오직 패설(稗說)을 숭상하는 일이다. 패설은 날로달로 증가하여 그 종수가 이미 백 종 천 종이 되었다. 세책 집에서는 이를 깨끗이 필사하여, 빌려 보는 자가 있으면 그 값을 받아서 이익으로 삼는다. 부녀들은 식견이 없어, 혹 비녀나 팔찌를 팔고, 혹은 동전을 빚내어, 서로 다투어 빌려다가 긴 날을 소일하고자 하니, 음식이나 술을 어떻게 만드는지, 그리고 자신의 베 짜는 임무에 대해서도 모르게 되었다. 그런데 부인은 홀로 습속의 변화를 탐탁지 않게 여기고 길쌈질의 여가에 틈틈이 읽고 외운 것은 오직 『여사서』였으니 가히 규중의 모범이 된다고 할 것이다. — 채제공(蔡濟恭), 「여사서서」(女四書序)[26]

남인의 영수이자 정조의 최측근으로 삼정승을 역임한 채제공(蔡濟恭, 1720~1799)은 아내가 필사(筆寫)한 『여사서』(女四書)의 서문에서 한글 소설의 폐해를 지적하였다. 채제공은 책을 빌리기 위해 부녀자들이 패물을 팔거나 빚을 내고, 소설을 읽느라 가정 살림에 소홀하다는 사실을 거론하면서, 자신의 아내가 패설(소설)만을 숭상하는 세상 여인네와는 달리 여성 교훈서만을 탐독함을 칭송하였다. 한글 소설을 대하는 이런 태도는 채제공뿐만 아니라 이 시대 사대부들에게서 흔히 찾아볼 수 있다. 이덕무(李德懋, 1741~1793)와 정약용(丁若鏞, 1762~1836)은 교화가 되지 않는 세태를 비판하며 한글 소설의 폐해를 지적하였다. 그런데 사대부들의 비판은 역설적으로 한글 소설이 크게 유행했으며 이를 제지할 수 없는 상황이었음을 말해 준다. 한글 소설의 유행을 사회 변화의 징표, 즉 중세 질서에 균열이 생긴 징표로 설명하는 것은 이러한 상황에 주목했기 때문이다.

그런데 세책이 성행하던 시기에 여성들에게 인기 있던 소설은 명나라를 배경으로 충효 사상을 강조한 『완월회맹연』(玩月會盟宴), 오랑캐인 몽고족의 원나라를 물리치고 천하를 되찾으려는 영웅들의 이야기를 엮은 『태원지』(太原誌), 청나라 조정을 무대로 한 삼부자의 충성을 다룬 소설 『징세비태록』(懲世否泰錄), 소씨 가문의 삼대에 걸친 가문 소설인 『문장풍류삼대록』(文章風流三代錄), 네 가문의 영화와 몰락을 그린 소설인 『홍루몽』(紅樓夢) 등의 번역 소설이었다.[27] 유행하던 한글 소설의 내용이 이처럼 교훈성과 오락성이 적절히 섞인 것으로 중세적 가치관을 부정하는 것은 아니었기 때문에, 이를 부정적으로 본 사대부가 많았음에도 한글 소설의 유통이 허용될 수 있었다.[28] 상업적 출판물로서 한글 소설의 유행이 중세 질서에 균열을 낼 수 없었던 이유가 여기에 있다.

다만 한글 소설의 유행은 한글문화를 새로운 단계로 올려놓았다는 점에서 근대적 의미를 가진다. 한글 소설은 한글 경전이나 한글 실용서와 달리 한문 텍스트에 귀속되지 않은 순전한 한글 텍스트였다. 한문본이 있더라도 한글본은 한문본과 분리된 텍스트로 유통되었다. 이는 이전 언해서와 다른 점이었다.

이런 측면에서 한글 소설과 함께 한글이 확산되는 상황을 "조선도 한글·출판을 통해서 초기 대중전달사회에 진입했고 또 완전한 형태는 아니라 하더라도 근대적 민족 공동체에 한발 가까이 접근한 것으로 보인다. 결국 이것은 한글·출판을 통해 한반도가 하나의 정보 공동체로 묶인 데 따른 것"[29]이라고 평가하기도 한다. 이처럼 조선 후기의 한글 서적 출판 상황을 근대적 민족 공동체의 성립과 연결 짓는 상황에서, 한글 텍스트의 확산을 근대성의 틀로 설명하는 것은 일견 자연스러운 면이 있지만, 그 한계 역시 분명하다.

궁벽한 시골까지 보급된 한글 교화서는 철저하게 중세 질서를 유지하는 역할을 했고, 한글문화를 새로운 단계에 올려놓았다는 한글 소설 역시 그 이념성은 한글 교화서와 크게 다르지 않았다. 더구나 실용서의 한글화는 중세 지식의 위계에 따라 제한되었고, 유교 및 불교 경전의 한글화는 한문 텍스트에 접근하기 위한 다리로서 기능했다. 따라서 한글 서적은 한문으로 이루어진 지식 정보의 생산과 유통 질서에 균열을 낼 수 없는 한계를 지니고 있었다.

이러한 조선의 특수성을 감안한다면, 18세기 조선의 상황을 설명할 때 '인쇄 자본주의에 의해 탄생한 활자어를 통해 민족이라는 근대적 공동체가 성립되었다'는 베네딕트 앤더슨(Benedict Anderson, 1936~2015)의 논리를 곧바로 적용하기는 어렵다. 이런 점에서 19세기 말 서양인의 조선 관찰기 중 다음 대목은 한글 보급의 시대적 의미를 판단하는 데 시사하는 바가 크다.

> 조선 백성의 대부분은 남자나 여자나 할 것 없이 이 정도의 지식을 배우는 것이 교육의 전부다. 이들의 단순한 삶에서 생기는 일반적인 필요를 위해서는 이 정도로 충분한 것이다. 왜냐하면 (조선의 문자로) 편지를 쓰는 것과, 조선에서 편찬되거나 인쇄되고 있는 역사서나 소설책을 읽는 데는 이 정도의

교육만 받으면 가능하기 때문이다.[30]

조선의 문해 상황에 대한 에른스트 폰 헤세 바르텍(Ernst von Hesse-Wartegg, 1851~1918)의 평가는 한글 창제 이후 한글의 역할과 위상이 19세기 후반까지 변하지 않고 지속되고 있음을 보여 준다. 바르텍은 같은 책에서 조선이 이탈리아보다 문자 해득률이 훨씬 높다고 했으면서도, 이처럼 조선의 교육이 편지를 쓰거나 역사서와 소설책을 읽는 정도에 머물렀음을 지적하고 있다. 이러한 지적은 한글이 지식 정보의 생산과 유통에서 제한적인 역할만을 했던 현실의 한계를 보여 준다. 그렇다면 18세기를 전후해 관찰되는 한글 사용의 양적 확장 현상을 근대화의 징표로 단정하기는 어렵다. 한글 사용의 근대적 의미는 한문을 공적 영역에서 퇴출한 상태에서 지식 정보를 생산하고 유통하는 시기에 이르러서야 분명해진 면이 있다.

1782년
한글 정치의 한 양상, 한글로 이질 사상에 대응하다

한글 소설이 유행하며 한글문화가 새로운 단계에 접어든 시대에, 정조는 한글의 힘을 정확히 파악하고 이를 정치적으로 적절히 이용했다. 백성에게 알려야 할 바를 알려 정치적 목적을 이루기 위해서는 백성의 문자인 한글을 활용해야 함을 알았던 것이다. 흉악한 범죄로 민심이 동요할 때, 정조는 "간악한 백성이 부박한 풍속에서 나오는 것은 곧 조정의 교화가 밝지 않은 결과"[31]라고 하면서, "지금 내려보내는 유지(有旨)를 한문과 언문으로 베껴 크게 한 장을 써서 큰 길거리에 내걸고, 아울러 한 통을 베껴 해당 고을의 사류와 백성에게 선포하여 각자 조정을 믿어 두려워하지 말고 즐겁게 생업에 종사하도록 하라"[32]고 명한 바 있다. 조정의 교화 정책이 부족함을 탓하면서 백성을 위로하는 왕의 곡진한 한글 유지를 읽는 백성의 마음은 어떠했을까?

정조는 이처럼 민심이 동요하는 국면마다 교화의 부족함을 반성하며, 한글 유지를 내려 백성을 안심시켰다. 그런 점에서 한글 유지는 교화 정책의 연장선에서 나온 것이라 할 수 있다. 한글 유지는 한글 교화서를 통한 교화와 더불어 왕조를 유지시키는 데 결정적으로 기여했다.

그런데 이질 사상이 틈입하는 상황에서는 이질 사상에 직접적으로 대응하는 교화 정책이 중요해졌고, 이질 사상에 대응하는 정책은 교화서가 아닌 한글 유지를 통해 이루어졌다. 왕조를 부정하는 예언서나 천주교 교리가 민간에 퍼지는 상황에서, 유교적 가치관을 왕조의 정체성으로 설정하고 이를 방어하는 데에 한글을 적극적으로 활용한 것이다.

> 내가 매우 두려워하는 것은 예언의 서적에 있지 않고 다만 교화가 시행되지 않고 풍속이 안정되지 않아 갖가지 이상한 일이 이 도에서 발생할까 하는 것이다. 안필복(安必復)과 안치복(安致復)에게 이 전교로 일깨운 다음에 갇혀 있는 그의 가족도 모두 방면하라. ……그들도 충성하고 싶은 양심을 갖추고 있으므로 이것을 들으면 반드시 완고히 잘못을 고치지 않는 사람이 없을 것이다. 이 비밀히 유시한 글 한 통과 문인방(文仁

> 邦)을 법에 따라 결안(사형하기로 결정한 최종 판결문)한 것을 한문과 언문으로 베껴 써서 방면한 죄수들에게 주도록 하라. 그리고 또한 직접 수령들에게 주의시켜 반드시 조정의 뜻을 선포하여 유신(維新)의 효과를 다하기에 힘쓰도록 하라.
>
> —『정조실록』, 1782. 12. 10.[33]

황해도에서 일어난 『정감록』(鄭鑑錄) 관련 역모 사건에서, 정조는 불온한 예언서를 소지한 죄보다도 교화가 시행되지 않음을 우려하였다. 그리고 역모의 주모자인 문인방 등 적극 가담자를 제외한 죄인은 방면하되 그 죄목과 훈계 내용을 한글로 써서 주라는 명을 내린다. 잘못을 저지른 사람도 충성하고 싶은 양심이 있기 때문에 교화만 한다면 잘못을 고칠 것이라는 정조의 믿음은 조선 왕조가 추진했던 교화 정책의 논리이기도 했다.

여기서 주목할 것은 역모 사건의 전말을 백성에게 알리는 데에도, 사회 질서를 유지해야 하는 당위성을 설득하는 데에도 한글이 활용되고 있다는 사실이다. 이는 한글을 활용한 교화가 백성을 가르치는 단계에서 백성을 설득하는 단계로 나아가고 있음을 보여 준다. 이런 맥락에서 서학, 즉 천주교에 대한 대응도 결국 교화의 문제로 귀결되었다.

> 오늘날 세속에는 이른바 서학이란 것이 진실로 하나의 큰 변괴입니다. 근년에 성상의 전교에 분명히 게시하였고 처분이 엄정하셨으나, 시일이 조금 오래되자 그 단서가 점점 성하여 서울에서부터 먼 시골에 이르기까지 돌려가며 서로 속이고 유혹하여 어리석은 농부와 무지한 촌부까지도 그 책을 언문

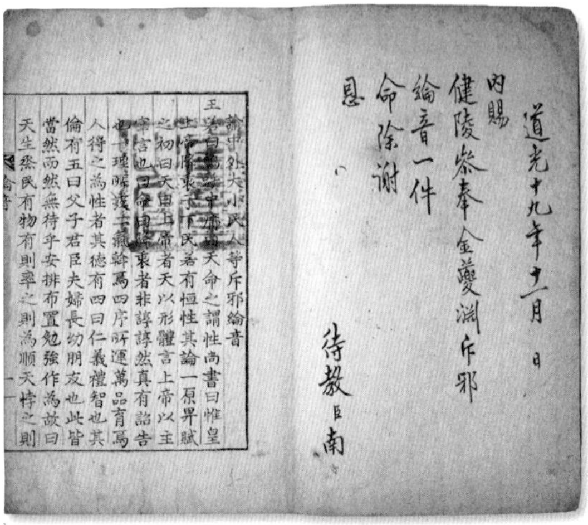

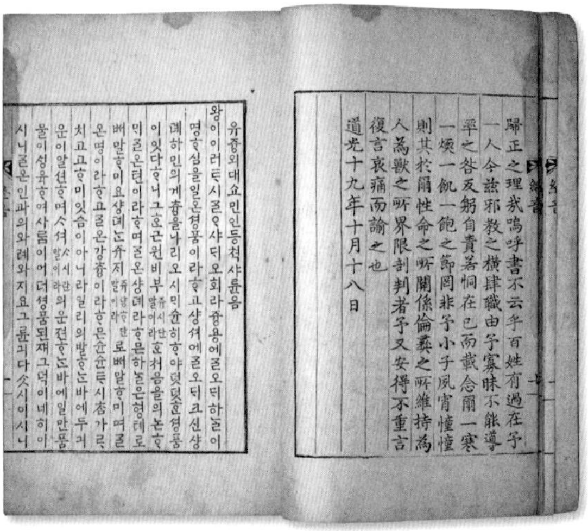

『척사윤음』 1839년 임진자본, 국립한글박물관 소장

으로 베껴 신명처럼 받들면서 죽는다 해도 후회하지 않으니, 이렇게 계속된다면 요망한 학설로 인한 종당의 화가 어느 지경에 이를지 모르겠습니다. —『정조실록』, 1788. 8. 2.[34]

사간원의 정언인 이경명(李景明)은 정조에게 한글로 된 천주교 교리서가 전국적으로 유포되는 상황에서 서학의 확산을 막을 방책을 궁리해야 한다는 내용의 상소를 올렸다. 그의 핵심 주장은 유교 질서에 대한 위협에 적극 대응해야 한다는 것인데, 정조는 이러한 상황을 타개할 방안으로 적극적인 교화를 제안한다. "우리 도(道)와 정학(正學)을 크게 천명한다면 이런 사설(邪說)은 일어났다가도 저절로 없어질 것으로 본다. 그러니 그것을 믿는 자들을 정상적인 사람으로 전환시키고 그 책을 불살라 버린다면 금지할 수 있을 것이다"[35]라는 정조의 말은 교화에 대한 그의 믿음을 잘 보여 준다. 그렇다면 "우리 도와 정학을 크게 천명"할 방법은 기존의 교화 정책을 더 강화하는 것이다. 천주교가 확산하는 상황에 정조가 한글 유지나 윤음을 내리지 않았던 것은 이처럼 교화 정책의 강화에 초점을 두고 서학에 대응했기 때문이다.

천주교 교리에 정면 대응하는 윤음은 천주교 신자가 급증하는 시기에 나온다. 한문 원본에 한글 번역본을 덧붙인 체제로 제작된 『척사윤음』(斥邪綸音)은 1839년 헌종 5년에 한 권의 책으로 만들어져 전국에 배포되었다. 이 『척사윤음』에는 유학의 가르침과 도학(道學)을 숭상한 사례를 언급하며, 사악한 서양의 종교에 현혹되지 말고 성인의 가르침을 지키며 살라는 당부의 말이 담겨 있다. 그런 점에서 『척사윤음』의 내용은 유학의 도를 크게 천명해 사설을 물리친다는 정조의 뜻에 맞닿아 있다.

천주교를 엄격히 금지하고 탄압하는 정책을 펴면서 동시에 천주교의 교리를 논박한 윤음을 전국적으로 배포한 것은 조선 왕조 통치 정책의 핵심이 교화에 있었음을 말해 준다. 1881년에 고종이 내린 윤음 또한 한문 원본에 한글 번역본을 덧붙인 형식으로 기독교의 폐해를 지적하며 풍속을 바로잡을 것을 설득하는 내용이었다. 이처럼 한글을 매개로 확산하는 서양 종교의 교리를 한글 윤음으로 논박한 것을 보면, 한글을 활용한 교화 정책의 지향점은 결국 백성을 설득하는 것이었음을 알 수 있다.

조선 왕조가 두 번의 큰 전란을 겪으며 취약해진 상태에서도 19세기 후반까지 중세 질서를 견고히 유지할 수 있었던 이유도 이 지점에서 찾을 수 있다. 한글 교육이 유교적 가치관을 심는 교화와 함께 이루어지며 한글이 보급되었기에, 이질 사상에 대응하는 논리도 한글을 활용하여 쉽게 확산시킬 수 있었던 것이다. 그러나 아이러니하게도 조선 왕조가 차단하고자 했던 이질 사상인 서학은 교화 정책에 따른 한글 보급의 성과를 발판으로 빠르게 퍼져 나갔다.

1824년
한글의 재평가, 『언문지』에서 한글의 우수성을 조명하다

조선 후기에 이루어진 한글 연구는 '암클'로 비하하던 한글을 재평가하는 계기가 되었고, 이런 이유로 이 시기 한글 연구를 근대 의식의 발현으로 보기도 한다. "근대적 현실성과 민족적 주체성을 지향",[36] "소중화 의식을 벗어 버리고, 나를 중심으로 능동적으로 세계를 재구성하는 근대 의식의 싹",[37] "한문보다는 한글로 소통하는 사회를 지향하는 의식의 발현"[38] 등은 조선 후기의 한글 연구에 대한 그간의 평가였다.

대표적 한글 연구서인 『언문지』(諺文志)를 저술한 유희(柳僖, 1773~1837)는 한글이 한자음을 가장 정밀하게 표기할 수 있는 문자이고, 한자음은 음소문자인 한글로 기록했을 때에만 영원히 그 음을 보존할 수 있음을 강조하였다. 그리고 그의 스승인 정동유(鄭東愈, 1744~1808)의 말을 빌려, 부녀자들이 공부하는 한글이라고 해서 소홀히 해 온 세태를 비판하였다. 이러한 태도는 한글의 우수성을 입증하는 연구로 이어지는데, 유희는 "언문의 자는 총 10,250개로서 사람이 내는 소리를 모두 표기할 수 있으며, 사람이 내는 소리는 10,250개로서 이는 천지 만물의 수를 다할 수 있다"[39]고 하면서, 한글 자모의 가능한 조합과 인간의 언어음이 일치한다고 주장했다. 이러한 생각은 유희만의 생각은 아니었는데, 유희에 앞서 신경준(申景濬, 1712~1781)은 『훈민정음도해』(訓民正音圖解, 1750)에서 "정음은 우리들에게만 혜택을 베푸는 데 그치지 않으니 천하의 '성음대전'으로 삼을 만하다"[40]고 칭송했다. '천하의 성음대전'이 '만국음성기호'를 뜻하는 것인 만큼, 이는 유희의 생각과 맥을 같이한다.

한글의 우수성을 음성 표기의 정밀성에서 찾는 태도는 근대 한글 연구 시기를 거쳐 오늘날까지 이어지고 있다. 그런 측면에서 보면, 유희의 『언문지』를 비롯한 조선 후기 한글 연구를 탈중화적 주체성의 발현, 근대 지향적 의식의 맹아 등으로 평가하는 게 자연스러운 면이 있다. 다만 이러한 평가에 앞서 생각해야 할 점은, 유희가 한글의 우수성에 주목한 것은 한글이 한자음을 가장 정밀하게 표기할 수 있는 문자라는 점을 강조하는 맥락이었고, 한글의 편리성과 확장 가능성에 대한 찬사도 15세기 『훈민정음』 편찬자의 인식과 다르지 않다는 사실이다. 이런 점에서 조선 후기에 이루어진 한글 연구를 탈중화적 의식 및 공적 소통 방식의 변혁 의지와 곧바로 연결 지을 수는 없다. 그렇다면 유희에 앞서 한글의 힘에 주목했던 이규상(李奎象, 1727~1799)의 말은 어떻게 이해해야 할까?

> 각국의 언서(諺書)는 음(陰)에 속하는 반면에 예부터 만들어져 전해 오는 한문은 양(陽)에 속한다고 할 수 있다. 각국의 과문(科文) 또한 음에 속하지만 옛사람의 의리문은 양에 속한다. 그런 이유로 최근에 언문과 과문은 도처에서 신장하는 데 반해 고자(古字)와 고문(古文)은 도처에서 점차 위축되고 있다. 동방의 한 지역을 두고 매일 그 쇠퇴하고 성장하는 형세를 관찰해 보건대 오래지 않아 '언문'이 이 지역 내에서 공행(公行) 문자가 될 것 같다. 지금 더러 언문으로 쓴 공문서가 있는데, '공이문자'(公移文字: 공문서 작성에 사용되는 이두문)를 쓰기 어려운 경우 간간이 언문으로 써 급한 형편에 대처하는 수가 없지 않다고 한다. 이것이 그 조짐이다. 물물사사 각각의 물과 일 어느 하나도 음이 이기지 않는 것이 없다.
>
> — 이규상, 「세계설」世界說, 『일몽고』一夢稿[41]

이규상은 한글이 '공행 문자', 즉 공용 문자가 될 것이라 했으니, 이규상의 한글 의식을 근대 지향적으로 평가할 수도 있다. 그런데 한글에 대한 이규상의 견해가 '언문'을 음으로 '한문'을 양으로 보는 맥락에서 나온 것이라면, 이규상의 한글 의식에 대한 평가는 재고할 필요가 있다. 이규상의 생각은 위의 인용문에 바로 이어지는 다음 부분에서 분명하게 드러난다.

> 그런즉 일치일란(一治一亂)도 그 사이에 있는 것이니, 비록 소강(小康)의 다스림이 있게 된다고 해도 역시 송나라와 명나라가 여러 오랑캐의 사이에 끼어든 형국으로 퇴락했다는 것이다. 그런즉 대세계는 마침내 함께 난(亂)으로 귀결될 것이다. — 이규상, 앞의 글[42]

한족(양)이 아닌 이민족(음)이 중국을 지배하는 상황을 퇴락으로 보는 이규상의 생각을 위의 인용문과 연결해 보면, 맥락상 이규상은 언문(음)이 한문(양)을 이기고 공행 문자가 되는 것 또한 퇴락으로 봤음을 알 수 있다. 이런 점에서, "18세기에 명·청을 모두 상대화한 바탕 위에 독자적으로 조선의 자국 의식을 갖추는 형태의 탈중화 움직임은 나타나지 않았다"[43]는 견해는 당시 한글 의식의 성격을 판단하는 데 시사하는 바가 크다. 이런 관점에서 보면, 이규상의 예언은 한편으론 한글 창제를 반대하던 최만리(崔萬理, 1398~1445)의 우려를, 또 다른 한편으론 19세기 말 갑오개혁 당시 개혁에 저항하여 사직을 요청한 학부대신 신기선(申箕善, 1851~1909)의 탄식을 연상시킨다.

> **〈최만리의 상소〉**
>
> 어찌 예로부터 시행하던 폐단 없는 글을 고쳐서 따로 야비하고 상스러운 무익한 글자를 창조하시나이까. 만약에 언문을

시행하오면 관리된 자가 오로지 언문만을 습득하고 학문하는 문자를 돌보지 않아서 이원(吏員)이 둘로 나뉠 것이옵니다. 진실로 관리 된 자가 언문을 배워 통달한다면, 후진(後進)이 모두 이러한 것을 보고 생각하기를, 27자의 언문으로도 족히 세상에 입신(立身)할 수 있다고 할 것이오니, 무엇 때문에 고심(苦心) 노사(勞思)하여 성리(性理)의 학문을 궁리하려 하겠습니까. —『세종실록』, 1444. 2. 20.[44]

〈신기선의 상소〉

새로 한 학부대신 신기선 씨가 상소하였는데, 머리 깎고 양복 입는 것은 야만이 되는 시초요, 국문을 쓰고 청국 글을 폐하는 것은 옳지 않고, 외국 태양력을 쓰고 청국 황제가 주신 정삭을 폐하는 것은 도리가 아니요…… 학부대신을 하였으되 행공하기가 어려운 것이 정부 학교 학도들이 머리를 깎고 양복을 입은 까닭이요, 국문을 쓰는 일은 사람을 변하여 짐승을 만드는 것이요, 종사를 망하고 청국 글을 폐하는 일이니, 이런 때에 벼슬하기가 어려우니 갈아 주시기를 바란다고 말씀하였더라.

—『독립신문』, 1896. 6. 4.[45]

최만리의 상소를 앞서 살펴본 이규상의 논설에 대입하면, 그들은 한글이 공용 문자가 되는 것을 우려했다는 점에서 공통적이었다. 최만리와 이규상의 우려가 한글이 공용 문자로 쓰일 것을 예상한 데에서 비롯된 것이라면, 이규상의 탄식이 과연 한글의 확산세가 위협적이라는 상황 인식에서 나온 것인지는 의심해 볼 필요가 있다. 15세기를 살았던 최만리나 18세기를 살았던 이규상이나 모두 한문의 시대를 살았고, 그 시대에 한문의 위상에는 어떠한 흔들림도 없었기 때문이다. 그렇다면 최만리와 이규상의 우려와 탄식은 보수주의자들의 문제의식을 고조시키기 위한 표현 전략에 가깝다.

또한 신기선의 상소를 이규상의 논설에 대입하면, 그들은 한글을 국문으로 격상하는 것을 언문이라는 '음'이 한문이라는 '양'을 이기는 '난'(亂)으로 봤다는 점에서 공통적이었다. 다만 이규상의 중화주의가 한족의 국가인 송과 명을 중심으로 한 것이었다면 신기선의 중화주의는 청나라를 중화 질서의 중심으로 봤다는 점에서 달랐고, 이규상은 '난'을 우려하며 위기의식을 고조하는 데 머문 반면 신기선은 현실의 '난'에 대응해야 했던 점에서 달랐다.

근대화의 징표가 나타났는지는 한글과 한문의 위상이 전도되었는지를 통해, 근대적 의식이 발현되었는지는 그렇게 전도된 현실을 긍정할 수 있는지를 통해 확인할 수 있다. 한글에 대한 관심과 한글의 우수성에 대한 인식을 '탈중화 의식'으로 비약하여 이해하거나, 한글 사용의 확장을 근대 이후의 한글 보급과 같은 성격으로 뭉뚱그려 설명하는 것을 경계해야 하는 것은 이 때문이다.

결국 전근대 시대에 이루어진 한글의 전국적인 보급은 근대적 지식과 정보의 유통을 원활하게 하는 기반이 되었다는 점에서만 근대적 의미를 찾을 수 있다.

2장
어떤 글이 한문을 대체할 수 있을까?

한문 해체의 연대기

중화 질서에서 벗어나, 독립적인 민족국가로서, 새 국제 질서에 편입되고자 했던 조선에서 한문 글쓰기를 한글 글쓰기로 대체하는 것은 시대적 과제였다. 그런데 '법률·칙령을 모두 국문을 기본으로 쓰고 한문으로 번역을 붙이거나 혹은 국한문을 혼용하라'고 했던 1894년의 칙령은 한문을 대체하는 글쓰기로 국문과 국한문을 제시하였다. 한문 글쓰기를 한글 글쓰기로 대체하는 과제가 실질적으로는 한글로만 글쓰기가 아닌 한문을 해체하는 글쓰기에 방점을 두고 제시되었던 것이다.

유길준을 비롯한 개화 지식인들은 한문과 짝을 이뤄 온 언해문의 전통을 계승하는 한편, 이를 한문에서 독립적인 근대적 문장으로 바꾸는 방안을 모색했다. 이들은 자신의 개화론을 저술하거나 신문을 편집하거나 성경의 발간에 참여하거나 교과서를 편찬하거나 외국의 서적을 번역하면서 각자가 생각하는 근대적 문장의 모델을 제시했다. 이 과정을 거치며 한문을 해체한 다양한 양식의 문장이 등장하였고, 이 문장들이 상호 영향을 주고받으며 일정한 방향으로 글쓰기 양식을 조정해 갔다. 그 방향은 궁극적으로 국문과 국한문의 이중적 글쓰기 양식을 국문, 즉 한글 글쓰기로 일원화하는 것이었다.

1883년
유길준, 『세계대세론』에서 한문 해체의 가능성을 보이다

1881년, 조사시찰단(朝士視察團: 신사유람단紳士遊覽團으로 불리기도 했다) 위원인 어윤중(魚允中, 1848~1896)의 수행원으로 일본에 간 유길준은 일본에 남아 개화사상가인 후쿠자와 유키치(福澤諭吉, 1835~1901)가 경영하는 게이오의숙(慶應義塾)에서 신학문을 배웠다. 유길준은 일본에서 배우고 익히고 경험한 바를 조선의 지식인들과 공유하고자 했고, 귀국하자마자 세계정세와 문물을 소개한 『세계대세론』(1883)을 저술했다. 지식과 사상을 펼쳐야 하는 글을 한문 이외의 것으로 쓴다는 걸 상상하지 않았던 때, 한문에 능통한 사대부였던 유길준은 세계정세를 논하는 『세계대세론』에서 다음과 같은 문장을 선보였다.

> 大概 人民이 잇는 則 반다시 言語가 잇고 言語가 이스면 반다시 文字가 이스나 그러ᄒᆞ나 言語만 잇고 文字 업ᄂᆞᆫ 國도 이스며 文字가 잇서도 其用 甚히 不便ᄒᆞᆫ 者가 多ᄒᆞ니……
> 〔대개 인민이 있으면 반드시 언어가 있고, 언어가 있으면 반드시 문자가 있으나, 그러하나 언어만 있고 문자가 없는 나라도 있으며, 문자가 있어도 그 사용함이 심히 불편한 나라가 많으니…….〕

> 政治의 殊異가 亦多ᄒᆞ나 그러ᄒᆞ나 其体을 分別ᄒᆞᆫ 則 二法에 過치 아니ᄒᆞ니 曰 多人政治며 曰 少人政治라 少人政治가 三種이 이스니 左에 揭載ᄒᆞ노라

〔정치의 특별히 다름이 역시 많으나 그러하나 그 근본을 구별하여 가르면 두 형식을 넘지 아니하니, 다인 정치와 소인 정치라. 소인 정치가 3종이 있으니 왼쪽에 게재하노라.〕

유길준은 『세계대세론』을 저술하면서 왜 주류적 글쓰기였던 한문 글쓰기를 선택하지 않고 위와 같이 한글과 한자를 섞어 쓰는 국한문혼용의 글쓰기를 선택했을까? 『세계대세론』의 탄생 배경 속에 그 답이 있다.

'세계대세론'이란 제목은 유길준의 일본인 스승이었던 후쿠자와 유키치가 저술한 『시사대세론』(時事大勢論, 1882)을 참조하였고, 책의 내용은 당시 일본 지식인들에게 깊은 영향을 미친 세계지리서인 우치다 마사오(内田正雄, 1839~1876)의 『여지지략』(輿地誌略)의 내용을 상당 부분 발췌한 것으로 알려져 있다. 그런데 유길준이 영향을 받은 것은 일본 근대 서적의 내용만이 아니었다. 그는 일본 서적을 참조하면서 일본 지식인들이 한문이 아닌 일본 문자에 한자를 섞어 쓴 문장으로 지식과 사상을 공유한다는 사실에 깊은 인상을 받았다.

유길준의 눈에 일본은 한문에서 벗어나 자기 글자와 언어로 지식과 사상을 널리 공유하며 발전하는 나라였던 반면, 조선은 한문의 굴레에서 벗어나지 못해 개화의 길로 나아가지 못하는 나라였다. 근대 일본을 경험하며 조선과 일본의 차이를 실감했을 유길준은 조선이 개화의 길로 나아가 중국 중심의 질서를 벗어나야 한다고 생각했을 것이다. 그러니 『세계대세론』을 쓰며 개화의 길을 모색하고자 했던 유길준이 한문을 쓰지 않은 것은 당연한 선택이었다. 한문을 선택지에서 배제한 유길준은 새로운 시대에 맞는 글쓰기를 위해 한문을 해체한 문장, 즉 한자를 섞어 쓴 우리 말 문장을 구상했다.

『세계대세론』에서 선보인 유길준의 구상은 한성판윤 박영효(朴泳孝, 1861~1939)의 제의로 신문 발간을 준비하며 구체화되었다. 박영효는 1882년에 일본에 수신사로 갔다가 귀국하는 길에, 후쿠자와 유키치•의 문하생이었던 일본인 기자 3명을 데려와 신문 발간을 준비했고, 유길준에게 신문 발간의 실무를 맡겼다. 그러나 박영효가 한성판윤 자리에서 물러나면서 신문 발간은 무산되었다. 신문 발간이 무산되며, 새로운 글쓰기를 확산하려던 유길준의 계획도 보류되었다.

1886년
다양한 문체 실험의 장, 『한성주보』를 창간하다

갑신정변(1884)이 실패로 돌아간 후 개화파들이 창간한 최초의 신문 『한성순보』(漢城旬報)의 발행도 중단되었다. 1886년 개화파들은 『한성순보』를 잇는 신문으로 『한성주보』(漢城周報)를 창간하는데, 재창간한 신문의 모습은 이전의 신문과 사뭇 달

• 후쿠자와 유키치(福澤諭吉, 1835~1901)
일본의 계몽사상가, 교육가. 메이지 유신의 이론적 토대를 마련하고 개화 청년을 양성하는 데 기여하였다. 1875년 그가 저술한 『문명의 개략』이 조선에 입수되면서 그의 문명개화론은 조선의 1880년대 개화사상에 큰 영향을 끼쳤다. 1881년부터 일본을 방문한 김옥균, 서재필, 박영효, 유길준, 윤치호 등은 후쿠자와를 만나면서 그의 사상에 경도되었고, 후쿠자와는 이들을 적극 후원하였다.

랐다. 모든 기사를 한문으로만 썼던 『한성순보』와 달리, 『한성주보』에는 한문 기사와 더불어 국한문과 한글 기사가 등장하였다.

이때 국한문 기사는 유길준이 『세계대세론』에서 보여 준 글쓰기 방식이 신문을 통해 구현됐다는 점에서 의미가 있는데, 『한성주보』의 문장은 국한문혼용이라는 방식에서는 『세계대세론』과 같았지만, 그 구현된 문장이 동일하다고 하기는 어려웠다. 흥미로운 점은 『한성주보』의 같은 날 기사문에서도 그 문장이 달랐다는 점이다.

(ㄱ) 今年 正月 二十五日에 總理衙門에셔 聖諭를 奉ᄒᆞ야 病院을 齋洞西邊에 刱達ᄒᆞ고 院號는 濟衆이라 ᄒᆞ고 官員을 設ᄒᆞ며 學徒를 모와 院中의 두고 美利堅 教師 敖蘭(알렌)과 蕙論(헤론) 兩人를 延請ᄒᆞ며 西國에 各種 藥水를 만이 購貿ᄒᆞ여 本院에 두고 民間 各樣 病人를 ᄌᆞ셰이 看症ᄒᆞ야 극진이 治療ᄒᆞ니 每日 와셔 問病ᄒᆞ고 가는 ᄉᆞᄅᆞᆷ이 或 二十人 或 三十人도 되고 院中에 恒留ᄒᆞ여 治療ᄒᆞᄂᆞᆫ ᄉᆞᄅᆞᆷ이 或 十餘人 或 二十餘人도 되는ᄃᆡ……

—「設濟衆院」, 『한성주보』, 1886. 2. 1.

(ㄴ) 十一月 二十日 日本 時事新報에 일너시되 法國이 馬島로 더부러 講和ᄒᆞᆫ 일은 임의 긔록ᄒᆞ여더니 近日에 또 法京 來信를 보ᄆᆡ 쟝찻 죠이 결말ᄒᆞᆫ다 ᄒᆞ더라 —「馬島事件」, 『한성주보』, 1886. 2. 1.

『한성주보』의 국한문에서 눈에 띄는 것은 "ᄌᆞ셰이(仔細-이), 극진이(極盡-이)"나 "긔록, 쟝찻, 결말" 등처럼 일부 한자어를 한자로 표기하지 않고 한글로 표기한 것이다(밑줄 친 단어). 그러나 대부분의 한자어를 한자로 표기하는 것으로 보아, 한글로 표기한 한자어는 원어를 연상하지 않고도 쓰는 익숙한 한자어였을 가능성이 높다. 이는 『세계대세론』에 나오는 한자어가 모두 한자로 표기된 것과 비교된다.

(ㄱ)과 (ㄴ) 사이의 차이로 눈에 띄는 것은 (ㄴ)의 문장에서 고유어가 나타나는 빈도가 더 높고 이에 따라 더 자연스러운 우리말 문장으로 읽힌다는 점이다. 이처럼 같은 신문에서 기자에 따라 서로 다른 문체를 선보였다는 사실에서, 당시 한문을 해체한 글쓰기의 양식이 다양하게 모색되었음을 짐작할 수 있다. 글쓰기 양식의 모색 양상은 『한성주보』의 편집 주사를 했던 이노우에 가쿠고로(井上角五郎, 1860~1939)의 회고에서 확인할 수 있다. 이노우에는 박영효가 신문 발간을 위해 데려온 후쿠자와 문하의 일본인 기자 3명 중 한 사람이다.

> 나의 견학 여행의 목적은 한언혼합(漢諺混合)의 문장을 창시하는 데 있었으므로 『한성순보』를 발간하기 전에 특히 강위라는 사람을 가정교사로 두고 연구를 쌓는 동시에 한언혼합의 모범을 만들어 사람들에게 보인즉 (…) 한언문 혼합의 문체는 주보(週報)에서 이것을 비로소 처음으로 공표하였고 (…) 조선에서 일반으로 사용되기는 일청전쟁 이후에 일로 당시 지방 관위(地方官衛)의 고시는 대개 이것을 사용하였다. 그 후에 유길준이 구미를 시찰하고 돌아와 이 문체를 가지고 『서유견문』을 쓰고 서재필·윤치호 양인(兩人)이 『독립신문』을 내게 되자 드디어 오늘과 같이 성행하게 된 것이다.
>
> — 이노우에 가쿠고로, 「한언혼합 문체 창시에 대하야」, 『매일신보』, 1938. 5. 5.

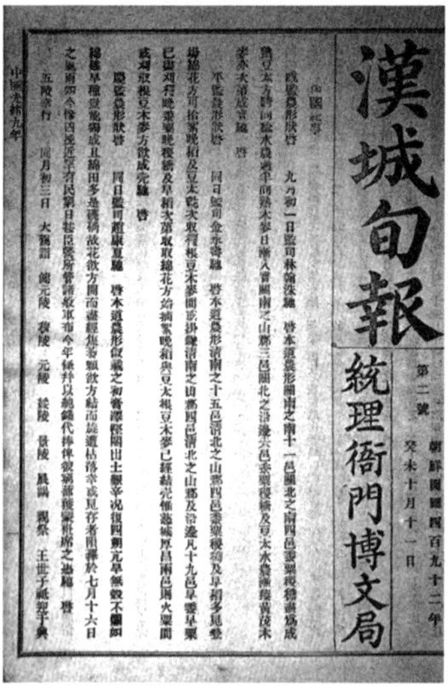

ㄱ

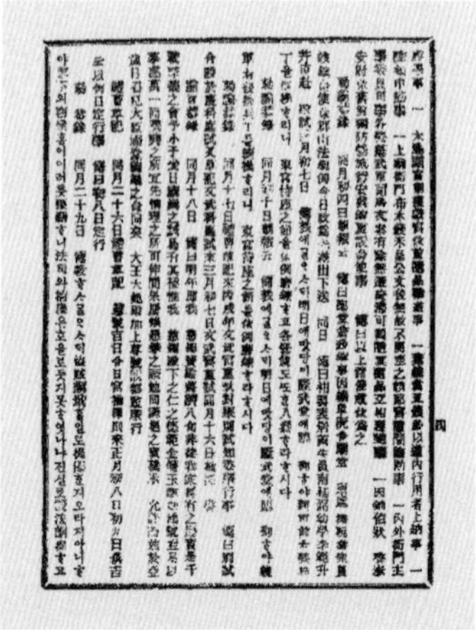

ㄴ

ㄱ. 『한성순보』 1883년(조선 개국 492년) 10월 11일에 통리아문 박문국에서 발행, 출처-한국민족문화대백과사전

ㄴ. 『한성주보』 제1호(1886년 1월 25일), 국립중앙도서관 DB

이노우에는 『한성순보』에 쓸 목적으로 개화사상가인 강위의 지도를 받아 국한문의 모범을 만들었고 이를 『한성주보』에서 사용했다고 회고한다. 이노우에가 말하는 『한성순보』는 한문으로 발행된 신문을 가리키는 것이 아니라, 1883년에 박영효가 유길준에게 발간 준비를 시켰던 신문을 가리킨다. 신문의 글쓰기와 관련해 이노우에가 자신의 주도적 역할을 과시하고 있어 사실관계가 분명치 않은 점은 있지만, 그의 회고를 통해 신문에 적합한 글쓰기 양식을 고안하기 위한 노력이 있었고 그 결과가 『한성주보』의 문장임은 확인할 수 있다.

이노우에의 회고 중 눈길을 끄는 것은 개화론자로 알려진 강위(姜瑋, 1820~1884)를 가정교사로 삼아 국한문의 모범을 만들었다는 말이다. 강위는 1873년부터 1874년까지 두 차례의 중국 여행을 통해 서세동점(西勢東漸)의 위기를 절감하고, 적극적인 개화론자가 된 인물이다. 그는 1876년 강화도조약이 체결될 때 전권대신 신헌(申櫶, 1810~1884)을 막후에서 보좌하였고, 1880년 김홍집(金弘集, 1842~1896)이 수신사로 일본에 갈 때 김옥균(金玉均, 1851~1894)의 추천을 받아 서기로 수행하였고, 1882년 김옥균, 서광범(徐光範, 1859~1897) 등 젊은 개화파 관료들이 일본에 파견될 때도 함께하였다. 강위는 이처럼 개화파 관료들과 폭넓게 교류하면서 이노우에와 연결되어 그의 가정교사로서 신문 발행에 관여한 것으로 보인다. 그럼 강위는 이노우에에게 어떤 국한문을 가르쳤을까?

이노우에의 회고 내용을 볼 때, 강위는 이노우에에게 조선에서 쓰는 국한문의 전통 양식, 즉 사서삼경 언해서의 문장을 가르쳤을 것으로 추정된다. 당시 일본 출판물에서 국한문을 혼용하는 글쓰기 방식은 일반적이었던 만큼, 이노우에가 알고 싶었던 것은 조선의 전통적 국한문이었을 것이다. 이노우에의 회고를 역사적 맥락에서 재음미해 보면, 『한성주보』의 문장이 형성되는 과정에서 우리 근대사의 한 단면을 볼 수 있다.

신문을 만들고자 했던 개화파 관료 박영효, 박영효가 신문 발간을 위해 일본에서 데려온 이노우에, 이노우에에게 조선의 전통적 국한문을 가르친 강위, 이노우에의 스승인 개화사상가 후쿠자와 유키치와 후쿠자와로부터 일본의 근대 학문을 배우며 일본의 근대 국한문에서 개화의 영감을 받은 유길준, 이들의 상호 관계 속에서 『한성주보』의 국한문 문장이 탄생하였다. 유교 경전의 언해문으로 계승되던 조선의 국한문이 개화의 과정에서 접한 일본 근대 국한문의 영향 속에 근대 신문의 근대적 문장으로 되살아난 것이다.

그런데 『한성주보』에서 시도한 국한문 기사는 오래 지속되지 못했다. 국한문과 한글 기사는 신문 발행 후 얼마 되지 않은 시점부터 줄어들었고 한문 기사의 빈도는 점점 늘어 결국 국한문과 한글 기사는 신문 지상에서 사라졌다. 흥미로운 것은 국한문과 한글 기사가 사라지는 과정에서, 한글 기사보다 국한문 기사의 빈도가 급격히 줄었고, 신문의 문장이 한문 대 한글의 이중 체계로 단순화되는 양상을 보인다는 점이다.

한글 글쓰기를 위한 규범이 마련되지 않은 상황에서 띄어쓰기마저 전혀 되지 않은 한글 기사는 한글 글쓰기의 장점을 부각시키기보다는 한문으로의 전환을 촉구하는 근거가 되었을 것이다. 『독립신문』이 상하 귀천이 모두 아는 한글로 신문을 낼 것임을 천명하면서, 특별히 "구절을 떼여 쓰기는 알아보기 쉽도록 함"을 강조한 데는 이런 퇴보의 경험이 작용하지 않았을까?

1894년
고종, 한글을 기본으로 하는 공문식을 공포하다

1894년, 고종은 "법률·칙령은 모두 국문을 기본으로 하고 한문으로 번역을 붙이거나 혹은 국한문을 혼용한다"[1]는 칙령을 내린다. 공문식(公文式)을 규정한 이 칙령은 한글과 한문의 위상을 뒤바꾼 역사적 선언이자, 더 이상 중화 문명권에 머물지 않겠다는 문화적 독립선언이었다. 한문의 위상을 보조적 번역문으로 낮춘 공문식의 공포를 통해, 조선은 한문 글쓰기와의 단절을 공식화했다. 1876년에 일본과 맺은 병자수호조규의 문서 작성 원칙과 비교하면, 1894년에 공포한 공문식의 의의는 분명해진다.

> 이후 양국 간에 오가는 공문은, 일본은 자기 나라 글을 쓰되 지금부터 10년 동안은 한문으로 번역한 것 1본을 별도로 구비한다. 조선은 한문을 쓴다. —『고종실록』, 1876. 2. 3.[2]

일본은 조선과 외교문서를 교환할 때, 일본어 문서를 기본으로 하고 한문 번역문을 별도 구비하기로 한 반면, 조선은 한문으로만 문서를 작성하기로 했다. 조선이 공식 외교문서에서 조선어를 쓰지 못하고 한문만 써야 했던 것은 정치적으로 중국의 보호를 벗어나지 못했기 때문이다. 이를 보면, 중화 질서의 해체를 목표로 한 근대 개혁에서 한문을 퇴출시키는 조치가 시급한 것이었음을 짐작할 수 있다. 공문식을 규정한 고종의 칙령은 조선의 위상을 일본의 위상, 즉 일본어 문서를 기본으로 하고 한문 번역문을 별도 구비하는 단계로 끌어올리는 의미가 있었다.

고종은 근대 개혁의 조치로서 최초의 헌법이라고 할 수 있는 홍범 14조를 선포하며 이를 종묘에 서고(誓告)하였다. 관보(1895. 1. 15.)에 실린 서고문은 국문과 한문 그리고 국한문으로 작성되었는데, 이는 칙령에 따른 공문서 작성의 실체를 보여 준다.

(ㄱ) 대군쥬게셔 죵묘에 젼알ᄒᆞ시고 밍셔ᄒᆞ야 고ᄒᆞ신 글월
유 ᄀᆡ국 오ᄇᆡᆨ삼년 십이월 십이일에 밝히 황됴렬셩의 신령에 고ᄒᆞ노니 짐 소ᄌᆞ가 됴죵의 큰 긔업을 니어 직흰 지 셜흔한 ᄒᆡ에 오작 하ᄂᆞᆯ을 공경ᄒᆞ고 두려ᄒᆞ며 ᄯᅩ한 오쟉 우리 됴죵을 이 법 바드며 이 의지ᄒᆞ야 쟈죠 큰 어려움을 당ᄒᆞ나…….

(ㄴ) 大君主게셔 宗廟에 展ᄒᆞ시고 誓告ᄒᆞ신 文
維開國五百三年十二月十二日에 敢히 皇祖列聖의 靈에 昭告ᄒᆞ노니 朕小子가 이에 冲年으로븟터 我 祖宗의 丕丕ᄒᆞᆫ 基를 嗣守ᄒᆞ야 惟天을 敬畏ᄒᆞ며 亦惟我 祖宗을 時式ᄒᆞ며 時依ᄒᆞ야 多難을 屢遭ᄒᆞ나…….

본이 되는 국문과 그에 대한 한문 번역문 그리고 국한문이 병존하는 글쓰기 체제는 조선 시대 언해서에 본이 되는 한문과 그에 대한 언해문 그리고 한문에 토를 첨가한 구결문이 병존했던 체제를 연상시킨다. 차이라면 본이 되는 글이 한문에서 국문으로 바뀌었다는 점과 한문에 토씨를 첨가한 구결문이 아닌 우리말 어

순의 국한문이 쓰였다는 점이다.

그런데 국문 공문서에 한문 번역문을 첨부하라는 공문식을 따르는 것은 번거로운 일이었기에, 현실에서는 한문 번역을 첨부해야 하는 한글 공문서보다 국한문 공문서가 일반화되었다. 한글과 한문의 위상을 뒤바꾼 1894년 고종의 칙령은 결과적으로 국한문이 주류적 글쓰기 방식으로 자리 잡는 데 결정적 역할을 했다. 한글을 본위로 한다는 근대 글쓰기 장에서 실질적으로는 국한문이 기본이자 기준이 되었던 것이다. 사람들은 국한문이 기본이자 기준이 되는 현실 속에서 국문 글쓰기의 의미를 찾았다.

국문 서고문의 문장은, 읽는 사람의 이해를 고려하여, 국한문의 한자를 최대한 현실에서 통용되는 한자어나 고유어로 바꿔 썼다. "靈에 昭告ᄒᆞ노니"를 "신령에 고ᄒᆞ노니"로 쓴다거나, "敬畏ᄒᆞ며"를 "공경하고 두려ᄒᆞ며"로 쓴 것에서 그런 노력을 엿볼 수 있다. 더 나아가서는 "朕小子가 이에 冲年으로붓터 我 祖宗의 丕丕ᄒᆞᆫ 基를 嗣守ᄒᆞ야"를 "짐 소ᄌᆞ가 됴죵의 큰 긔업을 니어 직흰 지 셜흔한 ᄒᆡ에"로 쓰면서 내용을 이해하기 쉽게 조정하기도 했다. 즉, '충년'(冲年)처럼 어려운 한자어를 피하기 위해 서술의 관점을 바꿔 '충년(열 살)부터 왕위에 올랐다'는 서술을 '(왕위에 오른 지) 셜흔한 ᄒᆡ'로 조정한 것이다.

이를 보면 국문 글쓰기의 의미는 분명했다. 국문 글쓰기는 한자 및 한문 투 문구에 익숙하지 않은 독자를 위한 것이었고, 이 때문에 국한문 글쓰기가 일반화한 상황에서도 국문으로 쓴 글에 대한 요구는 점점 더 늘었다. 많은 지식인이 현실에서는 국한문 글쓰기를 하면서도 국문만으로 글을 쓰는 것을 궁극적인 목표로 삼았던 것은 이 때문이었다.

이처럼 '언문'으로 불리던 한글의 위상이 '국문'으로 승격되었고, 국문으로 쓴 글에 대한 요구도 늘었지만, 국문 글쓰기가 곧바로 활성화되지는 않았다.

1895년
유길준, 국한문 쓰기의 규범을 보여 준 『서유견문』을 출간하다

박영효가 계획했던 신문의 발간이 무산된 뒤, 유길준은 민영익(閔泳翊, 1860~1914)의 수행원으로 미국으로 건너가 덤머 고등학교(Governor Dummer Academy)에서 수학하였다. 유길준은 미국을 경험하며 개화론을 다듬고, 영어를 공부하며 근대적 어문 규범과 글쓰기에 대한 관점을 세울 수 있었다.

그런데 유길준은 갑신정변이 일어난 1884년 12월에 귀국길에 올라야 했다. 유길준을 지원했던 박영효와 김옥균이 갑신정변 실패 후 일본으로 망명했기 때문이었다. 귀국 후 유길준은 갑신정변을 일으킨 개화파의 일원이라는 혐의로 체포되었지만, 포도대장이었던 한규설의 도움으로 사형을 면하고 한규설의 집에 연금되었다. 그리고 연금되었던 7년 동안 자신이 서구를 여행하며 배우고 경험한 바를 집대성한 『서유견문』(西遊見聞)을 완성하였다.

1894년 갑오개혁이 단행되고 개화 세력이 정국을 주도하면서 개화가 시대적 과제로 부상했을 때, 유길준은 『서유견문』을 세상에 내놓으면서 진정한 개화의 길을 설파했다. 그는 이 책의

ㄱ

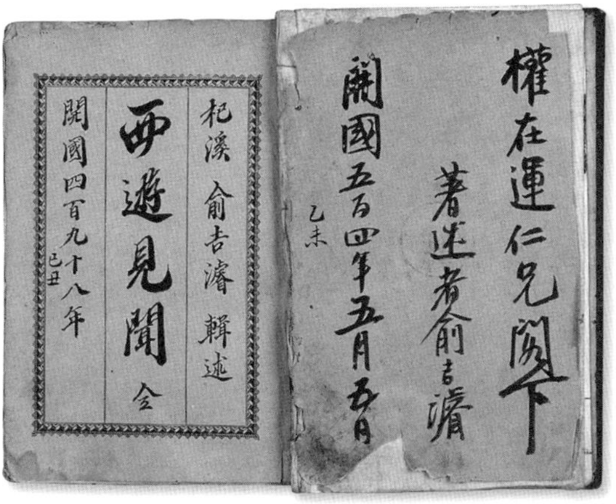

ㄴ

ㄱ. 1883년 7월, 조선에서 최초로 미국 등 서방 세계에 파견된 외교 사절단인 보빙사(報聘使)의 출발 전 모습 미국과 수교 후 조선 주재 미국 공사가 부임하자 이에 답방 형식으로 민영익을 대표로 한 사절단을 워싱턴으로 보냈다. 이후 사절단은 미국과 유럽 각지를 견학한 후 귀국하였다. (사진) 뒷줄 왼쪽부터 현흥택, 최경석, 유길준, 고영철, 변수. 앞줄 왼쪽부터 홍영식, 민영익, 서광범, 로웰.

ㄴ. 『서유견문』 1895, 일본 교순사, 삼성출판박물관 소장. 저자 유길준이 직접 서명한 책이다.

서문에서 개화사상을 널리 알려야 하는 글을 한문으로 지을 수 없음을 선언했다.

외국 사람들과 이미 국교를 맺었으니, 온 나라 사람들이 상하, 귀천, 부인, 어린이를 가릴 것 없이 저들의 형편을 알지 못해서는 안 될 것이다. 그러니 서투르고도 껄끄러운 한자로 얼크러진 글을 지어서 실정을 전하는 데 어긋남이 있기보다는, 유창한 글과 친근한 말을 통하여 사실 그대로의 상황을 힘써 나타내는 것이 올바르다고 생각한다.[3]

1883년 『세계대세론』에서 국한문 글쓰기를 선보였고, 이를 새로운 시대의 글쓰기 양식으로 확산하고자 했던 유길준이기에 『서유견문』을 한문으로 쓰지 않은 것 역시 자연스러운 일이었다. 게다가 이 책이 나오기 1년 전인 1894년에 조선 정부는 공문서에서 한문을 퇴출시키는 개혁을 단행했다. 이런 상황에서, 유길준은 "껄끄러운 한자로 얼크러진 글"을 대체할 수 있는 "유창한 글"로 국한문을 제안했다. 그리고 국한문으로 글을 쓴 이유를 세 가지로 정리했다.

첫째, 말하고자 하는 뜻을 평이하게 전하는 것을 위주로 하였으니, 글자를 조금만 아는 자라도 쉽게 알 수 있도록 하기 위해서다. 둘째, 내가 책을 읽은 것이 적어서 글 짓는 법이 미숙하기 때문에 기록하기 쉽게 하기 위해서다. 셋째, 우리나라 칠서언해의 기사법을 대략 본받아서 상세하고도 분명한 기록이 되도록 하기 위해서다.[4]

첫째 이유가 국한문이 평이하면서 대중적인 글임을 강조한다는 점에서 당위적이라면, 둘째와 셋째는 현실 진단과 서사 전통을 부각한다는 점에서 현실적이다. 유길준은 한문 글쓰기에 익숙한 사람이 드문 현실에서, 칠서언해(사서삼경 언해)를 통해 공유한 국한문 글쓰기의 전통이 있다면, 이 전통을 살려 글을 쓰는 것이 바람직하다고 생각했던 것이다. 그런데 이미 『세계대세론』에서 국한문 글쓰기를 했던 유길준은 『서유견문』을 쓰면서 이전의 국한문과는 다른 새로운 형식의 국한문을 선보였다.

(ㄱ) 一民의 私有ᄒᆞᆫ 地面을 交亘ᄒᆞᄂᆞᆫ 時ᄂᆞᆫ 此擧가 雖公衆을 爲ᄒᆞᄂᆞᆫ 大便利나 然ᄒᆞ나 主人의 準諾을 不得ᄒᆞᆫ 則 其地ᄅᆞᆯ 犯ᄒᆞ기 不敢ᄒᆞ니

(ㄴ) 他諸般事理ᄅᆞᆯ 何道로 以ᄒᆞ야 其相達ᄒᆞᄂᆞᆫ 方便을 立ᄒᆞ리오. 然호ᄃᆡ 此에 不止ᄒᆞ고 人生의 學業에 重要ᄒᆞᆫ 關係가 有ᄒᆞ니 各國의 言語ᄅᆞᆯ 比較ᄒᆞ야 其根本의 異同을 考究홈이라

『서유견문』의 국한문은 앞서 살펴봤던 『세계대세론』의 국한문과 어떻게 다를까? 『세계대세론』의 문장에서는 한자 및 한자어와 고유어가 비슷한 비율로 쓰였다. 그런데 위에서 보듯이 『서유견문』에서는 '그러ᄒᆞ나'와 '이스니' 대신 '然ᄒᆞ나'와 '有ᄒᆞ니'를 썼고, '-지 아니ᄒᆞ다' 대신 '不得ᄒᆞᆫ, 不止ᄒᆞ고'를 썼다. 모든 실사를 철저하게 한자로 쓴 것이다.

자연스러운 우리말 문장에 한자어를 한자로 기록하는 방식의 글쓰기가 아니라 모든 어휘를 다 한자로 쓰고 토씨만 한글

로 기록한 글쓰기는 후퇴일까? 진보일까? 한문의 퇴출을 당연시했던 유길준은 왜 한문에 더 치우친 듯한 국한문을 개화사상을 전파하는 『서유견문』에서 사용한 것일까? 더구나 유길준이 국한문 글쓰기를 모색하며 참조했다고 하는 칠서언해의 번역문은 "學ᄒᆞ고 時로 習ᄒᆞ면 ᄯᅩᄒᆞᆫ 깃브디 아니ᄒᆞ랴"(『논어언해』)처럼 『세계대세론』의 국한문과 더 가까웠다. 그렇다면 궁금증이 생길 수밖에 없다.

유길준이 선택한 글쓰기 방식이 칠서언해의 글쓰기와 달랐던 이유는 무엇일까? 칠서언해와 『서유견문』의 글쓰기 방식이 달랐음에도, 유길준이 굳이 『서유견문』의 서문에 칠서언해의 글쓰기를 따랐다고 밝힌 이유는 무엇일까? 그 이유를 알기 위해서는, 먼저 그가 근대 어문규범을 처음으로 고민한 인물이자 우리말 문법서를 저술한 최초의 인물이었다는 사실에 주목할 필요가 있다.

유길준은 1909년에 간행한 『대한문전』의 서문에서 "국어문전(文典)의 연구로 삼십 년이 지나는 동안 원고를 여덟 번 고친 끝에 이 책이 비로소 완성되니"[5]라고 밝혔다. 이에 근거한다면, 유길준이 국어 문법서의 집필 계획을 구체화한 때는 일본 유학을 갔던 1881년 즈음이다. 따라서 『서유견문』을 저술한 시기는 국어 문법서의 집필 방향을 정하고 내용을 구체화하는 시기와 겹치는데, 그런 점에서 『서유견문』은 말과 글의 규범화를 의식하며 집필한 최초의 서적이라 할 수 있다.

유길준이 『서유견문』을 집필하던 시점에 규범 문법서를 집필하였다는 사실에 주목하면, 『서유견문』에 나타난 국한문의 의의를 국한문의 규범화라는 차원에서 설명해 볼 수 있다. 그리고 『서유견문』이 칠서언해의 서사 방식을 본받았다는 유길준의 말은 근대적 국한문의 규범화 기준을 처음 밝혔다는 차원에서 이해할 필요가 있다. 그렇다면 칠서언해의 서사 방식을 본받았다는 말이 어떻게 국한문의 규범화와 연결되는 것인가?

(ㄱ) 學ᄒᆞ야 時로 習ᄒᆞ면 ᄯᅩᄒᆞᆫ 說홉디 아니랴 <율곡 논어언해>

(ㄴ) 學ᄒᆞ고 時로 習ᄒᆞ면 ᄯᅩᄒᆞᆫ 깃브디 아니ᄒᆞ랴 <논어언해>

(ㄷ) 東方에 決ᄒᆞ면 東으로 ᄒᆞ르고 西方에 決ᄒᆞ면 西로 ᄒᆞ르ᄂᆞ니 <율곡 맹자언해>

(ㄹ) 東方으로 決ᄒᆞ면 東으로 流ᄒᆞ고 西方으로 決ᄒᆞ면 西로 流ᄒᆞᄂᆞ니 <맹자언해>

위에 열거한 네 문장을 보면, 칠서언해의 판본이 하나가 아니었다는 것과 한 판본 내에서의 문장도 달랐다는 점을 알 수 있다. (ㄱ)과 (ㄴ)을 비교해 보면 판본에 따라 같은 한문 문장에 대응하는 언해문이 다르다. 즉, (ㄱ)은 "說홉디"를 (ㄴ)은 "깃브디"를 선택한 것이다. 이는 (ㄷ)과 (ㄹ)의 비교에서도 확인되는데, (ㄷ)은 "ᄒᆞ르ᄂᆞ니"를 (ㄹ)에선 "流ᄒᆞᄂᆞ니"를 선택하고 있다. 같은 한문 문장에 대응하는 언해문이 판본에 따라 고유어 실사를 빠짐없이 한자 어근에 대응시키는 것과 고유어 실사에 대한 한글 표기를 일부 허용하는 것으로 그 표기 경향이 구분되는 것이다. 그런데 같은 판본이라 하여 이러한 표기 경향이 그대로 유지되는 것은 아니다. 같은 율곡본인 (ㄱ)과 (ㄷ)은 문장에 따라 그 표기가 달라졌고, (ㄴ)과 (ㄹ)도 마찬가지였다.

유길준이 글쓰기의 규범을 세우고자 했던 인물이었다면,

이처럼 칠서언해의 일관되지 않은 문장을 그냥 지나칠 수는 없었을 것이다. 그런 점에서 '칠서언해의 문장을 참고했다'는 유길준의 말은 그가 칠서언해의 국한문을 검토하며 이를 일정한 형식으로 통일할 원칙을 고민했다는 의미로 이해할 수 있다.

『서유견문』의 문장을 볼 때, 유길준은 칠서언해 문장의 통일 기준을 (ㄹ)의 문장 "東方으로 決ᄒᆞ면 東으로 流ᄒᆞ고 西方으로 決ᄒᆞ면 西로 流ᄒᆞᄂᆞ니"로 삼았던 것으로 보인다. 한문의 구조는 완전히 해체하되, 실질 어휘는 모두 한자를 쓰고 문법적 기능을 하는 토씨는 한글로 쓰는 문장은 이렇게 근대적 국한문의 모델이 되었다. 이때 실질 어휘를 모두 한자로 쓰는 것은 한글 맞춤법이 통일되지 않았던 당시 상황에서 현실적인 선택이기도 했다. 한문에서 분리된 한자는 우리말의 일부라 생각했던 유길준은 통일되지 않은 맞춤법으로 한글을 쓰는 것보다 한자를 써서 의미를 명확히 전달하는 것이 중요하다고 생각했을 것이다.

이러한 점을 고려하면, 유길준이 『서유견문』의 서문에서 "우리나라 글자는 우리 선왕께서 창조하신 글자요, 한자는 중국과 함께 쓰는 글자이니, 나는 오히려 우리 글자만을 순수하게 쓰지 못한 것을 불만스럽게 생각한다"[6]고 했으면서도, 한자 중심의 국한문을 선택한 이유를 이해할 수 있을 것이다.

1898년
국한문이 보통 문체로, 『황성신문』을 창간하다

> 삼가 생각건대 대황제 폐하께서 갑오 중흥의 기회를 만나서 자주독립하는 기초를 확정하시고 일신경장(一新更張)하시는 정령(政令)을 반포하실새 특히 기성(箕聖: 기자 왕)이 전하신 문자와 선왕(세종대왕)이 창조하신 문자로 병행코져 하샤, 공사문첩을 국한문으로 혼용하라신 칙교를 내리시니, 백규(百揆)가 직(職)을 따라 분주봉행(奔走奉行)하니, 근일에 관보와 각 부군의 훈령지령과 각 군(郡)의 청원서, 보고서가 이것이라. 현금에 본사에서도 신문을 확장하는 데 먼저 국한문을 교용(交用)하는 것은 전혀 대황제 폐하의 성칙(聖勅)을 좇는 본뜻이오, 그다음은 고문(古文)과 금문(今文)을 함께 전하고저 함이오, 그다음은 군자가 모두 공람하시는 데 편이함을 취함이로다. —『황성신문』, 1898. 9. 5.[7]

"법률·칙령은 모두 국문을 기본으로 하고 한문으로 번역을 붙이거나 혹은 국한문을 혼용한다"는 칙령이 한문의 위상을 격하시키는 것임에는 모두가 동의했지만, 나머지 부분에 대한 해석, 즉 국문과 국한문의 위상에 대한 해석은 받아들이는 사람의 생각에 따라 달랐다. 『황성신문』 창간사에서는 1894년 칙령을 "공사문첩을 국한문으로 혼용하라신 칙교" 또는 "국한문을 교용(交用)하는 것은 전혀 대황제 폐하의 성칙(聖勅)을 좇는 본뜻"이라 했다. "국문을 기본으로 하고 한문으로 번역을 붙이거나 혹은 국한문을 혼용한다"라는 칙령 중 "혹은 국한문을 혼용한다"를 부

(二)

社說

◉昔我東方에檀君이初降ᄒᆞ며人文이未創ᄒᆞ야其傳來ᄒᆞᄂᆞᆫ文獻이足히徵ᄒᆞᆯ바無ᄒᆞ더니箕子ᄭᅴ셔八條ᄅᆞᆯ設ᄒᆞ샤人民을敎育ᄒᆞ시니可히我東의初出頭ᄒᆞᆫ第一個聖人이라謂ᄒᆞᆯ지라其後에人民이開明ᄒᆞ고書冊이稍聚ᄒᆞ야羅朝의巨擘과麗廷의名士가不多ᄒᆞᆷ이아니로ᄃᆡ固陋寡聞ᄒᆞᆫ歎이尙多ᄒᆞ더니
太祖大王ᄭᅴ셔艱大ᄒᆞ신業을定ᄒᆞ시고右文ᄒᆞᄂᆞᆫ治ᄅᆞᆯ先ᄒᆞ샤一世의民을毆ᄒᆞ야文明의域에進케ᄒᆞ시니百餘年間에天下의聖經賢傳과遺文古事가無不畢集ᄒᆞᆫ지라於是乎賢人이輩出ᄒᆞ고文章이並世ᄒᆞ야其作興ᄒᆞᆫ氣像이可히天下에侔擬ᄒᆞᆯ만ᄒᆞ나然ᄒᆞ나瓦金이質이異ᄒᆞ고齒角이俱키難ᄒᆞ야能히人人마다學業에就키難ᄒᆞᆷ으로惟我
世宗大王ᄭᅴ셔別노一種文字ᄅᆞᆯ創造ᄒᆞ샤愚夫愚婦로無不開明케ᄒᆞ시니曰國文이라其文이克簡克易ᄒᆞ야雖童穉兒女라도時月의工을推ᄒᆞ면可히平生의用이足ᄒᆞᆯ지라是로以ᄒᆞ야一世에傳習ᄒᆞᄂᆞᆫ者十에五六에至ᄒᆞ더니欽惟
大皇帝陛下ᄭᅴ셔甲午中興之會ᄅᆞᆯ適際ᄒᆞ샤自主獨立ᄒᆞ시ᄂᆞᆫ基礎ᄅᆞᆯ確定ᄒᆞ시고一新更張ᄒᆞ시ᄂᆞᆫ政令을頒布ᄒᆞ실ᄉᆡ特이箕聖의遺傳ᄒᆞ신文字와
先王의創造ᄒᆞ신文字로並行코져ᄒᆞ샤公私文牒을國漢交으로混用ᄒᆞ라신
勅敎ᄅᆞᆯ下ᄒᆞ시니百揆가職을率ᄒᆞ야奔走奉行ᄒᆞ니近日에官報와各府郡의訓令指令과各郡에請願書報告書가是라現今에本社에셔도新聞을擴張ᄒᆞᄂᆞᆫᄃᆡ몬져國漢文을交用ᄒᆞᄂᆞᆫ거ᄉᆞᆫ專혀
大皇帝陛下의　聖勅을式遵ᄒᆞᄂᆞᆫ本意오其次ᄂᆞᆫ古文과今文을幷傳코져ᄒᆞᆷ이오其次ᄂᆞᆫ　僉君子의供覽ᄒᆞ시ᄂᆞᆫᄃᆡ便易ᄒᆞᆷ을取ᄒᆞᆷ이로라

雜報

◉(日相遲行)日本伊藤侯爵이去月三十日에離發ᄒᆞᄂᆞᆫ軒蓋가ᄆᆡ우忽忽ᄒᆞ더니于今仁港에留ᄒᆞ야出帆치못ᄒᆞ엿다니무ᄉᆞᆷ事故가有ᄒᆞᆫ지船便이無ᄒᆞᆫ지其仔細ᄒᆞᆷ은아즉知치못ᄒᆞᆺ드라

◉(顧問疑帆)法部顧問官具禮氏가向日에仁港으로出去ᄒᆞ엿다더니今에聞ᄒᆞᆫ즉該氏가上海에逗留ᄒᆞᆫ다니무ᄉᆞᆷ緊要ᄒᆞᆫ事件이有ᄒᆞᆫ지

◉(購械遺壁)日前에軍部에셔무삼器械ᄅᆞᆯ外國에셔購來ᄒᆞᆫ次로砲工局尉官趙信和氏에게二萬元銀行標ᄅᆞᆯ付與ᄒᆞ얏더니于今多日에同氏의去處ᄅᆞᆯ아지못ᄒᆞ야聞ᄒᆞᄂᆞᆫ者가다疑訝ᄒᆞᆷ을이긔지못ᄒᆞᆫ다ᄒᆞ더라

◉(有名無實)中樞院官制ᄅᆞᆯ實施코져該院議長申箕善氏가議案을搆成ᄒᆞ야政府에提出ᄒᆞᆫ지月餘가되얏더니다시들은즉日前會議에叅政尹容善氏의反對가되여아직存案되엿다고들ᄒᆞ더라

◉(軍相容罪)日前에寺洞뉘집에셔隊官三人이雜技ᄅᆞᆯᄒᆞ다가巡檢에게被捉ᄒᆞᆫ事ᄂᆞᆫ既往獨立新聞에記載ᄒᆞ엿거니와今에其裏許ᄅᆞᆯ詳聞ᄒᆞᆫ즉隊官에洪祐譽權用學李根榮三氏가本來雜技의大方家로同隊에居官ᄒᆞ니此世의知己오平生의技癢이라某夜로爲期ᄒᆞ고一局을特設ᄒᆞ얏더니맛ᄎᆞᆷ警吏가眼이有ᄒᆞ야護兵이手ᄅᆞᆯ束ᄒᆞᆫ故로贓錢二千五百兩을見奪ᄒᆞ얏스니身이武官에居ᄒᆞ야章程을大違ᄒᆞ엿거ᄂᆞᆯ軍部大臣ᄭᅴ셔一週日輕謹愼에處ᄒᆞ라ᄒᆞ셧다니其容貸ᄒᆞ시ᄂᆞᆫ處分은寬仁다ᄒᆞ려이와軍部에前規ᄅᆞᆯ遡論ᄒᆞᆫ건ᄃᆡ柳敎秀氏ᄂᆞᆫ叅領으로在ᄒᆞᆯ時에隣朋數人으로囊飯을賭ᄒᆞ다가巡檢에게見捉ᄒᆞ야贓錢二兩에其官을免ᄒᆞ얏스니此로推ᄒᆞ야論罪ᄒᆞ면免官도猶輕ᄒᆞ거ᄂᆞᆯ輕謹愼으로勘罪ᄒᆞᄂᆞᆫ거ᄉᆞᆫ柳敎秀氏에게ᄆᆡ우抑鬱ᄒᆞᆯ듯ᄒᆞ다고들ᄒᆞᄂᆞᆫᄃᆡ此隊官中에或勢力도挾ᄒᆞ고或部權도有ᄒᆞ다더라

◉(北寢擇郞)宮內府大臣李載純氏가咸鏡道
各陵陵官을擇定ᄒᆞᆯ事로本道觀察府에訓令ᄒᆞ되該道中으로十一人을別選ᄒᆞ야報ᄒᆞ라ᄒᆞ얏다ᄂᆞᆫ風說이有ᄒᆞ니果然그러ᄒᆞ면咸鏡觀察使ᄂᆞᆫ아모조록公選ᄒᆞ야向隅之歎이無케　ᄒᆞᄂᆞᆫ것이　ᄆᆡ우　올을듯ᄒᆞ다더라

◉(學佛盜佛)日前에奉元寺僧一漢이北漢太古寺에在ᄒᆞᆫ金佛一像을暗盜ᄒᆞ야가지고오다가前京畿監營門前에셔西署巡檢에게見捉되야現今警務廳에被囚ᄒᆞ얏다니竊想컨ᄃᆡ厥僧이佛을學ᄒᆞ든初心이그道에在ᄒᆞᆷ이아니라그金을慾ᄒᆞᆷ인가보

『황성신문』 1898년 9월 5일 제2면. 국립중앙도서관 DB

각해 그 의의를 말하고 있는 것이다.

『황성신문』에서는 왜 "국문을 기본으로 하고"를 부각하지 않고 "혹은 국한문을 혼용한다"를 부각했을까? 1894년 칙령은 국한문의 혼용을 허용했고, 현실에서는 국한문 공문서가 일반화되었기 때문이다. 더구나 국한문을 혼용한 문장은 전근대 시대 언해문의 전통을 잇는 것이면서, 동시에 현실의 독자가 "공람하시는 데 편이"한 문장이었다. 국한문을 공람하는 것이 편하고 쉽다는 것이 선뜻 이해가 가지 않을 수 있지만, 당시 대한제국 소학교 교과서가 국한문으로 되어 있었으니 신문을 읽을 만한 독자라면 국한문 문장을 편하게 받아들일 거라는 생각은 자연스러운 것이었다. 당시의 어문 현실은 대한제국 시기에 대한 회고에서 확인할 수 있다.

> 민간에서는 독립협회에서 발행한 『독립신문』이 있었는데 이에 비로소 신 의견 신사상을 선전하니 이 신문은 순 언문으로 기록한 바 논설 잡필은 당시 사상계의 형세를 보기 족하니라. 독립협회가 해산한 후에는 광무 2년 3월에 『황성신문』 『제국신문』 등이 나와 신문명 선전에 큰 힘을 쓰니 그중 『황성신문』은 국민의 대환영을 받았다. 그 집필자는 유근, 장지연 등인데, 그 문체는 『독립신문』과 달라 언한문 혼용(諺漢文混用)으로 한문 직역체에 불과하고 문조(文藻)는 중국 『음빙실문집』(飮氷室文集)에 바탕을 두어 상(想)보다 형(形)을 중시한지라. 그러나 서양 루소의 자유평등설이 이로부터 유행하니라.
>
> — 안자산, 『조선문학사』, 1922.[8]

위의 글을 쓴 안자산(安自山), 즉 안확(安廓, 1886~1946)은 1895년 서울의 수하동(水下洞) 소학교에 입학하여 1899년에 심상과를, 1901년에 고등과를 마친 후, 1902년 경성관립중학교에 입학하여 수학한 인물이다. 갑오개혁의 결과로 시작된 근대 교육의 수혜를 가장 먼저 받고 글쓰기를 익힌 그가 목도한 당시의 글쓰기 현실은 그래서 더욱 생생하다.

안확은 『황성신문』이 신문 중 국민에게 가장 큰 환영을 받았다고 했다. 『황성신문』이 『독립신문』과 달리 한문 직역체에 불과한 국한문을 썼다고 하면서도, 루소의 자유평등설이 이 신문으로부터 유행했다고 하며 근대 사상을 확산시킨 『황성신문』의 역할을 높게 평가했다. 이러한 평가는 근대 개혁 과정에서 국한문의 역할을 밝힌 것으로도 볼 수 있다. 당시의 국한문은 한문직역체였지만, 언해의 전통을 잇는 국한문체는 근대 사상과 문명을 선전하는 데 널리 쓰였던 것이다. 그렇다면 왜 근대 지식인들은 근대 사상과 문명을 선전하는 데 국한문이 적합하다고 생각했을까? 안확은 『조선문법』(1917)의 '저술 요지'에서 그 이유를 다음과 같이 설명하고 있다.

> 조선 문법에 대하여 순 언문을 쓰지 않고 한자를 혼용함이 부당한 듯하나 본래 조선 문학의 형식이 귀족적/평민적 즉 순한문/순 언문 양종으로 분립하였다가 현금에 이르러서는 이 계급을 타파하고 혼용으로써 보통 문체를 이룬 것이라. 그러므로 본서의 문체도 이를 채용할 수밖에 없어 이와 같이 혼용하노라.[9]

안확은 조선어 문법서를 국한문으로 저술할 수밖에 없었던 이유를 밝히면서, 국한문을 귀족과 평민의 계급적 한계를 뛰어넘는 '보통 문체'로 규정하였다. 한국의 글쓰기 전통에서 국한문은 모든 계급을 아우를 수 있는 글쓰기 양식이 될 수 있다고 본 것이다. 그러나 국한문이 '보통 문체'가 되기 위해서는 그만큼의 교육이 뒷받침되어야 하는데, 당시의 교육 상황에서 국한문은 교육의 혜택을 받은 이들을 위한 글이 될 수밖에 없었다. 이 문제를 어떻게 해결해야 할까? 기독교계는 한글 성경과 국한문 성경을 함께 발간하며 이 문제에 대응했다.

1906년
기독교계, 한글 성경과 국한문 성경을 동시 발간하다

국한문이 실질적으로 보통 문체의 역할을 했지만, 학교 교육의 혜택을 받지 못한 여성과 신분이 낮은 이들이 국한문을 받아들이는 건 쉽지 않은 일이었다. 이 때문에 국문, 즉 한글로만 쓴 글에 대한 요구는 더욱 커졌다. 상하 귀천이 모두 알아볼 수 있는 한글 글쓰기가 확대되지 않고서는 근대 지식을 폭넓게 공유하기가 어려웠기 때문이다. 이처럼 20세기 초는 한편에서는 국한문 글쓰기가 다른 한편에서는 국문 글쓰기가 요구되는 이중적 글쓰기의 시대였다.

기독교계가 '한글 성경'과 '국한문 성경'을 동시에 발간한 것은 이중적 글쓰기 체계가 정착된 현실을 상징적으로 보여 준다. 조선에 들어온 선교사들은 초기엔 한글 성경으로 선교를 시작했지만, 조선의 이중적 어문 현실을 파악한 후에는, 한글 성경을 저본으로 국한문 성경을 발간했다.

〈『신약젼셔』(1906)〉

예수가 잇ᄭᅳ러 벳아니 마즌편에 니르샤 손을 드러 뎌희를 위ᄒᆞ야 복을 비실ᄉᆡ 맛참 비실 ᄯᅢ에 무리를 ᄯᅥ나 하ᄂᆞᆯ노 올나가시니 무리가 경ᄇᆡᄒᆞ고 심히 깃버ᄒᆞ야 예루살넴에 도라가 늘 셩뎐에 잇서 하ᄂᆞ님을 찬숑ᄒᆞ더라. —「누가복음」 24:50-53

〈『新約全書』(1906)〉

예수가 引ᄒᆞ야 벳아니 越便에 至ᄒᆞ샤 手를 擧ᄒᆞ야 彼等을 爲ᄒᆞ야 福을 祝ᄒᆞ실ᄉᆡ 맛참 祝ᄒᆞ실 時에 衆을 離ᄒᆞ야 天으로 昇ᄒᆞ시니 衆이 敬拜ᄒᆞ고 甚히 喜ᄒᆞ야 예루살넴에 歸ᄒᆞ야 恒常聖殿에 在ᄒᆞ야 上帝를 讚頌ᄒᆞ더라.

국한문 성경은 한글 성경의 어휘를 토씨를 제외하고 거의 다 한자 혹은 한자어에 대응시키고 있다. "잇ᄭᅳ러, 마즌편, 니르샤, 손을 드러, 비실ᄉᆡ"가 "引ᄒᆞ야, 越便, 至ᄒᆞ샤, 手를 擧ᄒᆞ야, 祝ᄒᆞ실ᄉᆡ"에 대응하는 식이다. 이런 점에서 성경이 채택한 국한문은 『서유견문』에서 제시한 국한문 글쓰기의 원칙과 같다. 국한문 성경을 편찬하면서 굳이 『서유견문』의 문장을 본으로 삼은 이유는 무엇일까? 성경을 소리 내어 읽는다고 생각하면 『서유견문』의 국한문은 부자연스러울 것인데도 말이다.

첫째 이유로 생각할 수 있는 것은 당시 사람들이 『서유견문』에서와 같이 모든 실사를 한자 어근에 대응시키는 국한문을 전형적인 국한문으로 생각했다는 것이다. 문장 쓰기의 경향이 그랬다면 성경 번역자는 이런 흐름에 따라 한글 문장에 대응하는 국한문 문장을 구상했을 것이다.

『서유견문』의 국한문을 전형적인 국한문으로 여긴 것은 우리말의 구조에 따라 국한문을 일관되게 쓸 수 있는 장점 때문이다. 국한문 규범화를 위해 『서유견문』의 국한문을 제안한 유길준의 문제의식은 20세기 초반 지식인들도 가지고 있었다. 신채호(申采浩, 1880~1936)의 다음 글은 당시 국한문 쓰기에서 문제가 된 것이 무엇이었는지를 잘 보여 준다.

> 국자와 한자를 섞어 쓰자는 논의가 시작된 지 십여 년 이래 신문 잡지에 이 방법을 적용함이 이미 오래되었다. 그러나 그 문법을 보건대 한문 문법에 국문 토만 첨가하는 것도 있으며(一), 국문 문세(文勢)로 내려가다가 돌연히 한문 문법을 쓰고(二), 혹 한문 문세로 내려가다가 돌연히 국문 문법을 쓰는 것도 있어, 비유컨대 "學而時習之不亦悅乎" 한 구를 번역함에 혹 "學而時習之면 不亦悅乎아" 하니 이는 첫째에 속한 것이오, 혹 "學ᄒᆞ야 此를 時習ᄒᆞ면 不亦悅乎" 하니 이는 둘째에 속한 것이라. 동일한 사항 동일한 문장을 다섯 사람이 서술함에 열 사람이 같지 않아, 문법에서 벗어나 기이함을 말로 표현하기 어려우니, 아 안타깝도다![10]

"동일한 문장을 다섯 사람이 서술함에 열 사람이 같지 않"은 국한문 문장의 혼란상을 신채호는 "문법에서 벗어나 기이함"으로 표현했다. 그런 점에서 볼 때, 『서유견문』의 국한문 문장은 신채호의 말로 국문 문세로 우리말 문법에 맞게 쓴 문장이다. 국한문 성경의 문장은 우리말 문법에 맞는 일관된 문장을 써야 한다는 문제의식에서 선택된 문장이었던 것이다.

둘째 이유로 생각할 수 있는 것은 한글과 국한문으로 같은 내용의 글을 쓸 때는 그 문체적 차이를 명확히 하는 게 필요할 수 있다는 것이다. 한글 성경이 있는데도 굳이 국한문 성경을 필요로 하는 지식인이라면, 토씨를 제외한 모든 어휘를 한자나 한자어로 쓴 글을 선호했을 것이다. 더구나 표기법이 통일되어 있지 않은 당시 현실에서, 국한문은 문장의 의미를 명료하게 파악할 수 있는 장점이 있었다. 유길준이 『세계대세론』에서 선보였던 국한문을 포기하고, 『서유견문』 식의 국한문을 새로 선보인 것도 이 때문이었을 것이다.

유길준은 한문을 퇴출시켰지만 한글의 규범이 완비되지 않은 상황이라면, 국문과 국한문이 모두 필요하다고 봤다. 그리고 국문과 국한문의 이중적 문어 상황을 유지한다면, 국문 글쓰기는 완전한 한글 문장으로 쓰고 국한문 글쓰기는 모든 고유어 어휘를 한자에 대응시키는 완전한 국한문 문장으로 쓰는 게 현실적이라고 생각했다. 한글 성경과 국한문 성경을 함께 출간할 계획이었던 기독교계의 생각도 유길준의 생각과 다르지 않았다. 이처럼 한글 성경과 국한문 성경을 필요로 했던 이중적 문어 상황은 국한문 문장에 대응하는 한글 문장의 사용 폭을 넓혔다. 국문과 국한문은 나름의 영역에서 향유층을 형성하며 근대 글쓰기의 장을 넓혔던 것이다. 이런 맥락에서 『대한미일신보』(대한매일신보)는 국문과 국한문 신문을 동시에 발행했다.

〈『대한ᄆᆡ일신보』의 ‘국한문 논설’(1909. 12. 8.)〉

或者ᄂᆞᆫ 長病에 苦痛을 忘ᄒᆞᆷᄀᆞᆺ치 五條約日에 熱沸ᄒᆞ던 血이 冷ᄒᆞ며 七協約時에 狂發ᄒᆞ던 氣가 灰ᄒᆞ야 合邦의 聲明셔가 巷谷에 雪飛ᄒᆞ야도 尋常히 看過ᄒᆞ나 試思ᄒᆞ라 合邦以後에ᄂᆞᆫ 檀君을 背ᄒᆞ고 天照太神을 奉ᄒᆞᆯ지며 君父를 棄ᄒᆞ고 明治天皇을 拜ᄒᆞᆯ지며 祖國旗를 拋ᄒᆞ고 太陽의 彼旗를 擎ᄒᆞ리니 同胞此時에 心中이 何如히 苦痛ᄒᆞ깃나뇨

〈『대한ᄆᆡ일신보』의 ‘국문 논설’(1909. 12. 8.)〉

긴 병에 앏흠을 니져ᄇᆞ림과 ᄀᆞᆺ치 동포가 오됴약ᄒᆞ던 날에 ᄭᅳᆯ턴 피가 식엇고 칠협약의 톄결되던 날에 발광을 ᄒᆞ던 긔운이 ᄌᆡ가 되여 합방ᄒᆞ자ᄂᆞᆫ 션언셔가 쳐쳐에 눈 놀니듯 ᄒᆞ여도 심샹히 보고 지ᄂᆡ는가 ᄉᆡᆼ각하여 볼지어다 합방이 된 이후에ᄂᆞᆫ 단군을 ᄇᆡ쳑ᄒᆞ고 텬죠대신을 밧들 거시오 군부를 ᄇᆞ리고 명치텬황을 놉힐 거시며 조국의 태극긔를 ᄇᆞ리고 태양긔를 잡을지니 동포의 ᄆᆞᄋᆞᆷ이 이ᄯᆡ에 엇더ᄒᆞ겟ᄂᆞᆫ가

〔긴 병에 아픔을 잊어버림과 같이 동포가 5조약 하던 날에 끓던 피가 식었고 7협약이 체결되던 날에 발광을 하던 기운이 재가 되어 합방하자는 선언서가 처처에 눈 날리듯 하여도 심상히 보고 지내는가 생각하여 볼지어다. 합방이 된 이후에는 단군을 배척하고 천조대신을 받들 것이요 군부를 버리고 명치천황을 높일 것이며 조국의 태극기를 버리고 태양기를 잡을지니 동포의 마음이 이때에 어떠하겠는가.〕

『대한ᄆᆡ일신보』는 창간 당시 국문으로 신문을 냈지만 곧 국한문 신문으로 바꿨고, 이후 국문과 국한문 신문을 낸 과정을 볼 때, 국한문 글을 국문으로 바꿔 국문 신문을 냈을 것으로 짐작된다. 그렇다면 위의 논설들 또한 국한문 문장에 대응하여 국문 문장을 썼을 것인데, 그 원리는 한글 성경을 국한문 성경으로 바꿀 때와 같되 그 순서만 바뀐 것이다. 즉 국한문 성경이 한글 성경의 모든 고유어 어휘를 한자 및 한자어에 대응시킨 결과물이라면, 국문 신문은 국한문 신문의 한자 및 한자어를 고유어에 대응시킨 결과물이 된다.

일반적으로 "熱沸ᄒᆞ던 血이 冷ᄒᆞ며"를 "ᄭᅳᆯ턴 피가 식엇고"로, "雪飛ᄒᆞ야도"를 "눈 ᄂᆞᆯ니듯 ᄒᆞ여도"로 바꾸는 방식을 썼지만, 경우에 따라서는 "氣"를 "긔운"으로 바꾸거나 "狂發ᄒᆞ던"을 "발광을 ᄒᆞ던"으로 바꾼 것처럼 한자어를 일반적으로 통용되는 한자어로 바꾸기도 했다. 그런데 모든 어휘를 이처럼 일대일로 대응시킨 것은 아니다. "同胞此時에 心中이 何如히 苦痛ᄒᆞ깃나뇨"를 "동포의 ᄆᆞ음이 이때에 엇더ᄒᆞ겟ᄂᆞᆫ가"로 바꾼 것처럼, 국문 논설을 읽는 독자의 이해를 돕기 위해 어휘를 바꾸면서 문장을 조정하기도 했다.

이처럼 국문과 국한문이 공존하는 이중적 문어 상황에서, 20세기 초까지는 어휘적 의미를 지닌 모든 고유어를 한자에 대응시킨 국한문 문장이 전형적인 국한문 문장으로 취급되었다. 그러나 한글 사용이 늘고 학교 교육이 확대되는 흐름에서 이중적 문어 상황을 극복해야 한다는 문제의식이 커지기 시작했다. 이에 따라 국문과 국한문을 통합하는 문장으로 제안된 것이 한글 문장에 한자어만 한자로 쓰는 국한문이었다. 그러나 위의 문장에 쓰인 한자 중 어디까지를 한자어로 인정할 것인지 합의되지 않은 상황에서, 한글 문장에 한자어를 한자로 쓰는 국한문의 모습은 천차만별이었다.

특히 어휘 의미가 있는 모든 고유어에 한자를 대응시키는 과정에서 만들어진 한 글자 한자어, 즉 위의 '忘ᄒᆞᆷ, 血이, 冷ᄒᆞ며, 氣가, 灰ᄒᆞ야, 背ᄒᆞ고, 奉ᄒᆞᆯ지며, 棄ᄒᆞ고, 拜ᄒᆞᆯ지며, 抛ᄒᆞ고' 등의 표현 중 한자어의 범위를 정하는 건 글쓴이마다 조금씩 달랐다. 이런 현실에서는 한글 문장에 한자어만 한자로 쓰는 문장으로 나아가는 데도, 한글만을 쓰는 문장으로 나아가는 데도, 과도적 문장이 필요했다.

1908년
유길준과 박승빈, 새로운 방식의 국한문을 선보이다

『서유견문』에서 규범적 국한문 문장을 선보였던 유길준은, 『황성신문』에 쓴 한 논설에서, 한자를 한글의 보조문자로 활용할 것을 제안했다. 유길준은 한자와 한문을 엄격히 구분하면서, 한문은 폐지하되 한자는 폐지하지 못한다고 못 박았다. 한자는 빌려 쓴 글자이지만 오랜 세월 동안 우리말에 동화되어 우리말의 일부를 이루었다고 본 것이다. 영국인이 로마자로 영어를 기록하는 것이나 우리가 한자로 우리말을 기록하는 것이나 같은 것이 아니냐는 것이 유길준의 논리였다. 그러면서도 같은 글에서 다음과 같이 국한문 문장으로 된 소학교 교과서의 문제를 날카롭게 지적했다.

> 근래 쓰이는 소학교 서적을 보건대 국문과 한자를 혼용하였으나 한자를 주위(主位)에 두고 음독하는 법을 취하고 국문자는 부속이 되어 소학용으로는 국문도 아니며 한문도 아닌 일종의 박쥐 같은 책을 만들었는지라. 이러므로 교실을 꽉 채운 어린아이들이 교사를 따라 고성와명(高聲蛙鳴)하고 혹은 그 글의 뜻을 물어보면 황연히 운무 가운데 앉아 그 방향을 모르는 자가 십의 팔구이니…….
>
> — 유길준, 「소학 교육에 대하는 의견」, 『황성신문』, 1908. 6. 10.[11]

유길준은 국한문으로 된 소학교 교과서를 국문도 아니고 한문도 아닌 박쥐 같은 책이라 했다. 대부분의 아동이 책의 내용을 제대로 알지 못한 채 교사를 따라 무작정 따라 읽기만 하는 현실을 비판한 것이다. 이러한 비판에 고개를 끄덕이다가도, 유길준 스스로가 한자는 우리말의 일부를 이루고 국한문은 우리말 문법에 따른 우리 글이라 했다는 사실에 당황할 수밖에 없다. 유길준이 국한문 글쓰기를 자연스러운 일로 보면서도, 국한문으로 쓴 교과서의 문제점을 지적하는 것은 어떻게 이해해야 할까?

그런데 이때 놓치지 말아야 할 것은 유길준의 비판이 국한문 자체가 아닌 소학교의 국한문 교과서를 향하고 있다는 사실이다. 유길준은 국문과 국한문이 공존하는 이중적 문어 상황을 전제한 상태에서 소학교 교육의 문제를 지적했다. 초등교육 이상의 단계에서는 국한문 교과서를 사용하더라도 초등교육 단계에서는 한글로 된 교과서를 사용하는 게 맞다는 것이 그의 주장이었던 것이다. 그런데 정작 유길준은 학교 교육을 받지 않은 노동자의 교육을 위해 교과서를 저술하면서도 그 책의 문장을 한글 문장으로 쓰지 않았다. 그건 어떻게 설명할 수 있을까? 먼저 1908년에 유길준이 펴낸 『노동야학독본』의 한 대목을 보자.

> 뎨 사 과 사람 의 무
> 第四課 人의 義務 (…)
>
> 대개의 의무라 ᄒᆞᄂᆞᆫ 쟈ᄂᆞᆫ 아니치 못ᄒᆞᄂᆞᆫ 일이라. 자식되야 어
> 효도 신하 츙셩
> 버이에게 孝ᄒᆞ며, 臣되야 님금에게 忠ᄒᆞ고, 어룬되야ᄂᆞᆫ 어린
> 길으 가라 다 각기
> 이를 養고 敎치는 일이 皆 各 한 사람의 직분이니라
>
> 뎨 오 과 사람 자 격
> 第五課 人의 資格 (…)
>
> 사람 자 격 뒤지
> 그러ᄒᆞᆫ즉 일온바 人의 資格은 엇더ᄒᆞ뇨 갈오대 남에게 後지
> 지 식
> 아니ᄒᆞ는 知識으로
> 집 창셩
> 家에ᄂᆞᆫ 집을 昌케 ᄒᆞ는 일이오
> 나라 평안
> 國에ᄂᆞᆫ 나라를 安케 ᄒᆞ는 일이오
> 샤 회 리롭
> 社會에ᄂᆞᆫ 샤회를 利게 ᄒᆞ는 일이니라

이 문장에서 독특한 점은 한자를 쓰되 한자 옆에 한글로 한자의 음이나 뜻을 썼다는 것이다. 이 문장의 특징을 유길준이 한자를 한글의 보조문자로 활용할 것을 주장했다는 것과 관련지어 보면, 유길준은 국문의 부속품으로 한자를 쓰는 문장을 제안했음을 알 수 있다. 그렇다면 한자가 국문의 부속품이 되는 문장이란 뭘까?

유길준이 『노동야학독본』에서 쓴 문장은, 한자를 한자의 음대로만 읽으면 제대로 된 문장이 되지 못하지만, 한자에 부기된 한글로 읽으면 자연스러운 우리말이 되는 문장이다. "어린이
길으 가라 다 각기
를 養고 敎치는 일이 皆 各 한 사람의 직분이니라"란 문장을 보면

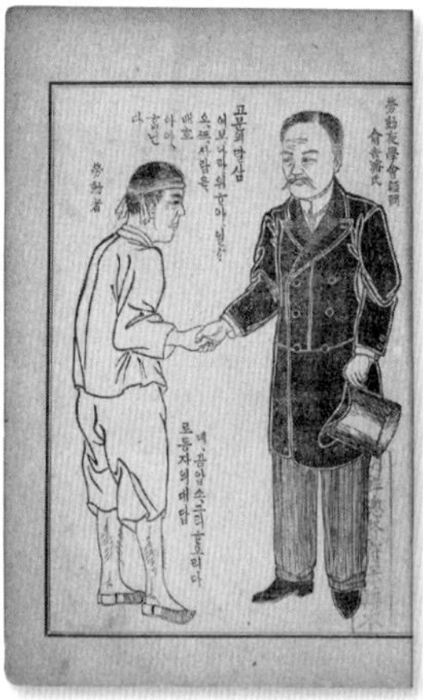

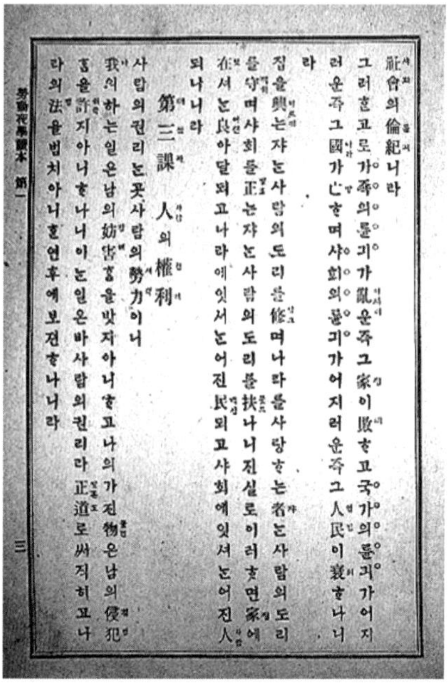

社會의倫紀니라
그러ᄒᆞᆫ고로가족의륜긔가亂운즉그家이敗ᄒᆞ고국가의륜긔가어지러운즉그國가亡ᄒᆞ며샤회의륜긔가어지러운즉그人民이衰ᄒᆞ나니라
집을興ᄒᆞᄂᆞᆫ쟈ᄂᆞᆫ사람의도리ᄅᆞᆯ修ᄒᆞ며나라ᄅᆞᆯ사랑ᄒᆞᄂᆞᆫ者ᄂᆞᆫ사람의도리ᄅᆞᆯ守ᄒᆞ며샤회ᄅᆞᆯ正ᄒᆞᄂᆞᆫ쟈ᄂᆞᆫ사람의도리ᄅᆞᆯ扶ᄒᆞ나니진실로이러ᄒᆞ면家에在서ᄂᆞᆫ良아달되고나라에잇서ᄂᆞᆫ어진民되고샤회에잇셔ᄂᆞᆫ어진人되나니라

第三課 人의權利

사람의권리ᄂᆞᆫ곳사람의勢力이니
我의ᄒᆞᄂᆞᆫ일은남의妨害ᄒᆞᆷ을밧지아니ᄒᆞ고나의가진物은남의侵犯ᄒᆞᆷ을許지아니ᄒᆞ나니이ᄂᆞᆫ일은바사람의권리라正道로써지히고나라의法을범치아니ᄒᆞᆫ연후에보젼ᄒᆞ나니라

勞動夜學讀本 第一 三

『노동야학독본』 유길준, 1908년, 국립한글박물관 소장

'養, 敎, 皆, 各'이란 한자를 모르더라도 이 문장을 "어린이를 길으고 가라치는 일이 다 각기 한 사람의 직분이니라"와 같이 자연스럽게 읽을 수 있는 것이다. 오히려 한자음으로 읽으면 "어린이를 양고 교치는 일이"와 같이 토씨와 연결이 되지 않는다. 결국 유길준의 과도기적 국한문에서 한자를 빼면 완전한 한글 문장이 등장하게 되는 것이다. 이러한 점을 고려하면, 『노동야학독본』은 한글로 먼저 쓴 후 한자를 포함한 것으로 보는 게 자연스럽다.

유길준은 왜 애초에 국문으로 작성되었을 『노동야학독본』에 한자를 포함했던 것일까? 짐작건대 학생들에게 국문으로 지식을 전달하되 그들이 나중에 일반 국한문 서적을 읽을 수 있는 정도의 한자 수준을 만들어 주기 위해서였을 것이다. 국문으로 작성된 글에 한자를 포함한 특이한 국한문 문장은 교육용 문장이었던 것이다. 특히 위에서 볼 수 있듯이, 한자어가 반복되는 경우에는 한자를 그때마다 제시하는 게 아니라 한글로만 썼는데, 이는 이 문장에 사용된 한자가 국한문 문장을 구성하기 위해서가 아니라 교육적 목적에 따라 배치된 것임을 말해 준다.

그런데 『노동야학독본』(1908)을 재편집하여 출간한 『노동야학』(1909)에서는 극히 일부 한자어 표기를 제외하고 교과서의 문장을 완전히 한글 문장으로 바꿔 쓰고 있다.

> 第四 사람의 義務 (…)
>
> 대개 의무라 ᄒᆞᄂᆞᆫ 쟈ᄂᆞᆫ 아니치 못ᄒᆞ는 일이라. 자식되야 어버이에게 효도ᄒᆞ며, 신하되야 님금에게 충셩ᄒᆞ고, 어룬되야ᄂᆞᆫ 어린이를 기르고 가라치는 일이 다 각기 한 사람의 직분이니라.

『노동야학독본』(1908)과 『노동야학』(1909)의 한글 문장을 비교해 보면, 일부 표기의 차이를 제외하고는 동일한 문장임을 알 수 있다. 그런 점에서 1909년의 문장은 기초 교육에서는 국문으로 가르쳐야 한다는 유길준의 생각이 좀 더 명확하게 드러난 것으로 볼 수 있다. 그런데 여기서 주목할 점은 유길준이 한글 문장으로 출간한 『노동야학』에서도 특정 한자어는 한자로 쓴다는 점이다. 『노동야학』에서는 義務, 權利, 職業, 勞動, 人民 등 근대적 개념어들이나, 子女, 父母, 父子, 兄弟, 道理, 世上 등 기본 어휘들은 한글이 아닌 한자로 표기할 때가 있다. 이처럼 불규칙적인 한자 노출은 근대적 개념어의 중요성을 강조하거나 기본 어휘들의 한자를 익히게 하려는 의도에 따른 것으로 보인다.

이를 보면, 유길준은 중등교육에서는 국한문으로 된 교과서가 적절하고, 초등교육에서는 한글 문장으로 교육하되 한자를 교육시켜야 한다고 생각했음을 알 수 있다. 결국 유길준은 국문과 국한문이 병존하는 이중적 문어 상황을 극복할 현실로 보지 않았고, 『노동야학』에서 국한문을 포기하고 한글 문장을 선택한 것은 교육 방식을 수정한 것에 불과했던 것이다. 그러나 유길준의 의도와 상관없이 이러한 독특한 국한문 쓰기 방식은 이중적 문어 상황을 단일화하는 방안으로 활용되었다. 법학자 박승빈(朴勝彬, 1880~1943)은 번역서 『언문일치 일본국 육법전서』(1908)를 출간하면서 국문과 국한문을 통합하는 새로운 국한문을 선보였다.

> 會社가 아니고 商號 中에 會社임을 示(보)이는 文字를 用(쓰)ㅁ을 得(으)ㄷ지 못함 會社의 營業을 讓受한 時(때)에라도 亦(또)한 同(가)틈.
>
> — 商法 第三章 商業登記 第十八條

박승빈도 유길준처럼 우리말화한 한자어와 그렇지 않은 한자 어근을 구분하여 썼다. 유길준이 우리말화한 한자어 ‘의무’(義務)를 ‘義務(의무)’로 쓰고 그렇지 않은 한자 어근 ‘양’(養)은 ‘養(길으)’과 같이 써서 구분했듯이, 박승빈은 우리말화한 한자어 ‘회사’(會社)를 ‘會社’로 쓰고 그렇지 않은 한자 어근 ‘示’는 ‘示(보)’로 써서 구분했다. 둘 사이의 차이는 유길준이 우리말화한 한자어의 음을 한글로 병기한 반면 박승빈은 한글 병기 없이 한자로만 썼다는 데 있다.

이때 박승빈의 표기 방식은 국문과 국한문이 병존하는 이중적 문어 상황을 자연스러운 우리말 문장의 국한문으로 단일화하려는 의도를 보인다. 특히 이 책이 법률서를 번역한 것이면서 언문일치를 표방하고 있다는 점도 주목할 필요가 있는데, 이러한 국한문을 전문 영역의 글에 쓴 것은 이를 이중적 글쓰기에서 단일한 글쓰기로 나아갈 때의 표준 문장으로 삼고자 했음을 말해준다. 이는 유길준이 『노동야학』의 국한문을 교육적 목적으로 활용했던 것과 대비되는 것이기도 하다.

이런 점을 보면 박승빈이 궁극적으로 쓰고자 했던 문장은 위의 국한문 문장에서 우리말화하지 않은 한자를 뺀 문장이었을 것으로 짐작된다. 즉 “會社가 아니고 商號 中에 會社임을 보이는 文字를 씀을 읻지 못함”처럼 자연스러운 우리말 문체의 국한문은 박승빈이 생각한 단일한 글쓰기 문장이었을 것이다. 박승빈의 생각은 1926년 강연에서 확인할 수 있다.

> “雨가 來하리라” 하면 우리의 문법이 아니오 한어(漢語)에 선문(鮮文)으로 토를 단 것이 아니겠습니까. 또 일식(一式)은 “兄이 아우와 같이 往來한다” 하면 이는 우리의 어법이나 한문

(漢文)과 선어(鮮語)와 혼잡한 것인즉 조선어의 고유어를 한문으로 용(用)하야 '형'은 한문을 용하고 '아우'는 선어를 용하니 그러한 모순된 문법이 어디 있으리오. 그래서 한문 불가폐(不可廢)를 주창하는 자가 종종하나 그 역시 무의식한 주견은 아니올시다. 조선의 고유어가 독립하기는 실난(實難)한즉 한문을 소화하는 것이 가장 필요하다 합니다. (…) 조선의 원소어(原素語)가 부족한 것이 결점인즉 이에 더욱 주의하여야 할 것이올시다.

— 박승빈, 「조선 문법에 대하야」, 『시사강연록』 제4집, 1926(초판, 1922.)

한문에 우리말로 토를 다는 것은 우리말 문법이 아니라는 문제가 있고, 우리말 어법에 한자와 한글을 섞어 쓰는 것은 모순되지만 고유어가 독립적으로 쓰이기는 현실상 어려우니 한자를 소화하는 것이 필요하다는 문제의식은 1920년대에 일반화된 문제의식이기도 했다. 이런 상황에서 박승빈이 의도했던 국한문은 1920년대에 주류적 글쓰기로 자리 잡았다.

제임스 게일(James S. Gale, 1863~1937)이 성서공회의 반대에도 불구하고 1925년에 『신역신구약전서』를 출간한 것은 '성경의 문장은 자연스러우면서도 일반적인 것이어야 한다'는 신념 때문이었다. 이때 게일이 생각했던 자연스러우면서도 일반적인 문장은 우리말 문체로 전환된 국한문이었다. 게일의 생각에 의미를 부여하는 것은 그가 한영사전과 한국어 문법서를 편찬했고 한국의 고전을 영어로 번역한 인물이었기 때문이다. 한국어 문장을 제3자의 관점에서 가장 면밀히 관찰했을 게일은 다음과 같은 문장을 1920년대 한국인들이 가장 잘 받아들일 수 있는 문장으로 생각했던 것이다.

> 뎌희를 ᄃᆞ리시고 벳아니 마즌偏에 니르샤 손을 들어 뎌희를 爲ᄒᆞ야 祝福ᄒᆞ실ᄉᆡ 비실 ᄯᅢ에 무리를 ᄯᅥ나 하ᄂᆞᆯ노 올나가시니 무리가 敬拜ᄒᆞ고 甚히 깃버ᄒᆞ야 예루살넴으로 도라가 늘 聖殿에셔 하ᄂᆞ님을 讚頌ᄒᆞ더라 —「누가복음」 24:50-53

이처럼 1920년대부터는 주류적 글쓰기의 양식이 우리말 문체의 국한문으로 단일화된 상황이었지만, 다른 한편으로 순한글 문장으로의 단일화를 모색하는 움직임도 본격화되었다. 그런데 이러한 움직임, 즉 우리말 문장을 단일화하려는 두 방향의 모색은 사실 1908년 유길준과 박승빈의 시도로부터 비롯된다고 할 수 있다. '유길준의 국한문 문장에서 한글과 병기된 한자를 제거한 후 남는 순 한글 문장을 단일한 글쓰기의 문장으로 삼을 것인가?' 아니면 '박승빈의 국한문 문장에서 한글과 병기된 한자를 제거한 후 남는 국한문 문장을 단일한 글쓰기의 문장으로 삼을 것인가?' 한자혼용론과 한글전용론 간의 경쟁은 이렇게 시작되었다.

1931년
이윤재, 『문예독본』에서 한글 문체를 실험하다

'독본'(讀本)은 교육을 목적으로 모범이 되는 글을 뽑아 묶은 책이다. 여기서 '모범이 되는 글'은 사회가 요구하는 지식과 공동체가 공유하는 사상을 바른 문장으로 서술한 글이라 할 수 있다. 따라서 독본에 실린 글은 읽기의 전범이자 글쓰기의 전범으로 교육되었다. 최초의 독본으로 오늘날의 교육부에 해당하는 학부(學部)에서 펴낸 『국민소학독본』(1895)은 근대 초 국어 교과서로서 역할을 했고, 이후 개인 편찬자가 펴낸 독본도 그에 준하는 기능을 하였다. 그런 점에서 『문예독본』의 출현은 한글 문장이 읽기와 쓰기의 전범으로 자리 잡았음을 보여 준다.

조선어학회의 어문규범화 사업을 이끌던 이윤재(李允宰, 1888~1943)는 한글 맞춤법 및 표준어를 제정하고 이를 효율적으로 보급하여 질서정연한 조선어 공동체를 이루고자 하였다. 그가 꿈꾸었던 질서정연한 조선어 공동체는 민족의 문화와 감성을 담은 문학 작품이 규범적인 한글에 실려 널리 읽힐 수 있는 공동체였다. 이윤재가 번역 작품을 배제하고서 조선인 작가의 한글 작품만을 선별해 민족의 문화와 감성을 보여 주고자 했던 것도, 그리고 이런 작품을 통해 한글 문체와 한글 맞춤법을 익히도록 했던 것도 이 때문이었다. 이런 점에서 『문예독본』의 출현은 규범적이면서도 가장 우리말다운 문체가 무엇인지를 보여 줄 수 있는 교과서의 출현을 의미했다.

『문예독본』에 실린 글은 모두 자연스러운 한글 문체로 된 글이었을 뿐만 아니라 한자 노출을 최소화한 글이었다. 특히 평이한 문학 작품이 중심인 상권은 순 한글로 된 글이 대다수를 차지했다. 논설문이나 문학 이론을 다룬 글에서는 한자어가 많은 글의 성격상 한자 노출이 많지만 문체는 근대 초의 국한문과 달리 자연스러운 한글 문체를 유지했다. 그런데 한자어를 한자로 표기하는 현실적 선택보다 더 주목해야 할 것은 본문은 순한글로 쓰고 한글로 쓴 일부 한자어에 각주를 달아 그 한자 표기를 보여 주는 시도이다. 이윤재는 이러한 글들을 통해 한글전용의 가능성을 보여 주고자 했을 것이다.

신문화 운동이 중국 전역을 휩쓸던 1920년대 초반에 북경에서 유학했던 이윤재는 '한자의 영향력을 최소화하고 고전 문어를 탈피하여 언문일치의 글쓰기를 하자'는 진보적 지식인들의 주장에 큰 영향을 받았다. 신문화 운동을 목도한 이윤재는 한자를 철폐하고 한글로 글쓰기를 하는 것이 진정한 진보임을 확신하였다. 그런 점에서 『문예독본』은 한글전용으로 귀결될 글쓰기의 방향을 보여 준 시도였다.

『문예독본』의 특색 중 빠트릴 수 없는 것이 「한글 철자법 일람표」를 상권과 하권에 모두 부록으로 실었다는 점이다. 한글 맞춤법 통일안이 공표되기 전이었지만, 통일안의 방향이 정해졌다면 이를 하루라도 빨리 전파하는 게 필요하다고 판단한 것으로 보인다. 이윤재는 이미 1926년부터 한글 맞춤법에 대한 글을 발표했다. 여기에 거론된 그의 맞춤법 이론은 1929년에서 1930년 사이에 8강으로 나누어 집필한 「한글 강의」에 종합적으로 제시되어 있다. 「한글 강의」를 집필한 후 『한글 마춤법 통일안』(1933)이 발표될 때까지 그는 신문과 잡지에 새로운 한글 맞춤법을 해설하는 글을 쉼 없이 발표한다. 『문예독본』에 「한글 철자법 일람표」를 제시한 것은 결국 이러한 활동의 연장선에 있다. 그런데 「한글 철자법 일람표」에서 두드러진 것은 구두점과 띄어쓰기를 제시한 점이다. 구두점과 띄어쓰기에 주목한 것은 글쓰기 교과서로서 『문예독본』의 지향을 잘 보여 준다.

3장
한글 신문으로 공론의 장을 넓히자—

한글 신문의 연대기

신문의 역사는 곧 한글의 성장사였다. 국민의 문해력을 측정하는 중요한 지표 중 하나가 신문의 보급률이라는 사실은 한글의 성장사에서 신문의 역할을 말해 준다. 국문과 국한문의 이중적 글쓰기로 시작한 근대 문어의 역사에서 한글 신문은 두 가지의 글쓰기 양식이 길항하는 장이었다. 국문 문장의 평이성과 국한문 문장의 정확성은 상보적인 듯했지만, 공론의 장을 넓힌다는 대의에 따라 신문의 글쓰기에서 한글의 영역은 지속적으로 확대되었고, 사람들은 한글 신문의 글쓰기를 통해 모범적인 혹은 전형적인 우리말 문장을 공유하였다.

그리고 한글 신문의 발행은 우리말 규범화와 한글 보급의 동기이자 계기가 되었다. 『독립신문』을 교열했던 주시경은 신문사에 국문동식회를 만들어 『한글 맞춤법 통일안』의 기초를 마련했고, 『한글 맞춤법 통일안』이 완성된 후 한글 신문은 어문규범을 확산하는 근거지가 되었다. 그리고 한글 보급 운동은 한글 신문사의 참여와 지원 속에 전국적으로 확산될 수 있었다. 한글 해득자 수의 증가는 한글 신문 구독자 수의 증가로 이어졌고, 신문의 구독자 수가 증가함에 비례하여 신문의 문장에서 한자의 사용도 줄어들었다. 이러한 흐름 속에 이상이라 치부되던 한글전용은 제도적 강제가 아닌 대중의 선택을 통해 자연스럽게 현실이 되었다.

1896년
서재필, 최초의 한글 신문인 『독립신문』을 창간하다

해방 후 정국이 혼란한 상황에서 '독립'의 의미를 다시금 되새기던 때, 『독립신문』의 발행인 서재필(徐載弼, 1864~1951)은 한 신문과의 대담에서 '독립'이란 말이 만들어진 배경을 다음과 같이 설명했다.

> 독립이라는 말은 내가 지어낸 말인데 나는 당시 한문을 잘 알지는 못하였습니다. 말하자면 '앵무새'처럼 흉내를 내는 정도였습니다. 그래서 '남에게 의지하지 말자'는 정신에서 '혼자 서자'는 의미로 '독립'이라는 말을 만들었던 것입니다. 그러나 '혼자 선다'는 것은 결코 '고립'이나 '유아독존'을 의미하는 것은 아닙니다. 실은 '자립'인 것입니다. '자립', '자주', '자율', 이것이 독립정신인 것입니다. 조선 사람들에게는 이것이 결핍하여 있다는 것입니다. —「구국투쟁과 신국민운동-서재필 박사와 신영철 본사 사장 대담」, 『신민일보』, 1948. 3. 14.

서재필은 자신이 '독립'이란 말을 처음 지어냈다고 말하는데, 이 말은 자신이 영어 'independent'의 번역어로 '독립'(獨立)을 지어냈다는 것으로 들린다. 그러나 그가 지어냈다는 '독립'이란 말은 서재필이 1883년부터 1884년까지 일본에 유학하던 시절 접했을 가능성이 높다. 개화사상가인 후쿠자와 유키치가 쓴 『학문의 권장』(1872~1876)은 그 당시 일본 지식인들에게 막대한 영향을 미쳤는데, 후쿠자와는 이 책에서 "일신독립(一身獨立) 일국 독립(一國獨立)"을 내세웠다.

그런데도 서재필은 왜 '독립'이란 말을 자신이 처음 지어냈다고 했을까? '독립'이란 말을 중화주의에서 벗어난다는 관점에서 새롭게 의미화한 게 자신이었음을 강조하고 싶었기 때문일 것이다. 새롭게 의미화한 '독립'은 개화사상을 전파하기 위해 창간한 신문과 잘 어울리는 제목이었다. 당시 조선인에게 낯선 말인 '독립'을 내세움으로써, 새로운 정신으로 새 시대를 열고자 한 신문의 정체성이 더 분명해졌던 것이다.

서재필의 말 중, 독립이란 말을 자신이 처음 지었다고 한 말만큼이나 흥미로운 것은 "나는 당시 한문을 잘 알지는 못하였습니다. 말하자면 '앵무새'처럼 흉내를 내는 정도였습니다"라는 말이다. 『독립신문』을 창간한 1896년 당시, 서재필이 한문을 잘 알지 못하고 앵무새처럼 흉내를 내는 정도였다는 말은 사실일 수가 없기 때문이다. 서재필이 10여 년 만에 미국에서 귀국했다지만, 그가 1882년 과거에 급제해 관직에 올랐던 인물임을 생각하면, 한문을 잘 알지 못했다는 그의 말은 의도적 수사라 할 수 있다. '혼자 서자'라는 의미로 '독립'이란 말을 만들었다고 하면 될 텐데 그는 왜 굳이 한문을 잘 알지 못한다는 말을 덧붙였을까?

서재필은 자신이 한문을 잘 알지 못한다고 함으로써 소통 수단으로서 한문의 효용성을 낮추고자 했을 것이다. 최고의 지식인으로 대접받는 자신이 한문을 잘 모른다는 것은 한문으로 소통하는 것이 무의미한 시대가 되었음을 강조하는 의미가 있다. 이를 뒤이어 나오는 "남에게 의지하지 말자"는 말과 연관 지으면, 신문을 순 한글로 발행한 이유가 자연스럽게 설명된다.

이런 방식의 수사는 『서유견문』의 서문에 나온 유길준의 말을 연상시킨다. 유길준은 왜 한문으로 책을 쓰지 않았느냐는 친구의 말에 "서투르고도 껄끄러운 한자로 얼크러진 글을 지어서 실정을 전하는 데 어긋남이 있기보다는, 유창한 글과 친근한 말을 통하여 사실 그대로의 상황을 힘써 나타내는 것이 올바르다고 생각한다"고 답했다. 한문에 능통했던 유길준이 왜 스스로 한문이 서툴고 껄끄럽다고 했을까? 이 말이 "외국 사람들과 이미 국교를 맺었으니, 온 나라 사람들이 상하, 귀천, 부인, 어린이를 가릴 것 없이 저들의 형편을 알지 못해서는 안 될 것이다"라는 말에 이어진 것임을 고려하면, 유길준이 말하고자 했던 바는 분명하다. 대중적 소통을 위해서는 한문을 쓸 수 없다는 것이다.

유길준의 생각은 서재필을 거쳐 『독립신문』의 창간 정신이 되었다. "외국 사람들과 국교를 이미 맺었으니, 온 나라 사람들이 상하, 귀천, 부인, 어린이를 가릴 것 없이 저들의 형편을 알지 못해서는 안 될 것이다"라는 유길준의 생각이 "한문은 아니 쓰고 다만 국문으로만 쓰는 것은 상하 귀천이 다 보게 함"이라는 『독립신문』의 창간사로 이어진 것이다.

> 우리 신문이 한문은 아니 쓰고 다만 국문으로만 쓰는 것은 상하 귀천이 다 보게 함이라. 또 국문을 이렇게 구절을 떼어 쓴즉 아무라도 이 신문 보기가 쉽고 신문 속에 있는 말을 자세히 알아보게 함이라. 각국에서는 사람들이 남녀 물론하고 본국 국문을 먼저 배워 능통한 후에야 외국 글을 배우는 법인데 조선서는 조선 국문은 아니 배우더라도 한문만 공부하는 까닭에 국문을 잘하는 사람이 드묾이라. 조선 국문하고 한문하고 비교하여 보면 조선 국문이 한문보다 얼마가 나은 것이 무엇

인고 하니, 첫째는 배우기가 쉬우니 좋은 글이요, 둘째는 이 글이 조선글이니 조선 인민들이 알아서 백사를 한문 대신 국문으로 써야 상하 귀천이 모두 보고 알아보기가 쉬울 터이라.

—『독립신문』, 1896. 4. 7.

유길준과 서재필이 공유한 생각은 '지식 정보가 국가 공동체의 모든 구성원이 접할 수 있는 글로 쓰여 있어야 진정한 개화가 달성될 수 있고 민권 신장이 이루어질 수 있다는 것'이었다. 다만 유길준은 국한문이 고급 지식을 전달하는 글쓰기 수단인 현실에서 국문 글쓰기에서 국한문 글쓰기로 이어지는 징검다리를 만드는 현실적 선택을 한 반면, 서재필은 국문 글쓰기로 모든 정보를 공유한다는 이상을 실현하고자 했다는 점에서 차이가 있었다.

앞서 살펴본 안확의 글에서, 안확은 "민간에서는 독립협회에서 발행한 『독립신문』이 있었는데 이에 비로소 신 의견 신사상을 선전하니 이 신문은 순 언문으로 기록한바 논설 잡필은 당시 사상계의 형세를 보기 족하니라"[1]라고 『독립신문』을 평가했다. 한글로 쓰인 『독립신문』이 있었기에, 일반인들도 새로운 주장과 사상을 접하며 사상계의 형세를 파악할 수 있음에 주목한 것이다. 이는 국문과 국한문이 병존하는 이중적 문어 상황에서, 『독립신문』이 한글 글쓰기의 위상을 높이는 데 중요한 역할을 했음을 말해 준다.

근대적 개혁을 단행한 김홍집 내각은 『독립신문』의 발행을 적극적으로 지원했는데, 아관파천(俄館播遷)으로 김홍집 내각이 몰락한 후에도 정부의 지원은 지속되었다. 사옥을 대여하고 우편 비용을 낮춰 주었고 기자에게 관청 출입증을 교부하기도 했다. 이는 정부가 신문의 필요성을 절감하고 있었음을 보여 준다.

실제 『독립신문』의 영향력은 당시 매체 중 가장 막강했던 것으로 보인다. 정기 구독자가 1천 명을 상회하고 최대 3천 부까지 발행한 것으로 알려져 있는데, 당시 신문의 영향력은 발행 부수로만 설명할 수 있는 게 아니었다. 『독립신문』 한 부를 보통 85명이 돌려 읽었다는 기록에 근거하여 『독립신문』이 한 번 발행되면 전국에서 최소 10만 명에서 최대 25만 명의 시민이 읽고 공공의 이슈에 대해 논의할 수 있는 정보를 얻게 되었다고 추산하기도 한다.[2]

이처럼 많은 사람이 『독립신문』을 통해 공론장에 발을 들일 수 있었던 것은 『독립신문』이 정론지의 성격을 유지하면서도 완전한 한글 글쓰기를 실현했기 때문이다. 『독립신문』의 영향력은 신문 독자들의 투고에서 분명하게 확인할 수 있다. 당시 전문 취재 기자가 극소수였던 까닭에 대부분의 내용은 독자의 제보로 구성되었는데, 『독립신문』에는 간행 기간 동안 540건의 투고가 실렸다. 특히 1898년부터는 논설란에 급격히 투고 기사가 증가하였고, 투고자는 다양한 계층에 분포되었다.[3]

여기서 눈에 띄는 것이 '백성'의 투고가 총 260건으로 전체 투고의 48%를 차지한다는 사실인데, 이는 개화 지식인의 투고 125건보다 두 배 이상 많았다. 이때 '백성'은 한글을 깨우치고 자신의 의사를 표현할 정도의 지식을 갖춘 평민을 말한다. 특별한 사회적 지위가 없어도 자신의 의사를 표현하려는 욕구와 능력을 갖춘 일반인이 그만큼 많았던 것이다. 그리고 한글로 신문을 내는 신문사가 있음으로써 다양한 계층의 사람이 활발히 투고하고 또 이들의 의견이 공론의 장으로 들어올 수 있었다.

그렇다면 당시 자신의 의사를 한글로 표현할 수 있는 능력을 갖춘 사람은 얼마나 되었을까? 19세기 한글의 보급률은 과연 근대적 지식과 정보의 유통을 원활하게 할 정도였을까? 전근대 시대 한글 교화서의 보급과 한글 소설의 유행은 한글 보급률이 높았음을 추정하는 근거가 될 수 있다. 그러나 이를 입증할 수 있는 통계 자료가 전무한 상황에서, 외국인들의 관찰기는 한글 보급의 현황을 객관적으로 파악할 수 있는 근거로 삼을 만하다.

개화기에 조선을 여행한 서양인들의 관찰기에서 두드러진 내용 중 하나는 조선의 높은 문자 보급률에 놀라는 서양인의 시선이다. 1894년에 조선을 여행하고 여행기를 남긴 에른스트 폰 헤세 바르텍은 "조선인들은 읽기 좋게 쓰인 필체를 아주 높이 평가하며, 상당수의 국민이 글자를 쓸 줄 아는데, 이는 예를 들어 이탈리아보다 훨씬 높은 비율이다"[4]라고 기록하고 있다.

이사벨라 버드 비숍도 1894년부터 1897년까지 네 차례 조선을 방문한 후 여행기를 남겼다. 그 여행기에 서술된 문자 사용 상황은 바르텍의 서술보다 구체적이다. "언문(諺文)은 지식인들 사이에는 쓰이지 않고 무시당했다. 그러나 나는 강 주변에 살고 있는 하층민들이 그들 자신의 글씨체를 읽고 쓰고 하는 것을 관찰할 수 있었다"[5]라는 짧은 서술에는 한글과 한자로 구분되는 이중적 문어 상황과 한글의 높은 보급 상황이 담겨 있다. 흥미로운 건 하층민이 한글을 자연스럽게 읽고 쓴다고 하는 것을 넘어 그 하층민이 '강 주변'에 사는 사람임을 굳이 밝혔다는 것이다. 이러한 서술은 변두리에 사는 하층민들이 글을 쓰는 걸 쉽게 볼 수 있을 정도라면 도성의 상황은 더 말할 필요가 없다는 의미로 다가온다.

이처럼 두 서양인의 여행기는 당시 한글이 널리 쓰였음을 일관되게 보여 준다. 특히 바르텍이 조선의 문자 보급 상황을 이탈리아와 비교한 것은 그 관찰이 나름 타당성을 갖추고 있음을 말해 준다. 이탈리아는 1861년 통일 후부터 문맹 퇴치 교육을 시작하며 전 국민을 대상으로 한 의무교육을 준비했다. 바르텍은 국민교육을 본격화한 지 얼마 되지 않은 이탈리아와 비교해야 조선의 문자 보급 정도를 객관화할 수 있다고 생각했을 것이다. 그렇다면 이탈리아보다 조선의 문자 보급률이 훨씬 높다는 말은 조선의 문자 보급 수준이 국민교육을 실시한 지 얼마 되지 않은 나라를 뛰어넘는 정도라는 평가로 볼 수 있다. 조선이 근대적 의미의 국민교육을 실시하지는 않았지만, 교화 정책이 그 빈자리를 채웠던 것이다.

식민지 교육이 국민교육을 대신했던 1930년에 일제가 실시한 '조선국세조사'에 나타난 문맹률은 77.7%였고, 1945년 문교부의 조사에 나타난 문맹률이 78%였음을 고려하면, 19세기 말의 상황도 이와 거의 비슷했을 것으로 짐작된다. 다만 1930년 조사에서 남성 문해자가 여성 문해자의 4배 정도인 점, 1911년 조선총독부 조사에서 서당에 다니는 남성 학생의 수가 141,604명으로 여성 학생의 수 570명을 압도한다는 점 등을 보면, 1894년 당시 바르텍과 비숍이 주로 상대했을 조선인 남성들은 하층민이더라도 한글을 읽고 쓸 수 있는 사람이 많았을 것으로 짐작된다. 한글 신문의 발행으로 이들이 공론장으로 들어올 수 있었고, 이들의 참여로 한글 신문의 발행이 늘어날 수 있었을 것이다.

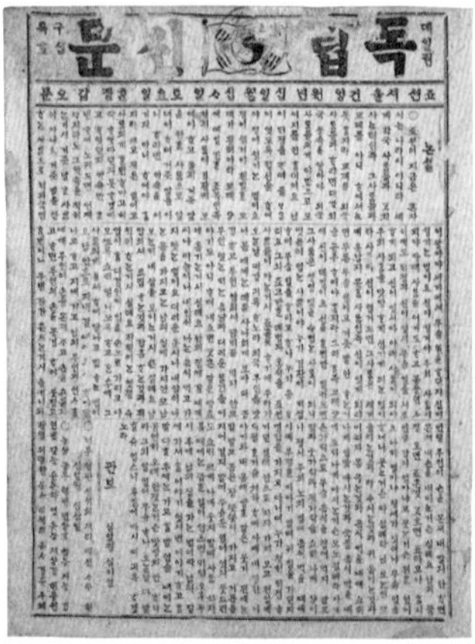

ㄱ

ㄴ

ㄷ

ㄱ. 『독립신문』 제1권 제96호(1896.11.14.), 국립한글박물관 소장
ㄴ. 『협성회회보』 제1권 제9호(1898.2.26.), 국립한글박물관 소장
ㄷ. 『뎨국신문』 제2권 117호(1899.5.26.), 국립한글박물관 소장

1898년
『독립신문』을 잇는 한글 신문을 잇달아 창간하다

『독립신문』이 독자들의 호응을 얻자 한글 신문을 발행하려는 움직임이 나타나기 시작했다. 그 첫 움직임은 배재학당의 학생 모임인 협성회(協成會)에서 시작되었다. 협성회는 1896년 11월 30일 양홍묵(梁弘默, 1866~?), 주시경(周時經, 1876~1914), 이승만(李承晩, 1875~1965) 등 배재학당 학생 13명이 결성한 모임으로, 1898년 1월 1일 『협셩회회보』(협성회회보)를 발간하였다. "내외국 형편을 널리 알리고, 2천만 동포가 일심협력하며 국권과 민권을 지키도록 북돋우기 위한 것"이라는 발행 목적은 민족의 개화 그리고 국권과 민권의 향상을 향한 협성회 학생들의 열망을 잘 보여 준다.

협성회 학생들이 이런 의식을 갖게 된 것은 서재필의 영향으로 보인다. 서재필은 당시 배재학당에서 강의하고 있었다. 갑신정변 실패 후 1885년 미국으로 망명하여 의사가 된 인물, 미국에서의 풍요로운 삶을 접고 고국에 돌아와 민족 계몽운동에 전력을 다하는 인물, 선진 미국에서 최고의 교육을 받고 민주주의 훈련을 받은 세련된 엘리트, 토론을 통한 민주적 의사 결정의 중요성을 강조하며 학생들을 지도한 교육자. 서재필은 국권과 민권의 향상을 소명으로 여겼던 학생들에게 존경과 흠모의 대상일 수밖에 없었다. 그런 학생들이 서재필의 활동을 가까이에서 지켜보며 공론화의 중요성을 일찍 깨달았을 것이니, 『협셩회회보』의 발간은 어쩌면 정해진 순서였을지 모른다.

그러나 개화 지식인이 소수였던 당시 현실에서, 『협셩회회보』는 단순히 학생들이 발간하는 신문에 머물 수는 없었다. "누구시든지 논설을 지어 보내실 때에 국문으로 쓰고 거주와 셩명을 자세히 적어 보내시면 본 회보에 기재하되 만일 셩명 내기를 원치 아니하면 셩명은 쓰지 않고 글만 게재하겠소"(1898. 2. 12.)라는 공지에서 볼 수 있듯이, 『협셩회회보』는 외부인의 투고와 논설을 게재하며 일반 신문으로서의 역할을 하였다. 신문의 제호를 『협셩회회보』에서 『미일신문』(매일신문)으로 바꿔 발행(1898. 4. 9.)하게 된 것은 이 때문이었다. 이승만은 『협셩회회보』에 이어 『미일신문』에서도 주필과 편집인으로서 신문의 발간을 주도하였다.

협성회를 주도하던 이승만은 한글 신문의 발간에 특별한 열정을 보였다. 그런 이승만의 옆에는 주시경이 있었다. 주시경은 이승만이 역모 혐의로 투옥되었을 때 그의 탈옥을 도왔을 정도로 이승만과 동지적 관계에 있었다. 정치적으로 동지였던 두 사람은 공론의 장을 넓히기 위해, 그리고 한글의 위상을 높이기 위해, 한글 신문의 발행에 열정적으로 참여했다.

주시경과 이승만이 이런 관계였다면, 주시경이 독립신문사에 국문동식회를 결성하고 표기법의 통일 방안을 연구할 때 이승만의 의견을 구했을 것이다. 실제 주시경은 단어의 형태를 고정하여 적는 형태주의 표기법*을 고안한 후 주위 사람들의 의견을 구했다. 이승만은 주시경의 표기법을 어떻게 평했을까? 이승만이 어떤 평을 했는지 확인할 수는 없지만, 이승만의 생각은 그의 훗날 행동을 통해 짐작할 수 있다. 이승만이 대통령으로서 '한글 간소화 정책'을 추진할 때 그가 폐기하려고 했던 것은 주시경의 형태주의 표기법을 따르는 『한글 맞춤법 통일안』이었다.

『독립신문』을 창간할 때부터 표기법의 통일은 한글 신문이 안고 있는 숙제였고, 이에 가장 적극적으로 나선 인물이 주시경이었다. 그러나 주시경의 형태주의 표기법에 동의한 신문은 없었다. 형태주의 표기법이 일관성이 있음을 인정하더라도 대중들에게 낯선 이 표기법을 신문에 적용할 엄두를 내지는 못했던 것이다.

1898년 8월 10일 『뎨국신문』(제국신문)을 창간한 이종일(李鍾一, 1858~1925)도 한글 표기 문제를 고민했던 인물이다. 그는 1907년 지석영(池錫永, 1855~1935)이 주도하여 결성한 국문연구회에 가입하여 연구위원으로 활동했다. 국문연구회는 국문 연구에 관심이 있는 지식인들을 망라하여 철자법 논의를 본격화하

● 형태주의 표기법과 음소주의 표기법

형태주의 표기법은 뜻을 지닌 언어 단위를 일관되게 같은 형태로 적는 표기법이다. '동님무네서 사라믈 차자따'로 발음하더라도 '독립문에서 사람을 찾았다'와 같이 적고, 이렇게 쓴 '독'(獨), '립'(立), '문'(門), '사람', '을', '찾', '았', '다' 등을 언제나 같은 형태로 적는다. 반면 음소주의 표기법은 형태와 상관없이 소리 나는 대로, 즉 '동님무네서 사라믈 차자따'와 같이 적는다.

음소주의 표기법은 음운 변동을 반영함에 따라 일관된 형태를 유지할 수 없으므로 읽는 사람에게 불편하고, 형태주의 표기법은 원래 형태를 기억해야 하므로 쓰는 사람에게 불편하다. 그런데 근대 이후 한글 표기법의 역사에서 형태주의 원칙만으로 혹은 음소주의 원칙만으로 한글을 표기한 적은 없다. 음소주의 원칙을 적용하더라도 '동님문'보다는 '독닙문', '차자따'보다는 '차잣다', '사라믈'보다는 '사람을'이라 적었다. 형태주의 원칙에 따라 '립'(立)의 형태를 유지해 '독립'과 '자립'으로 적으면서도, '립장'(立場)의 경우는 두음법칙을 반영하여 '입장'으로 적었다. 한편에선 형태주의의 장점을 다른 한편에선 음소주의의 장점을 의식하며 표기법을 조정해 왔던 것이다. 한글 표기법이 형태주의로 귀결되었지만, '더워, 더우니'를 '덥어, 덥으니'로 적자는 극단적 형태주의가 자리 잡지 못한 이유가 여기에 있다.

한글 맞춤법은 형태주의 표기법을 기반으로 했지만, '립장'을 '입장'으로 적는 취지를 반영해, "한글 맞춤법은 표준어를 소리대로 적되, 어법에 맞도록 함을 원칙으로 한다"고 규정한다. 북한은 형태주의 원칙을 강조하며 '립장'으로 적지만, '기어가다'는 음운 변동을 반영해 '기여가다'로 적는다. 적용 사례는 다르지만, 북한 역시 남한과 같은 취지로 "단어에서 뜻을 가지는 매개 부분을 언제나 같게 적는 원칙을 기본으로 하면서 일부 경우 소리 나는 대로 적거나 관습을 따르는 것을 허용한다"고 규정한다.

려는 목적으로 만들어진 조직이었다. 이종일이 여기에 연구위원으로 참여할 정도라면, 한글 표기법에 대한 그의 고민은 『뎨국신문』을 창간할 때부터 지속되었을 것이다. 그러나 이종일 또한 주시경의 형태주의 표기법에는 특별한 관심을 보이지 않았다. 『뎨국신문』이 서민층과 부녀자를 위한 신문을 표방하였기에, 당시로서는 낯선 형태주의 표기보다는 일관성은 좀 떨어지더라도 익숙한 관습적인 표기를 선택한 것은 어쩌면 합리적인 결정이었다.

신문 발행을 민족 계몽운동의 일환으로 생각했던 이종일은 한글전용을 고수하면서 『뎨국신문』을 서민층과 부녀자들을 위한 신문으로 자리매김하였다. 이는 국한문 신문이었던 『황성신문』이 중산층과 남성들을 주 독자층으로 설정했던 것과 대비된다. 그런 점에서 『뎨국신문』은 『독립신문』과 닮았고, 어떤 점에서는 『독립신문』을 뛰어넘었다.

『뎨국신문』은 독립협회의 해산에 이은 탄압 과정에서 어려움에 처하기도 했지만, 한글 신문의 대중화를 위해 새로운 시도를 하면서 1910년까지 그 영향력을 유지할 수 있었다. 대중으로부터 인기가 있었던 신소설 작가의 소설을 연재한 것은 신문 발행인의 대중화 전략을 잘 보여 주는데, 이인직의 『혈(血)의 누(淚)』 속편과 이해조의 『고목화』(古木花)가 이 신문에 연재되었다. 이처럼 『뎨국신문』은 같은 해 창간하여 같은 해 폐간한 『황성신문』과 더불어 한말의 대표적 민족지로서 사회에 깊은 영향을 미쳤다.

한일 병합 이후 신문 발행이 중단되었지만, 이종일의 민족운동은 멈추지 않았다. 그는 1919년 민족 대표 33인의 한 사람으로서 독립선언서에 서명하고 이를 인쇄해 배포하였다. 이종일은 독립선언문을 자신이 지었으면 하여 초안을 마련했지만, 손병희(孫秉熙, 1861~1922)가 최남선(崔南善, 1890~1957)에게 선언문 작성을 맡겼다고 한다. 이러한 역사적 사실을 거론하며, 역사학자 김상웅은 "가정이지만 그때 최남선이 아닌 이종일의 선언문이 채택되었으면 지금까지도 3·1절 기념식에서 낭독되는, 변절자가 쓴 선언문을 읽고 듣는 아픔이 없었을 것이다"[6]라며 아쉬움을 토로한 바 있다.

온갖 어려움을 뚫고 순 한글 신문의 발간을 멈추지 않았던 이종일의 열정을 생각하면, 김상웅의 아쉬움에 아쉬움 하나를 더할 수밖에 없다. 그가 독립선언서를 작성했다면 우리는 오늘날의 글쓰기와 단절된 국한문 독립선언서가 아니라 순 한글 독립선언서를 읽고 있지 않을까?

1904년
한글로 국한문으로, 한 제호 두 신문『대한미일신보』

『한영ᄌᆞ뎐』(한영자전, 1897)을 편찬한 게일은『한영ᄌᆞ뎐』의 머리말에서 사전 편찬을 도왔던 이들의 이름을 열거하며 감사 인사를 전한다.

> 그동안 나와 함께하였던 한국인들의 이름을 여기에 밝힌다: 정동명(鄭東鳴), 양시영(梁時英), 이창직(李昌稙), 이득수(李得秀), 이겸래(李謙來), 양의종(梁宜鍾), 조종갑(趙鐘甲), 신면휴(申冕休). 이들은 극동의 매력과 황당한 일들을 내가 모두 경

험할 수 있도록 해 주었으며, 너무도 믿음직스럽고 존경해 마지않는 나의 친밀한 친구들이다. 이제 이들과 헤어지게 됨이 유감스러운 일이 아닐 수 없다.[7]

게일이 감사함을 표했던 한국인 중 한 명인 양의종은 훗날 『대한미일신보』를 창간한 양기탁(梁起鐸, 1871~1938)이다. 양기탁의 아버지 양시영 또한 게일을 도와 한영 자전 편찬에 참여하였다. 집안이 기독교 선교사와 깊은 인연을 맺으면서, 양기탁은 1886년 선교사 알렌이 운영하는 제중원(濟衆院)에서 알렌과 언더우드에게 영어와 의술을 배웠다. 알렌과 언더우드에게 영어를 배우고 게일의 한영 자전 편찬을 도왔던 경험과 독립협회와 만민공동회에서 활동했던 민족 계몽운동가로서의 신념을 바탕으로 양기탁은 1904년 7월 영국인 베델(Ernest Thomas Bethell, 1872~1909)과 합작하여 『대한미일신보』를 창간하였다.

『대한미일신보』는 국내 독자 대상으로는 한글 신문을, 외국에 우리 소식을 알릴 목적으로는 영자 신문을 발행했다. 이때 한글 신문은 『독립신문』과 『뎨국신문』처럼 한글만으로 이루어졌다. 그런데 창간 다음 해인 1905년에는 한글 신문을 국한문 신문으로 대체했다가 1907년에는 한글 신문을 다시 발행했다. 이런 과정을 거치며 『대한미일신보』는 국한문판, 한글판, 영문판 세 유형으로 발행되었다. 이처럼 신문의 발행 방식이 바뀌게 된 이유는 무엇이었을까? 1907년 한글판을 발행하면서 낸 사고(社告)와 사설에서 그 이유를 확인할 수 있다.

당초에 국문과 영문으로 합하여 발간하던 것을 영문은 따로 내고 국문은 변하여 한문으로 출간하니 그 시에 한문으로 출간함은 한국 풍기가 남자는 국문을 보지도 않고 여자는 한문을 배우지도 않는 고로 시사의 급급함을 응하여 위선 남자 사회를 위하여 발행하고 국문을 중지함이 본사의 유감이 되었더니 한문 신보는 애독하시는 첨군자의 권고하심을 입어 본사가 차차 흥왕하여 5천여 장이 발간되며……(1907. 5. 23.)

사고에서 '한문으로 출간하였다'는 말은 국한문 신문을 발행했음을 말하는데, 한글 신문을 국한문 신문으로 바꾼 이유는 신문 구독자의 대다수인 남성이 국한문을 선호했기 때문임을 알 수 있다. 한글 신문의 발행을 중지하고 이를 국한문 신문으로 바꾸면서, 신문 발행 부수가 5천여 장으로 증가했다는 사실은 국한문 신문으로의 전환이 현실적 선택이었음을 말해 준다. 그러나 한글 신문의 발행을 중지하는 것은 결과적으로 한자를 모르는 여성을 공론의 장에서 밀어내는 것이었다. 신문사로서는 국민 계몽이라는 신문 발행의 궁극적 목적을 의식할 수밖에 없었다. "국문을 중지함이 본사의 유감이 되었더니"라는 말에 담긴 문제의식은 결국 1907년 한글 신문을 다시 발행하는 동기가 되었다.

"한국 진보의 기관은 우리 국문 신보의 확장되는 정도로서 징험할지니 첨군자는 이 주의와 같이하기를 십분 간절히 바라노라"라는 1907년 5월 23일자 사설의 마무리 말은 "남자와 여자가 동등으로 문명상에 진달(進達)하심을 본사에서 희망"한다는 사고의 마무리 말과 연결된다. 남녀가 함께 공론장에 참여하여 자신이 본 바와 생각한 바를 공유하는 것이 곧 진보인데, 한국이 진보되는 조짐은 한글 신문이 확장되는 정도로 알 수 있다는 것이다.

한글 신문의 의미와 역할, 그리고 국한문 신문의 현실적 의미와 역할을 동시에 고려했던 『대한미일신보』의 선택은 곧 양기탁의 선택이었다. 한글과 국한문에 대한 양기탁의 관점은 그의 이력이 말해 준다.

양기탁이 편찬 작업을 도왔던 게일의 『한영ᄌ뎐』은 제1부에 단어, 구, 절 등을 표제어로 수록하고 제2부에 한자를 따로 수록한 체재였다. 이러한 체재는 게일이 사전을 편찬하면서 국한문 글쓰기가 일반적이었던 한국의 상황을 고려했음을 말해 준다. 여기에 게일의 사전 편찬을 도왔던 조선의 선비들, 특히 양기탁과 그의 아버지 양시영의 조언이 영향을 미쳤다고 보는 건 자연스럽다.

양기탁은 국한문 글쓰기를 현실적 선택으로 생각했지만, 우리말과 글을 규범화하여 한글 글쓰기를 확산시키는 것이 진보임을 굳게 믿었다. 그는 지석영이 설립한 국문연구회에서 활동하며 언어규범화 논의에 연구위원으로서 참여했다. 그가 『한영ᄌ뎐』을 감수하고 일본으로 건너가 나가사키 상업학교에서 한국어 교사를 했던 이력이 그를 연구위원으로 선임한 배경이 되었을 것이다. 이런 사실을 보면, 언어 문제에 대한 『대한미일신보』의 논설은 양기탁에 의해 작성되었을 가능성이 높다.

> 근래 듣기로 학부에서 국문연구소를 설치하고 국문을 연구한다고 하니 어떤 특이한 사상이 있는지는 알지 못하거니와 나의 우둔한 생각으로는 그 연원과 내역을 연구하는 데 세월만 허비하는 것이 필요치 아니하니, 다만 그 풍속의 언어와 그 시대의 말소리를 널리 수집해 온전한 경성(서울)의 토속어로 명사와 동사와 형용사 등 부류를 구별하여 국어 자전 일부를

편성하여 전국 인민으로 하여금 통일된 국어와 국문을 쓰게 하되, 그 문자의 고저(高低)와 청탁(淸濁)은 앞서 강정(講定)한 사람이 이미 있으니 취하여 쓸 것이요, 새롭게 괴벽한 설을 만들어 내어 사람의 이목만 현란하게 하는 것은 불가하다 하노라. ―「국문 연구에 대한 관견(管見)」, 『대한믹일신보』, 1908. 3. 1.

논설에서는 학부에서 국문연구소를 설립한 후 이루어진 연구가 현실의 문제를 해결하는 데 별다른 도움을 주지 못함을 비판한다. 그리고 국문연구소가 학자들의 관심사를 연구하는 곳이 아니라 모든 국민이 통일된 국어와 국문을 쓸 수 있는 방안을 제시해야 하는 국가 기관이라는 사실을 환기한다. 이러한 비판 끝에 이 논설에서 제안한 것이 국어사전의 편찬이다. 국어사전이 없는 상황에서, 이 논설은 국어사전을 어떻게 편찬해야 하는지를 명료하게 보여 주었다. 현실에서 쓰이는 말과 그 말소리를 널리 수집해 서울말을 표준으로 정리할 것. 그리고 이렇게 수렴된 표준어를 품사별로 분류할 것. 이는 당시 생각했던 사전의 모습이자 사전 편찬의 방법이었고, 근대 어문 정리 사업의 궁극적 목표였다.

1920년
일제 강점의 암흑기, 조선어 신문을 발행하다

1920년, 두 개의 조선어 신문이 창간되었다. 근대 개혁 과정에서 발행되었던 신문들이 한일 병합 이후 일제의 식민지 정책에 따라 폐간된 상황에서, 조선어 신문의 창간은 식민지 정책의 전환을 상징하는 사건이었다.

김성수(金性洙, 1891~1955), 송진우(宋鎭禹, 1890~1945) 등이 함께 창간한 『동아일보』는 신문의 정체성을 분명히 하는 차원에서 대한제국 시기 언론계를 이끌었던 유근(柳瑾, 1861~1921)과 양기탁을 상임고문으로 추대하였다. 유근은 『황성신문』을, 양기탁은 『대한믹일신보』를 창간한 인물이다. 『동아일보』는 두 사람을 상임고문으로 추대함으로써, 애국계몽지였던 『황성신문』과 『대한믹일신보』의 정신을 잇겠다는 의지를 표명했던 것이다.

이에 비해 『조선일보』는 조중응(趙重應, 1860~1919), 이완용(李完用, 1858~1926), 송병준(宋秉畯, 1857~1925) 등이 주도하여 결성한 친일 단체인 대정친목회에서 창간한 신문이었다. 그러나 민족주의자들로 구성된 『조선일보』 편집국은 민족주의적 논조를 일정하게 유지하였다. 여기에는 사주의 의지도 반영되었다고 할 수 있는데, 대정친목회로부터 신문을 인수한 송병준이 남궁훈(南宮薰)을 사장으로 영입한 이후, 『조선일보』 사장은 이상재(李商在, 1850~1927), 조만식(曺晩植, 1883~1950) 등 민족주의자들이 역임하였다. 3·1운동을 거치며 고양된 민족주의적 감정이 조선어 신문에 대한 기대로 이어졌던 만큼, 조선어 신문이 민족주의적 논조를 유지하는 것은 생존을 위한 선택이기도 했다.

국한문이 일반화된 상황에서, 1920년에 발행한 조선어 신문 역시 한글이 아닌 국한문 신문으로 발행되었다. 다만 시간이 지나면서 신문의 문장은 우리말 문체의 문장에 한자를 혼용하는 국한문으로 바뀌어 갔다. 1920년대 초반의 신문 문장과 1930년대 초반의 신문 문장에서 문체 변화의 실상을 확인할 수 있다. 이런 점에서 1920년대는 국한문 문체의 변곡점이었다.

> 大正十年三月十四日부터 同十七日에 至하기까지 開會되얏든 普通學校 教科書用 諺文綴字 調査員의 審議한 概要는 如左하더라 ―『조선일보』, 1921. 4. 1.

> 近代의 우리 글처럼 規則 없는 글은 없다. 一般 사람들은 본대 우리 글이란 規則 없는 것이라고 생각하리만큼 그만큼 規則이 없엇다. 秩序整然한 좋은 글을 가지고 이렇게 無秩序하게 내버려 두는 것은 文化進步의 支障이 됨은 勿論이어니와 實로 우리 사람의 큰 羞恥다. ―『동아일보』, 1932. 12. 29.

"至하기까지"(이르기까지)나 "如左하더라"(왼쪽과 같더라)와 같은 표현을 쓰던 조선어 신문의 문장이 근대 초기 국한문 문장의 틀을 벗어난 것은 신문 구독자의 증가와 맞물려 있었다. 대중의 글쓰기 감각과 선호하는 문체를 의식하면서 신문의 문장이 달라졌던 것이다. 1930년대 국한문 문장은 한자가 쓰였지만 한자어에 국한해 쓰였기 때문에, 쓰인 대로 읽어도 그 자체가 자연스럽고 완전한 우리말 문장이었다. 이러한 문장을 조선어 신문이 선도적으로 제시했다고 할 수는 없지만, 구독자를 확대하려는 신문의 경영 전략이 대중의 선호를 적극적으로 파악하고 적용하는 동기가 된 것은 분명해 보인다.

일제강점기의 상황에서 조선어 신문의 구독자 수는 곧 민족과 민족어의 힘을 보여 주는 분명한 지표였기 때문에, 조선어 신문의 상업적 성공과 민족문화운동의 성공은 떼려야 뗄 수 없는 관계에 있었다. 민족운동 세력이 조선어 신문사와 손잡고 교육 계몽운동에 나선 것은 이 때문이었다. 1920년대 말부터 시작되어 1930년대 초반 전국적으로 이루어진 문자보급운동은 조선어 신문사의 지원으로 이루어진 대표적인 계몽운동이다. 그러나 민족개량주의의 확산을 경계하던 사회주의 계열 지식인들은 조선어 신문사와 민족주의자들이 주도하는 문자보급운동에 비판적 입장을 보이기도 했다.

> 문자의 필요는 우리도 잘 안다. 그러나 그것이 문자나 지식 그것만을 주는 한에 있어서는 우리는 그 필요를 그다지 크다고 생각지 않는다. 하물며 문자 그것을 통하야 전술한 바 동아지(東亞紙)의 그 가공한 민족개량주의의 독성을 뿌림에 있어서랴! 그들은 그들의 주장을 보다 광범히 보다 힘 있게 펴기 위하야 지금 귀중한 학생의 힘을 빌어 그 소지(素地)를 닦고 있는 것이다. 그리고 겸하야 문자를 원여함으로써 그 기관지 『동아일보』를 널리 소화시키려는 그러한 의도도 물론 있다. 그러나 여게는 다만 판매라는 경제적 관계만이 있는 것이 아니라 실로 그 지면을 통하야서의 그들 주장의 선전이 또한 있는 것이다.
>
> — 홍일우, 「동아사(東亞社)는 어대로 가나?」, 『신계단』, 1933년 1월호

문자보급운동이 신문의 구독자를 늘리고 민족개량주의를 선전하려는 신문사의 의도에서 비롯되었다는 비판은 타당한 면이 있었지만, 문자보급운동이 조선어 문화를 활성화하는 데 기여했다는 점 또한 부정할 수 없는 사실이었다. 절대다수가 문자를

해득하지 못한 상황에서 문자 보급에 나서는 신문사의 의도를 비판하는 것이 설득력을 얻기는 어려울 수밖에 없었다.

문자보급운동이 활발히 진행되는 시기에 조선어학회가 주도하는 조선어 규범화와 조선어 사전 편찬 사업도 활발히 진행되었다. 한글 학습은 조선어 규범화에 대한 문제의식을 불러일으켰고, 조선어 규범화의 진척은 한글 학습을 체계화하는 기반이 되었다. 그리고 조선어 신문사와 조선어학회가 문자보급운동에 뜻을 같이하면서, 조선어 신문사는 『한글 마춤법 통일안』을 보급하는 가장 강력한 지원 세력이 되었다. 조선어 신문들은 한글 강습에서 사용할 학습 교재를 출판하는 일에 적극적으로 나섰고 이 학습 교재에 『한글 마춤법 통일안』을 적극 반영했던 것이다.

조선일보사는 1매짜리 한글 자모 학습표(한글 반절표)인 「한글원번」(1929)을 발행하여 보급하다가 이를 학습서로 개편한 『한글원본』(1930)을 발행하였다. 동아일보사는 교육의 효율성을 높이기 위해 『한글원본』과 『산술교재』가 합본된 『문자보급교재』(1934)를 발행하였고, 조선일보사 또한 같은 내용의 『문자보급교재』(1936)를 발행하였다. 신문사가 참여하지 않았다면 이러한 학습 교재를 대량 출판하는 것은 불가능했을 것이다. 특히 동아일보사는 『한글 마춤법 통일안』(1933. 10)이 확정 발표되기 전, 새 철자법과 옛 철자법을 대조해 설명한 『신철자편람』(1933. 4)을 발행하였다. 이처럼 신문사가 『한글 마춤법 통일안』을 수용하겠다는 의지를 보임으로써, 『한글 마춤법 통일안』은 규범으로서의 위상을 공고히 할 수 있었다.

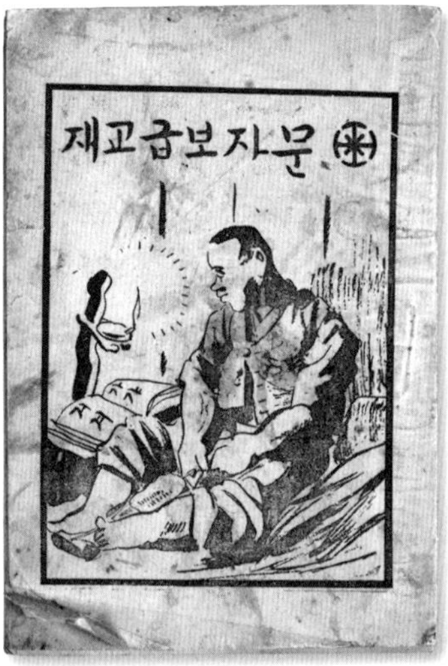

ㄱ

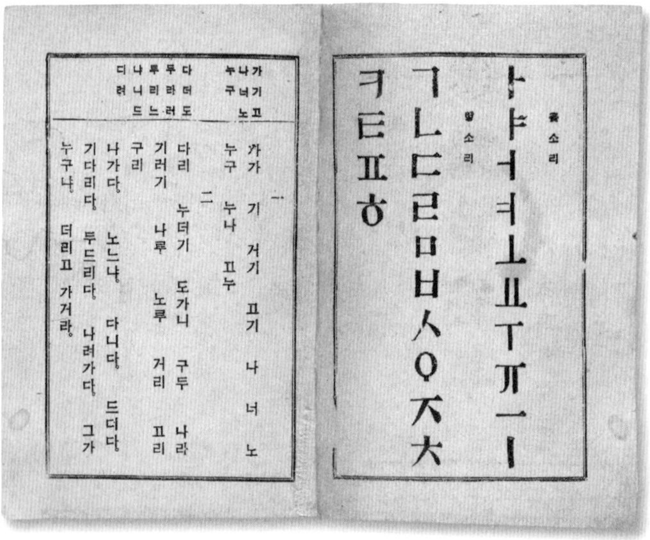

ㄴ

ㄱ. 조선일보사에서 만든 『문자보급교재』

ㄴ. 동아일보사에서 만든 『한글공부』

1970년
전면적 한글전용을 선포한 정부, 신문의 반발에 부딪히다

"대한민국의 공용문서는 한글로 쓴다. 다만, 얼마 동안 필요한 때에는 한자를 병용할 수 있다." 대한민국 정부 수립 후, 1948년 10월 9일 법률 제6호로 한글전용에 관한 법률을 공포하였다. 그런데 한글전용에 관한 법률임에도 실질적으로 한자를 허용했다는 점에서 이를 '전용'(專用)을 목표로 한 법률이라고 하기는 어렵다. 이처럼 현실론을 앞세운 압력으로 한글전용에 관한 법률이 무력화되는 상황에서, 젊은 시절부터 철저한 한글전용론자였던 대통령 이승만은 「한글전용 실천요강」(1958)을 시행하는 등 한글전용을 실질적으로 추진하기 위해 노력했다. 그러나 「한글전용 실천요강」 역시 "한글만으로써 알아보기 어려운 말에는 괄호를 치고 한자를 써넣는다"라는 단서 조항에서 알 수 있듯이, 현실론을 뚫기는 역부족이었다. 1961년 군사쿠데타로 정권을 잡은 박정희 또한 한글 보급을 통한 문맹 퇴치를 최우선 과제로 삼고 한글전용을 추진했지만, 이 또한 현실론에 부딪혀 좌절되었다.

정부가 2선으로 후퇴한 뒤, 한글전용 정책은 별도로 구성된 한글전용특별심의회가 주도했는데, 심의회의 활동은 한글전용의 기반을 조성하는 방향으로 진행되었다. 한글전용의 기반을 조성한다는 것은 곧 어려운 한자어나 외래어를 쉬운 말로 바꾸는 것이었다. 1962년 7월부터 1963년 7월까지 이루어진 한글전용특별심의회 활동 기간 동안 모두 1만 4,159개 어휘를 심의 대상으로 다루었다. 한글전용에 대한 비판이 언어 개량에 대한 비판으로 확장된 것은 이 때문이다.

> 우선 한 낱말은 한 가지 의미만 가져야 한다고 보는 태도부터 시정되어야 할 것이다. ……다음으로 지적하지 않을 수 없는 것은 난이(難易)의 표준을 어디다 두느냐 하는 문제다. ……한자어이기 때문에 어려운 말이라고 우겨대는 태도는 시정되어야 한다. 더구나 그 대신으로 내놓은 낱말들은 아무리 호의로 보아도 자연스럽다고 하기에는 너무나 거리가 멀다. 몇 가지 예를 들어 보자. 가식(假飾)이라는 말은 이미 우리말이요 글 속에 '가식'이라고 써도 모를 사람이 없을 것이다. 그런데 이것을 '거짓꾸밈'이라고 바꿔 놓았다.
>
> —「한글전용심의회의 안을 보고」, 『동아일보』, 1962. 7. 22.

대부분의 언론은 한글전용특별심의회가 한자어에 대한 편견으로 어색한 말을 양산했음을 비판했다. 여기서 한자어에 대한 편견은 "한자어이기 때문에 어려운 말이라고 우겨대는 태도"이자, 고유어라는 이유만으로 낯설고 부자연스러운 말을 쉬운 말이라고 주장하며 이를 권장하는 태도이다. 언론이 비판하는 지점은 이 부분이었다. 이러한 비판을 통해, 한글전용론을 이상주의로 한자병용론과 혼용론을 현실주의로 자리매김하는 프레임은 더 강화된 측면이 있다. 이는 한글전용 정책의 추진력을 약화시키는 요인이 되었다.

그렇지만 근대화한 자주 국가 건설을 시대 과제로 제시했던 박정희 정권은 국민 주체화와 국민 교화를 강조하며 1968년 국민교육헌장을 발표했고, 국민교육헌장의 논리 속에서 한글전용은 국민 주체화를 위해 필수적인 과제가 되었다. 박정희 정권은 이러한 흐름 속에서 1970년을 전면적인 한글전용을 달성할 시기로 정하고 이를 추진했다. 실제 1970년부터 모든 정부 공문서는 한글로 쓰였고, 한자가 병용된 교과서를 한글전용으로 다시 인쇄하여 배포하는 일이 일어났다.

신문 및 민간의 출판물에는 한글전용을 강제하지는 않았지만, 한글전용 정책에 비판적이었던 신문의 반발은 의욕적으로 실행한 한글전용을 좌초시킬 만큼 위협적이었다. 신문에서는 공문서의 한글전용 이후 부작용을 집중 취재하며 현실론을 부각하는 한편, 한글전용이 전통문화의 계승을 어렵게 한다는 논리로 자주적 민족문화를 수립하자는 정부 논리에 맞섰다. 신문은 1971년 문화 한국 중흥을 선언하며 전통문화의 계승과 발전을 강조한 문화 정책의 기조를 고리로 한글전용의 문제를 파고들었던 것이다.

결국 공문서, 정부 간행물, 교과서 등을 중심으로 한글전용을 실행한 어문 정책의 기조는 1972년 유신헌법 제정을 전후하여 급격히 바뀌었다. 민족문화의 계승 발전을 통한 민족 주체성 확립을 명분으로 한 한글전용 정책이 아이러니하게도 민족 주체성 확립을 명분으로 한 한자교육론의 반대에 부딪혀 좌절되었던 것이다. 민족문화의 계승 발전을 위해 한자 교육이 필요하다는 논리가 설득력을 얻고, 민족 주체성 확립을 위한 우선 과제를 전통문화의 계승과 저속한 외래문화의 척결로 삼으면서, 한글전용 정책은 실질적으로 폐기된다.

1972년에 '상용한자'를 제정하면서 한자 문화를 전통문화에 포함하는 방향으로 언어정책이 전환되는 것은 이런 맥락에서 이해할 수 있다. 이런 흐름에 맞춰 문교부는 1974년 7월 11일 중고교 국어과 교과서에서 한자를 병용하겠다는 방침을 발표하고, 1975년 3월부터 중고교 국어과 교과서에서 한자를 병용하는 조치를 취했다. 공문서와 국가 공식 발행 문헌은 완전히 한글전용을 이룬 상태에서, 1972년부터 공문서와 정부 간행물이 국한 혼용으로 발행되기 시작한 것은 유신 시기 언어정책에서 한글전용이 배제되었음을 상징적으로 보여 준다.

저속한 외래문화의 척결을 부르짖는 상황에서, 한글전용 정책은 외래어와 불건전한 언어의 통제를 목적으로 한 국어순화 정책으로 대체되었다. 언어 통제에 방점이 놓인 국어순화 정책은 무분별한 서구 문화의 모방과 이에 따른 천박한 퇴폐 풍조를 일소한다는 유신 정권의 문화 정책과 맞물려 국민 통제 정책의 일환으로 추진되었다. 한글전용론이 배제되는 현실에서, 한글전용론자들은 국어순화 정책을 고리로 한글전용의 불씨를 살리기 위해 노력했고, 한글전용론자와 한자병용론자들의 대립은 1980년대에 더욱 격심해졌다.

그런데 1980년대의 현실은, 한글전용론과 한자병용론의 대립이 심해지는 것과 무관하게 그리고 한자 교육 방침과 무관하게, 한글전용론에 유리한 방향으로 전개되었다. 어문 현실의 변화는 신문에서의 한자 노출 빈도가 변화하는 추이를 통해 확인할 수 있는데, 1970년 정부의 한글전용에 강력히 반발하고 한자 혼용을 이어가던 신문이 스스로 한자 사용을 줄이기 시작한 것이다. 이러한 흐름은 결국 1988년 한글전용을 실현한 『한겨레신문』의 탄생으로 이어졌다. 『한겨레신문』은 한글전용론자들의 의지로 창간된 측면도 있지만, 우리가 주목해야 할 것은 모든 신문에서 공통적으로 나타나는 한자 사용의 변화 흐름이다. 1960년대의 현실론은 한자혼용론이고 한글전용론은 이상론이었지만, 1980년대의 현실론은 한글전용으로 기울어지고 있었고 한자혼용론은 점점 이상론으로 밀려나고 있었다. 그러한 현실을 가장 민감하게 반영한 매체가 신문이었다.

1988년
최초의 한글 가로쓰기 신문, 『한겨레신문』을 창간하다

신문의 문장이 우리말 문체의 국한문으로 바뀐 이후 신문에서 한자의 노출 빈도는 시간이 갈수록 줄어들었다. 『동아일보』를 대상으로 1920년 창간 때부터 한자의 사용 빈도를 조사한 연구[8]를 참조하면, 1980년대 들어 신문에서의 한자 사용 비율은 10% 이하에 머물고 있었다. 한자어를 한자로 표기했던 1950년 이전 신문에서의 한자 사용 비율이 40%를 조금 넘는 수준이었던 점을 고려하면, 한자 사용이 10% 이하인 신문의 문장은 한자를 특별한 경우에만 사용하도록 제한한 결과라 할 수 있다. 그럼 신문은 어떤 방식으로 한자 사용을 제한했을까?

私立學校法 개정키로

文敎部 私學財團聯 문제점 건의 인정

任員 임용 財團 처분권 財團에 일임 自律 보장

7. 30 교육개혁조치 후 개정된 현행 사립학교법이 그동안 시행해 본 결과 사립학교 발전을 크게 저해하는 등 여러 가지

> 부작용을 빚고 있다는 지적이 계속 제기되고 있어 문교부가 문제점을 신중히 검토 법 개정 작업을 벌이고 있다.
> 한국사학재단연합회(회장 許善秆)는 현행 사립학교법에는 감독청(문교부)이 학교 법인의 임원이나 학교장의 취임 및 취소권을 갖고 있어 사학의 자율성을 기대하기 어렵고 (…) 「사학 설립자 및 배우자의 직계존비속은 대학교육 기관의 장(長)으로 임명될 수 없다」는 규정은……. —『동아일보』, 1983. 5. 30.

1983년에 나온 이 기사문은 신문에서 한자의 사용 영역을 보여 주는데, 표제와 부표제의 키워드나 본문의 고유명사에 한하여 한자를 사용했음을 알 수 있다. 이는 한자가 키워드를 강조하거나 고유명을 분명히 하는 데 활용되는 수준임을 말해 준다. 이처럼 본문에 한자를 쓰는 것을 제한하면, 한자를 모르더라도 기사 내용을 이해하는 데는 별문제가 없게 된다.

이러한 한자의 사용 방식은 신문사들의 현실적 선택이었다. 즉 보수성의 상징인 한자를 표제와 부표제에 사용하여 보수적 독자층의 요구에 부응하면서도, 기사 내용인 본문은 한글을 사용하여 이해의 수월성을 높임으로써 한글만 아는 사람도 독자로 끌어들일 수 있는 선택을 했던 것이다.

한글전용을 표방한 『한겨레신문』은 이런 상황에서 창간되었다. 『한겨레신문』의 선택은 표제와 부표제 그리고 본문에 쓰인 고유명과 일부 시각적 효과를 위해 쓰인 한자를 한글로 바꾼다는 것을 뜻한다. 이런 점에서 볼 때, 『한겨레신문』이 한글전용을 선택한 것은 문자의 문턱을 낮춰 신문의 독자층을 확대하려는 조치였다기보다는 신문의 창간 취지와 방향을 분명히 하는 상징적 조치로 볼 수 있다.

한글전용과 더불어 『한겨레신문』은 가로쓰기를 선택하는데, 이는 거의 모든 서적이 가로쓰기를 하는 현실을 반영한 조치였다. 그러나 모든 신문이 현실의 글쓰기 관습과 동떨어져 세로쓰기를 고수하던 상황에서 『한겨레신문』의 선택은 신문 발행의 관습을 뒤바꾼 혁신이었다.

결국 『한겨레신문』의 진보성은 '표제와 부표제의 키워드를 한자로 쓰고 본문을 세로쓰기로 조판하는 것이 신문 텍스트의 고유성'으로 생각했던 고정관념을 깼다는 데서 찾을 수 있다. 신문의 관습을 깨는 선택이 신문 시장에서 호응을 얻자, 신문의 조판 및 글쓰기 방식은 점점 『한겨레신문』이 선택했던 방식으로 바뀌게 된다. 이러한 전환 과정에서 신문사의 고민은 오직 한 가지, 자사 신문 독자들의 반응이었다.

> 『중앙일보』 사장과 간부들이 내가 보낸 건의문에 관심을 보이니 와서 자문을 해 달라는 것이었다. (…) 그래서 『중앙일보』 간부들을 만나 보니 한글전용으로 바꾸면 독자가 떨어질까 봐 두려워하고 있었다. 그래서 "모험은 『한겨레신문』이 다 했고, 잘될 터이니 아무 걱정을 말라. 『한겨레신문』도 잘되고 있고 북한은 광복 뒤부터 수십 년째 한글전용을 하고 있다. 한글로 바꾸면 『조선일보』와 『동아』보다도 독자가 늘어 1등 신문이 될 것이다"라고 자신 있게 말해 주었다. 그랬더니 진짜 1995년 한글날부터 제호도 한글로 바꾸고 가로쓰기로 신문을 냈다. 홍석현 사장이 결단을 내린 것으로 생각되었다.
>
> — 리대로, 100년 만에 한글 신문을 만들게 하다[9]

한글운동가 리대로의 회고는 당시 신문사의 고민을 잘 보여 준다. 그런데 『중앙일보』가 한글전용으로 바꾸었다는 1995년은 신문에서의 한자 사용 비율이 3%로 떨어진 상황이었다. 신문은 이미 고유명사와 특별한 키워드를 제외하고는 한자를 쓰지 않는 실질적인 한글전용을 실천하고 있었고, 남은 건 '한자'라는 상징물을 그대로 둘 것인가 말 것인가의 문제였던 것이다.

근대 초부터 현재까지 신문의 문장은 결코 독자를 앞서가지 않았다. 신문의 문장 변천사는 독자의 요구에 따라 문장을 조정해 온 역사였다. 독자의 문장 감각을 포착해 적용한 신문은 살아남고 이를 거스르는 신문은 사라졌다. 따라서 『한겨레신문』의 성취는 새로운 글쓰기를 선도한 시도가 아니라, 무의미한 관습과 허울뿐인 상징을 단호하게 거부한 용기에서 비롯한 것이라 해야 할 것이다.

4장
세계를 어떻게 한글로 기록할 수 있을까?—

외래어 표기의 연대기

한글을 창제할 때부터 한글의 최대 장점으로 부각된 것은 한글이 인간의 모든 말소리를 완전히 기록할 수 있다는 점이었다. 그러나 국제음성기호(IPA)와 같은 문자가 아니라면, 각 나라에서 실제 사용하는 문자 중 해당 언어의 음성을 정밀하고 정확하게 표기할 수 있는 문자는 없고, 당연히 모든 언어의 음성을 정밀하고 정확하게 표기할 수 있는 문자도 없다. 왜 그런 문자가 없을까? 우리의 실제 언어생활에서 그렇게 정밀한 문자를 굳이 쓸 필요가 없기 때문이다. '사랑'과 '신문'의 'ㅅ' 발음이 [s]와 [ʃ]로 서로 다름을 굳이 나타낼 필요가 없고, 이를 정밀하게 구분하는 것은 한글이 아닌 국제음성기호가 담당하는 일이다.

상황이 이런데도 왜 인간의 모든 말소리를 완전히 기록한다는 것을 한글의 장점으로 강조해 왔던 것일까? 한글이 한자 문화권에서 탄생한 소리글자였기 때문이다. 세종은 중국 한자음까지 표기하기 위해 한글을 발음기호로 사용했고, 이러한 기능을 할 수 있다는 건, 한자와 비교할 때, 한글이 갖는 장점이었다. 중화 질서를 벗어나는 게 목표이던 시절, 소리글자로서 한글의 이런 능력은 의도적으로 부각되었다. 그리고 외국과의 교류를 본격화하면서, 한글이 인간의 모든 말소리를 완전히 기록할 수 있는 문자라는 것을 입증할 수 있는 기회가 왔다. 외래어의 원음을 그대로 표기해야 한다는 당위론이 고개를 들면서, 외래어 표기를 위해 새로 만든 한글 표기가 등장했다.

그러나 외래어 표기의 역사는 결과적으로 외래어 표기를 위한 한글 개량 작업의 결과를 배제하는 과정이었다. 다시 말해 논쟁의 과정을 거치며, 외래어가 우리말화한 외국어라는 사실을 확인하고, 외래어 표기법은 현재 사용하는 한글 표기를 벗어나지 말자는 합의가 이루어진 것이다.

1894년
서양의 인명과 지명을 어떻게 기록할까?

한자가 보편 문자로 쓰이던 시절엔 외국의 사람 이름과 지역 이름을 어떻게 적을 것인지 고민할 필요가 없었다. 가장 많이 교류했던 중국과 일본은 한자를 함께 썼기에 고민할 필요가 없었고, 그 이외의 나라는 중국에서 통용되는 한자 이름으로 표기하면 되었으니 이 또한 고민할 필요가 없었다.

그러나 갑오개혁을 전후한 시기는 내적으로는 봉건 질서가 외적으로는 중화 질서가 와해되는 시기였다. 이에 따라 공고한 봉건 질서와 중화 질서를 상징하는 한문이 퇴출된 상황에서, 서양과의 교류는 더욱 가속화되었다. 자연히 공문서에 서양의 인명과 지명을 명기해야 할 일이 많아졌고, 서양의 책을 번역해 달라는 요구도 많아졌다. 문제는 국한문 공문서보다 국문 공문서에서 불거졌다. 한자 표기는 중국과 일본의 사례를 참고할 수 있었지만, 한글 표기는 새로 만들어야 했던 것이다. 서양의 인명과 지명을 한글로는 어떻게 적어야 할까? 조선 정부의 조치는 급진적이었다.

> 군국기무처에서 관청이나 개인의 문서에 씌어 있는 구라파 문자를 국문으로 번역하는 것 등의 의안을 올리다. "일체 국내외 공적인 문서와 사적인 문서에 외국의 국명, 지명, 인명이 구라파 글로 쓰여 있으면 모두 국문으로 번역해서 시행한다." —『조선왕조실록』, 1894. 7. 8.

조선 정부는 일반 공문서 작성의 원칙을 세우기 전 먼저 외국의 인명과 지명을 한글로 번역해서 쓴다는 원칙을 세웠다. 그러나 이후 공문서를 국문 혹은 국한문으로 쓴다는 원칙을 공포하고 국한문 문서가 일반화된 현실에서, 외국 인명과 지명을 한글로 쓴다는 원칙을 지키는 것은 쉽지 않은 일이었다. 이러한 현실적 어려움은 유길준의 말에서 확인할 수 있다.

> 지명과 인명의 번역은 중국과 일본의 번역자가 고유(固有)하나 우리의 견문에 미치는 것은 비록 우리 음과 일치하지 않아도 채용하니 영길리(英吉利, 영국)와 오지리(墺地利, 오스트리아)의 종류며, 견문에 미치지 못하는 것은 한자로 우리 음에 가깝게 번역하니 희시오(喜時遨, 헤시오도스)와 추시이(秋時伊, 투키디데스) 같은 종류이다. ― 유길준, 『서유견문』, 1895.[1]

『서유견문』을 쓰는 유길준으로서는 서양의 인명과 지명을 기록하는 것이 큰 숙제였을 것이다. 그래서 그는 책의 서문에서 이를 표기하는 원칙을 세 가지로 정했다. 첫째, 서구의 인명과 지명은 한자로 표기한다. 둘째, 이를 쓸 때는 중국과 일본의 표기를 우선적으로 참조한다. 셋째, 중국과 일본에서 발견할 수 없는 인명 및 지명 표기는 우리 음에 가까운 한자로 표기하는 방안을 마련한다. 유길준은 이러한 원칙에 따라 '영국'과 '오스트리아'를 중국과 일본의 한자 표기에 따라 '英吉利'와 '墺地利'로 표기하였고, 중국과 일본의 번역 사례를 찾아볼 수 없었던 '헤시오도스'와 '투키디데스'를 비슷한 한자음에 따라 '喜時遨'와 '秋時伊'로 표기하였다.

최초의 국한 대역사전인 『국한회어』(國漢會語, 1895)의 편찬자도 이러한 고민에서 벗어날 수 없었다. '국한회어'는 글자 뜻 그대로 '우리말을 한문으로 풀이한 어휘집'으로, "한글로 쓴 말을 표제어 삼고 한문으로 그 말의 뜻을 푼다"는 원칙에 따라 편찬되었다. 편찬자는 이러한 형식의 사전을 편찬한 이유로 '글이 다르고 말이 다른 혼란스러운 어문 상황'과 '외국과의 교류가 많아지는 상황에서 통역할 기준을 설정할 필요성'을 들었다. 이때 통역할 기준을 설정하는 것은 곧 혼란스러운 어문 상황을 바로잡는 것과 연관된다. 우리말을 한글로 표기하여 그 음을 정확히 제시하고, 우리말을 한자와 한문으로 풀이하여 그 뜻을 정확히 제시했을 때 정확한 통역이 이루어질 수 있기 때문이다.

통역을 위한 사전이라면, 외국의 인명과 지명을 우리말로 표기하고 우리말의 인명과 지명을 외국인이 이해할 수 있게 적는 것도 중요한 문제가 된다. 『국한회어』에는 서양의 지명을 한자로 표기한 예와 아시아 지역의 한자 지명을 영어로 표기한 예, 즉 歐羅州(Europe), 法國(France), 士威士(Switzerland), 比利時(Belgium), 大丹(Denmark) 등과 滿洲(Manchuria), 高麗(Corea), 安南(Cochin China, Annam), 日本(Japan) 등이 확인된다. 그러나 편찬자는 1차 원고에 이들을 제시했다가 2차 수정 원고에서는 이를 제외하였다. 표기 기준을 정하기가 쉽지 않았던 상황에서, 이를 굳이 포함할 필요가 없다고 판단한 것으로 짐작된다.

『서유견문』과 『국한회어』의 사례에서 확인할 수 있는 중요한 사실은 서양의 인명과 지명을 한자를 이용해 표기하는 것이 일반적이었다는 점이다. 중국과 일본의 표기 사례가 모두 한자로 되어 있는 상황에서, 중국과 일본을 거쳐 들어오는 서양 서적을 번역해야 했던 조선으로서는 서양의 인명과 지명을 한자로 표기하는 것이 편리하고 현실적인 선택이었을 것이다.

조선 정부가 "외국의 국명, 지명, 인명이 구라파 글로 쓰여 있으면 모두 국문으로 번역해서 시행한다"고 밝혔음에도 불구하고, 이러한 지침이 현실에서 적용되지 않은 이유는 무엇일까? 표기의 구체적인 기준을 마련하지 않은 상태에서 원칙만 밝혔을 수도 있고, 표기의 기준은 있었지만 적용하기가 쉽지 않았을 수도 있다. 그 표기 기준을 확인할 수 있는 구체적 사례는 1897년에 나온다.

1897년
학부, 서양 인명 지명 표기의 규범을 제시하다

"외국의 국명, 지명, 인명이 구라파 글로 쓰여 있으면 모두 국문으로 번역해서 시행한다"는 지침에 따른 첫 결과물은 1897년 학부 편집국에서 번역한 『태서신사』의 「태서신사람요 인지제명표」(泰西新史攬要人地諸名表)이다.

대한제국 학부 편집국에서는 중국에서 발행된 『태서신사람요』를 원본으로 하여 한문본 『태서신사』(泰西新史)와 한글본 『태셔신ᄉᆞ』를 간행하였다. 한문본에는 「태서신사람요 인지제명표」(이하 「인지제명표」)가 포함되었는데, 여기에 서양의 국명, 인명, 지명에 대한 한글 표기가 나와 있다.[2] 이는 외국의 인명과 지명을 한글로 기록한 최초의 국가 발행 서적이었다.

물론 외국의 인명과 지명이 한글로 표기된 경우는 이전에도 있었다. 선교사들이 외국의 역사와 문화를 소개하는 서적을 번역했고 거기에는 외국의 인명과 지명이 나오기 마련이었다. 다만 이러한 표기에 일정한 표준이 없었기 때문에 외국의 인·지명에 대한 한글 표기가 일관성을 띠기는 어려웠다. 이러한 혼란상은 "다른 나라의 책을 읽을 때에는 인명과 지명보다 고통스러운 것이 없다. 기억하기 어렵거나, 혹은 한 사람이 바꾸어 놓은 것도 있고, 두 사람이 한 지명을 두 지명처럼 잘못 나눈 것도 있다"[3]는 『태서신사』 '범례'의 말에 적나라하게 드러난다. '범례'의 이 대목은 학부에서 『태서신사』를 간행할 때 추가해 넣은 것인데, 「인지제명표」의 제작 동기를 특별히 추가한 데서 조선 정부의 문제의식을 읽을 수 있다.

조선 정부의 이러한 문제의식은 「인지제명표」의 한글 표기가 서양 이름의 표준 표기로 활용되리라는 기대이기도 했다. 게다가 『태서신사』가 "좁고 천박한 견해와 막혀 있는 생각을 바꿀"[4] 책으로 평가되며 지식인들의 관심을 끌었으니, 이 책을 간행한 학부로서는 『태서신사』의 영향력만큼 「인지제명표」가 표준 표기로 자리 잡기를 희망했을 것이다.

그렇다면 「인지제명표」에 나온 서양 인·지명의 한글 표기는 어떤 기준으로 정한 것일까? 학부 편집국에서 밝힌 표기 원칙을 보면, 이 표기가 우리말 발음과 서양 말 발음의 치밀한 비교를 거쳐 확정된 것임을 알 수 있다.

> 제1단의 '歐羅巴'는 우리말로 읽으면 '구라파'이다. 그러나 서양의 원음은 곧 '유롭'이다. 제5단의 '太平洋'은 우리말 음으로는 '태평양'이 되나 서양 음은 '파시뗵 씨'이다. (…) '파시뗵

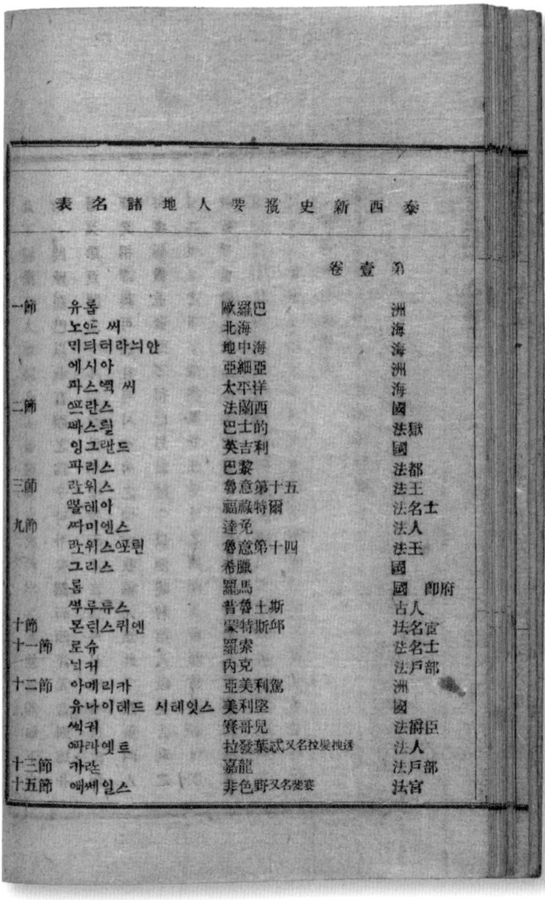

泰西新史攬要人地諸名表

第壹卷

一節	유롭	歐羅巴	洲
	노쓰 씨	北海	海
	믹듸터라늬안	地中海	海
	에시아	亞細亞	洲
	파스뼥 씨	太平洋	海
二節	쯔란스	法蘭西	國
	빠스틸	巴士的	法獄
	잉그랜드	英吉利	國
	파리스	巴黎	法都
三節	랍위스	魯意第十五	法王
	뽈테아	福祿特爾	法名士
九節	짜미엔스	達兌	法人
	랍위스쪽틴	魯意第十四	法王
	그리스	希臘	國
	롬	羅馬	國 都府
	썩루류스	普魯士斯	古人
十節	몬틔스큐엔	蒙特斯鳩	法名宦
十一節	로슈	羅索	法名士
	닉커	內克	法戶部
十二節	아메리카	亞美利駕	洲
	유나이테드 시테잇스	美利堅	國
	씩커	賽哥兒	法爵臣
	짜라엣트	拉發葉武又名拉斐揶透	法人
十三節	카란	嘉龍	法戶部
十五節	애쎄일스	非色野又名斐宴	法宮

「태서신사람요 인지제명표」

씨'의 '쬑' 자는 우리나라에는 원래 없는 글자다. 그러나 서양 사람들은 매번 순음과 치음을 아울러 소리 내는 경우가 많으니 부득이 언문 글자를 만들어서 뚜렷이 한 것이다. 제8단의 '英吉利 잉그랜드'의 '랜' 자는 '란'과 '난' 사이의 소리로 인한 것인데, 이 또한 음절이 매우 길다. 만약 단지 우리의 소리로 '란'과 '난'을 구분하지 않는다면, 본음을 크게 상실할 따름이다. 대저 이 책은 본래 청국 사람들이 번역한 것이므로, 대부분 서양 음을 비슷하게 취했을 따름이다. 그러나 우리나라와 청국의 음절도 또한 서로 다르므로, 단지 그 원본을 따라 읽으니 곧 '歐羅巴'는 필경 '구라파', '太平洋'은 '틱평양', '英吉利'는 '영길리'가 될 따름이다. 이에 작명표를 지어 싣는다.

— 건양 2년 5월 학부 편집국 증보 알림[5]

학부 편집국이 한글 표기를 확정한 과정을 보면, 해당 이름의 원음이 어떻게 발음되는지를 살피는 것과 그 음을 정확히 표기하는 것에 주의를 집중했음을 알 수 있다. 원음을 정확히 표기하고자 치열하게 고민했음은 우리말 소리와 다른 원음의 특성을 나타내려고 없던 글자를 새로 만든 것에서 확인할 수 있다. 새 글자 만들기는 소리글자로서 한글의 장점을 살린다는 명분 아래 이루어졌다. "이 책은 본래 청국 사람들이 번역한 것이므로, 대부분 서양 음을 비슷하게 취했을 따름"이라는 평가는 결국 한글 표기로 그 원음을 분명히 나타냈다는 것을 강조하는 것이다. 이는 다른 한편으로 청나라에서 만든 한자 이름을 우리 한자음대로 읽고 쓰는 것이 잘못임을 지적하는 것이기도 하다. 「인지제명표」를 한글로 번역한 학부 편집자의 생각은 이랬을 것이다. "원음을 그대로 적을 수 있는 한글이 있는데, 한자 이름을 쓰면서 원음과 동떨어지게 발음하는 건 얼마나 우스운 일인가?"

『훈민정음』에 나온 정인지의 서문 중 "필요한 데 갖추어지지 않음이 없고, 가야 할 곳에 도달하지 못함이 없다. 비록 바람소리, 학의 울음소리, 개가 짖는 소리까지 모두 쓸 수 있다"[6]는 대목은 전근대 시대에서 근대를 거쳐 오늘날까지 한글의 장점을 거론하는 데 빠지지 않고 등장한다. 1897년 「인지제명표」를 한글로 번역한 학부 편집자 역시 이 말을 염두에 두며 한글의 장점을 제대로 발휘할 수 있는 한글 표기를 정하려 했을 것이다.

「인지제명표」에서는 서양 이름의 표기를 다음과 같이 제시하고 있다.

ᄋ프란스	法蘭西	國	[France]
카ᄘᅴᄋ포늬아	嘉禮福尼亞即舊金山	美省	[California]
이타ᄘᅴ	意大利	國	[Italy]
ᄘᅴᄋ버풀	利物浦	英海	[Liverpool]
노ᄋ드 씨	北海	海	[North Sea]
아랙ᄋ산드리아	亞力山打	埃海口	[Alexandria]

이중 단연 눈길을 끄는 것은 한글 표기이다. 이 한글 표기가 눈길을 끄는 이유는 한국어 음운체계에 없는 'f, l, v, z, th' 등의 음을 표기하기 위해 'ㅇㅍ, ㄹㄴ, ㅇㅂ, ㅇㅅ, ㅇㄷ'를 새로 고안해 사용했기 때문이다. 그런데 이처럼 철저하게 원음을 살리려는 표기는 일반화되지 않았다. 학부에서 편찬한 교과서에서도 당시의 신문에서도 이러한 표기를 찾기 어렵고, 다만 몇 군데 그 잔상이 남아 있는 정도이다.

軍艦三十餘隻을 派遣하야 뗑랜드를 襲擊하야

—『소년』 제2년 2권, 1909.4.1.

이 아래 그림은 ᅋᅳ랑쓰(俗에 이른바 法國)란 나라의 外圍線이라

—『소년』 제1년 1권 1908.11.1.

佛蘭西 政府ᄂᆞᆫ 巴里의 西三里되ᄂᆞᆫ 쀄-사이루(VESUVIUS)에 在ᄒᆞ니 —『중등만국지지』(中等萬國地誌) 권2

대한제국 학부에서 서양 이름을 적기 위해 고안한 표기가 일반화되지 않은 것은 무슨 이유에서였을까? 원음을 지나치게 의식하면서 표기 관습의 힘을 간과했기 때문이다. 「인지제명표」를 작성한 학부 편찬자는 '유롭'과 '잉그랜드'로 쓰고 읽어야 할 이름을 한자 '歐羅巴'와 '英吉利'에 이끌려 '구라파'와 '영길리'로 쓰고 읽는 현실을 문제로 지적했지만, 『태서신사』의 한글 번역본에서조차 '유롭'과 '잉그랜드'가 아닌 '구라파'와 '영길리'를 썼다. 한글 번역본의 편집자는 「인지제명표」의 한글 표기를 사용하려 했을 수 있겠지만, 편집과 출판 과정에서 확인한 것은 강고한 언어 현실이었을 것이다. 현실에서 관습의 힘이 이렇게 강하다면, 새로 고안한 표기가 널리 쓰인다는 건 상상 속에서나 가능한 일이었다고 해야 할 것이다.

1897년
이봉운, 언어의 상통이 문명의 진보임을 주장하다

1897년에 나온 이봉운(李鳳雲, ?~?)의 『국문정리』는, '국문

정리'(國文正理)라는 책 제목 그대로, '국문을 쓰는 바른 이치를 밝힌' 문법서이다. 이러한 목적에 따라 '자모와 음운', '표기법과 품사', '문자 개혁' 등에 대해 서술하고 있는데, 품사에 대한 약간의 설명을 제외하고는 대부분의 설명이 음운과 문자 그리고 표기 문제에 집중하고 있다.

일본어 역관이었던 이봉운은 저술의 동기를 밝힌 서문에서 우리말에 대한 외국인의 평가를 언급하며, "각국 사람들이 말하기를 너희 나랏말이 장단(長短)이 있으니, 언문에도 그 구별이 있어야 옳을 것인데, 글과 말이 같지 못하니 가히 우습도다 하고 멸시하니 그러한 수치가 어디 있으리오"라고 한탄한다. 우리말 표기법에 대한 외국인의 비판에 이봉운이 수치심을 느낀 건 그 스스로도 이를 문제라고 생각했기 때문일 것이다. 우리말 표기법의 부족함에 대한 수치심은 이봉운이 우리말의 음을 정확하게 표기할 수 있는 방안을 연구하고 『국문정리』를 발행한 동기가 되었다.

이봉운은 장단을 구분하지 않는 한글 표기의 부족함을 부끄러워하며 장단을 구분하여 표기하는 방안을 제시했다. 그는 옛글자 'ㆆ, ㆁ, ㅿ'이 쓰이지 않게 된 게 "이를 변통할 이치를 궁구하지 않은 연고"라고 하면서, 'ㆆ'을 '이'의 단음 표기로, 'ㆁ'을 '으'의 단음 표기로, 'ㅿ'을 '스'의 단음 표기로 제안한다. 또한 '·'와 '아'를 각각 단음과 장음을 나타내는 것으로 설명하고, 장음과 단음 반절표(가갸거겨고교구규그기… 등을 나열한 표)를 제시하는데, 단음 반절표에는 기존의 반절에 단음 표시로 '·'를 붙인 단음 반절을 제시하였다. 이처럼 장단음의 체계를 밝힌 후, 「언어장단 규식」에서는 장음과 단음을 대비시킨 '邊 가'와 '枝 ᄀᆞ지', '年 나희'와 '菜 ᄂᆞ물', '四 사'와 '私 ᄉᆞ', '讚 찬'과 '冷 ᄎᆞᆫ' 등의 예를 통

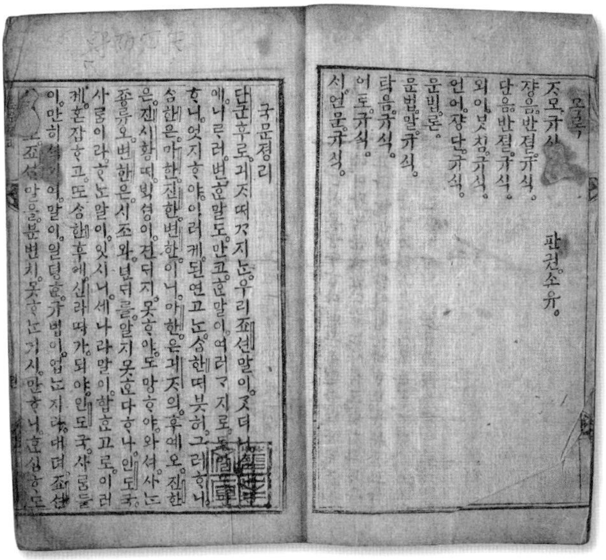

『국문정리』 이봉운 저, 1897, 목판본, 국립한글박물관 소장. 권점으로 띄어쓰기를 표기하고 한글로 저술한 최초의 한글 연구서 겸 학부 교과서.

해 말의 길고 짧음을 구별하는 것의 의의를 강조하였다. 이는 설명의 옳고 그름을 떠나 그가 장단을 구분하는 표기법에 대해 얼마나 고민했는지를 잘 보여 준다.

한글 표기로 고저장단(高低長短)의 차이를 구별하려는 시도는 지석영의 「국문론」(1896)에서 중요하게 다루어졌고(지석영은 사성표를 통해 음의 높낮이를 분명하게 표시하여 단어의 뜻을 분명하게 구분하자고 제안한 바 있다), 최초의 어문 연구 기관인 '국문연구소'의 연구 주제 중에서도 음의 고저장단을 어떻게 표기할 것인지는 주요한 논의 사항이었다. 이중 이봉운의 장단 표기법은 가장 구체적이고 정밀했지만 가장 이상적이었고 그런 점에서 가장 비현실적이었다.

국어 음을 최대한 정밀하게 구분하고 이를 문자 표기와 일치시키려는 이봉운의 시도는 장단의 구분에서 청탁(淸濁)의 구분으로 이어진다. 청탁 구분의 핵심은 일본어 학습을 위해 국문에 쓰일 탁음 표기를 제안하는 것이다. 그는 「탁음 규식」에서 일본어의 탁음을 표시하는 문제를 거론하면서 '한글'이 보편 문자로서 기능해야 함을 강조한다. 이는 받침으로 쓰이는 'ㅇ, ㄴ, ㅁ' 자를 다른 글자 위에 받쳐 적는 새로운 표기법의 제안으로 이어진다. 'ㅇ, ㄴ, ㅁ' 자를 덧붙여서 '탁음'을 표기하는 것은 전근대 시대 일본어 학습서였던 『첩해신어』(捷解新語, 1676)나 『왜어유해』(倭語類解, 18세기 후반) 등에서 사용했던 방식이기도 했다.

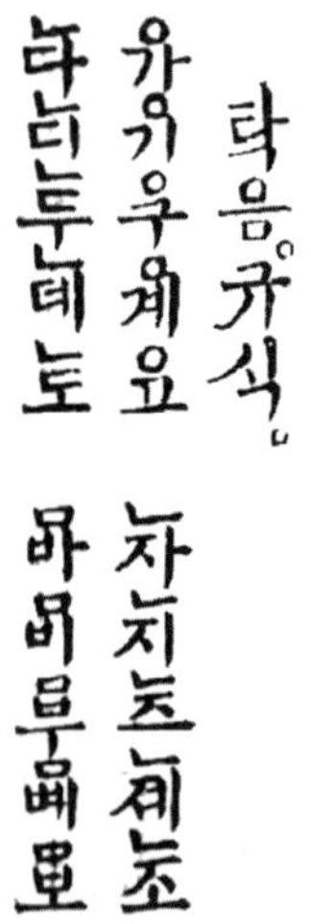
「국문정리」「탁음 규식」

이봉운이 이처럼 국어 음의 정밀한 표기를 위해 새로운 표기법을 과감하게 제안하고, 이러한 정밀한 표기를 일본어의 표기와 연관시켜 그 필요성을 주장하는 것은 어떻게 설명해야 할까? 이는 일본어 역관으로서 그의 이력을 짐작게 하지만, 새로운 표기법을 제안한 데서 근대 지식인으로서 이봉운의 언어관을 엿볼 수도 있다. 그는 각국의 문자 및 언어에 상통하는 것이 문명의 진보라는 믿음을 가지고 있었던 것이다.

> 문명의 진보가 되고자 하면 각국 문자와 언어를 상통하여야 이익한 것이 많으니, 그러한 고로 일본국 가명(假名, 가나)에 탁음이 있어 말을 배우려 하면 탁음을 알아야 할 터이고, 일본말을 등서(謄書)하려 하여도 탁음을 조선 언문으로 어찌 쓰는지 알아야 할지라. 일본 가명에 탁음 만든 것은 가명 글자에 두 점을 찍어서 표하야 알게 하였으니, 조선 언문에도 탁음을 만들어 일본 탁음과 같이 음이 되게 하여 학습하게 하였으니 지각 있는 군자는 탁음 만들어 붙인 법을 보고 궁구하면 알 것이오. 그러하지 못하면 배워야 알 듯하오. — 이봉운, 『국문정리』, 1897.

일본어의 탁음을 표시하기 위해 "조선 언문에도 탁음을 만들어 일본 탁음과 같이 음이 되게 하여 학습하게" 한다는 주장은 일본어에 편향적이라고 볼 수도 있지만, 궁극적으로는 모든 언어음은 완전한 소리 문자로 만들어진 한글을 통해 모두 기록될 수 있다는 생각과 맞닿아 있다. 이러한 인식은 이능화(李能和, 1869~1943)의 『국문연구안』(國文硏究案, 1908)과 지석영의 『아학편』(兒

學編, 1908)을 거쳐, 어문 정리 사업을 본격화하는 시기의 외래어 표기 논의로 이어졌다.

1927년, 어문 정리 사업을 본격화할 즈음, 최현배(崔鉉培, 1894~1970)는 우리말 발음에 실재하지만 표기 문자가 없는 탁음을 표기하기 위해 탁음 부호 설정이 가능한지를 논의했다(이봉운의 방식과 유사하게 'ㄱ, ㄷ, ㅂ, ㅈ' 문자 위에 '··'의 표시를 얹어 탁음임을 표시했다).[7] 실제로는 탁음을 발음하면서도 탁음을 표기할 문자가 없는 건 청탁에 대한 구분 의식이 희박하기 때문이다. 최현배는 이러한 음운론적 지식을 바탕으로, 음성적 차이까지 구별하여 표기할 필요가 없음을 지적하였다. 그러면서도 최현배는 실제 존재하는 탁음을 적을 수 있어야 우수한 한글의 본질을 발양할 수 있다는 주장을 편다.

 구분해 적을 필요는 없지만 구분해 적으면 좋다는 논리는 표기 체계 구성의 일반 원칙과 충돌한다. 그럼에도 이러한 주장이 호응을 얻을 수 있었던 배경에는 한글의 우수성을 끊임없이 확인하며, 한글 표기를 한글의 우수성을 시연하는 장으로 보는 강박적 인식이 자리하고 있다.

1933년
『한글 마춤법 통일안』, 외래어 표기법의 대원칙을 담다

'외래어를 원음대로 적을 것인가' 아니면 '우리의 발음 습관을 고려하여 적을 것인가.'

외국과의 교류 과정에서 들어온 말들을 어떻게 적을 것인지는 조선이 근대적 개혁을 시작하면서부터 고민하던 문제였다. 그러나 '외래어는 우리말화한 외국어'라는 인식에 도달하기까지, 그리고 '원음을 중심으로 하되 국어의 말소리와 글자 체계에 맞게 적는다'는 표기 원칙을 수립하기까지는 수십 년의 시간이 필요했다.

> 외래어가 우리말에 들어오는 때에는 우리화를 하는 것이 옳다. 이것은 어느 민족의 말에나 외래어를 자기화(自己化)하는 것이 원칙이 되어 있다. 예를 들면, 중국 사람은 '아라사'라고 쓰는 것을 '아국'이라고 쓰며, 일본 사람은 '로서아'라고 쓰는 것을 '로국'이라고 쓴다. 일본을 영국 사람은 '째팬'이라 하고, 독일 사람은 '야판'이라 한다. 중국을 영국 사람은 '촤이나'라 하고, 독일 사람은 '시나'라 한다. 서울을 영국 사람은 '세울'이라 하고, 독일 사람은 '쇠울'이라 한다. 그러니 어느 것이 자기화 아닌 것이 없다. ―이극로, 「외래어 표기법에 대하야」, 『한글』 25, 1935.

이극로(李克魯, 1893~1978)는 1935년 6월 29일 조선음성학회에서 외래어의 개념과 외래어 표기의 기본 원칙을 제시하는 역사적인 강연을 한다. 조선어학회는 1933년 『한글 마춤법 통일안』의 6장 60항에 외래어 표기의 원칙, 즉 "외래어를 표기할 때는 새 문자나 부호를 쓰지 않고 표음주의를 취한다"는 원칙을 제시했지만, 이 조항이 의미하는 바를 명시적으로 설명하지는 않았다. 그런 점에서 이극로의 강연은 『한글 마춤법 통일안』의 외래어 표기 원칙을 구체화하는 자리였다. 이극로가 강연을 통해 밝힌 내용의 핵심은 외래어 표기의 원칙을 세울 때는 자국어의 언어 관습을 우선적으로 고려해야 한다는 것이다. 이극로가 이 점을 강조한 것은 외래어와 외국어는 다르다는 점을 말하기 위해서였다. 문란한 외래어 표기의 통일을 위해서는 외래어와 외국어를 구분하여 인식하는 태도가 절실했던 것이다. 이는 다음과 같은 문제 제기에 대한 답변이기도 했다.

> 이윤재 선생에게 올림. 이달에도 보내 주신 『한글』은 감사히 받았습니다. 무엇보다도 조선의 어학계를 위하여 한결같이 힘써 주시는 선생님을 공경하기 마지않습니다. 이곳에는 외국말을 한글로 고쳐 쓰는 데 대하여 두어 마디 적고자 합니다. (…) 그러므로, 나의 생각으로는 특히 외국말(자연을 묘사하는 음)을 한글로 고쳐 씀에 있어서는 그의 홑소리와 닿소리와 또는 첫소리와 나중소리를 맞추는 법을 문법으로 정하지 말고 자유로 내버려 두었으면 좋을 것으로 믿습니다. (…) 구라파 말들에 있어 F자(또는 독일말의 V자)는 직접 한글에서 맞는 자를 찾을 수가 없습니다. 그러나 F의 음은 P와 H를 합친 PH의 음과 같은 바에는 F를 'ㅍㅎ'로 나타내면 될 것입니다. 또 R과 L을 구별하기 위하여 R을 'ㄹ'로 나타내고 L을 'ㄹㄹ'로 나타내면 좋겠지요. —김영건, 「안남 하노이 통신」, 『한글』 44, 1937.

베트남 원동학원에서 도서관 사서로 일하던 김영건(金永鍵, 1910~?)은 조선의 어문 정리에 많은 관심을 가진 사람이었다. 1937년, 김영건은 조선어 사전 편찬을 주도하던 이윤재에게 편지를 써 외래어 표기법에 대한 자신의 생각을 피력했다. 그는 『훈민정음』의 정인지 서문 중 "비록 바람 소리, 학의 울음소리, 개가 짖는 소리까지 모두 쓸 수 있다"는 대목을 먼저 언급하며 한글이 외국말을 적을 수 있는 방안을 제안하는데, 그의 문제의식은 외래어는 본래의 음을 잘 드러내 적어야 한다는 것이다. 본래의 음을 잘 드러내 적기 위한 방법으로 그가 제안한 것은 외국어 표기에서는 문법적 표기, 즉 형태주의 표기에 얽매이지 말아야 한다는 것과 우리말의 음운체계에 얽매이지 말고 한글의 운용법을 고민해야 한다는 것이었다. F를 'ㅍㅎ'로 나타내고 L을 'ㄹㄹ'로 나타내자는 그의 제안은 50년 전 「태서신사람요 인지제명표」를 번역했던 학부 편집자의 고민이었다.

『태서신사』의 인·지명 표기는 현실에서 수용되지 않았고, 『한글 마춤법 통일안』은 그와의 단절을 공식화했지만, 원음을 정확히 적어야 한다는 의식은 『훈민정음』의 정인지 서문을 지렛대 삼아 외래어 표기법의 수정 요구로 나타나곤 했다. 그런데 우리말 음운체계에 얽매이지 않는 외래어 표기가 표기 규범과 관련한 논쟁에서만 등장했던 것은 아니다. 정지용(鄭芝溶, 1902~1950)은 1926년 『학조』(學朝)에 발표한 시 「카페-·프란스」를 1935년 「카ᅗᅦ·ᅗᅳ란스」로 고쳐 그의 시집에 수록했다. 시인은 '카페-·프란스'로는 충분히 살릴 수 없었던 이질적 느낌을 '카ᅗᅦ·ᅗᅳ란스'란 표기에 실어 독자에게 전달한다.

카ᅗᅦ·ᅗᅳ란스

옮겨다 심은 棕櫚(종려)나무 밑에
빗두루 슨 장명등
카ᅗᅦ·ᅗᅳ란스에 가쟈

이놈은 루바쉬카
또 한놈은 보헤미안 넥타이
뻣적 마른 놈이 압장을 섰다.
밤비는 뱀눈 처럼 가는데
페이브멘트에 흐늙이는 불빛
카ᅋᅦ·ᅗ란스에 가쟈
(…)

— 정지용, 「카ᅋᅦ·ᅗ란스」, 『정지용시집』, 1935.

『한글 마춤법 통일안』의 외래어 표기법 규정과 이에 대한 이극로의 강연에서는 자기화를 부정하는 표기법의 비현실성을 지적하고 있다. 그러나 자기화를 부정하는 외래어 표기로 감성을 표현해야 한다면 어떻게 해야 할까? 언어 규범이 표현의 획일화가 아닌 소통의 원활함을 도울 목적으로 존재하는 것이라면, 이 시에서 '카ᅋᅦ·ᅗ란스'는 규범을 벗어남으로써 만들어진 새로운 의미의 기표로서 존재 의미가 있다.

1940년
조선어학회, 『외래어 표기법 통일안』을 완성하다

조선어학회는 1940년 6월 "외래어를 한글로 표기함에는 원어의 철자나 어법적 형태의 어떠함을 묻지 아니하고 모두 표음주의로 하되, 현재 사용하는 한글의 자모와 자형만으로써 적는다"는 대원칙 아래 17개 항의 세칙으로 이루어진 『외래어 표기법 통일안』을 발표하였다. 그리고 1941년 이를 책자로 공식 출판하였다. 외래어 표기법의 공표는 조선어학회가 주도한 규범화 사업의 마침표를 찍는 의미가 있었다.

조선어학회는 1931년 외래어 표기법 제정 사업을 시작했다. 그리고 1933년 『한글 마춤법 통일안』에서 "외래어를 표기할 때는 새 문자나 부호를 쓰지 않고 표음주의를 취한다"는 대원칙을 공표하고, 이에 맞춰 1938년에 시안을 완성했다. 그 시안을 2년 검토한 끝에 원안을 만들고 이를 1940년 공식 발표하고 확정하였다. 이로써 외래어 표기를 통일하고자 했던, 더 나아가 한글 표기 규범을 통일하고자 했던 조선어학회의 10년 노력이 결실을 맺었다.

정인섭(鄭寅燮, 1905~1983), 이극로, 이희승(李熙昇, 1896~1989)이 책임위원으로 원안을 만들었는데, 흥미로운 것은 도움을 준 인물로 조선어학회 관계자뿐만 아니라 오구라 신페이(小倉進平, 1882~1944), 치바 츠토무(千葉勉, 1883~1959) 등 일본인 학자와 대니얼 존스(Daniel Jones, 1881~1967)와 예스페르센(Otto Jespersen, 1860~1943) 등 저명한 서구 언어학자들의 이름을 함께 나열했다는 점이다. 이는 외래어 표기법과 로마자 표기법을 함께 만든 사정, 일본어 표기법을 '국어표기법'이란 이름으로 포함해야 했던 사정, 표기안의 권위를 높이기 위한 의도에 따른 것으로 볼 수 있다.

『외래어 표기법 통일안』을 완성해 발표한 때는 1940년으로 일제의 국어상용화정책이 노골적이고 강압적으로 진행되던 때였다. 이런 상황에서 『외래어 표기법 통일안』이 사회적 관심을 받기는 어려웠다. 그러나 지난한 토론 끝에 외래어 표기의 원칙

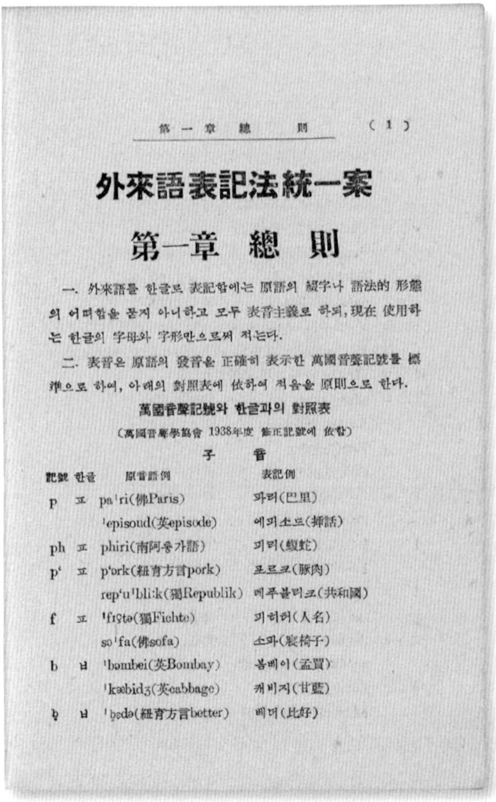

外來語表記法統一案

第一章 總 則

一. 外來語를 한글로 表記함에는 原語의 綴字나 語法的 形態의 어떠함을 묻지 아니하고 모두 表音主義로 하되, 現在 使用하는 한글의 字母와 字形만으로써 적는다.

二. 表音은 原語의 發音을 正確히 表示한 萬國音聲記號를 標準으로 하여, 아래의 對照表에 依하여 적음을 原則으로 한다.

萬國音聲記號와 한글과의 對照表

（萬國音聲學協會 1938年度 修正記號에 依함）

子 音

記號	한글	原音語例	表記例
p	ㅍ	paˈri(佛Paris)	파리(巴里)
		ˈepisoud(英episode)	에피소드(揷話)
ph	ㅍ	phiri(南阿층가語)	피리(蝮蛇)
p‘	ㅍ	p‘ork(紐育方言pork)	포르크(豚肉)
		rep‘uˈbli:k(獨Republik)	레푸블리크(共和國)
f	ㅍ	ˈfɪçtə(獨Fichte)	피히터(人名)
		soˈfa(佛sofa)	소파(寢椅子)
b	ㅂ	ˈbɔmbei(英Bombay)	봄베이(孟買)
		ˈkæbidʒ(英cabbage)	캐비지(甘藍)
b̥	ㅂ	ˈb̥edə(紐育方言better)	베더(比好)

『외래어 표기법 통일안』 조선어학회, 1941년, 국립한글박물관 소장

을 합의함으로써, 『외래어 표기법 통일안』의 역사적 권위는 『한글 마춤법 통일안』 못지않게 확고해졌다. 합의안의 도출이 쉽지 않았음은 1940년 원안을 발표한 후 이루어진 이극로의 인터뷰 내용에서 확인할 수 있다.

> 저희로서는 가장 오랫동안 힘을 들여서 만든 안입니다. 이 안을 만들기까지에 십 년 이상을 요했습니다. 참고 국어로 치더라도 십여 개국의 말을 참고로 하여 만국음성기호에 따라 만든 것인데, 이를 만드는 동안 위원 중에도 각기 견해가 달라 수십 차씩 토론하고 연구하고 했습니다. "시간이 모든 것을 해결한다"는 말과 같이 십 년 나마를 연구 심의한 끝에 통일을 보아 인제야 발표를 보게 되었습니다.
>
> — 외래어 표기법 등 4종, 『조선일보』, 1940. 6. 8.

원음을 우리말 표기 원리에 따라 쓴다는 원칙은 단순했지만, 이 원칙을 수용하지 않는 의견부터 세부적 사안과 관련한 의견 불일치까지 포함하면, 이를 합의하는 일은 이극로의 말대로 시간이 해결해야 하는 일이었을 것이다. 특히 소리글자로서 한글의 장점을 살려 우리말에서 구별되지 않는 음까지 표기하자는 주장은 합의가 불가능한 사안이었다. 따라서 『외래어 표기법 통일안』이 발표된 이후에도 조선어학회 내에서 이러한 주장이 계속되었던 것은 피할 수 없었다. 이는 정밀한 음성 표기가 한글의 본질을 살리는 길이라는 믿음에서 비롯되었기에 토론의 영역을 벗어난 문제였다.

외래어 표기의 원칙이 원음을 현행 표기법으로 적는 것이라면, 한자음을 어떻게 표기할 것이냐의 문제 역시 합의를 도출하는 게 쉽지 않았을 것이다. 이와 관련한 규정은 통일안의 마지막 항인 17항에 나와 있는데, “본안의 규정은 한자음이나 국어음(일본어 음)에 대하여는 적용하지 아니한다”고 규정한 후, ‘국어 음 표기법’을 부록으로 제시했다. 한자음에 대한 규정을 외래어 표기법에 별도로 마련하지 않은 것은 한국 한자음의 존재 때문이었다. 이처럼 한자음 표기의 원칙을 분명히 하지 않고 『외래어 표기법 통일안』을 공표함으로써, 한자 문화권의 고유명 표기는 해방 이후 외래어 표기법 논의에서 가장 큰 쟁점이 되었다.

쟁점은 간단했다. 한자로 된 중국 및 일본의 고유명, 즉 인명과 지명을 ‘한국 한자음으로 읽느냐’ 또는 ‘중국 및 일본 한자음으로 읽느냐’였다. 그러나 양자택일을 하기 전 따져 봐야 할 문제는 결코 간단치 않았다.

‘중국과 일본의 고유명을 다른 국가의 고유명과 별도로 취급할 필요가 있는지’, ‘한글전용을 목표로 하는 한국 사회를 한자 문화권에 귀속할 수 있는지’, ‘중국과 일본의 한자 고유명을 동일하게 취급할 수 있는지’, ‘중국과 일본의 고유명을 한국 한자음으로 읽는 게 자연스러운지 그렇지 않은지’ 등에 답하기 위해서는 연구와 토론의 시간이 필요했다. 조선어학회가 10년에 걸쳐 외래어 표기법 논의를 이어 갔음에도 이 문제를 남겨 둔 것은 이에 대한 연구와 토론의 시간이 더 필요하다고 판단해서가 아니었을까?

그러나 해방 후 외래어 표기법은 중국과 일본의 한자 고유명을 다른 나라의 고유명과 동일하게 원음대로 읽는 방향으로 급격히 개정되었다. 이러한 개정에 대한 이의 제기는 많았지만 깊은 토론은 이루어지지 못했다. 중국과 일본의 한자 고유명 표기

문제가 '한자혼용론' 대 '한글전용론'의 대립 구도 속에서 이루어졌기 때문이다. '한자혼용론'과 '한글전용론'의 진영 대립이 현실적인 중립론마저 자리를 잡을 수 없게 할 만큼 치열했던 상황에서, 그간의 관습과 현재의 상황을 객관적으로 검토할 여유를 갖지 못했던 것이다.

1948년
문교부, 『외래어 표기법 통일안』을 부정하다

1948년 문교부는 『외래어 표기법』을 확정했다. 정부가 외래어 표기법을 확정했다고 했을 때 사정을 모르는 사람은 이런 생각을 했을 것이다. "조선어학회가 1940년에 공표한 『외래어 표기법 통일안』이거나 이를 수정한 표기법이겠지." 해방 직후 조선어학회가 미군정의 위임을 받아 언어정책을 수행했으니, 해방 후 일본어 잔재 청산과 한글 보급 등 당면한 언어정책을 추진하기에도 시간이 부족했으니, 그렇게 생각하는 건 너무나 자연스러웠다. 그런데 1948년 문교부가 전문가 심의를 거쳐 확정했다고 한 『외래어 표기법』은 『외래어 표기법 통일안』과 전혀 다른 표기법이었다.

흥미로운 것은 해방 직후 문교부 편수국장으로 언어정책을 이끈 인물이 최현배•라는 사실이었다. 조선어학회를 이끌던 당대 최고의 국어학자 최현배는 문교부 편수국장으로 외래어 표기법 제정을 주도했다. 그렇다면 왜 조선어학회를 이끌던 그가 조선어학회가 10여 년 공들여 완성한 『외래어 표기법 통일안』을 채택하지 않고 새로운 표기법을 제정했을까? 해방 후 정부가 채택한 맞춤법과 표준어 등의 어문규범이 모두 조선어학회의 것이었음을 고려하면, 외래어 표기법의 선택은 의아할 수밖에 없다. 더구나 문교부가 제시한 외래어 표기법은 조선어학회의 외래어 표기 대원칙을 전면적으로 부정하는 표기법, 즉 한글 표기와 맞추지 않는 철저한 원음주의 표기법이었다. 문교부가 이러한 표기법을 정부 표기법으로 제안한 논리는 무엇이었을까?

첫째, 현행 한글 자모에 맞춰 읽고 쓴다는 『외래어 표기법 통일안』의 대원칙을 극복해야 할 한계로 보았다. 『외래어 표기법 통일안』의 두 원칙, 즉 '새 문자나 부호를 쓰지 않는다는 원칙'과 '표음주의를 취한다는 원칙' 중 첫 번째 원칙을 폐기하고 두 번째 원칙을 강화한 것이다.

이에 따라 1948년의 외래어 표기법에는 외래어 표기를 위해 별도로 만든 새로운 문자가 사용되었다. 한글 자모 이외의 글자나 부호를 사용하여 우리말에 없는 음을 표기한 것이다. 「f」를 'ㆄ(ᅌᅳᇁ)', 「v」와 「ß」를 'ㅸ(ᅌᅳᇦ)'로, 「z」와 「ʒ」를 '△'로, 「l」을 'ㄹㄹ'로 표기하고 장모음을 표

● 최현배(崔鉉培, 1894~1970)
국어학자. 호는 외솔. 1910년 관립 한성학교(경성고등보통학교)에 입학한 후, 일요일마다 조선어강습원에서 주시경의 강의를 들으면서 그의 사상에 감화되었다. "말이 올라야 나라가 오른다"고 했던 주시경의 사상은 그렇게 "한 겨레의 문화 창조 활동은, 그 말로써 들어가며 그 말로써 하여 가며, 그 말로써 남기나니"(『우리말본』)라는 최현배의 사상으로 이어졌다. 경성고보 졸업 후 일본에서 유학한 최현배는 일본 문법학자들의 문법 이론을 접하고, 이를 참조하여, 주시경으로부터 배운 문법 이론을 새롭게 체계화했다. 1926년 귀국한 이후에는 조선어학회의 맞춤법 제정을 비롯한 조선어 정리 사업을 주도하다가, 1942년 조선어학회 사건으로 옥고를 치렀다. 해방 후 미군정청과 대한민국 정부에서 문교부 편수국장을 지내면서 한글전용과 우리말 도로찾기 등 국어 재건과 정립을 위한 국어 정책을 주도하였다. 그가 저술한 『우리말본』(1937)은 우리말 규범문법의 토대가 되었다.

기에 반영한 것이다. 이처럼 원음주의 원칙을 강화하며 새로운 글자나 부호를 추가한 것은 문교부가 외래어 표기의 역할을 국제 음성기호의 역할과 동일시했음을 말해 준다. 당시 문교부는 이러한 조치가 한글의 사용 영역을 넓히며 그 위상을 끌어올리는 길이라 믿었을 것이다.

둘째, 『외래어 표기법 통일안』의 제17항에 제시된 "본안의 규정은 한자음이나 국어 음에 대하여는 적용하지 아니한다"라는 제한 조건을 극복해야 할 한계로 보았다. 이에 따라 한자로 표기된 중국어와 일본어 외래어를 원음대로 읽고 쓰는 표기안을 마련하고, 원음주의 표기 원칙을 일률적으로 적용하였다. 이는 한자 폐지와 한글전용을 강력하게 추진했던 문교부의 정책에 부합하는 것이었다.

이렇게 확정된 1948년의 『외래어 표기법』은 한국전쟁이 끝날 무렵인 1952년에 『들온말 적는 법』(외래어 표기법)으로 발표되었다. 그러나 'New York 뉴우욕', 'girl 「gəːl」 거얼', 'film 쀨름', 'stove 스또우쁘'와 같은 표기는 현실에 뿌리내리지 못했다. '뉴우욕'과 '거얼'은 우리말 표기에 나타나지 않는 장음을 외래어 표기에 사용한 것이 문제가 되었고, '쀨름'과 '스또우쁘'는 한글 자모에 없는 표기를 만들어 특정 음을 표기하려 한 것이 문제가 되었다. 이러한 결과는 외래어라 하더라도 국어의 표기 체계에 맞게 그리고 사람들의 언어 감각에 맞게 표기되어야 한다는 점을 다시금 확인해 준다. 조선어학회가 『한글 마춤법 통일안』을 제정할 때 그리고 『외래어 표기법 통일안』을 제정할 때 고려했던 것에는 이러한 문제도 포함되어 있었다. 그렇다면 조선어학회 중진으로 전체의 논의 과정을 지켜봤을 최현배는 왜 1948년에 전혀 다른 원칙의 표기법을 제안했을까?

외국어의 음성을 그대로 표기할 수 있는 표기법, 즉 국제 음성기호의 역할을 할 수 있는 외래어 표기법을 만드는 것이 최현배의 소신이었기 때문이다. 그의 소신은 1940년 『한글갈』 원고를 통해 구체화되었다. 『외래어 표기법 통일안』이 완성되는 시점에 『한글갈』의 원고도 완성되었으니, 조선어학회 내부의 토론 과정은 자못 치열했을 것이다. 그러나 최현배가 그 뜻을 관철시키지 못한 상태로 『외래어 표기법 통일안』이 간행되었고, 『한글갈』 또한 그 이듬해인 1942년 출판되었다. 1948년 문교부에서 확정한 『외래어 표기법』은 『한글갈』에서 선보인 외래어 표기법과 같은 것이었다.

> ㆄ로써 순치청음(脣齒淸音) f를 나타내고, ㅸ로써 순치탁음(脣齒濁音) v를 나타내었다. **순음 아래에 ㅇ를 연서(連書)하여 타국어의 순음변종을 나타냄은 『훈민정음』에서 이미 쓰던 바이다.** 이제 그 나타내고자 하는 소리 내용은 다름이 있지마는, 같은 표를 붙인 것으로써 옮겨 적음은 오늘날의 표현욕의 필요에 응한 것이다. 어떤 이들은 한글에다가 딴 표를 붙이는 것은 절대적으로 꺼리지마는, 우리가 로마자에 딴 표를 붙여서 우리말의 소리를 나타내기를 세우는 것과 마찬가지로, 한글의 극소수의 글자에 무슨 표—**더구나 『훈민정음』에서부터 쓰던 표를 붙여서 다른 말의 소리를 나타냄은 결코 탈선도 아니요, 최소한도에서의 필요**이라고 나는 생각한다. 그런데, 그 자형은 ㅇ를 몸자의 왼옆에 붙여도 좋을 것이다.
>
> — 최현배, 『한글갈』, 1942.

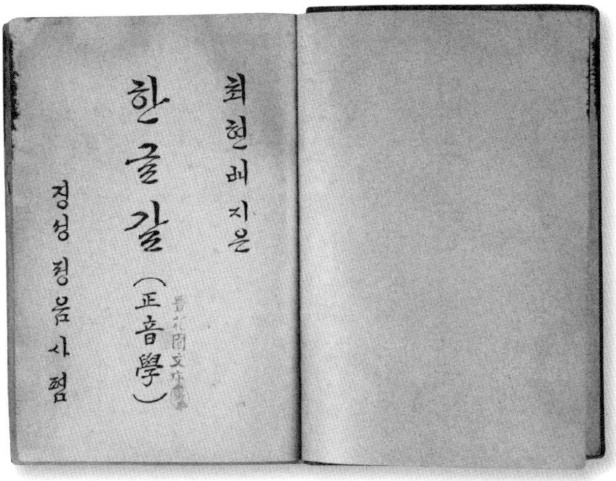

「**한글갈**」 최현배, 1942, 초판본, 정음사 발행, 국립한글박물관 소장

외래어 표기와 관련한 최현배의 견해는 『한글갈』의 「견주는 한글갈」(比較正音學) 부분에서 '온누리소리표(국제음성기호)를 한글로 옮겨 적기'에 제시되어 있다. 최현배는 국제음성기호와 한글의 대조표를 제시한 후, "서양 제어의 어음을 조선의 한글로 옮겨 적음에는, 그 나라의 말광에서 그 소리 남을 정확히 나타내어 보인 온누리소리표에 의하여, 그 소리를 한글로 옮겨 적기"라는 원칙을 제시하였다. 이 원칙에 따라 외국어 사전의 음성기호를 한글로 옮겨 적으려면 당연히 현행 한글 자모에 없는 글자를 추가할 수밖에 없었다.

최현배는 자신이 주장하는 외래어 표기 원칙의 정당성을 강화하기 위해, 새로 추가한 한글 자모가 『훈민정음』에서 쓰던 것임을 부각했다. 옛글자로 다른 말의 소리를 나타낸 거라면 이를 한글 표기 원칙에서 이탈했다고 볼 수 없다는 게 최현배의 논리였다. 그러면서 그는 소리글자로서 한글의 장점을 최대한 구현한 것이 자신의 외래어 표기법임을 강조했다. 이는 조선어학회 중진으로서 조선어학회의 『외래어 표기법 통일안』을 따르지 않은 자신의 선택을 정당화하는 논리이기도 했다.

1959년
다시 통일안으로, 외래어 표기법을 개정하다

1948년 확정된 원안대로 공포한 『들온말 적는 법』(외래어 표기법, 1952)의 특징은 별도의 글자를 만들어 원어의 음성을 정밀하게 표기한 것이었다. 이로 인해 너무 전문적이고 복잡하다는 비판에 직면했는데, 이 때문이었을까, 실제 이 표기법은 실생활에 거의 적용되지 않았을 뿐만 아니라 당시 편찬 중이었던 『조선말 큰 사전』에서도 이를 채택하지 않았다. 이처럼 정부에서 제정한 외래어 표기법이 유명무실해지자, 자연히 이를 현실화해야 한다는 요구가 나왔다.

그러나 『들온말 적는 법』을 출간한 후인 1953년 4월, 대통령이 '현행 철자법 사용의 폐지와 구식 기음법(記音法) 사용'을 정부에 지시하면서, 외래어 표기법을 현실화해야 한다는 요구는 보류될 수밖에 없었다. 국무총리 훈령으로 구체화된 '한글 간소화 정책'은 『한글 마춤법 통일안』의 폐지를 전제로 했던 만큼, 사안의 중대성은 외래어 표기 문제와 비교할 수 없었기 때문이다.

상황에 밀려 표류하던 외래어 표기법 개정 논의는 대통령이 한글 간소화 정책을 철회한 1956년에 이르러서야 재개될 수 있었다. 정부가 한글 표기의 간소화를 표방했던 만큼, 외래어 표기법 개정 논의 역시 『들온말 적는 법』의 난해성을 해결하고 외래어 표기법을 현실화하는 방향으로 진행되었다. 1959년에 공포한 『로마자의 한글화 표기법』은 이러한 논의의 결과물이었다.

1959년 외래어 표기법에서 가장 두드러진 변화는 『들온말 적는 법』에서 만들었던 현행 한글 자모 이외의 글자들을 폐기하여, 1940년에 공표했던 『외래어 표기법 통일안』의 대원칙을 복원한 것이었다. 그러나 『들온말 적는 법』의 표기 중 장모음 표기는 한글 표기에 없는 것이더라도 별도의 글자를 만들어 표기한 것은 아니기 때문에 존속시켰다. 다만 "장모음은 동일 모음을 거듭하여 표기함을 원칙으로 하되, 안 적을 수도 있다"와 같이 장모음을 적지 않은 표기를 함께 인정함으로써, 우리말 표기의 관례를 고려하는 결정을 하였다.

일반적으로 복수 표기는 규범을 유연화하는 기능을 하지만, 『들온말 적는 법』의 문제로 지적된 것 중 하나였던 장모음 표기를 인정하기 위해 복수 표기 규정을 둔 것은 많은 비판을 받았다. 장모음 표기를 남기는 것은 원음을 우리말 표기 원리에 따라 쓴다는 대원칙을 어겼다는 점에서 문제였고, 더구나 이를 복수의 표기 원칙으로 삼은 것은 정당화되기 어려운 면이 있었다.

> 이에 따르는 예로서 이제까지의 '뉴욕'은 '뉴우요오크' '유엔'은 '유우엔' '동경'은 '토오꾜오'로 표기토록 되었으나 새 교과서에는 여전히 '뉴욕' '도오꾜오' '유엔' 등으로 표기되어 있어 교과서 제작상의 미스는 물론 외래어의 표기 통일에 큰 혼란을 가져오고 있는 것이다. (…) 같은 장음 발음인 '유럽'은 관용어로 인정하여 '유럽' 그대로 표기하는 데 반해 '유엔'은 유독 '유우엔'으로 어색하게 표기하는 것이 불합리하다는 것이다. —「외래어 표기에 혼란」, 『동아일보』, 1960. 4. 10.

1959년 외래어 표기법을 공포한 후 나온 교과서의 외래어 표기 혼란상을 지적하는 기사는 장음 표기를 복수 표기의 원칙으로 남김으로써 발생한 혼란을 잘 보여 주고 있다. '뉴욕'을 이제까지의 표기라고 인식한다는 건 『들온말 적는 법』이 교과서에도 적용되지 못하였음을, 1960년에 간행된 교과서에도 '뉴욕'이 쓰인다는 건 우리말 표기에 없는 장음 표기를 남긴 새 규정의 원칙 역시 적용되지 않고 있음을 말해 준다.

이러한 혼란은 현실과 동떨어진 규범은 현실에 제대로 적용될 수 없다는 점을 다시금 확인시켜 주었다. 그리고 이 혼란은 결국 대중들의 언어 선택에 따라 자연스럽게 어느 하나로 귀결되면서 안정된다는 것 또한 다시금 확인할 수 있다. 그간 외래어 표기 규정에 따라 표준으로 거론되었던 '뉴욕', '뉴우욕', '뉴우요오크'는 결국 '뉴욕'으로 귀결된다. 여기서 흥미로운 점은 현실에서는 '뉴욕'이 대세로 굳어졌는데 규범만 엎치락뒤치락 여러 번 바뀌었다는 것이다. 대중의 선택이 혼란을 만든 것이 아니라 아이러니하게도 규범이 혼란을 만들어 왔다.

1969년
통일안의 대원칙을 완전히 복원한 개정안이 문교부 심의를 통과하다

1969년에 외래어 표기 개정에 나서게 된 것은 장음 표시를 유지한 1959년 안의 문제 때문이었다. 문교부는 1969년 3월 국어심의위원회를 통해 이에 대한 논의를 시작하여 그해 5월에 개정안을 통과시켰다. 이 개정안은 원음의 장음을 표시하기 위해 모음을 중복해 표기하는 방식을 폐기한 것이 중요한 특징이다. 이러한 개정을 거치며 1940년 『외래어 표기법 통일안』의 대원칙이 완전히 복원될 수 있었다.

다만, 프랑스어의 표기에서 'p, t, k'를 'ㅃ, ㄸ, ㄲ'로 표기한다는 원칙은 이전에 없던 새로운 규정이었다. 프랑스어의 경우 'Napoléon'을 '나뽈레옹'으로, 'académie'를 '아까데미'로, 'conte'를 '꽁뜨'로 쓴다는 것인데, 이는 해당 언어의 음운적 특성을 반영한다는 취지였다. 그러나 일반적으로 의식되지 않는 원어의 구별을 강조한 점과 프랑스어 표기만을 예외로 한 점 때문에 외래어 표기법 논의 당시 그 적절성에 대한 논란이 있었다.

『외래어 표기법 통일안』의 대원칙을 지키면서 원어의 음운적 특성을 일부 반영하는 방향으로 결정된 1969년의 개정안은 공포되지 않았다. 그 이유는 분명치 않으나, 1970년부터 한글 맞춤법 개정을 하기로 결정한 것이 영향을 미쳤을 것으로 짐작된다. 개정한 어문규범을 함께 공포·시행하고자 하면서 보류되었을 가능성이 있는 것이다. 그러나 1973년과 1979년에 각각 완성한 한글 맞춤법 개정안이 모두 시행되지 못하면서, 보류되었던 1969년의 외래어 표기법 개정안은 결국 세상의 빛을 보지 못했다. 1969년 개정안이 표류하자, 1959년 개정안을 완전한 규범으로 인정하지 않으면서도 이를 규범으로 의식해야 하는 모순적인 상황은 1986년 『외래어 표기법』을 제정할 때까지 지속되었다.

당시의 신문 기사를 보면, 대부분이 '뉴욕'을 쓰는 현실에서 나름대로 규범을 의식한 기사에 '뉴오크'와 '뉴우욕'과 '뉴우요오크'가 쓰이는가 하면, 대부분이 '동경'과 '도꾜'로 쓰는 현실에서 나름대로 규범을 의식한 기사에 '토오꾜오', '도오꾜오', '도오교오' 등이 쓰였다. 그런데 여기에서 주목할 점은 규범의 구심력이 약화된 현실에서도 그 표기의 대세는 분명했다는 사실이다. 규범의 잔상이 표기를 혼란스럽게 하는 현실에서 언어공동체는 어떤 선택을 해야 하는가? "강력한 규범을 재정립해 표기를 통일해야 하는가?" 아니면 "성문화된 규범을 폐기하고 대중의 선택에 맡겨야 하는가?" 한국 사회는 전자의 길을 택하였다.

1986년
『외래어 표기법』을 확정 공포하다

외래어 표기법을 재정립하기 위한 규범 정비 사업은 현실에서 쓰이던 표기를 최대한 수렴하는 방향으로 이루어졌다. 1986년에 완성하여 시행하게 된 『외래어 표기법』은 1940년 『외래어 표기법 통일안』의 대원칙을 다시 한번 확인하는 의미가 있었다.

제1장 표기의 기본 원칙

제1항 외래어는 국어의 현용 24 자모만으로 적는다.

제2항 외래어의 1 음운은 원칙적으로 1 기호로 적는다.

제3항 받침에는 'ㄱ, ㄴ, ㄹ, ㅁ, ㅂ, ㅅ, ㅇ'만을 쓴다.

제4항 파열음 표기에는 된소리를 쓰지 않는 것을 원칙으로 한다.

제5항 이미 굳어진 외래어는 관용을 존중하되, 그 범위와 용례는 따로 정한다.

위와 같은 1986년 『외래어 표기법』의 기본 원칙은 대체로 1969년 개정안을 잇는다고 할 수 있지만, 제4항의 표기 원칙을 볼 때, 1969년에 처음 제시한 표기 원칙, 즉 프랑스어의 표기에서 'p, t, k'를 'ㅃ, ㄸ, ㄲ'로 표기한다는 원칙을 없앴음을 알 수 있다. 그러나 현행 맞춤법이 허용하는 내에서 원음을 표기하는 것이 외래어 표기 표음주의의 원래 취지라면, 1969년에 처음 제시한 표기 원칙을 프랑스어를 넘어 중국어, 일본어, 이탈리아어, 스페인어, 러시아어 등 다른 언어로 확대하지 않은 것은 외래어 표기의 가능성을 제한하는 결정이었다.

한글 자모에 없는 글자를 사용한 것도 아닌데, 왜 굳이 된소리 표기를 제한하는 결정을 하였을까? 외래어 표기의 가능성보다 외래어 표기의 간결성을 중시했기 때문이었다. 무성 파열음인 'p, t, k'의 발음은 언어에 따라 우리말의 격음에 가까운 경우도 있고 경음에 가까운 경우도 있다. 이런 상황에서, "언어의 특성을 살린다는 명분으로 이 둘을 언어에 따라 달리 표기하도록 외래어 표기법을 정하면 어떻게 되겠는가? 일반 대중의 입장에선 언어별 특성을 일일이 구별해야 하는 표기는 불편할 수밖에 없다"는 논리가 외래어 표기의 가능성을 넓히자는 논의를 압도했다. 게다가 로마자 표기에서 영어의 영향력이 커지면서 서구어에 대한 한글 표기의 대세는 제4항의 표기 원칙에 근접한 것이었다.

그런데 파열음의 경음 표기를 허용해야 한다는 주장이 외래어 표기의 가능성을 확대하는 차원에서만 나온 것은 아니었다. 일본어의 표기에서는 외래어 표기의 가능성보다는 대중적인 표기 관습을 근거로 경음 표기의 필요성이 제기되었다. 이러한 문제 제기는 일본어의 한글 표기가 로마자 표기의 한글화보다는 한자의 음이나 일본어의 발음을 직접적 기준으로 삼은 관습에서 비롯했다고 할 수 있다. 1986년에 '도쿄'를 규범으로 정하기 전, 절대다수의 사람은 '東京'의 한자음을 기준으로 '동경'으로 쓰거나 우리 귀에 들리는 일본어 발음대로 '도꾜'라 썼던 것이다. 그런데 1986년 규범으로 대중적인 '도꾜'를 버리고 아주 낯선 '도쿄'를 써야 했던 것은 표기의 가능성을 축소할 뿐만 아니라 대중적인 표기 관습을 무시하는 일이었다.

중국어에 대한 한글 표기의 사례는 외래어 표기법에 어떻게 작용했을까? 당시 중국어의 한글 표기와 관련한 논쟁은 일본어에 비해 대중적 관심이 적었는데, 그 이유는 중국과의 교류가 제한된 상황에서 중국어의 한글 표기는 중국어의 발음보다 한자의 음을 기준으로 하는 게 일반적이었기 때문이다. 이 때문에 이와 관련한 논쟁의 방향은 중국 발음대로 써야 하느냐 아니면 한국 한자음대로 써야 하느냐, 즉 '北京'을 '북경'으로 쓰느냐 '베이징'으로 쓰느냐의 문제였다. 그런데 한중 수교 이후 교류가 빈번해지면서, 외래어로서 중국어의 표기 문제의 초점도 달라졌다. 시대의 변화와 더불어 '北京'과 '鄧小平'을 '북경'과 '등소평'으로 쓰던 관례가 깨지자, '베이징'이 아닌 '뻬이징'을 '덩샤오핑'이 아닌 '떵샤오핑'을 왜 쓸 수 없느냐는 문제 제기가 시작된 것이다.

이런 맥락에서, 프랑스어, 일본어, 중국어 등의 경음 표기를 일률적으로 제한하는 1986년 『외래어 표기법』의 기본 원칙에 대한 비판은 그것이 영어 편향적 규정이라는 점에 집중되었다.

> 우리말 자음에 ㅍ, ㅌ, ㅋ만 있고 ㅃ, ㄸ, ㄲ가 없다면 모르되, 엄연히 존재하는 이들 경음을 인정하지 않고 표기에서 원천 배제하는 것은, 마치 걸리적거린다고 다섯 손가락 중에서 네 손가락만 쓰는 것과도 같다. 더구나 그것은 다분히 영어 중심적인 발상이다. 영미인들은 프랑스나 러시아 등 외국에서 들어온 단어에 나오는 [p] [t] [k]를 (우리 식으로 표현하자면) [ㅍ] [ㅌ] [ㅋ]로 읽어 주면 그만이다. 영어에는 [ㅃ] [ㄸ] [ㄲ]에 해당하는 발음이 없기 때문에 어쩔 수 없는 점도 있다. 그런데 우리가 프랑스나 러시아 등에서 들어온 말을 굳이 영어식 발음으로 읽을 이유가 없지 않은가.

— 염종선, 「이딸리아는 어디에 있는 나라인가」, 『창작과 비평』 겨울호, 2011.

그러나 1986년 『외래어 표기법』은 세칙을 추가하는 수준에서의 개정을 거듭하며 현재까지 그 기본 원칙을 그대로 유지하고 있다. 원음의 음운적 특징을 반영하는 측면보다 외래어 표기법의 간결성과 체계성을 우선시한 것이다.

그런데 2004년에 동남아시아 3개 언어(말레이인도네시아어, 타이어, 베트남어) 외래어 표기법을 정비하면서 '푸껫'(Phuket)을 규범으로 고시하고 '푸껫섬'을 『표준국어대사전』에 등재했다. 특정 언어의 예외성을 인정한 것이기는 하지만, 기본 원칙의 수정 가능성을 열어 놓은 결정으로 볼 수도 있다.

그렇다면 이러한 규범에도 불구하고 '푸껫'보다 '푸켓'이 더 많이 쓰이는 현실은 무엇을 말해 주는가? 대중들이 해당 언어의 음운체계와 발음을 고려하기에 앞서 로마자 표기 'Phuket'과 한글 자모를 먼저 대응시켜 한글 표기를 떠올린다는 것을 보여준다. 로마자가 국제 통용 문자로 쓰이는 현실에서, 인·지명의 로마자 표기와 외래어의 한글 표기를 연동시키는 것은 자연스럽다. 그렇다면 현재의 원칙을 유지한 채 무성 파열음이 평음/경음/격음으로 구분되는 언어에만 예외를 두어, 무성 파열음에 한글의 경음 표기를 대응시키는 조치가 어떤 의미가 있는지 되물어 볼 필요는 있다.

규범은 간명할수록, 자연스러울수록 더 안정적이다. 정밀한 원음 표기를 포기하며 외래어의 표기 가능성을 제한해 온 연대기는 그러한 규범의 생리를 의식한 결과였다. 그렇다면 앞으로 외래어 표기법은 간명함을 추구하면서도 자연스러운 관용을 수용하는 방향으로 변화해 갈 것이다. 규범이 가야 할 길은 정교한 규칙과 체계를 세우는 것이 아니라 언어 사용자의 대세를 따르는 것이다.

5장
한글 쓰기의 원칙을 세우자—

『한글 마춤법 통일안』까지 맞춤법의 연대기

조선어학회가 1933년 자신들이 정한 한글 표기법을 발표하면서, 그 표기법을 『한글 마춤법 통일안』이라 이름 지었다. 이름에 굳이 '통일안'을 포함한 것은 한글 표기법과 관련한 논쟁이 끝났다는 선언이었다. 그러나 조선어학회의 희망과 달리 '통일안'에 대한 반감이 더해지며 논쟁은 더 격렬해졌다. 그런 점에서 보면, 조선어학회는 통일된 합의의 결과가 아닌, 이렇게 통일시키고야 말겠다는 결심을 '통일안'에 담았다고 할 수 있다. 그리고 조선어학회의 의지대로 『한글 마춤법 통일안』은 오늘날 한글 맞춤법으로 이어졌고, 남북이 분단된 상황에서도 남북의 표기법에 저류하는 『한글 마춤법 통일안』은 남북의 동질성을 유지하는 토대가 되었다.

한글 표기법의 역사는 결과적으로 『한글 마춤법 통일안』을 정착시켜 온 역사가 되었다. 따라서 『한글 마춤법 통일안』으로 귀결되는 과정을 짚어 보는 것은 단순히 근대 어문 정리의 역사를 살펴보는 것을 넘어서는 일이다. 오늘날 우리가 쓰는 한글 맞춤법의 철학과 곡절을 이해하고 이를 바탕으로 한글 맞춤법의 미래를 상상하는 일이다.

1896년
독립신문사 교보원 주시경, '국문동식회'를 조직하다

배재학당에 다니던 주시경은 독립신문사의 회계사무 겸 교보원(校補員)으로도 일했다. 주시경은 한글 신문인 『독립신문』의 교열을 보면서 철자법 통일의 필요성을 누구보다 더 절감했다. 한글로만 쓰는 것을 이상으로 여기면서도 국한문을 더 많이 썼던 이유 중 하나가 통일된 한글 철자법이 없었기 때문인 점을 생각하면, 교보원 주시경이 느꼈을 난감함이 어느 정도였을지는 미루어 짐작할 수 있다. 주시경은 독립신문사 내에 국문동식회(國文同式會)를 결성하며, 이처럼 난감한 현실을 타개하겠다는 의지를 드러냈다. '국문동식'이란 이름에서 알 수 있는 이 모임의 목적은 "국문을 통일적으로 쓸 수 있는 법", 즉 철자법을 연구하는 것이었다.

주시경은 1908년에 발행한 책인 『국어문전음학』에서 "여러 벗을 청하여 조선문 동식회를 조직하고 조선어에 ㄷ ㅌ ㅈ ㅊ ㅎ ㄲ ㅄ ㄵ ㅀ 등이 종성으로 나타나는 것이 있은즉 조선어대로 조선문을 쓰고자 하였는데, 동회 사람들이 독립당의 혐의로 여러 곳에 달아나 숨게 되어 원래 뜻을 완성하지 못하였"[1]다고 회고하였다. 종성, 즉 받침에 'ㄷ, ㅌ, ㅈ, ㅊ, ㅎ, ㄲ, ㅄ, ㄵ, ㅀ'이 나타나는 것을 그대로 표기하고자 한 뜻을 이루지 못했다는 말을 통해, 국문동식회에서 구상한 철자법이 오늘날 한글 맞춤법의 원칙이 된 '형태주의 철자법'이었음을 알 수 있다. 한글 맞춤법은 '낮, 낯'이 모두 [낟]으로 발음되더라도 그 원래의 형태를 밝혀 '낮, 낯'으로 적는 표기법이다. 1896년 주시경의 구상이 1933년 『한글 마춤법 통일안』으로 완성되어 오늘로 이어진 것이다.

이런 맥락에서, 창간호의 신문 제호가 '독닙신문'이었다가 '독립신문'으로 바뀌게 된 것이 한자 '立'의 원음을 밝혀 적는 형태주의 철자법을 실현하기 위한 것으로 설명하기도 한다.[2] 그러나 국문동식회가 결성된 후 『독립신문』이 주시경의 주장에 따라 형태주의 표기법을 채택한 것은 아니었다. 주시경이 구상한 철자법은 실제 신문의 표기법으로 사용되지 못하고 연구 수준에 머물렀다. 신문사의 경영진이 주시경의 철자법을 받아들이지 않았기 때문이다. 상업적 판매를 목적으로 하는 신문으로서는, 일관성이 있지만 낯선 표기보다는 일관성이 좀 떨어지더라도 대중에게 익숙한 표기를 쓰는 것이 안전한 선택이었을 것이다. 당시 사람들에게는 '낮'보다는 '낫'이 '많다'보다는 '만타'가 익숙한 표기였다.

이러한 사정은 주시경의 회고에서도 확인된다.

주시경은 1906년에 펴낸 『대한국어문법』의 발문에서 "국문동식회를 설립하다가 정성이 부족했던지 동의하는 이를 별로 보지 못하여 그 뜻을 이내 이루지 못하고 다시 어찌하면 국문이 수정될까 하여 힘을 썼으나 또한 효험을 보지 못하고"[3]라고 안타까움을 표한 바 있다. 게다가 1898년 정부에 의해 독립협회가 해산되면서 신문 발간이 어려움에 처하게 되자 신문을 통해 한글 철자법을 정착시키려 했던 주시경의 시도도 무위로 끝날 수밖에 없었다.

1897년
주시경, 한글 표기법을 공개 제안하다

독립신문사의 교보원이던 주시경은 『독립신문』에 네 차례에 걸쳐 「국문론」을 발표하였다.[4] 국문동식회를 조직해 함께 검토했던 자신의 표기법이 『독립신문』의 표기로 채택되지 않았지만, 주시경은 자신의 구상을 신문에 발표하며, 대중을 상대로 한글 표기법을 공개 제안했다. 그는 우리말 소리의 높고 낮음을 점으로 표시하는 것이 왜 필요한지, 말의 원래 형태를 밝혀 적는 표기가 왜 필요한지를 설명하면서, 자신의 표기법이 혼란스러운 한글 표기를 통일할 원칙이 되어야 함을 역설하였다.

> '이것시' 이렇게 쓰는 사람은 '이것' 이 자는 옳게 썼거니와 그 토는 '이' 이 자로 쓸 것을 '시' 이 자로 썼으니 한 가지는 틀렸고, '이거시' 이렇게 쓰는 사람은 '이것' 이렇게 쓸 것을 '이거' 이 자로 썼으며 '이' 이 자로 쓸 것을 '시' 이 자로 썼으니 이름된 말이나 그 이름 된 말 밑에 들어가는 토나 두 글자가 다 틀렸으니 문법으로는 대단히 실수함이라. 이 아래 몇 가지 말을 기록하여 놓으니 이 몇 가지만 가지고 미루어 볼 것 같으면 다른 것들도 또한 다 이와 같을지라. 설령 (墨 먹으로) 할 것을 '머그로' 하지 말고 (手 손에) 할 것을 '소네' 하지 말고 (足 발은) 할 것을 '바른' 하지 말고 (心 맘이) 할 것을 '마미' 하지 말고 (飯 밥을) 할 것을 '바블' 하지 말고 (筆 붓에) 할 것을 '부세' 하지 말 것이니 이런 말의 경계들을 다 옳게 찾아 써야 하겠고 또 글씨를 쓸 때에는 왼편에서 시작하여 오른편으로 가며

쓰는 것이 얼마 편리한지라.

— 주상호, 「국문론」, 『독립신문』, 1897. 9. 28.

주시경(상호는 아명)은 모든 사람이 통일된 표기를 하기 위해서는 '이것'과 '이'의 원래 형태를 살려 '이것이'로 표기하고, '먹'(墨)과 '으로'의 원래 형태를 살려 '먹으로'로 표기해야 한다고 말한다. 발음에 따라 적으면 '이거시'로 쓰거나 '이것시'로 쓸 수 있으나 원래의 형태를 밝혀 적으면 그럴 일이 없다는 게 주시경의 주장이었다. 주시경은 이러한 주장을 자신의 문법 연구를 통해 체계화했다.

주시경은 1906년에 저술한 『대한국어문법』에서, 법(法)과 속(俗)의 표기를 대비하면서, 법에 따라 어근의 형태를 밝혀 적음으로써 표기의 통일성과 일관성을 확보할 수 있음을 강조했다.

任	〔법法〕	맡아도	맡으면	맡고	맡는
	〔속俗〕	마타도	마트면	맛고	맛는
		맛하도	맛흐면	맛고	맛는
		맛타도	맛트면	맛고	맛는

위와 같이 법(法)과 속(俗)을 대비시켰을 때, 법에 따른 표기, 즉 발음과 상관없이 그 형태를 밝혀 적는 표기법의 장점은 두드러진다. 그런데 여기서 눈여겨볼 것은 「국문론」과 『대한국어문법』에서 형태를 고정시킨 어근을 한자와 대응시켜 보여 준다는 점이다. '먹'이란 어근을 '墨'에 대응시켰듯이, '맡'이란 어근을 '任'과 대응시키고 있는 것이다. 이러한 예시 방식은, 당시 국한문이

토가 아닌 어근만 한자로 표기하는 방식이었음을 고려할 때, 한자와 대응되는 고정된 형태의 어근은 한자 표기를 대치할 수 있음을 보여 준다. 주시경은 한자 없이 한글만으로 일관성 있게 글을 쓰려면 어근의 형태를 고정시키는 표기법이 필요하다고 생각했던 것이다.

주시경의 구상을 접한 대부분의 사람은 그의 구상이 합리적이라고 했지만, 원래의 형태가 무엇인지를 확정하는 것도 그 형태를 기억하는 것도 어려울 거라는 말을 빼놓지 않았다. 지금까지의 관례대로 '이거시'로 써도 별문제 없었고 오히려 그렇게 써야 소리글자로서 한글의 장점을 살리는 거라는 반론도 만만치 않았다. 그렇게 생각했던 대표적 인물이 지석영이었다.

지석영은 종두법을 최초로 도입한 의사로 널리 알려졌지만, 우리말 정리와 사전 편찬 등의 분야에서 활동했던 국어학자이기도 했다. 의사 지석영이 우리말에 관심을 갖게 된 것은 천연두 퇴치를 위해 일본인 의사에게 종두법을 배우면서부터였다.

천연두 퇴치를 고민하던 지석영은 1879년 10월, 종두법을 배울 목적으로 부산에 있는 일본 해군 병원인 '제생병원'의 일본인 원장을 찾아갔다. 지석영의 간곡한 부탁에 일본인 원장은 지석영에게 종두법을 가르쳐 주기로 하면서, 지석영에게 일본인들이 조선어를 배울 때 많이 사용하던 책인 『인어대방』(隣語大方)의 국문 오자를 바로잡아 달라는 요청을 했다. 이렇게 해서 시작된 2개월간의 부산 생활 동안 지석영은 종두법을 배웠을 뿐만 아니라, 『인어대방』의 교정을 보다가 국문 표기의 원칙 문제를 고민하게 되었다. 그리고 1894년 정부가 '공문식'을 발표한 것을 계기로 지석영은 자신의 국문 표기안을 구체화하기 시작했다.

지석영은 1896년 『대조선독립협회회보』 1호에 「국문론」을 발표하면서 우리말과 우리글을 정리하는 일에 본격적으로 뛰어들었다. 그는 「국문론」에서 "우리나라 사람은 말을 하되 분명히 기록할 수 없고 국문이 있으되 전일하게 행하지 못하야 귀중한 줄을 모르니 가히 탄식하리로다"라고 하면서, 표기가 통일되지 못한 현실을 비판하였다. 그런데 그가 혼란한 표기의 원인으로 특별히 주목한 것은 "어음을 분명히 기록할 수 없는 연고"였다.

> 우리나라 국문을 읽어 보면 모두 평성뿐이요, 높게 쓰는 것은 없으니, 높게 쓰는 것이 없기로 어음을 기록하기 분명치 못하야, '東 동녘 동' 자는 본래 낮은 자 즉 '동'하려니와 '動 움직일 동' 자는 높은 자이건마는 '동' 외에는 다시 표할 것이 없고, '棟 대들보 동' 자는 '움직일 동' 자보다도 더 높건마는 '동' 외에는 또다시 도리가 없으며, '棄 버릴 기' '列 버릴 열' 이 두 글자로 말할진대, 첫 자에 표가 없으니 국문으로만 보면 '列 버릴 열' 자 뜻도 '棄 버릴 기' 자 뜻과 같으며 (…) 가령 몽학 선생이 한문은 모르고 국문만 아는 사람이 있어서 아이를 가르치려 하면 '列 버릴 열' '棄 버릴 기' 이 두 자 뜻을 어찌 분간하여 가르치리오.

지석영이 말하는 "어음을 분명히 기록할 수 없는 연고"는 성조를 구분하지 않고 쓰는 현실이었다. 통일적인 표기를 강조했던 그는 왜 성조를 정확히 구분해서 써야 함을 강조했을까? 성조 표기를 유난히 강조했던 것은 성조 표기를 해야만 한자를 쓰지 않고도 의미를 구분할 수 있다고 생각했기 때문이다. 그는 한자를 모르는 몽학 선생이라도 어린이에게 말의 뜻을 정확히 가르칠 수 있는 환경을 만들고 싶어 했던 것이다.

지석영은 여러 의미를 갖는 '동'(東, 動, 棟)을 그냥 '동'으로만 쓰면 그 한자를 쓰지 않는 한 그 뜻을 알 수 없고, 두 가지 뜻을 갖는 '버리다'(棄, 列)도 한자 없이는 구분이 어렵다고 생각했다. 그러면 한자를 써야 할까? 지석영은 성조를 정확히 표시하면 한글만 써도 그 뜻을 구별할 수 있으니 성조를 표시할 것을 제안했다. 이런 점에서 지석영의 국문론은 "완전한 국문 전용이 이상적이지만 이를 실현하기 위해서는 국문만으로도 의사 전달이 이루어질 수 있게 규범을 정비하여야 한다"는 것으로 요약할 수 있다. 지석영이 생각했던 규범은 소리를 정확하고 일관성 있게 표기하는 것이었다. 그런 점에서 지석영의 구상은 주시경의 구상과 확연히 달랐다.

주시경 역시 자신의 「국문론」에서 음의 높낮이를 표기하는 것의 중요성을 강조했다. 다만 주시경은 음의 높낮이와 형태 구분 표기의 중요성을 함께 강조했지만, 그가 더 중시했던 것은 원래 형태를 밝혀 적는 표기법이었다. 음의 높낮이를 정확히 표기하는 건 중요한 일이었지만, 이는 국어사전에서 표시해 줄 일이었고, 글을 쓸 때는 형태를 밝혀 적는 게 의미를 구분하는 최선의 방법이라 생각했던 것이다.

지석영과 주시경의 「국문론」이 1896년과 1897년에 연이어 나오면서, 한글 표기법 논쟁의 서막이 올랐다. 그런데 이 논쟁이 본격화한 때는 1905년 지석영이 자신의 국문 개혁안인 「신정국문」(新訂國文)을 고종에게 상소하고 나서였다. 지석영을 신뢰했던 고종이 지석영의 국문 개혁안을 덜컥 국가의 공식 표기법으로 공포해 버린 것이다.

1905년
지석영의 『신정국문』을 공식 표기법으로 공포하다

주시경은 일찍부터 한글 표기의 통일안을 구상했지만, 자신의 구상을 국가에 제안하지는 않았다. 국문 개혁을 요구하는 목소리는 많았지만, 자신의 구상을 상소를 통해 제안한 것은 지석영이 처음이었다. 지석영이 『신정국문』을 실시할 것을 상소하자, 고종은 지석영의 개혁안을 전적으로 수용하여 이를 실시토록 했다. 『신정국문』은 곧바로 관보(1905. 7. 25.)에 게재되며, 최초의 국가 공인 철자법이 되었다. 지석영의 상소는 어떤 내용이었기에 고종의 마음을 사로잡았을까? 그 내용은 그가 1896년에 발표한 「국문론」에서의 생각을 다시금 강조하는 것이었다.

> 삼가 보건대 ①임금이 지은 정음(正音) 28자는 초(初), 중(中), 종(終) 3성을 병합하여 글자를 만들고 또 높낮이의 정식(正式)이 있어서 추호도 변경시킬 수 없는 것입니다. 그러나 오랜 세월이 흘러가면서 교육이 해이되어 참된 이치를 잃은 것이 있고 또 학문을 하는 사람들이 연구할 생각은 하지 않고 전적으로 거친 민간에 내맡겨 두었는가 하면 어린이를 가르치는 데는 다만 글을 만든 후의 음(音)만을 가지고 혼탁시켜 놓았기 때문에 읽어 가는 과정에 점점 잘못 전해지게 하였습니다. 이로 말미암아 ②현재 쓰는 언문(諺文) 14행(行) 154자(字) 중

에 중첩음(中疊音)이 36자이고 잃은 음이 또한 36자입니다. 또 ③정해진 높낮이법을 전혀 잘못 전하였기 때문에 하늘에서 내리는 눈과 사람의 눈이 서로 뜻이 뒤섞이고 동쪽이라는 동(東) 자와 움직인다는 동(動) 자가 서로 음이 같아져 대체로 말이나 사물 현상을 기록하는 데 막히는 점이 많으므로 신이 늘 한스럽게 여겼습니다. —『고종실록』, 1905. 7. 19.

지석영은 ①, ②를 통해 세종이 창제한 정음의 법식은 바꿀 수 없는 것임에도 바뀌어 버린 현실을 개탄한다. 그리고 이렇게 된 이유가 교육이 잘못되었기 때문이라고 진단하면서 정음을 제대로 가르쳐야 함을 강조한다. 이는 곧 자신이 제안한 국문 개혁안이 정음 창제의 본뜻을 살리는 것임을 피력한 것이다. 특히 ③을 통해 국어 음의 높낮이가 분별력을 잃어 의미를 제대로 구분할 수 없음을 한탄하는데, 이러한 한탄은 높낮이를 한글 표기에 표시해야 한다는 주장으로 이어진다.

이 논리에 공감한 고종이 『신정국문』을 서둘러 시행하라고 함으로써 최초의 국가 공인 표기법이 나오게 된 것이다. 지석영의 상소에 대한 고종의 비답(批答: 상소 말미에 임금이 적는 가부의 하답)과 학부의 반응에서 지석영에 대한 정부의 신뢰를 가늠할 수 있는데, 이는 『신정국문』을 곧바로 시행하는 파격적인 조치가 어떻게 가능했는지를 설명해 준다.

"의학교장(醫學校長) 지석영(池錫永)의 상소문에 비답을 내린 것을 보니 진술한 말이 진실로 백성들을 교육하고 구제하는 요점인 만큼 상소문 내용을 학부(學部)에게 자세히 의논하고 확정하도록 하여 시행할 것을 명령하였습니다. 신의 부(部)에서 정리하고 고찰하여 저술한 책은 고금을 참작하여 현실에 맞추었습니다. 새로 고친 해당 국문 실시안(國文實施案)을 삼가 자세히 적어 올려서 폐하의 재가를 바랍니다" 하니, 제칙(制勅)을 내리기를, "좋다." —『고종실록』, 1905. 7. 19.

정부의 파격적인 조치는 논란을 불러일으킬 수밖에 없었다. 갑오개혁 이후 국문 표기법을 연구하던 지식인들의 반발이 컸다. 그들은 지석영의 개혁안이 국어 현실을 반영하지 않았다고 비판했다. 그럼 무엇이 문제가 된 것일까? 논란이 된 사안은 다음과 같다.

첫째는 '초성과 종성에 함께 쓸 수 있는 8자'(ㄱ, ㄴ, ㄷ, ㄹ, ㅁ, ㅂ, ㅅ, ㅇ)와 '초성에만 쓸 수 있는 6자'(ㅈ, ㅊ, ㅋ, ㅌ, ㅍ, ㅎ) 그리고 '중성에만 쓸 수 있는 11자'(ㅏ, ㅑ, ㅓ, ㅕ, ㅗ, ㅛ, ㅜ, ㅠ, ㅡ, =, ㅣ)를 제시한 부분이다. 여기에서는 종성에 쓸 수 있는 글자를 제한했다는 점, 지금까지 없던 문자 '='를 제시하면서 이를 'ㅡ와 ㅣ의 합음'이라고 규정한 점이 논란이 되었다.

둘째는 '까따빠싸짜'로 쓰는 대신 'ᄭᅡᄯᅡᄲᅡᄶᅡ'로 쓸 것을 규정한 부분이다. 여기에서는 'ㄲ, ㄸ, ㅃ, ㅆ, ㅉ'을 인정하지 않았다는 점에서 논란이 되었다.

이중 가장 논란이 된 사안은 중성자로 '=' 문자를 만든 것이었다. 이를 제외한 나머지 사안, 즉 'ㅈ, ㅊ, ㅋ, ㅌ, ㅍ, ㅎ' 6자를 종성 글자에서 제외한 것이나 'ᄭᅡᄯᅡᄲᅡᄶᅡ'를 인정한 것은 당시의 어문 관습을 존중한 것이었기 때문에 찬반이 엇갈리는 문제였다. 다만 이 원칙이 주시경의 표기 구상을 완전히 배척했다는

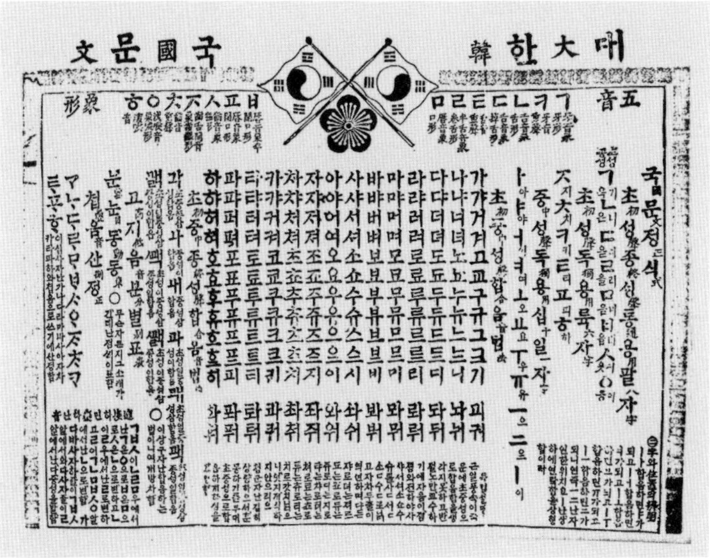

「**대한국문**」 지석영이 제작한 한글 반절표, 1905.
'=='자가 포함된 것으로 보아, 『신정국문』이 공포된 후 이를 보급하기 위한 교육 자료로 제작한 것으로 보인다. 이전 반절표에 비해 설명과 예시가 자세하고 구성도 독창적이다.

점에서 주시경의 반발이 컸을 뿐이다. 그러나 지금까지 없던 새로운 문자인 'ᆖ'를 만든 것은 다른 문제였다. 한 개인이 만든 문자를 아무런 검토 없이 수용한다는 것에 동의하는 지식인은 없었다.

그런데 흥미로운 사실은 지석영이 'ㆍ'를 대신할 문자를 만들어야겠다고 생각한 것이 주시경의 영향이었다는 것이다. 지석영은 'ㆍ'의 본음이 'ㅣ'와 'ㅡ'을 합한 음이라는 주시경의 의견을 듣고 'ㆍ'를 대신할 문자로 'ᆖ'를 만들었던 것이다.

주시경은 당시 혼란스럽게 쓰이던 'ㆍ'의 음을 연구하는 중에 모음 문자 'ㅏㅑㅓㅕㅗㅛㅜㅠㅡㅣㆍ' 간의 파생 관계에 주목했다. 주시경은 먼저 'ㅏㅓㅗㅜ'가 'ㅑㅕㅛㅠ'로 파생되는 과정에 주목하면서 'ㅣ+ㅏ=ㅑ, ㅣ+ㅓ=ㅕ, ㅣ+ㅗ=ㅛ, ㅣ+ㅜ=ㅠ'란 파생 규칙을 생각했다. 그렇게 파생 규칙을 세우다 보니 남는 것은 'ㅣ+ㅡ=ㆍ'였다. 이러한 관찰 끝에 주시경은 'ㆍ'의 음이 'ㅣ'와 'ㅡ'의 합음이라는 결론을 이끌어 냈다. 이는 문자 중심으로 음가를 판정한 것이었지만, 문자 논리적으로는 정합한 것이었다.

주시경의 주장을 접한 지석영은 그 논리성에 감탄했고, 그 이후 젊은 학자 주시경과 한성의학교 교장 지석영의 지적 교류가 시작되었다. 주시경과의 교류 과정에서 확신이 선 지석영은 주시경의 논리에 기반하여 'ㆍ'가 'ㅣ'와 'ㅡ'를 합친 소리를 나타낸다는 점을 명확히 할 문자로 'ᆖ'를 창안했다. 'ㆍ'의 음가가 혼란스러웠던 현실, 즉 'ㆍ'와 'ㅏ'가 뒤섞여 쓰이는 혼란을 'ㆍ'의 소릿값을 문자로 구현해 명확히 표시함으로써 바로잡을 수 있다고 생각했던 것이다. 'ㆍ'라는 문자를 볼 때 그 문자가 나타내는 소리가 명확히 떠오르지 않는다면, 새 문자를 만들어 'ㆍ'가 나타내려 했던 소리와 대응시킨다는 게 지석영의 생각이었다.

그러나 새로운 문자를 만든다고 하여 '·'와 'ㅏ'가 뒤섞여 쓰이는 혼란이 바로잡힌다고 확신할 수 없었기 때문에 지석영의 논리가 국문 연구자들을 설득하기는 어려웠다. 국문 연구자들의 반발이 커지면서 실제 교육 현장에서 지석영의 개혁안이 받아들여지지 않는 상황이 1년 정도 지속되었다. 이러한 상황에서 이능화는 1906년 「국문일정의견」(國文一定意見)이라는 건의문을 학부에 제출했다.[5] 이 건의문은 '사전 편찬', '국어 규범서 편술', '소학교에 국어 과목 설치' 등 폭넓은 내용을 다루고 있었지만, 지석영의 국문 개혁안이 논란이 되던 차에 이능화가 국어 규범과 국어 교육에 대한 건의를 올리자, 이는 자연스럽게 국문 개혁의 방향과 국문 발전 방안 등을 논의할 기관을 설립하자는 제안으로 이어졌다. 결국 1905년 『신정국문』을 정부가 공인함으로써 시작된 논란은 1907년 7월 학부에 국문연구소를 설치하는 계기가 되었다.

1907년
최초의 어문 연구 기관, 국문연구소를 설립하다

국문 개혁의 방향과 국문 발전 방안 등을 논의하기 위해 국가 기관을 설립하는 것은 이전에 생각해 보지 않은 일이었다. 그렇다면 대한제국 정부는 무엇을 근거로 국문연구소를 설립했을까?

먼저 정부는 1907년 2월 지석영이 주도하고 주시경, 이능화, 이종일, 박은식(朴殷植, 1859~1925), 양기탁 등이 연구위원으로 참여해 결성한 '국문연구회'를 의식했을 수 있다. 1905년 정부가 『신정국문』을 공식 표기법으로 공인한 것을 계기로 논란이 커졌는데, 그간 논쟁을 벌였던 이들이 스스로 국문연구회를 결성해 해결 방안을 모색하겠다고 나섰으니, 정부로서는 이에 호응하지 않을 수 없었을 것이다. 정부가 국문연구소를 설립하며, 국문연구회에 참여했던 지석영, 주시경, 이능화, 이종일 등을 국문연구소의 위원으로 선임하였고, 국문연구회는 활동을 중단하였다. 이를 통해 국문연구소의 설립이 국문연구회의 결성과 관련되는 것임을 알 수 있다.

그런데 국문연구소를 설립한 당시는 이미 일본의 내정 간섭이 노골화되던 시기였고, 학부 사무관이었던 우에무라 마사키(上村正己)가 국문연구소 위원으로 임명되었다. 이런 상황을 감안할 때, 국문연구소를 일본의 국어조사위원회와 연관 짓는 것은 자연스럽다.

일본은 문부성에 국어조사위원회를 두었는데, 1900년에 만들어진 이 기구에서는 '국어 조사의 기본적인 방침을 정하는 예비적 조사'를 사명으로 삼았다. 1903년 3월에는 관제로 공포되면서, 전국적으로 국어학의 석학들을 총망라해서 16명의 위원을 구성했다. 이 기관은 문자의 정리, 언문일치를 위한 연구 조사, 방언 조사, 한자 절감을 위한 방안 연구, 외국어 전사법에 대한 연구 등 어문 정책을 위한 기초적 연구를 수행했다.

이런 사실을 통해 보면, 국문연구소의 설립은 일본의 사례를 참조한 결정이었다고 추론할 수 있다. 일본은 동아시아에서 가장 먼저 근대적인 어문 정리를 실시했고, 그 당시 일본의 어문 정리 사례는 한국뿐만 아니라 중국의 어문 정리 과정에서도 중요한 참고가 되었을 것이다. 결국 국문연구소는 국문연구회의 활동에 호응해야 했던 상황에서, 일본의 국어 연구 기관 설립 사례를 참조하여 설립되었다고 할 수 있다.

국문연구소의 연구 목표가 되었던 10가지 과제는 대체로 지석영이 『신정국문』에서 제안한 것의 옳고 그름을 검토하는 차원에서 설정되었다.

1. 국문의 연원(淵源)과 자체(字體) 및 발음의 연혁(沿革)은?
2. 초성 중에 ㆁ ㆆ ㅿ ◇ ㅱ ㅸ ㆄ ㅹ 등 8자를 다시 쓰는 것이 옳으냐?
3. 초성에서 ㄲ, ㄸ, ㅃ, ㅆ, ㅉ, ㆅ 등 6자를 병서(竝書)하여 된소리를 표기하는 것은 어떠한가?
4. 중성 중에 'ㆍ' 자를 폐지하고, '=' 자를 창제하는 것이 옳으냐?
5. 종성의 ㄷ, ㅅ 두 자를 쓰는 것과 ㅈ, ㅊ, ㅋ, ㅌ, ㅍ, ㅎ 등도 종성에 구별하여 표기하는 것이 옳으냐?
6. 자모의 칠음(七音)을 구분하고, 청탁(淸濁)을 구분하는 것은 어떠한가?
7. 사성표(四聲票)를 쓰지 않는 것과 국어 음의 고저법(高低法)은 어떠한가?
8. 자모를 읽는 방식을 어떻게 정해야 하는가?
9. 자모의 순서는 어떻게 정해야 하는가?
10. 철자법(초중종성의 결합법)은 어떻게 해야 하는가?

위의 10가지 과제를 놓고 연구위원들은 2년에 걸쳐 스물

세 번의 회의를 하였다. 회의에서는 '현재의 관습을 존중하는 선에서 국문 쓰기 안을 마련할 것'인지, '국문 쓰기의 원칙을 새롭게 정할 것'인지를 두고 논쟁이 벌어졌다. 논쟁이 치열했던 네 가지 논제는 다음과 같다.

> 첫째, 쓰임이 혼란스러워진 '·'를 폐지할 것인가, 존속시킬 것인가.
> 둘째, 관습적이었던 'ㅺ ㅼ ㅽ ㅾ'을 쓸 것인가, 일관성 있는 'ㄲ ㄸ ㅃ ㅉ'을 쓸 것인가.
> 셋째, 관습대로 종성 표기를 제한할 것인가, 형태 표기의 일관성을 위해 'ㅈ, ㅊ, ㅋ, ㅌ, ㅍ, ㅎ'을 종성 표기에 쓸 것인가.
> 넷째, 분별력이 없어진 사성과 높낮이를 표기에서 제외할 것인가, 의미 구분을 위해 이를 표기에 포함할 것인가.

가장 대립적이었던 것은 지석영과 주시경의 안이었다. 지석영과 주시경의 안은 둘째와 셋째 안에서 가장 치열하게 대립했는데, 이는 이후 철자법 제정의 고비마다 논쟁의 시발점이 되었다. 국문연구소에서의 논쟁이 되풀이되었던 것은 국가가 주도했던 국문 쓰기 규범안이 한일 병합과 함께 무위로 돌아갔기 때문이다. 따라서 1920년대 말부터 1930년대 중반까지의 소모적이고 격렬했던 철자법 논쟁은 국문연구소의 『국문연구의정안』(1909)이 폐기된 순간부터 예고되었다고 할 수 있다.

그런데 국문연구소의 결정이 대체로 합리성을 띨 수 있었던 것은 일반인들의 의견을 수렴하는 절차를 두었던 것이 큰 역할을 했다. 1908년 8월 18일자 『황성신문』에는 "본 소에서 국문

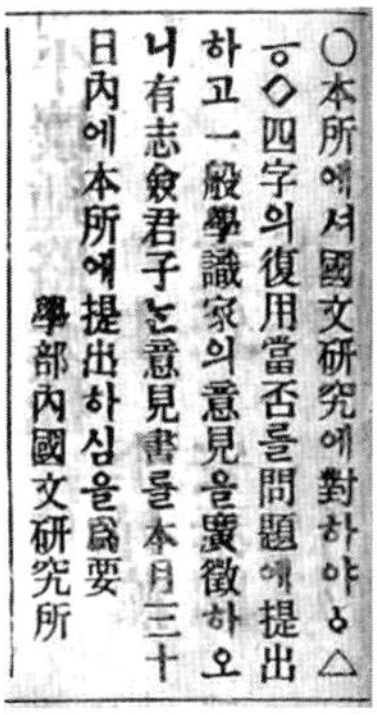

○本所에셔國文研究에對하야ㆁ△ㆆ◇四字의復用當否를問題에提出하고一般學識家의意見을廣徵하오니有志僉君子는意見書를本月三十日內에本所에提出하심을爲要
學部內國文研究所

연구에 대하여 ㆁ ㆆ △ ◇ 4자를 다시 쓰는 것의 당부(當否)를 문제에 제출하고 일반 학식가의 의견을 널리 구하오니 뜻이 있는 모든 사람은 의견서를 이달 30일 내에 본소에 제출하기를 바람"이란 광고가 실렸다. 전문가의 의견을 수렴하는 것을 넘어서서 일반인의 의견을 참조하고자 했던 것이다.

국문연구소 최종 결론이 합리적이었음은 관습에 벗어나거나 개인의 관점이 강하게 투영된 제안들은 거부되었다는 데서 알 수 있다. 대표적으로 'ᆖ' 문자의 창제를 주장한 지석영의 안이나 풀어쓰기를 주장한 주시경의 안은 대부분의 위원에게 동의를 받지 못했다. 일관성을 가지기 위해 관습과 다른 결정을 할 때도 이전에 없던 방식을 새로 제안하지 않고 기존의 것 중 일관성이 있는 것을 선택하는 방식을 취했다. 한 예로, 관습적인 'ㅺ ㅼ ㅽ ㅾ'보다 'ㄲ ㄸ ㅃ ㅉ'으로 바꾸는 데 동의한 위원이 많았던 것은 그 표기가 한자음 표기로 쓰이던 것이었고 일관성이 있다고 판단했기 때문이다. 반면 성조의 표기는 다수의 동의를 받지 못했는데, 혼란스러운 표기를 일관성 있게 바로잡더라도 이미 성조의 분별력이 희미해진 이상 수용성이 낮을 것이라 판단했기 때문이다.

이처럼 관습과 수용성을 존중하는 태도는 대중들에게 새로운 규범을 강요하지 않는 태도로 나타나기도 했다. 연구위원 중 윤돈구(尹敦求)는 'ㄲ ㄸ ㅃ ㅉ'을 선택하는 분위기에서 "차후라도 일반에서 서찰 등에 편리함을 좇아 (ㅅ)자로 쓰는 것('ㄸ'을 써야 하는데 된시옷을 써서 'ㅼ'으로 쓰는 것)은 본 소가 상관할 바가 아니다. 본 소는 단 자전이나 사전, 교과서 등에 바른 규칙으로 써서 표준을 삼는 것이 옳다"[6]라는 의견을 피력하기도 했다. 국문연구소에서 된소리 표기로 'ㄲ ㄸ ㅃ ㅉ'을 선택했다고 해서, 개인이 'ㅅ'을 써서 'ㅺ ㅼ ㅽ ㅆ'을 쓰는 것까지 막을 수는 없다고 한 것이다. 윤돈구의 의견은 국문연구소가 할 일은 사전이나 교과서에 쓸 규범을 제시하는 것일 뿐임을 분명히 했다는 점에서 두드러졌다.

이후 민족주의자들이 주도한 어문규범화 과정에서, 민족어의 통일을 명분으로 규범의 통제를 당연시했던 것을 생각할 때, 규범의 강제적 적용이 공적 언어의 사용에 국한되어야 한다는 인식은 신선한 면이 있다. 그런데 윤돈구가 누구인가. 조선의 식민지화를 위한 선전지로 1895년 아다치 겐조(安達謙藏)가 발행했던 『한성신보』(漢城新報)의 국문 기자로 활동한 인물이었다. 그런 그의 언어관을 민족어를 지켜 냈던 민족주의 어문학자의 언어관과 비교하는 것은 께름칙한 일일 수밖에 없다.

언어 사용의 관습과 수용성을 존중하는 태도는 오늘날 자유주의적이며 다원주의적인 언어정책의 기본 태도이자 정신이 되었다. 그런데 오늘날의 언어 환경에서 언어정책의 방향을 토론할 때 염두에 두어야 할 것은 민족주의자들이 이룬 어문 정리의 성과가 밑받침되고 있기에 자유주의적이며 다원주의적인 언어정책을 이야기할 수 있다는 사실이다.

1909년
국문연구소의 최종 보고서, 『국문연구의정안』을 완성하다

1905년 『신정국문』의 발표로 촉발된 표기법 논쟁은 국문연구소가 1909년 12월 28일 최종 보고서인 『국문연구의정안』(國文硏究議定案)을 제출하면서 마무리되었다. 앞서 보았던 국문연구소의 10가지 논제에 대한 최종 결론을 정리하면 다음과 같다.

1. 국문의 연원(淵源)과 자체(字體) 및 발음의 연혁(沿革)은?

   설명 제시

2. 초성 중에 ㆁ ㆆ ㅿ ◇ ㅱ ㅸ ㆄ ㅹ 등 8자를 다시 쓰는 것이 옳으냐?

   결론: 쓰지 않는다.

3. 초성에서 ㄲ, ㄸ, ㅃ, ㅆ, ㅉ, ㆅ 등 6자를 병서하여 된소리를 표기하는 것은 어떠한가?

   결론: 된소리 표기는 'ㅺ ㅼ ㅽ ㅾ'과 같이 표기하지 않고, ㄲ, ㄸ, ㅃ 등처럼 같은 자를 병서한다.

4. 중성 중에 'ㆍ' 자를 폐지하고, 'ᆖ' 자를 창제하는 것이 옳으냐?

   결론: 'ㆍ'의 본음(本音)이 'ㅣ'와 'ㅡ'의 합음(合音)이라는 증거가 분명하지 않으므로 'ᆖ'를 만드는 것은 옳지 못하다. 'ㆍ'는 'ㅏ'와 혼동되지만, 외국에도 글자는 다르지만 발음은 같은 예가 있으므로 'ㆍ'를 폐지할 필요는 없다.

5. 종성의 ㄷ, ㅅ 두 자를 쓰는 것과 ㅈ, ㅊ, ㅋ, ㅌ, ㅍ, ㅎ 등

도 종성에 구별하여 표기하는 것이 옳으냐?

결론: 표기를 항상 고정되게 하려면 ㄷ, ㅅ 두 자를 쓰고 'ㅈ, ㅊ, ㅋ, ㅌ, ㅍ, ㅎ'과 같은 받침도 써야 한다.

6. 자모의 칠음(七音)을 구분하고, 청탁(淸濁)을 구분하는 것은 어떠한가?

결론: 자모는 오음(五音: 아, 설, 순, 치, 후)으로 구분하고, 청탁에 격음(激音)을 추가하여 '청음, 격음, 탁음'으로 구분한다.

7. 사성표(四聲票)를 쓰지 않는 것과 국어 음의 고저법(高低法)은 어떠한가?

결론: 국어에 성조가 없으므로 사성표는 불필요하고, 고저장단만 구분하여 장음은 글자의 왼쪽 어깨에 한 점을 찍는다.

8. 자모를 읽는 방식을 어떻게 정해야 하는가?

결론: ㆁ 이응 ㄱ 기역 ㄴ 니은 ㄷ 디읃 ㄹ 리을 ㅁ 미음 ㅂ 비읍 ㅅ 시읏 ㅈ 지읒 ㅎ 히읗

ㅋ 키읔 ㅌ 티읕 ㅍ 피읖 ㅊ 치읓

ㅏ 아 ㅑ 야 ㅓ 어 ㅕ 여 ㅗ 오 ㅛ 요 ㅜ 우 ㅠ 유 ㅡ 으

ㅣ 이 ㆍ ᄋᆞ

9. 자모의 순서는 어떻게 정해야 하는가?

결론: 초성은 아설순치후(牙舌唇齒喉)의 순서로, 그리고 청음을 먼저 놓고 격음을 나중에 놓으며, 중성은 『훈몽자회』의 것을 그대로 따른다. 8에서의 배열 순서대로.

10. 철자법(초중종성의 결합법)은 어떻게 해야 하는가?

결론: 풀어쓰기를 하지 않고 훈민정음 예의대로 모아 쓰기를 한다.

『국문연구의정안』을 통해 합의한 사안 중 가장 두드러진 것은 한글 맞춤법의 형태주의 표기 원칙을 합의했다는 점이다. 형태주의 표기 원칙은 주시경이 일관되게 주장한 것인데, 국문연구소에서는 'ㅈ, ㅊ, ㅋ, ㅌ, ㅍ, ㅎ' 등을 받침으로 쓸 수 있다고 규정함으로써 형태주의 표기법의 기반을 마련했다.

관습을 중시했던 국문연구소가 종성에서 발음되지도 않는 'ㅈ, ㅊ, ㅋ, ㅌ, ㅍ, ㅎ'을, 표기 관습을 거스르면서까지, 종성에 표기하기로 결정한 이유는 무엇이었을까? 어근과 이에 결합하는 문법형태소의 형태를 고정적으로 표시하는 것의 장점을 인정했기 때문이다. 이런 맥락에서 볼 때 국문연구소가 형태주의 표기법을 수용한 것은 관습적 표기보다는 문법적 표기를 선택한 것이라 할 수 있다. 국문연구소가 문법 연구와 표기법 연구를 일치시켜 온 주시경의 손을 들어 줌으로써, 표기법 문제는 문법의 문제가 되었다.

『국문연구의정안』의 완성은 당시의 어문 생활에 어떤 영향을 미쳤을까? 1907년 9월 16일 첫 번째 회의를 시작하여 1909년 12월 28일까지 2년 넘는 시간 동안 이루어진 논의의 결과물이라면, 사회적으로 많은 관심을 받지 않았을까? 그러나 『국문연구의정안』은 혼란한 정국에서 정부의 무관심으로 시행되지 못했다. 그리고 1910년 8월 29일 한일 병합이 되면서 폐기되었다.

우리말 공동체가 처음으로 합의한 어문규범인 『국문연구의정안』은 이렇게 역사 속으로 사라졌다. 이처럼 국문연구소의 결과물은 사라졌지만, 이 논의에 참여했던 지석영과 주시경의 표기법은 이후 이어진 표기법 논쟁에서 다시금 격돌하게 된다. 지석영의 표기법 정신은 박승빈의 조선어학연구회가 이어받았고, 주시경의 표기법 정신은 그의 제자들이 결성한 조선어연구회(조선어학회)가 이어받았다. 결국 『국문연구의정안』에서 합의한 형태주의 표기 원칙은 조선어학회가 완성해 오늘의 표기법으로 이어진 『한글 마춤법 통일안』(1933)으로 이어졌다.

1912년
조선총독부, 『보통학교용 언문철자법』을 제정하다

일본은 1910년 대한제국을 병합한 후 식민지 제도를 정비했다. 조선총독부의 조선어 정책도 식민지 제도 정비의 일환으로 이루어졌다. 조선총독부는 국어 상용화, 즉 일본어 상용화 정책을 추진하고 교육 언어를 일본어로 했지만, 조선어 사용을 허용하고 조선어 과목을 그대로 유지했다. 따라서 조선어 교과서를 편찬하는 일과 조선에 주재하는 일본인들의 조선어 교육을 위한 조선어 사전을 편찬하는 일이 당면 과제가 되었다. 『보통학교용 언문철자법』은 이런 맥락에서 제정되었다.

대한제국 말기에 이루어진 『국문연구의정안』이 제대로 시행되지 않아 관습적 표기 방식이 그대로 쓰이는 상황에서, 조선총독부가 관습적 표기를 따르는 『보통학교용 언문철자법』을 제정한 것은 곧 형태주의 표기법의 퇴출을 의미했다. 여기서 『보통학교용 언문철자법』의 제정과 관련하여 두 가지 질문을 해 볼 수 있다. 첫째는 표기법을 제정하면서 왜 '보통학교용'이라는 단서를 붙였는지이고, 둘째는 표기법을 제정하면서 한일 병합 직전 완성한 『국문연구의정안』을 고려했는지이다. 이 질문에 답하는 과정에서 『보통학교용 언문철자법』 제정의 의미가 분명해질 것이다.

'보통학교용'이라는 단서는 조선총독부가 전 사회에 통용되는 표기법을 제정한 것이 아니었음을 말한다. 표기법에 이런 단서를 붙였다는 것이 이례적이란 점에서, 이는 일본어 상용화를 궁극적 목표로 설정했던 식민지 정책과 연관 지어 이해할 필요가 있다. 일본어 상용화가 궁극적 목표라면 조선어 교육과 조선어 사용의 허용은 한시적인 조치이고, 표기법에 '보통학교용'이라는 단서를 붙인 것은 이러한 원칙에서 비롯한 것으로 볼 수 있다.

조선총독부의 『보통학교용 언문철자법』이 국문연구소에서 합의한 『국문연구의정안』을 반영하지 않은 것 또한 식민지 정책의 맥락 안에서 이해할 수 있다. 조선총독부가 조선어 교과서를 새로 편찬했던 것처럼, 오랜 기간 치열한 논의를 거쳐 완성한 규범안을 인정하지 않고 표기법 제정 논의를 새로 시작한 것은, 표기법의 적절성에 대한 논의와 별개로, 대한제국 어문 정책과의 단절을 분명히 하는 의미가 있었다.

문법 원리에 따른 형태주의 표기법을 통해 표기의 일관성을 실현하고자 했던 국문연구소의 시도가 조선총독부에서 제정한 표기법에 반영되지 않은 상태에서, 관습적인 표기를 바탕으로 한 음소주의 표기법이 『보통학교용 언문철자법』으로 공식화되었다. 이 표기법은 받침을 'ㄱ, ㄴ, ㄹ, ㅁ, ㅂ, ㅅ, ㅇ, ㄺ, ㄻ, ㄼ'으로 제한한다는 점에서, 'ㅈ ㅊ ㅋ ㅌ ㅍ ㅎ'을 받침에 포함했던 『국문연구의정안』과 차이가 있었다. 받침의 허용 범위는 어근의 형태를 고정시키는 형태주의 표기법과 발음에 따라 어근의 형태를 달리 표기하는 음소주의 표기법을 구분 짓는다. 조선총독부가 편찬한 『조선어독본』은 『보통학교용 언문철자법』의 성격을 잘 보여 준다.

> 이것은 어적게 픤 쏫치요(32과)
> 가을에 곡식이 익을 때가 되면 논과 밧헤 無數히 모이는 것을 보리다.(65과)
> 그 개는 慾心이 나서 그 고기까지 쌔앗을 싱각으로 나려다보고 지젓소.(67과)

'이것은, 가을에, 곡식이, 익을' 등의 쓰임을 보면 형태를 구분하고 있다는 것을 알 수 있는데, 이런 점에서 『보통학교용 언문철자법』은 완전한 음소주의라 말하기는 어렵다. 그러나 받침 표기를 중심으로 '쏫치요, 밧헤, 지젓소' 등을 보면, 조선총독부의 표기법이 어근의 형태 '꽃, 밭, 짖다'를 일관성 있게 드러내려 하기보다는 관습적 표기를 수용하는 차원에서 이루어졌음을 알 수 있다. 이처럼 일관성이 떨어지는 표기 방식은 많은 비판을 받으며 표기법 논쟁을 촉발하였다.

1930년대 표기법 논쟁에서 조선어학회와 대립했던 박승빈은 『보통학교용 언문철자법』을 '관용식'으로 칭하며, "관용식은 어떠하냐 하면 문법보다 통속적이므로 문법상에는 불규칙한 점이 심다(甚多)합니다. 예컨대 '앞에'(前)를 '압헤'라 하는 예이니 철자가 불규칙함을 따라서 자음이 변한 것이올시다"[7]라고 비판한 바 있다. 박승빈의 비판은 형태주의 표기법을 주장하느냐 음소주의 표기법을 주장하느냐를 떠나 일관성 있는 표기를 주장했던 이들의 공감을 받게 되는데, 이에 따라 표기법 논쟁은 '문법'과 '관습'의 대립 양상을 띠게 되었다.

특히 형태주의 표기법을 주장했던 주시경의 제자들이 결성한 조선어연구회(1931년에 조선어학회로 이름을 바꿈. 이하 조선어학회)는 총독부에 철자법 개정을 적극적으로 요구하였다. 조선총독부로서는 보통학교 조선어 교사들이 주축이 된 조선어학회의 요구를 무시하기도 어려운 일이었다. 이런 상황에서 조선어학회는 1928년 제3차 교과서 철자법 제정을 위한 철자법 개량 조사위원회에 참여할 기회를 얻었고, 위원회에 표기법의 근본적인 개정을 건의하는 건의서를 제출하였다. 건의서의 요지는 한글 표기의 혼란 상황을 극복하기 위해서는 엄격한 문법 원리에 입각한 형태주의 표기법으로 개정할 필요가 있다는 것이었다. 건의서는 신명균, 정열모, 이병기 등이 작성하였고, 철자법 개량 조사위원회의 위원으로는 장지영, 권덕규, 정열모, 최현배, 신명균 등이 참여하였다. 이들은 모두 조선어강습원(한일 병합 이전에는 국어강습원)에서 우리말 문법을 배운 주시경의 제자들이었다.

기존 표기법이 지닌 비일관성의 문제와 한글 표기 혼란의 심각성은 총독부 학무국에서도 인정한 것이었던 만큼, 철자법 개량 조사위원회는 문법 원리에 입각한 표기법을 채택하는 쪽으로 방향을 잡게 되었다. 그런데 이 개정안의 표기 원칙이 『보통학교용 언문철자법』과 근본적으로 달랐기 때문에, 중추원이 나서서 개정안을 반대하기도 했다. 사실 형태주의 표기법은 주시경의 제자들이 결성한 조선어학회의 출판물을 통해서나 접할 수 있는 표기법이었다. 그런 점에서 볼 때, 보통학교 조선어 교사들이 주축이 된 조선어학회의 표기법 개정 요구를 무시할 수 없었다고 하더라도, 조선총독부가 형태주의 표기 원칙에 따라 표기법을 개정하고자 한 것은 파격적인 선택이었다. 조선총독부는 1930년 조선어학회의 건의를 대폭 수용한 개정안인 『언문철자법』을 공포하였다.

『언문철자법』은 받침 표기의 수를 확대하는 것을 특징으로 하는데, 『보통학교용 언문철자법』에서 인정하지 않던 받침 11개(ㄷ, ㅌ, ㅈ, ㅊ, ㅍ, ㄲ, ㄳ, ㄵ, ㄾ, ㄿ, ㅄ)를 추가했다. 받침 표기를 확대하는 것은 발음과 관계없이 원래의 형태를 드러내는 것, 즉 형태주의 표기법을 취한다는 의미를 띤다. 그런데 『언문철자법』에서는 'ㅋ, ㅎ'을 받침에 포함하지 않았고 겹받침을 확대하는 데에도 제한을 둠으로써, 형태주의적 원칙을 구현하는 데 일정한 한계를 보였다. 조선어학회가 1933년에 발표한 『한글 마춤법 통일안』에서 "ㅋ, ㅎ, ㅆ, ㄶ, ㄽ, ㅀ, ㄻ" 등을 받침으로 추가한 것은 이 때문이다. 조선총독부에 표기법 개정을 요구해 왔던 조선어학회는 형태주의 원칙을 강화하기 위해 스스로 새로운 표기법을 만든 것이다.

그런데 형태주의 원칙을 구현하는 것은 받침 표기의 확대만으로 이루어지는 것은 아니다. 문제는 원래의 형태를 어떻게 확정하느냐에 있고, 받침 표기를 확대하는 것은 그렇게 확정된 형태를 표기하기 위한 것뿐이기 때문이다. 『언문철자법』에서는 형태주의 원칙을 수용하면서도 "밭치, 되여서, 그러타. 구치다" 등의 표기를 규범적 표기로 삼았는데, 이를 『한글 마춤법 통일안』(1933)에 따라 쓴 "밭이 되어서 그러ㅎ다"나 "결심을 굳히다"와 비교해 보면, 형태주의적 원칙을 구현하는 데 필요한 것이 결국 문법에 대한 이해라는 것을 보여 준다. 이에 따라 한글 맞춤법은 단순한 표기 규약이 아니라 문법학자들 간 학술 논쟁의 대상이 되었다. 이는 『한글 마춤법 통일안』의 형태주의 원칙이 비판받는 가장 큰 이유였다.

1933년
조선어학회, 『한글 마춤법 통일안』을 완성하다

『언문철자법』이 공포된 후 조선총독부가 조선어학회의 건의를 수용해 형태주의 표기법을 채택한 데 대한 비판이 제기되었다. 그러나 조선어학회에게 『언문철자법』의 시행은 주시경이 1896년부터 줄기차게 주장했던 바를 실현한다는 의미와 대한제국이 주도한 어문규범 논의의 결과물인 『국문연구의정안』의 취지를 되살린다는 의미가 있었다. 『언문철자법』이 조선총독부가 제정한 철자법이기 전에 조선어학회의 철자법이라고 생각했던 조선어학회는 반대 의견을 논박하며 철자법 개정의 의의를 알리는 데 적극적으로 나섰다. 개정 철자법 해설서를 만들고 학생들과 일반인들을 대상으로 한글 강습을 진행함으로써 개정 철자법의 확산에 힘을 쏟았다.

조선어학회는 이처럼 『언문철자법』의 확산에 힘을 쏟았지만, 1929년부터 편찬이 시작된 조선어 사전에 이를 적용할 것인지에 대해서는 회의적이었다. 『언문철자법』이 형태주의 표기법의 원칙을 완전히 구현한 것이 아니라는 비판이 제기되면서, 전 민족적 사업으로 진행하는 조선어 사전에는 좀 더 완성도가 높은 표기법을 적용할 계획을 세운 것이다. 조선어학회는 조선어 사전을 편찬하는 한편, 그 편찬 사업의 일환으로 개정 철자법을 다듬어 형태주의 표기의 원칙을 제대로 구현하기 위한 작업에 착수하였다. 당시 조선어 사전 편찬에 참여했던 이희승의 회고는 『한글 마춤법 통일안』이 어떤 목적으로 어떤 과정을 거쳐 만들어졌는지 그리고 당시 조선어학회가 조선어 철자법 완성에 얼마나 힘을 기울였는지를 생생하게 보여 준다.

> 큰 목적은 사전 편찬에 있었어요. 사전 편찬의 기초 작업으로 철자법 제정위원 18명을 선정했지요. 다소 변동은 있었지만……. 이 18명이 각각 연구를 하면서 매달 모이는 정기 연구발표회 이외에 일주일에도 한두 차례로 자주 모였죠. 서로 토의를 해 보니까 문젯거리가 여간 많이 생기는 게 아니에요. 그래서 그것을 토의를 하다가 소위원회를 구성했어요. 세 사람쯤 해가지고 토의거리를 기록해 두었다가 정리를 하고, 정리한 결과를 가지고 확정 단계에 들어갔죠.
> 우리는 그걸 철자법 제정위원의 제1독회라고 했는데, 실제로 그런 위원회를 해 보니까, 서울서도 하려면 할 수가 있지만, 하루이틀에 해결 날 문제도 아니고 여러 날 계속해야 되는데, 서울서는 하루나 이틀을 해 보더라도, 찾아오는 사람을 만나야 하고, 자기 개인의 일로 빠지는 사람이 생겨 도대체 일을 할 수가 없어요. 이래서는 안 되겠다, 좀 옹골찬 회합을 가져야겠다, 서울 시내에서 하면 충분한 토의를 할 수 없다 해서, 제1독회는 개성에서 가지기로 했어요. (…) 토의할 때는 육박전으로 서로 잡아 두드릴 듯 극성을 피우다가도 다 결정을 해

놓고는 서로 허허 웃고 했어요. (…) 그 결과를 가지고 서울에 와서 소위원회를 만들어 죽 정리해서 어느 정도 체계를 세웠어요. 거기에도 미결된 문제가 많으니까 약 1년 후에 제2독회를 인천에서 열기로 했지요. (…) 1독회, 2독회를 마무리 짓는 동안이 혹은 반년 혹은 1년이 걸렸어요. 2, 3년 걸려 3독회—제3독회는 우이동 화계사에서 했죠—를 마치고 거기서 최종 결론을 얻어서 그 결의대로 체계를 세우고, 수정을 하는 것만은 소위원회에 그 권한을 맡겼죠. 문구 수정 같은 것 말예요. 그래서 된 것이 '조선어 철자법 통일안' 즉 지금의 『한글 맞춤법 통일안』입니다.

— 이희승, 「학술대담 국어학 반세기」, 『한국학보』 2-4, 1976.

이희승의 회고를 보면, 『한글 마춤법 통일안』은 사전 편찬을 위한 기초 작업이었고, 최종안을 도출하기까지 3년에 걸친 논의가 있었음을 알 수 있다. 1929년 10월에 조선어사전편찬회가 결성되었으니, 『한글 마춤법 통일안』은 조선어사전편찬회의 첫 작업이자 첫 결실이었던 것이다. 그런데 조선어사전편찬회에는 조선어학회가 주장해 온 형태주의 표기법에 반대했던 이들도 참여했던 만큼, 『한글 마춤법 통일안』을 제정하는 과정은 조선어사전 편찬 사업을 조선어학회가 주도하는 체제로 전환하는 과정이었다고 할 수 있다.

조선어사전편찬회 위원으로 참여했던 박승빈은 1931년 조선어학연구회를 결성하여 새로운 철자법, 즉 『한글 마춤법 통일안』을 제정하려는 시도에 반대하는 운동을 조직적으로 전개했다. 조선어학회와 조선어학연구회의 논쟁은 치열하고 격렬했다. 『한글 마춤법 통일안』을 공표하기 전인, 1932년 11월 7일부터 9일까지 세 차례 진행된 조선어학회와 조선어학연구회 간 철자법 토론회는 『동아일보』에서 전 과정을 지상 중계할 만큼 화제를 모았다.

한글 철자법 토론회 정숙한 회장 광경, 『동아일보』, 1932. 11. 7.

본사 주최로 조선어 연구계의 학설 다른 학자 여섯 분을 초청하야 지난 7일 오후 7시부터 본사 3층 회의실에서 개최한 조선어 철자법 토론회는 제1일은 쌍서 문제, 제2일은 겹받침 문제, ㅎ바침 문제, 제3일은 어미 활용 문제로 사흘 동안 예기한 이상의 대성황을 이루고 작 9일 오후 11시 반에 끝났습니다. 이번 토론회의 연사 여섯 분은 어느 단체를 대표하거나 또는 배경으로 하고 나온 것이 아니고 각각 개인의 자격으로 자기의 학설을 가지고 나온 것이므로 그 주장도 세부에 있어서는 각각 다릅니다. 그렇지마는 대체로 보면 신명균, 이희승, 최현배 3씨는 주장이 같고 또 박승빈, 정규창, 백남규 씨가 역시 주장이 같다 할 수 있습니다. ㅡ「사흘 동안 백열전을 계속한 본사 주최 한글 토론회 속기록」, 『동아일보』, 1932. 11. 11.

조선어학회 측 3인과 조선어학연구회 측 3인으로 균형을 맞춰 토론회를 진행했으면서도, 위의 기사에서는 6명의 학자가 개인 자격으로 참석했다고 굳이 강조하고 있다. 이는 철자법 토론회를 통해 절충점을 찾기를 바라는 민심을 의식했기 때문으로 보인다. 한글 철자법 토론회를 개최한 동아일보사의 문제의식도 "현재 조선어 연구계를 살펴보면 학자마다 주장이 조금씩 다른 점이 있어 이대로 가면 귀일(歸一)할 날이 아득하고 따라서 민중은 귀취할 바를 모르고 있는 형편"[8]을 타개하는 데 있었다.

그러나 이미 양 진영으로 나뉘어 참석한 이들이 3일간 벌인 토론의 결과는 양 진영의 대립점을 부각할 뿐이었다. '한글 철자법 토론회' 이후 조선어학회는 특별한 조정 없이 1933년 『한글 마춤법 통일안』을 발표했고, 조선어학연구회는 1934년 6월 27일에 '조선문기사정리기성회'(朝鮮文記寫整理期成會)를 결성한 후 「한글식 신철자법 반대성명서」를 발표하면서 전면적인 반대 운동에 돌입했다.

이러한 대치 상황은 문학인들이 나서면서 새로운 국면에 접어들었다. 1934년 7월 9일에 「한글 철자법 시비에 대한 성명서」라는 이름으로 발표된 문학인들의 선언은 조선어학회의 맞춤법 통일안을 준수하자는 선언이었다. 이 성명서는 학술적인 토론보다는 어문규범의 통일이 우선되어야 하며, 어문규범을 통일한다면 역사와 전통이 있는 조선어학회의 안을 따라야 하지 않겠느냐는 문학인들의 생각을 보여 주고 있다. 여기에 서명한 문학인 78인은 당대의 조선 문학계를 대표하는 인물들이었고, 이념상으로도 좌우를 망라했다.

"세종 성주의 조선 민족에 끼친 이 지대지귀한 보물", "주시경 선생의 혈성으로 시종한 필생의 연구", "사계의 권위들로써 조직된 조선어학회" 등의 표현에 거부감을 갖는 문학인도 있었지

218

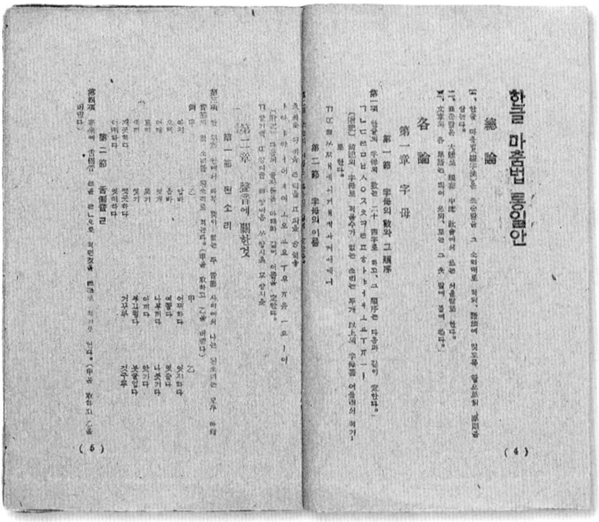
ㄱ

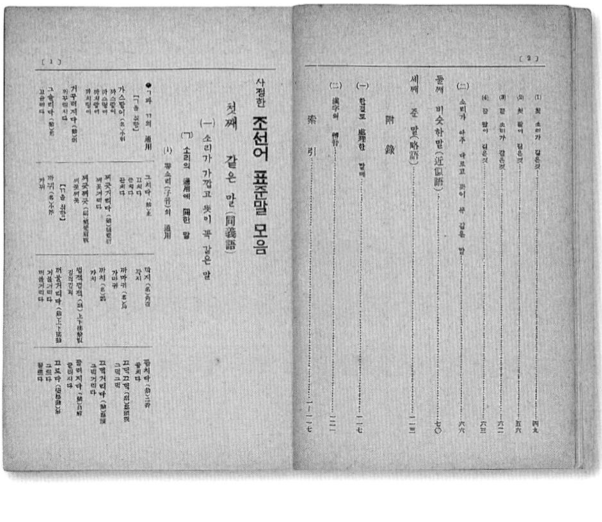
ㄴ

ㄱ.『한글 마춤법 통일안』(1933) 국립중앙박물관 소장
ㄴ.『조선어 표준말 모음』(1936) 국립중앙박물관 소장

만, 그들 또한 조선어학회의 부르주아적 진보성을 인정하고 있었다. 어문규범의 통일이라는 문제에 관한 한 문학인들 사이에 의견의 차이가 없었던 것이다. 성명서의 말미에 조선어학회의 연구를 촉구한다는 말을 넣었지만, 중요한 것은 철자법 개정과 관련한 연구의 주도권이 조선어학회에 있음을 공인했다는 것이다.

문학인들의 지지는 조선어학회의 『한글 마춤법 통일안』이 조선어 공동체에서 공인되는 결정적인 계기가 되었고, 조선어학회는 이와 같은 지지에 힘입어 조선어 연구의 대표 단체로서 그 지위를 확고히 할 수 있었다. 『한글 마춤법 통일안』의 발표를 계기로 높아진 위상에 힘입어 조선어학회는 1936년에 표준어 사정의 결과물인 『조선어 표준말 모음』을 내놓았고, 1940년에는 외래어 표기의 원칙을 담은 『외래어 표기법 통일안』을 완성했다.

『한글 마춤법 통일안』은 조선어학회 스스로 조선총독부의 『언문철자법』을 개정한 것이어서, 조선총독부의 공인을 받을 수 없었다. 조선총독부가 『언문철자법』을 적용한 조선어 교과서를 발행하는 상황에서, 조선어학회는 조선어 신문을 비롯한 조선어 출판물에 『한글 마춤법 통일안』을 적용할 것을 권유하며 그 영향력을 키워 나갔다. 그러나 『한글 마춤법 통일안』을 정착시키는 지름길은 무엇보다도 편찬 중인 조선어 사전을 완성하는 것이었다.

1929년에 시작된 조선어 사전 편찬 사업이 지체되면서 조선어 사전의 출간이 요원해지던 1938년, 최초의 우리말 사전인 문세영의 『조선어사전』이 간행되었다. 조선어학회의 사전 편찬 사업은 지체되었지만, 『한글 마춤법 통일안』을 따른 『조선어사전』이 출간되면서, 『한글 마춤법 통일안』은 규범으로서 확고히 뿌리내릴 수 있었다.

한글 철자법 토론회의 쟁점과 반대론의 근거

국문연구소가 형태주의 표기법을 수용한 것은 관습적 표기보다는 문법적 표기를 선택한 것이라 할 수 있다. 이러한 선택은 문법 연구와 표기법 연구를 일치시켜 온 결과이면서 동시에 이러한 경향을 심화하는 계기가 되었는데, 이는 표기법 제정 논의가 조선어학의 핵심적 주제가 될 수밖에 없었던 이유를 말해준다. 이러한 흐름 속에서 『한글』과 『정음』을 통해 발표된 표기법 관련 논의 역시 대부분이 언어 연구의 연장선에서 이루어졌다.

> 언어 문자를 논함에 역사적 고찰이 가장 중요한 것의 하나가 되는 것은 그 연원과 유래를 밝혀 산만한 무정부 상태에서 통제 있는 법칙적 정리를 하기 위하는 데 그 의의가 있는 것이다. 그러하야 역사적 사실을 어느 논증의 재료로 인용함도 현대어 현대 기사법을 가장 합리적으로 인도하기 위하는 확립한 목적의식 아래에서 하야야 한다. (…) 그러면 경음 기사에 있어서는 그 역사적 유래가 어떠하얐으며 어떠한 변천을 겪은 후에 금일에 이르렀나 함을 간단히 들어서 금일의 문제를 처결하는 데에 고찰의 일 근거를 삼으랴 한다.
>
> — 정규창, 「경음기사에 대하야」, 『정음』 1, 1934.

조선어학연구회에서 표기법 관련 논의를 이끌었고 조선어학회와의 철자법 토론회를 주도했던 정규창(鄭圭昌)은 위와 같이 표기법의 "법칙적 정리"가 필요하다는 점을 지적하고 있다. 이러한 지적은 표기법에서 관습보다는 원리를 정하는 것이 중요함을 강조한 것이라 할 수 있다. 여기에서 조선어학연구회의 지향과 관련하여 주목해야 할 것은 “역사적 고찰”의 중요성을 강조한 것이다.

조선어학회와 조선어학연구회 간의 표기법 논쟁에서 핵심 쟁점은 ‘경음 표기’, ‘받침 표기’, ‘어미 활용의 표기’ 문제였다. 이때 이 문제를 해결하는 방안을 모색하는 연구는 ‘언어 보편적인 특성과 조선어의 특성에 대한 탐구’, ‘훈민정음의 제자 및 용자(用字) 원칙에 대한 탐구’, ‘훈민정음 창제 이래 서사 관습에 대한 탐구’ 등을 통해 이루어졌다. 이런 측면에서 보면, 표기법 논쟁이 조선어 연구의 지평을 넓히는 데 장애 요인이 되기도 했지만 결과적으로 조선어 연구의 발전에 기여했음을 부정하기는 어렵다.

경음 표기를 둘러싼 논쟁이 치열해지면서 훈민정음 표기의 원칙에 대한 논의도 깊어졌다. 『정음』에서 경음 표기와 관련한 논의들은 모두 훈민정음의 문자 표기 원칙을 준용하면서 그간의 관례를 수용하는 표기법이 합리적임을 주장하는 것이었다. 이 과정에서 훈민정음 창제 당시 쌍서 표기의 성격에 대한 논의가 이루어졌다. 조선어학회의 경음 표기가 문제임을 지적하기 위해 조선어학연구회에서는 훈민정음에 사용된 쌍서 표기 ‘ㄲ’이 조선어의 경음이 아니라 중국어의 유성음 표기를 위해 사용된 것이라는 점을 입증하기 위해 노력했다. 조선어학회와 조선어학연구회는 ‘까’가 맞는지 ‘ㅺ’가 맞는지를 판단하기 위해서는 훈민정음에 사용된 ‘ㄲ’이 경음인지 아닌지를 먼저 판단해야 한다고 믿었던 것이다. 그런 맥락에서 볼 때 훈민정음 원칙의 준수를 전제로 벌어진 표기법 논쟁은 국어사 논의를 심화하는 계기가 되었다고 평가할 수 있을 것이다.

이처럼 표기법 논쟁을 통해 ‘훈민정음’에 대한 이해의 중요성이 부각되면서, 문자로서 훈민정음 창제의 원리를 밝히거나 훈민정음 관련 자료를 검토하는 문제의 중요성이 부각되었고, 이는 『정음』에서 훈민정음과 관련한 논의가 이루어지고 훈민정음 관련 자료의 검토가 이루어지는 배경이 되었다고 볼 수 있다.

받침 표기 문제에 대해서도 음절의 성격에 대한 논의와 음절에 대한 훈민정음 창제자의 인식에 대한 논의가 함께 이루어졌다. 조선어학연구회에서는 『한글 마춤법 통일안』의 받침 표기가, 특히 겹받침 표기(값, 앉)가 음절의 구성 원리와 맞지 않을 뿐만 아니라 훈민정음 창제자의 음절 인식과도 동떨어진 것임을 주장했다. 형태 표기(값, 앉)를 먼저 생각하고 음절 구성(갑, 안)에 'ㅅ, ㅈ'을 추가하는 게 아니라 현실의 음절 구성에 맞춰 표기법을 세워야 한다는 것이었다.

권녕중은 "문법 정리의 연구는 기존한 언어를 법칙적으로 설명함에 있는 것이라, 규칙을 설정하야 놓고 그 규칙에 부합되도록 언어를 개폐 창조함은 불가함. 만일 언어와 문법이 불합하면 문법의 착오이라"는 박승빈의 언급을 인용하면서, 이 말의 정당성을 "현존한 언어에는 결코 소용없는 잉여가 있을 수 없다"[9]는 파울(H. Paul, 1846~1921)의 말로 뒷받침하였다.

받침 표기 논의에서 저명한 역사비교언어학자• 파울을 소환한 것이 흥미로운데, 이는 '조선어의 문자는 표음문자이고 그 표기법은 음절문자의 법칙을 따르니 조선어 표기법에서는 음절의 법칙을 어길 수가 없다'는 주장의 합리성을 강화하

• 역사비교언어학(歷史比較言語學 ; Historical comparative linguistics)
역사비교언어학은 개별 언어의 '통시'(通時)적인 변화 과정을 포착, 기술하고(역사언어학), 이를 바탕으로 언어들을 비교해 계통을 알아내고(비교언어학), 기록되지 않은 이들의 공통 조어(Proto-language)를 추적하는 언어학의 한 분야이다.

고, 자신들이 세운 문법에 맞추기 위해 조선어의 순리적 법칙을 훼손한 한글 맞춤법의 불합리성을 강조하기 위한 것으로 볼 수 있다. 그런데 『정음』이 역사비교언어학자의 말을 표기법 논의에 끌어들인 것은 그 권위만을 활용하기 위한 것이라기보다는 역사비교언어학적 관점으로 표기법의 원리를 설명하고자 했기 때문이다.

『정음』에서는 표기법 논쟁 과정에서 축적된 '음절' 논의를 비교언어학적 관점에서의 설명으로 확대했다. 고재휴의 「조선어의 음절의 특징」에서는 영어, 조선어, 일본어의 음절 구성의 차이를 비교 설명하면서, 개음절(가, 나, 다……)과 폐음절(각, 난, 답……) 구성이 자유로운 조선어의 음절 구성상 특징과 음절문자를 사용해 온 문자 제도를 고려한 받침 표기를 강조하고 있다.[10]

'strict'처럼 다섯 개의 자음에 한 개의 모음만으로도 발음할 수 있는 영어의 음절 구성과 다섯 개의 자음에 다섯 개의 모음을 결합하여 발음하는 조선어의 음절 구성이 다르고, 단음 문자를 사용하는 영어와 음절문자를 사용하는 조선어의 문자 제도가 다르다면, 음절 구성에도 문자 제도에도 맞지 않는 '없'이나 '앉'을 쓸 수 없다는 것이 비교언어학적 논의의 결론이었던 것이다.

그런데 받침 표기와 음절에 대한 논의는 필연적으로 용언의 어미 활용 문제로 이어질 수밖에 없다. 어미 활용 표기로서 '앉으면'과 '안즈면'의 대립은 결국 받침과 음절의 문제를 부각하기 때문이다. 이때 '안즈면'을 합리적인 표기로 보는 이유는 '안'과 '즈'와 '면'이 각각 음절을 구성한 상태이기 때문이고, 그런 이유로 '앉'을 어간으로 보면서 하나의 음절을 구성한 '안'에 'ㅈ'을 끼워 넣은 표기는 음절의 구성 원리에 어긋나는 표기인 것이다. 이는 훈민정음의 "凡字ㅣ必合而成音"(모든 글자는 반드시 초성, 중성, 종성을 합하여서 음절을 이룬다)이라는 규정에도 부합하는 것이 된다. 따라서 어간 '안즈'에 어미 '면'이 결합한 형태를 '안즈면'으로 표기하고 어미 '어'가 결합한 형태를 변동된 음에 따라 '안저'로 표기하는 것은 음절의 구성 원리와 단어의 구성 원리에 부합하는 처리가 되는 것이다.

이처럼 『정음』을 논의의 장으로 삼아 철자법 논의가 심화되면서, 박승빈 표기법의 합리성과 정당성을 뒷받침하고, 『한글 마춤법 통일안』의 불합리성을 비판하는 데에는 '훈민정음의 표기 원리'와 '음절과 단어 구성의 원리'에 대한 논의가 뒤따랐다. 이는 훈민정음에 대한 국어사적 논의를 심화하고, 역사비교언어학적 차원의 논의를 심화하는 데 기여했다.

그러나 『정음』을 통해 이루어진 언어학적 논의의 의의에도 불구하고 『한글 마춤법 통일안』을 퇴출시키기 위한 조선어학연구회의 노력은 실패로 돌아갔다. 이러한 결과는 결국 표기법을 제정하는 것이 언어 이론적 논의 대상이 아님을 보여 준다고 할 수 있다. 박승빈의 표기법이 채택되지 않은 것이 이를 뒷받침하는 이론이 부적절했기 때문이라고 할 수 없다면, 조선어학회의 『한글 마춤법 통일안』이 공식 표기법으로서의 위상을 굳건히 했던 것이 이를 뒷받침하는 이론이 적절했기 때문이라고 할 수도 없었던 것이다. 박승빈은 관습 표기를 원리화하는 차원에서 문법적 원칙을 세웠기 때문에, 문법적 원칙을 적용한 철자법을 지향했다. 문법적 원칙을 적용했다는 점에서는 『한글 마춤법 통일안』과 같았지만, 그 문법적 원칙이 달랐던 것이다.

관습 대 문법의 논쟁 국면에서 불규칙한 관습으로 인한 혼란을 극복할 대안으로 형태주의 표기법이 부각되었고, 조선어학회의 형태주의 표기법이 문법 원리에 따른 것으로 각인된 이상, 문법 대 문법의 차원에서 『한글 마춤법 통일안』의 원리상 문제를 지적하는 것이 호응을 얻기는 어려웠다. 대중들에게는 제각각이었던 관습적 표기를 문법적 원칙에 맞게 통일했다는 사실이 중요했지, 문법적 원칙 중 어떤 원칙을 적용하는 것이 나은 것인지를 따지는 것은 중요한 문제가 아니었던 것이다. 『한글 마춤법 통일안』에 대한 지지 성명을 냈던 문학인들이 박승빈 표기법의 장단점을 따지기보다는 우선 조선어학회 안으로 통일하자고 주장했던 것은 당시 대중의 요구를 잘 보여 준다.

6장
쉬운 맞춤법이 진리—

한글 맞춤법에 대한 이의 제기의 연대기

『한글 마춤법 통일안』(1933)은 문법적 원리에 따라 일관된 표기법 체계를 만들고자 했던 노력의 결과물이었다. 일관된 표기법은 통일적인 글쓰기를 가능하게 하는 전제 조건으로 여겨졌다. 그러나 일관성을 강조하면서 소홀히 여겼던 것은 표기법이 쉬울수록 이를 지키기 쉽다는 평범한 진리였다. 쉬운 표기법이란 어떤 표기법을 말하는 것일까? 한편으로는 단순한 표기법을 가리킬 수 있고 다른 한편으로는 관습적인 표기법을 가리킬 수도 있다. 그런데 원리를 중시했던 『한글 마춤법 통일안』에서는 단순성도 관습성도 부차적인 고려 사항이었다.

1933년에 『한글 마춤법 통일안』이 공표된 후, 이에 대한 이의 제기가 일정한 호응을 얻었던 이유는 표기법의 원칙으로서 '단순성'과 '관습성'이 갖는 매력 때문이었다. 이러한 분위기에서 쉽고 관습에 부합하는 맞춤법이 진리라는 생각이 이승만이라는 최고 권력자의 정책 의지가 되면서, 『한글 맞춤법 통일안』(1946)은 폐기 직전의 위기를 맞기도 했다. 반대론의 강력한 저항이 실패로 돌아간 후, 『한글 맞춤법 통일안』을 전면 폐기하자는 주장은 설 자리를 잃었지만, 한글 맞춤법을 쉽게 개선하자는 요구는 지속되었다. 1960년대부터 이어진 한글 맞춤법의 개선 요구는 1988년 국가의 공식 표기안인 『한글 맞춤법』으로 수렴되었다.

『한글 맞춤법』이 시행되면서, 맞춤법 개선 요구는 새로운 국면으로 접어들었다. 맞춤법이 별도의 성문 규범으로 존재하는 것이 타당한 것인지, 국가가 맞춤법을 규제하는 게 적절한지 등에 대한 문제 제기가 이어졌고, 이는 어문규범의 존재 의미에 대한 근본적인 질문을 던지는 계기가 되었다.

1931년
박승빈, 조선어학연구회를 결성하다

박승빈은 변호사이자 교육자였다. 그는 1908년 『언문일치 일본국 육법전서』를 번역하면서 근대적 글쓰기의 방안을 제시했고, 문법을 연구하고 가르치면서 자신이 고안한 표기법을 제안했다. 『언문철자법』에 이어 『한글 마춤법 통일안』까지 형태주의 표기법을 강화하는 방향으로 한글 표기의 규범이 정해지자 이에 반대하는 운동을 주도했다. 이 반대 운동으로 인해, 박승빈은 조선어학회 주도의 한글 규범화에 가장 강하게 반발한 인물로 기록되었고, 그 반발의 강도만큼 박승빈이 주장한 표기법은 일고의 가치가 없는 표기법으로 폄훼되었다. 그래서 더욱 알 필요가 있다. 박승빈이 『한글 마춤법 통일안』의 어떤 점에 이의를 제기했는지를 그리고 그가 어떤 원리의 한글 표기법을 구상했는지를.

박승빈이 조선어학회 주도의 한글 규범화에 가장 강하게 이의 제기를 했기 때문에, 박승빈이 주장한 한글 표기법이 형태주의 표기법와 대립되는 음소주의 표기법으로 단순화된 측면이 있다. 그런데 사실 박승빈은 '문법 원리와 언어 현실의 괴리' 그리고 '관습 표기와 문법 원리의 괴리'라는 두 가지 모순을 가장 심각하게 고민했던 인물이다.

> 그 3파의 문법이란 것은 일(一)은 관용식(官用式)이니 지금 총독부에서 편찬한 교과서에 용(用)한 문법이요, 일(一)은 주씨식(周氏式)이니 고 주시경 씨의 전수한 문법이요, 일(一)은 불감(不敢)하나마 본인의 연구한 바이라 합니다. 그런데 관용식

은 어떠하냐 하면 문법보다 통속적이므로 문법상에는 불규칙한 점이 심다(甚多)합니다. 예컨대 '앞에'(前)를 '압헤'라 하는 예이니 철자가 불규칙함을 따라서 자음이 변한 것이올시다. (…) 문법에 대한 일부분만 말하랴 한 것이올시다. 그런데 본인의 연구한 바가 주씨 식으로 더불어 상이한 점을 말하자면 거의 상동(相同)하고 상이한 점으로는 십의 이삼에 불과하고 십의 팔구는 상동합니다.

— 박승빈, 「조선 문법에 대하야」, 『시사강연록』 제4집, 1926(초판 1922.)

박승빈은 '문법'을 '표기법의 원리'와 같은 의미로 쓸 만큼, 문법적 원리에 따라 일관성 있는 표기법을 정하는 것이 중요하다고 생각했다. 이러한 생각은 조선총독부의 표기법이 문법보다는 관습을 따르기 때문에 문법상 불규칙한 점이 많다고 지적한 부분에서 확인할 수 있다. 박승빈은 1926년 당시 사용되고 있는 세 가지 한글 표기법 중 주시경의 표기법과 자신의 표기법이 비슷한 점이 많다고 했는데, 이는 문법적 원리에 따른 표기법이라는 공통점을 말한 것이다.

박승빈은 여기에서 한 걸음 더 나아가 문법적 원리를 지키면서도 표기 관습을 수용할 수 있는 방안을 진지하게 고민한 듯하다. 그는 1928년에 『동아일보』와의 인터뷰에서 한글 보급책을 묻는 기자의 질문에 "무식한 자라도 자기들이 쓰는 말이 틀렸는지 바로 맞는지는 대부분적으로 알아보고 듣게 되어야 할 것임을 스스로 먼저 깨달을 필요가 있겠습니다"[1]라고 하면서 누구나 맞고 틀리고를 판단할 수 있어야 함을 깨달아야 한다고 강조했다. 이 말은 무식한 사람이라도 한글 표기법을 알아야 한다는 뜻으로 이해할 수 있다. 그런데 흥미로운 것은 박승빈이 이 말에 이어 "한글의 분해적 또는 조직적 활용 같은 것은 물론 전문가만 알 것이겠지만요"라는 말을 덧붙인다는 것이다.

박승빈의 인터뷰는 '한글의 원리가 복잡하다면 한글 표기법이 복잡할 수밖에 없고, 이러한 한글 표기법을 정확히 알기 위해서는 그만큼 많은 노력이 필요함'을 말한 것으로 볼 수 있다. 그러나 이 말은 전문가들이나 이해할 수 있는 표기법을 유지하는 것은 문제임을 지적한 말이기도 하다. 그가 형태 분석에 근거한 맞춤법의 장점을 인정하면서도 관습적인 표기 경향을 뒷받침할 수 있는 문법을 고안해 체계적인 표기법을 만들었던 것은 이러한 문제의식 때문이었다. 이러한 문제의식이 분명해지면서 박승빈은 주시경 표기법과의 공통점보다는 차이점을 강조하게 된다.

『언문철자법』이 공포된 후, 1931년에 박승빈은 조선어학연구회를 결성하고 철자법 논쟁에 뛰어들었다. 박승빈은 주시경이 주장한 철자법으로 통일되는 것은 관습을 수렴하지 못할 뿐만 아니라 소리글자인 한글의 특성도 살리지 못하는 퇴보라고 주장했다. 실제 박승빈이 제시한 표기법은 문법의 원리를 추구하되, 표기의 형태가 관습 표기에 가까운 모습을 띤다는 점에서, 주시경의 표기법과 달랐다.

늘근 漁父가 큰 고기를 만히 자바쓰오.

태산이 높다 하되 하놀 아래 뫼이로다.

담을 높(高)히고

화원에는 매일 모양이 어엿브고 빛이 고온 꽃이 퍽 만히 푸이오.

박승빈이 주장한 표기법이 단순한 음소주의 표기법이 아님은 그가 문법책을 통해 밝힌 표기 방식을 보면 알 수 있다. '빛이'나 '꽃이'에서 '빛, 꽃'과 '이'를 소리대로 이어 적지 않고 분리해 적는 것은 이들이 단어이기 때문이다. 즉 '빛, 꽃'은 명사, '이'는 체언 조사이기 때문에 단어는 분리해 적는다는 원칙을 적용한 것이다. '높다'와 '높히고' 역시 '높'은 형용사로서 단어이고 '다'와 '고'는 용언 조사, '히'는 조용사로서 단어이기 때문에 원형을 밝혀 적었다. 이런 점을 보면 이 경우에는 형태를 밝혀 적는다는 형태주의 표기법과 다르지 않음을 알 수 있다. 다른 것은 '잡았으오'가 아니라 '자바쓰오'라고 쓴 것뿐이다. 그런데 이 표기 역시 박승빈의 문법 체계에서는 단어를 분리해 표기한다는 일관된 원칙을 적용한 것이다.

박승빈은 '자바쓰오'를 분석하면서, '자바'는 어간 '자'와 어미 '바'로 이루어진 동사이고, '쓰'는 과거 표시 조용사이고, '오'는 용언 조사로 설명한다. 이때 어미는 단어가 아니라 어간이 활용하며 붙는 것이기 때문에 어간과 어미의 결합체가 하나의 단어가 된다. 이런 이유로 박승빈은 '잡아'로 분리해 표기하면 안 되고 '자바'로 표기해야 한다고 주장하는 것이다. 박승빈의 논리에 따르면, 단어가 아닌 활용어미 '-아'를 단어처럼 그 형태를 따로 밝혀 적는 『한글 마춤법 통일안』은 단어와 활용어미를 동일하게 취급하는 잘못을 저지른 것이 된다. 그렇다면 『한글 마춤법 통일안』과 박승빈 표기법의 차이는 형태주의 대 음소주의의 차이로 볼 수 없다. 단어는 각각 형태를 밝혀 적는다는 형태주의 원칙 내에서 '어미'를 어떻게 처리할 것인지에서 차이를 보인 것뿐이기 때문이다.

그런데 체언과 용언의 표기 기준을 달리한 표기법, 즉 체언은 끝 자음을 받침으로 적고('빛이') 용언은 소리 나는 대로 연철('자바쓰오')하는 표기법은 조선 중기부터 자연 발생적으로 등장한 표기 추세이기도 했다. 따라서 박승빈 표기법의 의의는 관습적인 여러 표기 중 하나의 경향에 주목하면서 이를 문법적으로 원리화해 표기 원칙을 확립한 데 있었다. 박승빈 스스로 주시경 표기법과 자신의 표기법을 비교하면서, "본인의 연구한 바가 주씨 식으로 더불어 상이한 점을 말하자면 거의 상동(相同)하고 상이한 점으로는 십의 이삼에 불과하고 십의 팔구는 상동합니다"라고 했던 것은 이 때문이었다.

박승빈의 표기법이 관습 표기의 특징을 띠고 있음에도, 그가 문법을 강조하면서 관습 표기의 문법상 불규칙에 비판적이었다면, 박승빈의 핵심적 문제의식은 '관습 표기에서 문법의 원리를 도출하고 이를 통해 관습 표기를 규칙화해야 한다는 것'이었다고 해야 할 것이다. 주시경이 관습의 불규칙성에 문제의식을 가지면서 문법적 원리에 따른 표기법을 고안했다면, 박승빈은 관습적 표기에서 규칙성을 발견하여 이를 문법적으로 원리화했다고 할 수 있다. 그런 점에서 박승빈의 표기는 형태주의 분석 방법론을 수용하면서 관습과 문법의 괴리를 좁히려는 시도로서 주목할 필요가 있다.

근대 초기 관습 대 문법의 대립 차원에서 전개되던 표기법 논쟁은 박승빈에 이르러 문법 대 문법의 대립 차원에서 전개되었다. 그런 점에서 관습적 표기에서 문법적 원리를 추출하고 이를 통해 표기를 규칙화하고자 했던 박승빈의 문제의식은, 『한글 마춤법 통일안』을 제안한 이들이 관습을 대하는 태도와 비교할 때,

분명 새롭게 평가할 필요가 있다. 『한글 마춤법 통일안』을 제안한 이들은 종래의 관습 표기를 제멋대로 소리 나는 대로만 적은 것이라고 하여 일고의 가치도 없는 것으로 생각했기 때문이다.

다만 문제는 이처럼 표기법을 문법 원리와 연결 지으면서 타협하고 조정할 가능성이 줄어든다는 데 있었다. 이는 조선어학회의 경우도 마찬가지였는데, 표기법을 문법의 원리와 직접 연결 짓다 보니, 타협을 위한 조정은 문법 원리를 어기는 것이 되고, 문법 원리를 지키려다 보니 타협은 불가능한 것이 되고 말았다. 그런 점에서 보면, 1930년대 철자법 논쟁이 극한 대립으로 치달았던 것은 표기법을 중심으로 문법 학설을 세웠던 데서 예고된 것이나 다름없었다. 주시경과 자신의 표기법이 십에 팔구는 같다고 하면서 공통점에 주목하던 박승빈의 태도는 그의 문법 이론을 체계화하면서 차이점을 부각하는 태도로 바뀐다.

> 현재 한글을 연구한다는 다른 분들과 같이 나도 처음에는 오로지 주시경 씨의 주장을 목표 삼고 음미하는 동시에 어느 정도까지 공명(共鳴)했었습니다마는 근년에는 그의 흠집만 발겨질 뿐이므로 자연히 나의 신안(新案) 즉 나의 독단적 의견만 날로 늘어갈 따름입니다. 그러므로 동료들에게 상서롭지 않은 주목과 비평을 받고 있습니다. 여기서 나는 다만 진리는 당시에는 손가락질을 당할지언정 영구불변으로 끝까지 남을 것이라는 신임(信任)만 가지고 나의 연구를 힘 있게 세워 나갈 작정입니다.
>
> —「서재인(書齋人) 방문기(7) 보전교장 박승빈 씨」, 『동아일보』, 1928. 12. 18.

박승빈은 『동아일보』와의 인터뷰에서 자신이 우리말 연구의 길에 들어선 계기를 이야기하면서, 문법 연구가 깊어질수록 주시경의 문법을 비판할 수밖에 없었던 사정과 그로 인해 조선어 학계에서 방외인이 되어 가는 현실을 토로했다. 그러면서도 박승빈은 자신의 표기법안이 언젠가는 인정받을 것이라는 확신을 보이고 있다. 그러한 확신은 자신의 표기법을 뒷받침하고 있는 문법 원리의 정합성에 대한 믿음에서 비롯되는 것이지만, 여기에는 자신의 표기법이 대중으로부터 지지를 받을 것이라는 믿음도 있었다.

그러나 조선어학회의 표기법안에 대한 문제 제기로 인해 그는 비전문가가 우리말 문제에 주제넘게 나선다는 비판을 받았다. 조선어학회의 표기법안을 지지하는 문학인들의 성명서는 이러한 당시의 분위기를 잘 보여 준다.

> 그 소위 반대 운동의 주인공들은 일찍이 학계에서 들어 본 적 없는 야간총생(夜間叢生)의 학자들인 만큼, 그들의 그 일이 비록 미력무세한 것임은 무론이라 할지나, 혹 기약 못한 우중(愚衆)이 있어, 그것으로 인하여 미로에 방황케 된다 하면, 이 언문 통일에 대한 거족적 운동이 차타부진(蹉跎不進)할 혐(嫌)이 있을까 그 만일을 계엄치 않을 수도 없는 바이다.
>
> —「한글 철자법 시비(是非)에 대한 성명서」, 『조선일보』, 1934. 7. 10.

위의 성명서에서 박승빈과 박승빈이 결성한 조선어학연구회는 듣도 보도 못한 한 무리의 학자들로 묘사되어 있다. 대중들이 신뢰할 만한 전문성이 없다는 것이다. 박승빈으로서는 조선어학회를 전문가 집단으로 인정하면서도 그에 대립했던 조선어학연구회를 언어학적 지식이 없는 비전문가 집단으로 매도하는 것을 받아들일 수 없었을 것이다.

박승빈은 주시경 등 초기 문법학자들이 우리말 연구를 시작할 때부터, 즉 일본 법전을 번역해 『언문일치 일본국 육법전서』를 출간했던 1908년 즈음부터 우리말 정리를 고민했던 인물이었다. 게다가 그는 "문득 머리에 떠오르든가 혹은 입에서 흘러나오고 마는 것은 조선어에 관한 생각과 소리뿐입니다. 전혀 병적이라고 할 만큼 요사이 나는 그편으로만 기웁니다"라고 고백했을 만큼 조선어 연구에 집중했다. 『조선어학 강의 요지』(1931), 『조선어학』(1935), 『간이 조선어 문법』(1937)을 저술할 수 있었던 것은 이러한 관심과 고민이 있었기 때문이다. 그런데도 문학자들은 왜 박승빈을 비롯한 조선어학연구회의 구성원들을 야간총생의 학자로 폄하했을까?

박승빈이 보성전문학교 교장과 조선변호사협회 대표를 지낸 명망가였다는 점이 이런 평가의 일차적인 이유였을 것이다. 법률가이자 교육행정가가 오직 조선어학만 연구하는 학자들과 비교가 될 수 있느냐는 것이 일반적인 생각이었던 것이다. 박승빈은 이러한 오해가 생긴 이유를 조선어학연구회가 조선어학회의 『한글』에 대항할 만한 기관지가 없다는 데서 찾았다. 기관지를 통해

● 어문민족주의
'민족어가 곧 민족정신'이라는 관념과 '민족어의 운명이 곧 민족의 운명'이라는 믿음을 동력으로 삼는 정치적 실천 과정, 즉 민족운동 및 민족어 정책 등을 통해 구체화한 언어 이념이다. 근대 어문 정리 과정에서 등장하였다. 주시경의 정신을 이은 조선어학회가 어문민족주의 운동의 중심에서 어문규범 정비와 사전 편찬의 대업을 이루었다. 일제강점기에 민족어 수호 논리였던 어문민족주의는 해방 후 남북에서 국어 재건과 정립을 위한 언어정책의 이념으로 자리 잡았다. 분단 체제에서 어문민족주의는 남북의 이념과 체제 상황에 따라 논리를 변주하며 현재까지 남북 언어정책에 작용하고 있다.

조선어학연구회 학자들의 수준 높은 논문이 발표된다면 조선어학연구회를 야간총생의 학자들로 폄하하지 못할 것으로 생각했던 것이다. 1934년 2월 15일 결국 그는 기관지 『정음』을 창간했다.

『정음』은 1941년 폐간될 때까지 철자법과 관련한 논의를 심화했을 뿐만 아니라, 역사비교언어학을 비롯한 서구 언어학 이론을 소개하거나 이를 조선어 연구에 적용한 논문을 게재하면서 조선어학의 지평을 넓히는 데 기여했다. 특히 『정음』을 통해 발표된 언어정책론은 『한글』을 통해 발표된 언어정책론과 달리 어문민족주의•의 틀에 갇히지 않았다는 점에서 차별적이었다.

1932년
마르크스주의자들, 표기법 논쟁에 뛰어들다

신남철, 조선 어문은 조선 민중의 것임을 주장하다

신남철(申南澈, 1907~1958)은 박승빈이 결성한 조선어학연구회의 창립 당시 간사로 선출되어 활동했으며, 이 연구회의 기관지인 『정음』(1934. 4)에 소련 언어학자 마르(Nikolai Yakovlevich Marr, 1865~1934)의 언어 이론을 번역 소개한 「언어의 성립」을 발표하였다. 신남철이 당시 마르크스주의 언어학의 이론적 기반을 마련했다고 평가받는 마르의 이론을 소개한 것은 형식주의에 치우친 언어학 연구를 역사사회학적 연구로 전환할 것을 촉구하기 위해서였다. 신남철은 마르 이론을 따라 언어의 발전 단계를 사회경제적 발전 단계와 연계하여 설명하면서, 계급보다 민족을 전제로 언어문화 운동을 벌이는 조선어학회를 비판했다.

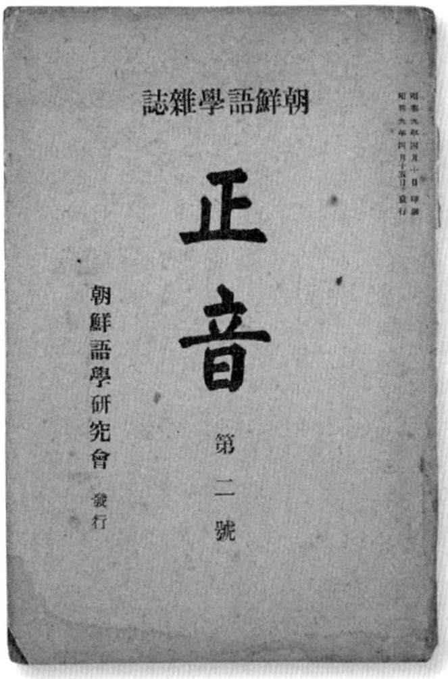

ㄱ

ㄴ

ㄱ. 『정음』 제2호 1934년 4월 15일 발행(격월간), 국립한글박물관 소장
ㄴ. 『정음』 제27호 1938년 11월 30일 발행, 국립한글박물관 소장. 1면에 박승빈의 「철자법 강석(1)」이 실려 있다.

사회가 계급적 구성을 가진다고 할 것 같으면 불가피적으로 피상적으로 '민족' 일반이라는 것으로써 포섭시킬 수가 없다. 그리하야 그곳에 나타나는 문화라는 것은 계급적 성격을 가진 것이 아닐 수가 없다. 이제 이상에 말한 문화적 운동이 여하한 부층(部層)에서 마련되는 것인가를 볼 때 그것은 의심없이 '민족'을 전제로 한 파시스트적 사상에서 발출(發出)하는 것임을 볼 수 있다. 문맹의 아동이나 노동자, 농민에게 'ㄱㄴㄷ……'을 교수하는 것은 크게 환영하지 않으면 아니 된다. 그러나 그렇다고 일률로 상술한 바와 같은 민족 파시스트에 의하야 영위되는 것을 간과할 것인가. 조직적 대중은 자기 독자의 문화 교육 운동을 일으키지 않으면 아니 된다.

— 신남철, 「조선어 철자법 문제의 위기에 대하야」, 『신계단』 3, 1932.

신남철은 노동자·농민 대중이 민족주의자들의 문화 교육 운동에서 벗어나 독자적으로 문화 교육 운동을 일으킬 것을 제안하는데, 이는 어문규범화 과정에서도 계급적 입장을 견지해야 함을 주장한 것이다. 그런데 흥미로운 것은 노동자·농민 대중의 독자적 문화 교육 운동을 주장하는 그가 박승빈의 조선어학연구회를 선택해 어문 운동을 했다는 사실이다. 박승빈은 마르크스주의자라기보다는 민족주의자였고, 조선어학연구회의 설립 목표도 조선어학회와 크게 다르지 않았다. 그렇다면 조선어학연구회의 어떤 점이 마르크스주의자 신남철을 사로잡았을까? 신남철은 조선어학연구회와 조선어학회가 각각 내세우는 표기법의 차이에 주목했고, 이중 조선어학연구회의 표기법이 노동자·농민 대중의 계급적 입장에 부합한 것으로 판단했던 것으로 보인다. 그가 주목한 것은 조선어학연구회 표기법의 간이성(簡易性)이었다.

> 신기한 철자의 강요로써 자기만족을 느껴서는 아니 된다. 이론적으로 정당한 것일지라도 그것이 역사적으로 내버려져서 민중이 사용하지 않게 되었다는 점이 극히 중대하다. (…) 민중의 실용에 불편이 없는 한에 또 현재의 음리상 불합리가 없는 한에 그것은 정리되지 않으면 아니 된다. 그리고 아동 우(又)는 문맹의 학습상의 편리를 고려하야 정리되지 않으면 아니 된다. '한글 철자법'(조선어학회의 철자법을 이름)이 여하히 아동에게 고통을 주는가는 각 가정에서 넉넉히 누구나 경험하는 사실일 것이다.
>
> — 신남철, 「조선어 철자법 문제의 위기에 대하야」, 『신계단』 3, 1932.

위의 내용을 보면 신남철은 철자법의 편리성을 강조하고 이를 철자법 선택의 판단 기준으로 삼고 있음을 알 수 있다. '한글 철자법', 즉 조선어학회가 내세우는 철자법을 표현하는 "신기한 철자", "역사적으로 내버려져서 민중이 사용하지 않게 되었다", "여하히 아동에게 고통을 주는가" 등의 말은 신남철의 판단 기준을 상징적으로 드러낸다. 신남철이 조선어학연구회의 철자법이 민중적 관점에 부합하는 것이라 여긴 것도, 그리고 철저한 마르크스주의자였던 그가 민족주의 어문 단체인 조선어학연구회의 활동에 깊숙이 관여한 것도 이러한 맥락에서 설명할 수 있을 것이다.

특히 조선어학연구회 표기법의 합리성은 "민중의 실용에 불편이 없는 한에 또 현재의 음리상 불합리가 없는 한에 그것은 정리되지 않으면 아니 된다"라는 말에서 좀 더 구체적으로 드러난다. 이 말은 원래의 형태를 밝혀 적는 형태주의 표기 원칙이 실용에 불편이 없고 음리상 불합리가 없는 기존의 표기까지 바꿔 표기법을 어렵게 만든다는 점을 지적한 것으로 볼 수 있다. 이는 곧 조선어학연구회의 표기법은 실용에 불편이 없고 음리상 불합리가 없는 한 기존의 관습적 표기법을 수용한다는 뜻이기도 하다. 그런 점에서, "민중의 실용에 불편이 없는 한에 또 현재의 음리상 불합리가 없는 한에 그것은 정리되지 않으면 아니 된다"라는 신남철의 말은 관습 표기와 문법 원리의 괴리를 최대한 좁히는 표기법을 고안했던 박승빈의 고민과 맞닿아 있다.

조선어학연구회의 표기법을 만든 박승빈은 체언은 끝 자음을 받침으로 적고('빛이') 용언은 소리 나는 대로 연철하는('자바쓰오') 표기법을 제안했다. 이처럼 체언과 용언의 표기 기준을 달리한 표기법은 조선조 중엽부터 자연 발생적으로 등장한 표기 추세이기도 했다. 신남철은 관습 표기의 흐름을 살펴보면서 문법 원리에 가장 부합한 관습 표기를 선택하고, 이를 다듬어 한글 표기법으로 제안하는 것을 노동자·농민 대중의 계급적 입장에 부합하는 어문 운동이라 생각했던 것이다.

홍기문, 표기법은 이론이 아닌 사회적 약속의 문제임을 지적하다

홍기문(洪起文, 1903~1992)은 모두가 하나의 목표, 즉 우리말의 통일적인 정리를 향해 나아가던 시절, 근대적 어문 정리에 대한 성찰과 반성을 촉구했다. 홍기문은 언어의 본질을 강조하며 언어는 우리 삶의 모습만큼 다양해야 한다고 했고, 규범의 완성에 매진하던 조선어 학계에 조선어 연구의 본령은 과학적 방법론을 수립하는 데 있음을 강조했다.

『한글 마춤법 통일안』이 나오면서 우리말 정리가 궤도에 올랐지만, 조선어학연구회의 이의 제기로 조선어 학계가 양편으로 나뉘어 대립하던 시절, 홍기문은 어문규범화 사업의 본질을 거론하며 이 논쟁의 무의미함을 지적했다. 홍기문에게 어문규범화는 학술적 논쟁의 대상이 아니라 사회적 약속을 구체화하는 것이었다.

> '먹어'를 '머거'로 쓰고 '깠다'를 '까싸'로 쓰는 것이 좋은가? 그와 반대로 '머거'를 '먹어'로 쓰고 '까싸'를 '깠다'로 쓰는 것이 좋은가? '먹어'와 '머거'는 결국 딴 음을 내는 것이 아니며, 더구나 된시옷과 쌍서는 한갓 조그만 차이니, 어느 편으로 어떻게 쓰든지 하등의 구애가 있을 리 없다. 물론 어느 편으로 어떻게든지 그 서사 방법을 통일하는 것만은 필요한 바가 사실이나 저렇게 써서는 못 쓰고 꼭 이렇게 써야만 된다는 간불용발(間不容髮)의 철칙을 발견치 못한다. (…) 그들은 천하의 대진리를 다투고 있는 것같이 진영을 각립하고 도당을 규합하여 호상 논박에 논박을 거듭하고 있되, 요컨대 소제대주(小題大做), 작은 주제를 큰 것으로 간주하는 것에 불과하다.
>
> — 홍기문, 「조선어 연구의 본령」, 『조선일보』, 1934. 10. 17.

홍기문은 표기법이 사회 구성원들이 정한 약속이라면, '먹어'로 쓰든 '머거'로 쓰든 그것이 논쟁의 대상이 될 수 없다는 점을 강조하면서, 그 둘 중의 어느 하나가 진리인 것처럼 논쟁하는 조선어학회와 조선어학연구회의 태도를 비판했다. '먹어'로 쓰든 '머거'로 쓰든, '깠다'로 쓰든 '까싸'로 쓰든 우리말을 명확히 표기한 것은 마찬가지이니, 그중에서 표준을 정하면 그뿐이라고 생각했던 것이다. 그렇다면 홍기문은 어떤 방식으로 표준을 정하는 것이 바람직하다고 생각했을까? 그는 표준을 정하는 원칙을 '범위의 표준', '습관의 표준', '문법의 표준' 등 세 가지로 정리했다.[2]

첫째, '범위의 표준'은 어느 음이 많이 쓰이는지를 표준한다는 것이다. 홍기문은 '꼿'과 '꽂' 중에서 제일 많이 쓰이는 것은 '꽂'이기 때문에 '꽂'을 표준으로 선택해야 한다고 말한다.

둘째, '습관의 표준'은 사용 범위 이외에 이전부터 내려오는 습관을 보고 표준을 정하자는 것이다. 홍기문은 습관을 표준으로 한다는 것의 의미를 순전히 습관만을 기준으로 하자는 것은 아니고 습관이 무방하다면 편의를 좇자는 것으로 설명한다. 이에 따라 '사람의 몸'과 '아이의 장난'에서 '의'는 '의'로도 말하고 '에'로도 말하지만 습관을 좇아서 그냥 '의'로 쓰고, '사람에게'와 '아이에게'에서 '에게'는 '에게'로도 말하고 '의게'로도 말하지만 습관을 좇아서 그냥 '에게'로 쓰자고 말한다.

셋째, '문법의 표준'은 범위와 습관만으로 정할 수 없을 때 적용하는 기준이다. 홍기문은 문법의 표준이 범위와 습관보다 더 중요한 표준인 것은 문법상 혼란이 어문 생활에 큰 지장이 되기 때문이라고 봤다. 홍기문은 '가십니까'와 '가심니까'를 문법에 비춰 보면 '가십디다'의 '십'이 분명하기 때문에 '심'을 버리고 '십'을 써야 한다고 말한다.

홍기문은 세 개의 표준이 충돌할 경우 적절하게 요량하여 취사선택해야 하며 이때 문법의 표준을 중시해야 한다고 했다. 그러면서도 홍기문은 표준의 규정은 편의적인 것일 뿐이니 무리하게 어느 한쪽으로 통일하는 것보다는 관습적으로 널리 쓰이는 것을 함께 허용하는 것이 바람직함을 강조하였다. 복수 표기를 허용하는 것이 무조건적인 통일보다 낫다는 원칙을 분명히 한 것이다. 이처럼 관습적으로 널리 쓰이는 표기가 있다면, 문법적 원리를 떠나 이를 표준으로 정할 수 있다는 입장이었기에, 홍기문의 비판 대상은 관습보다는 자신의 문법관에 따라 표기법을 원리화했던 이들이 될 수밖에 없었다.

다만 그가 조선어학연구회보다 조선어학회에 더 날을 세웠던 것은 조선어학회가 조선어 규범화를 주도했기 때문이다. 조선어학회는 맞춤법 통일안을 만듦과 동시에 표준어를 제정했고, 이를 바탕으로 조선어 사전을 편찬하고 있었다. 이때 일부가 나서서 어문규범을 무조건 단일화하는 것은 규범의 본질에 맞지 않는다는 홍기문의 주장은 표기법뿐만 아니라 조선어학회가 제정하고자 했던 표준어를 비판하는 논리가 되었다.

> 조선어는 어디서 어디까지 현대 조선인이 일상으로 사용하는 꼭 그 말이다. 추상적 이상적 조선어는 한두 개인의 두뇌 안에서는 성립할지언정 실용상 일분의 가치가 없는 것이다. 물론 조선어라는 한 말에도 지방, 계급 또는 직업을 따라서 죄다 같다는 것은 아니나 병렬적으로 살아 있는 그 말들은 병렬적으로 생존의 권리를 가진다. 추상적 이상적 한 말의 국한은 언어의 완전화가 아니라 한갓 그의 파괴화다. (…) 지금 표준어는 그들의 언어 개조의 유일한 차면(遮面)이나 그들은 실상 표준어가 무엇인 것을 잘 해석하지 못한다. 표준어라고 결코 그들이 소유한 추상적 이상적 언어와 같은 것은 아니다.
>
> — 홍기문, 「혼란 중의 철자법 그 정리의 일 안(2)」, 『조선일보』, 1933. 1. 31.

근대 국가들은 원활한 국가적 의사소통을 목적으로 표준어 제정 사업을 진행했고, 대부분 국가의 통일성을 공고히 하기 위해 국민에게 표준어 사용을 강제했다. 하지만 표준어의 확립은 방언의 쇠퇴로 이어질 수밖에 없었고, 다양한 표현이 사장되는 것 또한 필연적이었다. 그런데 홍기문의 비판은 표준어의 이런 측면만을 비판한 것은 아니었다. 홍기문이 더 문제적으로 본 것은 조선어학회가 써야 할 조선어와 쓰지 말아야 할 조선어를 선별하고 우리말을 가공한다는 점이었다. 그러면서 누가 조선어학회에 조선어를 선별하고 가공할 권한을 주었느냐고 문제 제기를 했다.

홍기문은 조선어학회와 조선어학연구회처럼 표기법을 문법 원리와 같이 학술적 논쟁의 대상으로 삼을 경우, 표기법의 원리에 맞춰 언어를 개조하는 일이 발생할 수도 있음을 우려했다. "그들이 각자의 철자법에 조선어를 적응시키기 위하야는 부득이 추상적 이상적 각자의 철자법에 조선어를 안출(案出)하여야만 되는 까닭이다. 그들은 철자법에 있어서 비록 상이할망정 연구 태도 내지 방법에 있어서 전연 일치한다"[3]고 비판했다.

결국 홍기문은 어문규범을 제정하는 데 문법의 원리라는 학술적 기준을 적용하면서, 이상적인 표기법과 이상적인 표준어를 만든다는 목표가 세워졌고, 이러한 목표가 어문규범의 본질을 왜곡한다는 점을 지적하고 있는 것이다.

하지만 조선어학회로서는 이러한 문제 제기를 받아들일 수 없었을 것이다. 사실 조선어학회가 자신들의 구상에 따라 무차별적으로 언어를 일원화하려 한 것도 아니었기 때문이다. 조선어학회는 당시로서는 하기 어려운 광범위하고 철저한 어휘 조사를 실시했고, 이를 조선어 사전에 반영하려고 노력했다. 그런 점에서 홍기문의 문제 제기는 언어 정리 과정에서 언제든지 불거질 수 있는 비이성적인 민족주의를 경계했고, 언어 정리가 특정 집단의 독단적인 진행으로 이루어질 수 없는 일임을 환기했다는 데서 그 의미를 찾을 수 있다.

이러한 홍기문의 언어관은 그가 해방 이듬해인 1946년에 조직한 '국어문화보급회'의 창립 목표인 "훈민정음의 근본정신을 옳게 이해하여 통일된 국어의 연구 보급에 힘쓰는 동시에 옳은 민주주의 노선 위에서 크게 국어 문화를 일으키어 세계 문화 발전에 이바지할 터"라는 말에 잘 나타나 있다. '훈민정음의 근본정신을 옳게 이해하는 것'은 '민주주의 노선'을 지킬 때 이루어지는 것이며, '훈민정음의 근본정신'이 곧 '옳은 민주주의 노선'이라는 것이 홍기문의 생각이었다. 1927년 한글 반포 기념일(가갸날) 즈음에, 홍기문이 '이날을 문맹 퇴치의 의미로는 기념할 만하나, 조선 혼, 조선 정신 운운하기 위한 것이라면 반대 배척에서 더 나아가 그 기념을 박멸하고 싶다'[4]고 외쳤던 것은 이런 맥락에서 이해할 수 있다.

1947년 형태주의 표기법의 문제를 다시 지적하다

일제강점기에 우리말 규범화 사업을 주도하던 조선어학회는 1942년의 조선어학회 사건으로 와해되었다. 일제는 조선어 사전 편찬을 비롯한 우리말 규범화 사업을 민족 독립을 도모하는

홍기문 홍기문에 대한 일본 경찰의 감시 대상 인물 카드, 국사편찬위원회
한국 근대사료 DB

활동으로 규정하고, 마무리 단계에 있던 조선어 사전 원고를 압수하고 이에 관여한 회원들을 검거했다. 검거된 이들 중 이윤재와 한징(韓澄, 1886~1944)은 옥중에서 사망했고, 이극로, 최현배, 이희승, 정인승(鄭寅承, 1897~1986) 등 학회 중진들은 해방이 되고 나서야 출옥할 수 있었다.

조선어학회 사건•은 조선어학회가 일제의 우리말 말살 정책에 맞서 투쟁했음을 보여 주는 증거이자, 해방 후 조선어학회의 어문 정리 결과물을 국어 재건의 토대로 삼아야 한다는 논리의 근거가 되었다. 어느 누구도 『한글 맞춤법 통일안』(1946)을 교과서의 맞춤법으로 삼는 것에 이의를 제기하지 않았으며, 미군정이 국어 재건 정책을 조선어학회에 위임하는 것은 당연한 것으로 받아들였다.

그러나 국가의 언어정책이 조선어학회의 일방적인 주장을 관철하는 방향으로 이루어지는 데 대한 문제의식이 나타나면서, 『한글 마춤법 통일안』(1933)을 일부 개정한 『한글 맞춤법 통일안』을 국가의 공식 표기법으로 굳히려는 데 대한 비판의 목소리

• 조선어학회 사건

1942년 일제가 조선어학회를 항일 독립운동 단체로 규정하고 학회 인사들을 체포·구금한 후 치안유지법 위반으로 기소한 사건. 함흥 지역 여고생들의 불온 행위에 대한 조사 과정에서 함흥 영생여고 교사였던 조선어 사전 편찬원 정태진이 9월 5일에 검거되었다. 정태진으로부터 조선어학회가 독립운동을 목적으로 하는 민족주의 단체라는 자백을 받아 낸 일본 경찰은 10월 1일부터 조선어학회 인사들을 검거하였고, 독립운동의 증거물로 당시 완성 단계에 이른 조선어 사전 원고를 압수하였다. 일제 법원은 "어문운동은 문화적 민족운동임과 동시에 가장 심모원려(深謀遠慮: 깊이 생각하고 멀리 내다본다)를 함축하는 민족 독립운동"이라는 궁색한 이유를 근거로, 조선어학회 지도부에 중형을 선고하였다. 이 때문에 조선어학회 사건을 순수 학술단체인 조선어학회를 독립운동 단체로 조작한 사건이라 규정하기도 한다. 그러나 일본어 상용을 강요받던 시기에 조선어의 공용어화를 목표로 한 어문운동은 궁극적으로 항일운동의 성격을 띨 수밖에 없었고, 그런 점에서 억지 기소를 상징하는 '심모원려'는 역설적으로 일제강점기 조선어학회 활동의 의의를 말해 준다고 할 수 있다.

조선어학회 사건으로 탄압을 받은 인사들이 조직한 십일회 회원들의 모습 권한솔 소장본

(앞줄 왼쪽부터) 김윤경, 정세권, 안재홍, 최현배, 이중화, 장지영, 김양수, 신윤국 (가운뎃줄 왼쪽부터) 김선기, 백낙준, 장현식, 이병기, 정열모, 방종현, 김법린, 권승욱, 이강래 (뒷줄 왼쪽부터) 민영욱, 임혁규, 정인승, 정태진, 이석린

총 22명 촬영. 1949년 6월 12일에 첫 모임을 갖고 찍은 사진으로 판단된다.

도 높아졌다. "간이(簡易)한 철자법과 번잡한 철자법" 또는 "관습적 철자법과 과학적 철자법" 등으로 표현되는 대립이 해방 이후 다시 반복된 것이다.

비판의 핵심은 조선어학회의 표기법이 복잡하고 어렵다는 것이다. 시종일관 조선어학회에 비판적이었던 홍기문은 자신이 표기법 통일을 반대하는 사람이 아님을 분명히 하면서, "오직 난삽한 철자법보다는 실용상 간이(簡易) 편리(便利)한 방법으로 통일하는 것"[5]을 주장할 뿐임을 강조했다. 이때 홍기문은 언어학자 유응호(柳應浩, 1911~?)와 함께 간이 편리한 표기를 구상했음을 밝혔는데, 유응호가 조선어학연구회에서 활동했던 언어학자였음을 볼 때, 홍기문과 유응호가 구상했을 표기법은 조선어학연구회에서 주장했던 표기법을 개량했을 것으로 짐작된다.

해방 직후 조선어학회가 주도한 교과서 편찬 사업과 전국적으로 진행된 국어 강습회를 통해 『한글 맞춤법 통일안』의 표기가 자연스럽게 단일 표기법으로 자리를 잡은 상황에서, 『한글 맞춤법 통일안』을 대체할 표기법을 고안했다는 것은 무엇을 의미하는가? 한글 맞춤법의 복잡함에 대한 문제의식이 단순한 불만이나 거부감을 넘어서는 것이었다는 뜻이다. 국문학자 조윤제(趙潤濟, 1904~1976)가 『한글 맞춤법 통일안』이 일반 대중에게 사용될 성질의 표기법이 아니라는 논리를 편 것도 이런 맥락에서였다.

> 논리는 정연하고 설명은 조직적이며 어간과 어미는 분명하여 현대 과학적인 문법미가 갖추어져 있다. (…) 그러나 냉정히 시기를 바꾸고 정신을 바꾸어 다시 한번 생각하여 보면 한글식 철자법은 좋게 말하면 철자법이 아니라 어원론이요, 나쁘게

말하면 철자법이 아니라 문자의 노름이다. 만일 그것이 노름이라 한다면 길게 할 것은 아니나, 어원론이라고 한다면 학자의 연구실에서나 쓰일 수 있을 일이지 일반 국민 대중에게는 사용될 성질의 것은 아니다. 사실로 나는 확실히 단언하노니, 한글식 철자법은 학자의 연구용이지 일반 국민용은 아니다.

— 조윤제, 『국어 교육의 당면한 문제』, 1947.

조윤제는 조선어학회의 한글 맞춤법이 정연한 논리와 조직적인 설명과 과학적인 문법미를 갖춘 것을 인정하면서도, 이러한 특성이 어원론의 방법론에서 비롯되었기 때문에 학자의 연구용이지 일반 국민용은 아니라고 비판한다. 이때 한글 맞춤법이 어원론이라는 비평은 형태주의적 표기법의 특징이자 한계를 지적한 것이다. 조윤제가 국어 교육의 당면 문제를 논하는 글에서 이러한 주장을 편 것은 한글 맞춤법에 따라 쓴 교과서는 국어 교육에 지장을 준다는 점을 부각하기 위해서였다. 그런데 여기서 흥미로운 점은 한글 맞춤법의 복잡함을 강하게 비판했던 홍기문과 조윤제가 해방 이후 조선어학회 주도로 이루어진 한자 폐지 정책에 반대했던 인물이라는 점이다.

이처럼 표기법 논쟁의 양대 진영은 한자 폐지 찬반 논쟁의 진영과 대체로 일치했는데, 한자 폐지를 반대하는 이들은 공통적으로 조선어학회의 복잡한 한글 표기가 일반인들의 어문 생활을 어렵게 한다고 주장했다. 한자 쓰기를 허용하자면서 한글 표기가 어렵다는 주장은 모순적인 주장으로 들릴 수밖에 없지만, 이처럼 모순적인 듯한 주장에 많은 지식인이 공감했던 것은 조선어학회가 추진하는 급진적인 어문 정책에 대한 거부감 때문이었다.

당시 지식인 중 절대다수는 한글전용에 찬성하면서도 현실을 고려할 때 한자를 점진적으로 폐지해 나갈 것을 요구했다. 그러나 조선어학회를 이끌며 미군정 어문 정책을 총괄하던 최현배는 전면적인 한자 폐지와 한글전용을 추진하며, 어문 정책 추진 과정에서 점진적 한자 폐지론자들을 배제했다. 이에 따라 한자 폐지 불가론(한글전용 불가론), 점진적 한자 폐지론(점진적 한글전용론), 전면적 한자 폐지론(전면적 한글전용론)으로 나뉘었던 논의 지형은 한자 폐지(한글전용) 찬반의 양대 진영으로 나뉘었고, 이는 점진적 한자 폐지론을 주장하던 현실론자들의 입지를 좁히고 한자 폐지 불가론자들의 입지를 넓히는 결과를 초래했다. 표기법 논쟁에서도 사정은 마찬가지였다. 『한글 맞춤법 통일안』에 대한 비판의 목소리가 언어 현실을 반영하여 『한글 맞춤법 통일안』을 개정하는 동력이 되지 못하면서, 1930년대 조선어학연구회와 조선어학회 간 철자법 논쟁이 되풀이되는 듯한 상황이 되었다.

조선어학회에서 활동하던 국어학자 신영철(申瑛澈, 1917~1950)은 "불과 오·육십의 쌍받침으로 인하여 기사 인쇄의 불편은 고사하고 초학(初學)의 현혹(眩惑)을 감심(甘心)해서 이로울 것이 없다. 황차(況且) 쌍받침 안 해도 좋을 말까지도 굳이 쌍받침을 하니 그것은 우리 국어를 주역화(周易化)하려는 것이라고밖에 생각되지 않는다"라는 홍기문의 비판을 인용하면서, 이를 다음과 같이 재반박하였다.

> 기사 인쇄의 불편은 옛날 아무렇게나 적고 인쇄하던 사람들의 말이다. 규칙을 싫어하고 과학적 연구를 게을리하는 사람

들의 소리다. '초학자'의 '현혹'이란 '구학자'의 '현혹'일 것이다. 우리의 어린 새 국민들은 조금도 '현혹'되지 않을뿐더러 국어의 과학적 철자법도 모르는 '상투'들을 비웃고 있다. (…) 옛날대로 옛날에도 그저 써도 좋았거늘 왜 어렵게 해? 이런 수구 퇴영의 보수 사상이 '된시옷'을 고집하고 있다.

— 신영철, 「국어 문제 관견, 홍기문 씨의 소론을 박(駁)함」, 『경향신문』, 1947. 1. 30.

홍기문은 1930년대부터 한글 맞춤법이 관습성과 간이 편리성을 고려하지 않아 생소하고 어렵다는 주장을 일관되게 폈다. 그리고 이에 대해 조선어학회는 한글 맞춤법이 "과학적 철자법"임을 일관되게 강조하였다. 문제는 표기법 논쟁이 진영 간 논쟁으로 이해되면서, 당시 언어정책을 실질적으로 주도하는 조선어학회의 반박이 논리적 반박을 넘어섰다는 것이다. 한글 맞춤법이 어렵다는 말을 꺼내는 사람을 '규칙을 싫어하고 과학적 연구를 게을리하는 사람' 혹은 '수구 퇴영의 보수 사상에 찌든 상투'로 본다면, 한글 맞춤법이 언어 관습을 반영할 여지는 사라질 수밖에 없다. 『한글 맞춤법 통일안』을 어렵다고 말하는 것 자체를 금기시하는 조선어학회의 태도는 표기법 개선 요구가 나오는 국면마다 반복되었다. '한글 맞춤법이 까다롭다고 불평하는 무리는 아직도 근성을 고치지 못한, 지난날의 일파 내지 그에게 속했던 자들'이라는 비난[6]은 조선어학회의 태도가 얼마나 거칠고 경직되었는지를 잘 보여 준다.

그러나 당시 대중은 조선어학회의 거친 대응에 반감을 가지기보다 어려운 표기법이라도 이를 노력해 배우는 게 바람직하다고 생각했다. 대중들은 『한글 맞춤법 통일안』을 일제강점기 민족어 운동의 소중한 성과물로 받아들였다. 표기법의 어려움보다는 민족어 운동의 소중한 성과물을 지키는 게 중요하다는 분위기에서, '간이 편리한 철자법'의 필요성을 강조하는 주장이 여론의 지지를 얻기는 힘들었고, 『한글 맞춤법 통일안』은 표기 규범으로서 역사적 정통성과 제도적 안정성을 확보했다. 이때 역사적 정통성은 한글의 서사 관습에서 비롯했다기보다는 일제의 탄압을 견뎌내고 완성한 철자법이라는 사실에서 비롯한 정통성이었다.

당시 조선어학회 국어강습소 강사로 활동했던 김민수(金敏洙, 1926~2018)는 한글 맞춤법을 가르칠 때 학생들의 반응이 어땠느냐는 질문에 "가르치는 사람이나 배우는 사람이나 조선어학회의 그 『한글 맞춤법 통일안』에 대해서 한 사람도 어렵다든가 이의를 가질 사람은 없었죠. 원체 당당하고 권위가 있었으니까, 이건 하늘이 내린 것이니까 따라야 된다는 분위기였어요"[7]라고 대답했다. 이러한 회고는 조선어학회의 절대적 권위를 짐작게 하는데, 1947년 『조선 말 큰 사전』 1권의 출간은 『한글 맞춤법 통일안』이 더 이상 거부할 수 없는 규범이 되었음을 상징적으로 보여준다.

국어학자 이숭녕(李崇寧, 1908~1994)은 조선어학회에 비판적이었음에도 이러한 현실을 직시해야 함을 강조했다. 그는 "철자는 이미 보급된 한글식을 지킬 것이니 대안도 없이 분열을 일으킴은 철자 개정에서 얻는 이익보다도 학생에게 주는 혼란을 생각할 때 삼가야 된다. 반대하려면 해방 직후에 할 것이지 지금 와서 개정을 주장함은 온당치 않다고 본다"[8]라고 하며 표기법 논쟁의 무용함을 지적했다. "이미 보급된 한글식"이라는 이숭녕의 말은 조선어학회에서 주도해 공표한 한글 맞춤법이 해방 이후 새로운 서사 관습을 형성했다는 의미로 읽힌다. 이숭녕의 논설이 1947년, 즉 해방 후 불과 2년이 지난 시점에 나온 것을 감안하면, 조선어학회가 주도한 국어 사용 기반 조성 사업이 얼마나 빨리 이루어졌는지를 짐작할 수 있다. 이는 조선어학회의 역사적 정통성과 그로부터 비롯한 절대적 권위를 빼고는 설명할 수 없는 일이었다.

그런데 조선어학회의 권위에 도전하는 새로운 권위가 등장하며 표기법 논쟁은 새로운 국면에 접어든다. 대통령 이승만이 표기법 논쟁에 뛰어든 것이다. 이승만은 1949년 한글날을 즈음한 연설에서 "쓰기 더디고 읽기에 곤란한 것을 과학적이라고 하는 것은 누구나 우스울 일이다"라고 하면서 표기법을 단순하게 만들 것을 촉구한다.

> 어렵고 보기 싫고 쓰기 더디고 읽기에 곤란한 것을 만들어 가지고 과학적이라고 하는 것은 누구나 우스울 일이다. 이것이 과학이라면 세상 사람은 과학을 다 내던지고 과학 아닌 것을 주장할 것이니 우리만 홀로 앉아서 과학과 반대되는 일을 하면서 과학을 따라가는 줄로 안다면 이는 많은 오해라 아니할 수 없으니 고괴(古怪)한 이론을 캐지 말고 우리의 발달된 훌륭한 국문을 원측대로 써서 널리 이용하면 문명 발전에 그만큼 많은 행복을 줄 것이오 그러는 중에 날로 개량되어 지금보다 더욱 편의하게 될 것이니 아모쪼록 단순하게 만들어 타이프라이타에 이용하기에도 편하게 하여 남보다 더 발전되어야 할 것이다.
>
> — 이승만, 「한글 사용에 관하여」, 『주보』(週報) 28, 연설 일자 1949. 10. 12.

이승만이 "어렵고 보기 싫고 쓰기 더디고 읽기에 곤란한 것"이라고 평한 표기는 '잇스니'를 '있으니' '하섯습니다'를 '하셨습니다' '놋는다'를 '놓는다' '꼿을 꺽는다'를 '꽃을 꺾는다' '갑이 만타'를 '값이 많다'라고 쓰는 것이다. 이승만이 『한글 맞춤법 통일안』의 형태주의 표기를 겨냥해 표기법의 개선을 촉구했음을 알 수 있다. 조선어학회에서 이름을 바꾼 한글학회의 권위와 대통령의 권위가 충돌하면서, 1953년부터 '한글 파동'이라고 명명된 일대 격전이 벌어졌다.

1953년
대통령 이승만, 『한글 맞춤법 통일안』의 폐기를 시도하다

청년 이승만은 한글전용을 주장하고 한글 표기 방안을 고민한 지식인이었다. 주시경과 함께 『협셩회회보』를 만들었고, 『협셩회회보』와 그 뒤를 이은 『뎨국신문』의 주필로 활동했다. 이런 맥락에서 보면, 이승만에게 통일적인 한글 표기법을 확립하는 것은 민족의 개화와 연결되는 문제였을 것이고, 그가 대통령이 된 후 한글 표기법 문제에 큰 관심을 보인 것은 자연스러운 일이라 할 수 있다. 그는 대통령으로 취임한 후 『한글 맞춤법 통일안』에 따른 표기를 지속적으로 비판하며 그 개선 방향을 제시하기까지 했다. 이승만의 일관된 논리는 '익숙하고 쉬운 것이 민중적이며 우수하다'는 것이었다.

그러나 어문규범화 사업을 통해 민족어를 수호했다고 자부해 온 한글학회로서는 정부의 요구를 받아들일 수 없었다. 주시경의 뜻을 이어받은 조선어학회가 온갖 난관을 무릅쓰고 한글 맞춤법의 원칙을 관철해 올 수 있었던 것은 '형태주의 원칙의 고수'를 민족어를 수호하는 문제와 동일시했기 때문이다. 조선총독부에서 제정한 『보통학교용 언문철자법』을 수용하지 않은 것도, 조선총독부에서 『조선어사전』 편찬 계획을 세우자 주시경과 김두봉(金枓奉, 1889~1960)이 그에 대한 대응으로 『말모이』 편찬 사업을 시작했던 것도, 그리고 1929년 조선어 사전 편찬을 위한 조선어사전편찬회를 조직하고 사전 편찬 사업을 시작했던 것도 형태주의 표기법을 관철하기 위해서라고 해도 과언이 아닐 만큼, 조선어학회, 즉 한글학회의 뿌리는 형태주의 표기법과 떼려야 뗄 수 없는 관계에 있었다. 대통령의 뜻이 분명했음에도, 언어정책을 주도하던 조선어학회와 문교부 편수국장 최현배가 이를 받아들일 수 없었던 건 이 때문이었다.

이러한 반대에도 이승만은 표기법을 개량하려는 시도를 계속하였다. 한국전쟁이 일어나자 현행 표기법을 개량하라는 이승만의 요구도 잠시 잠잠해졌지만 서울을 수복한 후 1950년 12월 28일에 '한글 철자 개정'을 지시했을 만큼 대통령의 의지는 견고했다. 결국 전쟁이 막바지에 이를 무렵인 1953년 4월 27일에 국무총리가 대통령의 지시를 받들어 시달한 훈령(제8호)을 계기로 한글 표기 개량 정책, 즉 '한글 간이화 정책'이 본격화되었다. 이 훈령은 '현행 형태주의 철자법을 폐지하고 구(舊) 철자법을 사용한다'는 국무회의의 의결 사항을 정부용 문서부터 시행하고 이어서 교과서와 타이프라이터용 철자로 확대하라는 것이었다.

문제는 『한글 맞춤법 통일안』을 대체할 표기법으로 제시한 '구 철자법'의 실체가 모호하다는 것이었다. 실체가 불분명한

'구 철자법'을 표기법 개량의 목표로 삼았으니, 각자가 생각하는 이전 철자법으로 공문서를 작성해야 했던 것이다. 정책에 대한 신뢰가 떨어지자 정부는 1954년 7월에 이르러서야 아래 3개 조항을 대원칙으로 한 『한글 간소화 방안』을 발표하였다.

『한글 간소화 방안』의 3개 조항

1. 받침은 끝소리에서 발음되는 것에 한하여 사용한다. 따라서 종래 사용하던 받침 가운데 'ㄱ, ㄴ, ㄹ, ㅁ, ㅂ, ㅅ, ㅇ, ㄺ, ㄻ, ㄼ' 등 10개만을 허용한다. 다만 받침으로 사용될 때의 ㅅ의 음가는 ㄷ의 음가를 가지는 것으로 하고 ㄷ은 받침으로는 아니 쓴다.
2. 명사나 어간이 다른 말과 어울려서 딴 독립된 말이 되거나 뜻이 변할 때에 그 원사(原詞) 또는 어원(語源)을 밝히어 적지 아니한다.
3. 종래 인정되어 쓰이던 표준말 가운데 이미 쓰이지 않거나 또는 말이 바뀌어진 것은 그 변천된 대로 적는다.

『한글 간소화 방안』의 3개 조항은 관습보다는 규칙에 기댄 "지나친 규범 문법의 폐"와 "우리 겨레의 고유한 음운 구조를 고려치 않은 것"을 개선하기 위한 원칙으로, 모두 『한글 맞춤법 통일안』의 형태주의 표기 원칙을 폐기하는 데 초점이 놓여 있다. 이때 형태주의 표기 원칙의 폐기와 관련한 표기법 개정의 핵심은 받침의 제한인데, 여기에서 받침의 제한으로 얻는 이익으로 드는 것은 '쓰기의 편리성', '인쇄의 능률 증진', '한글 타자기의 효율화', '민족의 전통적 미감에 맞는 글자 모양의 구현'(받침에 ㅅ을 쓰는 것), '문맹 퇴치에서의 효율성' 등이다.

이 중 3번 조항은 표준어의 변화를 언급했다는 점에서 특징적이다. 표기법의 원칙을 밝히는 부분에서 표준어의 변화를 언급한 것은 이를 표기법 개정의 명분으로 삼고자 했기 때문이다. 『한글 간소화 방안』에서 변화한 표준어로 제시한 사례에서 이러한 의도를 확인할 수 있다.

	변화한 표준어	기존 표준어
代價	갑/가픔	값
廚	부억	부엌
債	빗	빚
挾扱	훌다	훑다
詠	을프다	읊다
價	갑	값
向方	골	곬
魂	넉	넋
花	꼿	꽃
精米	쓸다	슳다
穀	나달	낟

위의 예에서는 오른쪽 단어(값, 부엌, 빚, 훑다, 읊다, 값, 곬, 넋, 꽃, 슳다, 낟)가 기존 표준어이고 왼쪽 단어(갑/가픔, 부억, 빗, 훌다, 을프다, 갑, 골, 넉, 꼿, 쓸다, 나달)는 변화한 표준어이다. 이를 보면, 기존 표준어의 사례들이 받침 표기로 인정한

10개(ㄱ, ㄴ, ㄹ, ㅁ, ㅂ, ㅅ, ㅇ, ㄺ, ㄻ, ㄼ) 이외의 표기를 사용한 어휘들임을 알 수 있다. 이 때문에 표기 개정의 명분으로 내세운 표준어의 변화라는 것이 과연 사실에 부합한 것인지에 대한 논란이 일었다. '부엌, 꽃, 빛' 등 당시의 발음 변화를 일정 부분 반영한 사례 이외에, '낟'을 '나달'로, '값'을 '갑, 가픔'으로, '읊다'를 '을프다'로, '슳다'를 '쓸다'로, '훑다'를 '훌다'로 바꾼 것 등은 받침 표기에 맞춰 새로운 어형을 억지로 만든 것이라는 비판에서 자유로울 수 없었다.

이처럼 졸속으로 만들어진 『한글 간소화 방안』에 대한 학술적 비판은 국어국문학회*에서 나왔다. 1953년에는 침묵을 지키던 국어국문학회가 『한글 간소화 방안』이 발표되자 이를 반박하며 반대 입장을 분명히 했다. 국어국문학회의 반박은 『한글 맞춤법 통일안』이 역사적 발전 과정을 거쳐 결실된 것이라는 전제 아래, "한글 간소화안의 근본정신이 역사의 흐름을 역행하며 (…) 1912년에 된 총독부 『보통학교용 언문철자법』에 규정된 받침 제한과 방불"[9]함을 지적하는 것으로 시작한다. 『한글 간소화 방안』이 역사적 정통성을 가질 수 없다고 못 박으면서 그 표기법 체계의 문제를 지적한 것이다. 이처럼 시간이 흐를수록 한글 간소화 정책에 대한 반대 목소리가 커지는 상황에서도 대통령의 상황 인식은 달라지지 않았다.

* 국어국문학회(國語國文學會)
국어국문학의 연구를 목적으로 국어국문학자들이 1952년에 창립한 학술 단체. 과학적 방법에 따른 학문 연구를 표방하며, 1952년 11월에 『국어국문학』(國語國文學) 창간호를 발행하였다. 1953년 '한글 간소화 정책' 반대, 1964년 '국어교육과정심의위원회' 통일안 지지 등 대외 활동을 하였다.

> 우리나라 국문(國文)을 국문학자들이 새 법을 만들어 낸다고 해서 결국 국문 전체를 다시 보아야만 알 수 있을 만치 된 폐단이 생겨서 여러 번 설명하였더니 지금은 문교부와 각 민간 지도자들이 협의하고 개량하여 나간다 하니 그 결과가 잘 진전되어 우리 국문이 가장 편리하고 속(速)하여 남이 배우고 쓰기 쉬울 만치 되어 국문을 발명한 선조들의 목적이 충분히 도달되도록 되기를 바라는 바이다.
>
> — 이승만, 「신문을 정비하고 한글을 전용하자」, 연설 일자 1954. 10. 14.

이승만은 『한글 맞춤법 통일안』을 "국문학자들이 만든 새 법"으로, 『한글 간소화 방안』을 "문교부와 각 민간 지도자들이 협의한 안"으로 규정하면서, 『한글 맞춤법 통일안』을 특정 학파의 학설로 평가절하하고, 『한글 간소화 방안』을 정당한 의견 수렴의 결과물로 정당화하였다. 그러나 현실은 대통령의 인식과 반대였다. 『한글 간소화 방안』은 대통령의 일방적 주장을 졸속으로 체계화한 안으로, 『한글 맞춤법 통일안』은 역사적 정통성을 지닌 과학적인 안으로 평가되었다. 여기서 흥미로운 것은 『한글 맞춤법 통일안』의 형태주의 표기법에 비판적이었던 어문학자들마저 『한글 맞춤법 통일안』에 대한 비판을 보류하고 『한글 간소화 방안』에 대한 비판에 적극적이었다는 사실이다. 이러한 분위기에서 『한글 간소화 방안』을 만드는 데 참여했던 국어학자조차 자신의 이름을 비공개로 할 것을 요구했기 때문에, 국어국문학계에서 『한글 간소화 방안』을 공개적으로 지지하는 목소리는 전무했다. 이 상황을 어떻게 설명할 수 있을까? 독재자 이승만에 대한 반감을 그 이유로 설명할 수도 있지만, 이것만으로 이 상황의 맥락을 설명하는 건 무리이다.

이 지점에서 주목해야 하는 것은 '익숙하고 쉬운 것이 민중적이며 우수하다'는 이승만의 언어정책 논리가 『한글 맞춤법 통일안』의 폐기뿐만 아니라 한자를 폐기하는 논리로 작용했다는 사실이다. 이승만은 『한글 맞춤법 통일안』을 폐기하려 함으로써 한글학회와 타협할 수 없는 길을 가게 되었고, 한자에 대한 적대감을 노골적으로 표출함으로써 『한글 맞춤법 통일안』에 비판적이었던 한자혼용론자들과도 타협할 수 없는 길을 가게 되었던 것이다. 당시 언어정책 관점이 한자혼용과 한글전용으로 나누어져 있었음을 감안한다면, 이승만의 『한글 간소화 방안』은 탄생 전부터 이미 언어정책에 관여하는 모든 이들로부터 공격을 받을 수밖에 없는 운명이었다. 한글 간소화 정책이 '한글 파동'으로 명명될 수밖에 없는 이유가 여기에 있다.

이처럼 한글 간소화 정책은 실패로 귀결되었지만, 한글 간소화 정책의 실패를 '익숙하고 쉬운 것이 민중적이며 우수하다'는 언어정책 관점의 실패로 보기는 어렵다. 한글 간소화 정책의 문제는 대통령이 일방적으로 자신의 표기안을 '익숙하고 쉬운 것'으로 규정하고 이를 강요한 데 있었기 때문이다. 이에 따라 '익숙하고 쉬운 표기법'으로의 전환을 모색하는 움직임은 한글 간소화 정책의 실패 이후에도 지속되었다. 한글 간소화 정책의 일방주의를 비판하고 『한글 간소화 방안』을 적극적으로 반박했던 국어국문학회는 이러한 움직임을 선도하였다.

1970년
국어국문학회, 맞춤법 개정의 물꼬를 트다

국어국문학회는 한글 간소화 정책을 반대하고 『한글 간소화 방안』의 학술적 문제를 가장 적극적으로 지적했지만, 이를 『한글 맞춤법 통일안』에 대한 적극적인 지지라고 하기는 어렵다. 국어국문학회는 『한글 맞춤법 통일안』의 역사적 정통성을 인정하면서도 그 난해성에 대한 문제의식을 가지고 있었기 때문이다. 이 때문에 국어국문학회는 '한글 파동' 이후 표기법을 개정하기 위한 논의를 가장 먼저 제안했다. 그러나 국어국문학회의 제안은 '한글 파동'처럼 표기법의 근본 원리를 바꾸는 것보다는 현재의 체제를 유지한 상태에서 언어 현실의 변화를 반영하는 방향으로 개정한다는 것이었다.

표기법의 근본 원리를 바꾸는 게 불가능해진 이유 중 하나로는 1957년에 한글학회가 『큰 사전』을 완간한 것을 들 수 있다. 1929년부터 시작한 사전 편찬 사업이 1957년에 마무리되면서, 『한글 맞춤법 통일안』의 위상이 분명해진 것이다. 그러나 이후 국어사전 편찬 과정에서 맞춤법의 수용 가능성을 고려하여 일부 맞춤법을 조정하는 사례가 나타났다. 특히 현실에서의 수용성이 떨어지는 표기였던 사이시옷 규정을 사전 편찬자가 조정해 현실성을 높이는 방안이 모색되었다.

『표준 국어사전』(1958)에서는 한자어에서 사이시옷을 포함하지 않는 표기가 일반화된 현실을 고려하여, 사이시옷을 포함하지 않은 형태와 사이시옷이 포함된 규범 형태를 모두 포함하였다. 즉, '거부권(拒否權)→거붓권' 또는 '거붓권(拒否權) ×거부권', '치과(齒科)→칫과(齒科)' 또는 '칫과(齒科) ×치과' 등처럼 규범 표기를 명확히 하되 비규범 표기도 함께 수록하여 언어 현실을 반영하고자 한 것이다. 『국어대사전』(1961)에서는 한자어나 한자어와 고유어 합성어는, '치과(齒科)[-꽈], 사기-군(詐欺-)[-꾼]' 등처럼, 형태대로 표기하고 발음란에 실제 발음을 표시하는 방법을 취했다. 단 예외적으로 합성어 중의 한자(漢字)가 한 자인 경우에는 '깃발'(旗-)처럼 'ㅅ'을 넣었다.

『국어대사전』에서의 처리 방식은 발음의 변화를 사이시옷으로 표시하는 『한글 맞춤법 통일안』의 규정을 어긴 것이지만, 형태주의 원칙을 강화한다는 의미와 표기 경향을 반영한다는 의미가 있었다. 결국 이러한 모색은 1988년 개정된 현행 맞춤법에서 사이시옷 표기를 제한하는 결정으로 이어졌다. 이처럼 국어사전에서는 현실의 혼란상을 최소화할 방안을 강구하되, 『한글 맞춤법 통일안』의 원칙을 존중하는 선택을 하였다.

그러나 1970년대에 들어서면서 한글 맞춤법을 대폭 손봐야 한다는 공감대가 형성되며 정부가 각 학술 단체들과 맞춤법 개정 방향을 논의하기에 이르렀다. 이러한 논의를 촉발한 것은 국어국문학회에서 발표한 「국어정서법(안)」이었다.

가. 구개음화 반영: 해도지(×해돋이), 가치(×같이), 구지(×굳이), 가치다(×갇히다)

나. 'ㄷ받침': 이틋날(×이튿날), 며칫날(×며칟날), 홋이불(×홑이불)

다. 피사동사: 발키다(×밝히다), 노피다(×높이다), 나추다(×낮추다)

라. 사이시옷: 이과理科(×잇과), 가법加法(×갓법), 호수戶數(×홋수)

— 국어국문학회, 「국어정서법안과 한글 맞춤법 통일안과의 비교표」, 『국어국문학』 52, 1971.

국어국문학회에서 제안한 「국어정서법(안)」의 총론은 "국어정서법은 우리말을 표음문자의 본질과 표의성의 장점을 조화시켜 적는 것을 원칙으로 한다"이다. 이를 보면, "표준어를 소리대로 적되 어법에 맞도록 함을 원칙으로 한다"라는 『한글 맞춤법 통일안』의 총론과 크게 다르지는 않음을 알 수 있는데, 다만 "표음문자의 본질"을 앞세운 데서 소리대로 적는다는 원칙을 강화한다는 취지를 짐작할 수 있다. 이러한 취지는 실제 위에서 제시한 사례, 즉 '해도지', '노피다' 등처럼 형태주의 표기법을 상당 부분 포기하는 것으로 나타났다. 이러한 표기안의 취지는 1970년에 시작된 정부의 표기법 개정 사업의 취지와 상통하는 면이 있다.

정부는 1970년부터 1972년까지 3개년 계획으로 표준말과 맞춤법의 수정에 착수했는데, 한글학회, 국어국문학회, 국어학회, 국어교육연구회, 국어교육학회, 한국어문학회, 한글전용국민실천회 등 일곱 단체의 대표로 구성된 '국어조사연구위원회'에서 개정안을 만들었다. 이때 1972년 12월에 완성하여 국어심의회에 제출된 『개정 한글 맞춤법(안)』은 대중들의 표기법 인식 조사[10] 결과를 근거로 한 것으로, 이는 원칙 문제에 집중되었던 표기 규범 논의가 실제 대중들의 표기 인식을 바탕으로 한 논의로 전환되었다는 의미가 있다. 1973년 국어심의회를 거쳐 확정된 개정안의 특징적인 부분을 정리하면 다음과 같다.

1973년 개정안의 특징

가. 이론적 근거가 희박한 ㄷ받침을 ㅅ받침으로(삼짇날→삼짓날, 섣달 →섯달, 숟가락→숫가락)

나. 한자어 두음법칙(비렬→비열, 분렬→분열)

다. 준말(불편ㅎ다→불편타, 변ㅎ지→변치)

라. 한자음(계산→게산, 차례→차레)

마. 사이ㅅ 폐기

위에서 (나), (라)는 현실 발음의 변화를 명분으로, (마)는 서사 관습에서 사이시옷이 부자연스러운 예가 많다는 것을 명분으로 표기법을 개정한 것이다. 그러나 1973년의 맞춤법 개정안은 보류되었는데, 그 이유는 첫째, 시행 시기를 서두르다가 국민 총화를 해치고, 둘째, 사이시옷과 준ㅎ을 폐지한 것이 북한의 규정과 유사하고, 셋째, 개정 내용이 급진적이고, 넷째, 계, 례, 폐, 혜 등 한자음의 현실화가 타당하지 못하고, 다섯째, 한글식 문법 용어로 사회에 물의를 일으킬 수 있다는 것이었다.[11]

이런 이유로 1973년의 개정안은 재논의를 거쳐 1979년 『한글 맞춤법 개정 시안』으로 공식 발표된다. "시대성을 중시, 대중의 표기 경향을 반영하여 규정은 있으되 준수되지 않는 조문 등을 현실에 맞게 바꿔 놓았다"(『동아일보』, 1978. 12. 16.)는 기사는 당시 개정안에 대한 기대를 잘 보여 준다. 1973년 개정안과 1979년 개정안의 차이는 '계, 례, 폐, 혜, 희' 등 한자음 표기 환원, '사이시옷의 환원(축소)' 등이 대표적이다. 그런데 1979년 개정안의 절충적인 태도로 주목할 것은 사이시옷 표기에서 복수 표기('구둣방' 원칙, '구두방' 허용)를 허용하여 표기 규범의 유연성을 높인 사례이다. 그러나 이러한 절충적 관점은 최종안으로 고시된 1988년 한글 맞춤법까지 이어지지 않았다.

1988년
문교부, 『한글 맞춤법』을 확정 고시하다

1988년에 고시된 『한글 맞춤법』은 최초로 정부가 주도하여 완성한 한글 표기법이다. 사실 정부가 어문규범안을 만들려는 시도는 이승만의 한글 간소화 정책부터 시작되었다고 할 수 있다. 단, 이승만이 추진했던 한글 간소화 정책은 전 사회적인 반대로 좌절되었기 때문에, 정부안으로서의 자격을 갖추었다고 보기는 어렵다. 한글 간소화 정책의 실패는 정부의 어문규범안은 사회적인 총의를 모아 만들어야 한다는 교훈을 주었고, 이후 정부는 어문 단체들의 참여 아래 정부의 어문규범안을 만들기 위한 사업을 추진하였다.

그런 점에서 정부안으로서의 자격을 갖춘 최초의 어문규범안은 1979년에 표준어 개정 시안과 함께 완성한 『한글 맞춤법 개정 시안』이라 할 수 있다. 다만 이 안은 유신 정권의 몰락과 신군부의 등장 등 역사적 격변 과정을 겪으며 시행의 기회를 얻지 못했다. 1979년의 개정 시안은 이후 자연스럽게 폐기되었고, 1984년 국어연구소 설립 후 표준어 규정과 한글 맞춤법 개정 작업이 본격화되었다.

정부가 맞춤법과 표준어 등의 어문규범을 제시해야 한다는 요구가 등장한 것은 일제강점기에 완성되어 현재로 이어진 어문규범이 일개 학회의 안일 뿐 법적 공신력을 갖지 못한다는 이유에서였다. 조선어학회와 이를 이은 한글학회가 민간 학회임은 분명하지만, 일제강점기부터 어문규범의 제정을 주도해 온 조선어학회의 역사적 정통성은 누구도 부정할 수 없다. 그렇다면『한글 맞춤법 통일안』이 일개 학회의 안이라는 말은 어떤 맥락에서 나온 말일까?

한글 간소화 정책 때를 제외하고는『한글 맞춤법 통일안』의 역사적 정통성이 부정된 적이 없었다는 사실에 비춰 본다면, 정부가 어문규범을 제시해야 한다는 주장은 어문규범의 개정 주체가 한글학회가 될 수 없다는 문제 제기라고 할 수 있다. 역사적 성과물로서『한글 맞춤법 통일안』을 수용한다면 이 성과물은 일개 학회의 소유가 될 수 없고, 그렇다면 그 개정의 방향은 공론화 과정을 거쳐 결정되어야 하는 것이다. 이때 공론화 과정을 주도할 수 있는 중립적인 주체는 정부였다. 1970년 정부가 어문규범 개정안을 준비하면서 한글학회를 포함하여 7개 어문 단체를 모아 '국어조사연구위원회'를 조직한 것은 이 때문이다.

그런데 1984년 문교부의 학술원 산하로 국어연구소가 설립되면서 학회가 모여 어문규범을 개정하는 게 아니라 국가의 한 기관이 주도하여 어문규범을 개정하는 국면이 되었다. 학회는 공청회를 통해 의견을 낼 뿐이고 개정에 직접적으로 개입할 여지가 없어진 것이다. 이러한 구도는 한글학회의 반발을 불러왔다. 한글학회 이사장 허웅(許雄, 1918~2004)의 말은 어문규범의 권위가 역사성에 있음을 강조하고 있다.

이번 일이 진행되는 동안에 흔히 이런 말을 들은 일이 있다.

곧 지금까지의 맞춤법과 표준말은 민간단체에서 만들었는데, 이번에는 권위 있는 기관에서 만들었기 때문에 매우 큰 뜻이 있으므로 어쨌든 새로운 것을 만들려고 애쓰고 있다는 것이다. 만일 이러한 권위의식이 이번 작업에 관여했다면 이것은 큰 문제다. 지금 맞춤법과 표준말은 1930년대의 우리 국어학자들의 피와 땀의 결정이다. 그러므로 그때의 모습을 특별한 이유가 없는 한, 유지하려는 노력이 필요하다. 한 개 민간단체에서 한 일이니까 그것을 낮보고, '권위'를 그 위에 씌우려는 생각이 추호라도 이번 개정안에 작용이 되었다면 이것은 역사 발전에 역행하는 사고방식이다.

— 허웅, 「맞춤법 손질 '옛것' 버리면 안 된다 — 문교부 확정 발표 개정 맞춤법을 보고」, 『동아일보』, 1988. 2. 15.

허웅은 한글학회를 민간단체로 국어연구소를 권위 있는 기관으로 자리매김하려는 시도를 권위의식의 발로로 비판하면서, 일제강점기 조선어학회의 희생과 투쟁을 환기한다. 그런데 중요한 것은 일제강점기와 조선어학회를 거론하는 순간, 한글학회의 권위는 국가의 권위를 넘어선다는 것이다. 이에 따라 일제강점의 폭압 속에서 만든 어문규범을 수정할 수 있는 권한은 한글학회만이 가질 수 있다는 논리가 만들어진다.

허웅의 항변만 보면, 정부가 고시한 『한글 맞춤법』이 『한글 맞춤법 통일안』의 원칙을 부정한 것으로 보이지만, 『한글 맞춤법』의 기본 원칙은 『한글 맞춤법 통일안』과 달라진 것이 없다. 일부 세부 항목에서 변동이 있지만, 그런 정도의 개정을 "1930년대의 우리 국어학자들의 피와 땀의 결정"을 무시한 것처럼 한 것은 분명 과장이다. 한글학회의 항변은 오직 한글학회가 그 일을 주도하지 못한 상황에 대한 항변일 뿐인 것이다.

실제 한글학회는 국가 주도의 어문규범 개정에 맞서, 1980년 8월 28일에, 학회 스스로 만든 『한글 맞춤법 통일안』의 수정안인 『한글 맞춤법』을 펴낸 바 있다. 그런데 국가가 1988년 이를 반영하지 않은 어문규범안을 발표하자, 정부안을 인정하지 않는 선택을 하게 된다. 국가의 어문규범안을 따르지 않은 『우리말 큰사전』(1992)의 편찬·출간은 한글학회가 어문규범 제정의 주체라는 선언이었다.

그러나 국가 어문규범안이 교육과 행정 등에 적용되면서 한글학회의 문제 제기는 별다른 효력을 발휘하지 못했다. 더구나 한글학회가 심혈을 기울여 편찬한 『우리말 큰사전』을 대중이 외면함으로써, 어문규범 제정을 놓고 벌인 정부와 한글학회의 주도권 경쟁은 정부의 일방적인 승리로 막을 내리게 되었다. 그렇다면 정부 주도의 어문규범안이 통용되는 현실은 바람직한가?

『한글 맞춤법 통일안』과 같이 규범의 원칙을 만들고 여기에 언어 사용의 관습을 반영할 경우, 언어 현실의 변화에 따라 규범의 원칙을 바꿔야 하는 경우가 발생할 수밖에 없다. 이때 규범의 원칙을 바꾸는 과정은 정부의 행정 절차에 따라 진행되고, 정부의 불필요한 권위는 이 절차에서 발현된다. 그런데 규범의 원칙을 바꿀 때 발생하는 절차의 문제는, 『한글 맞춤법 통일안』과 같은 표기안을 유지하고 있는 한, 정부가 주도하든 민간이 주도하든 피할 수 없는 것이다.

『한글 맞춤법 통일안』은 사전을 만들기 위한 기초 작업으로 완성된 것이다. 그런데 사전을 만든 후에도 이 한글 맞춤법이

어문규범으로 존속하면서 어문규범과 언어 현실의 괴리를 키운 측면이 있다. 사이시옷 규정을 포함한 『한글 맞춤법』이 규범으로 있는 한, 사이시옷 규정은 규정대로 적용해야 하고, 이 과정에서 낯설고 어색한 '시곗줄, 감잣국'이 익숙하고 편안한 '시계줄, 감자국'을 밀어내는 일이 발생하게 되는 것이다.

이런 어색한 표기를 자연스러운 표기로 바꾸려면 어떻게 해야 할까? 『한글 맞춤법』이 규범으로 있는 한, 여기에 있는 사이시옷 규정을 바꿔야 한다. 어떻게 바꿀까? 어떻게 규정을 바꿔야 하는지를 전문가가 논의해 수정안을 만들고 이를 공청회를 거쳐 확정하고 고시하는 절차를 밟아야 한다. 그 과정은 신속하게 이루어질 수 있을까? 1988년 이후 37년 동안 개정의 필요성을 부정하는 사람은 거의 없지만 아직 바꾸지 못했다.

7장
우리말 사전을 만들자—

국어사전 편찬의 연대기

ㅅ

국어사전 편찬사는 우리말 규범사이고, 우리말 규범사는 결국 국어사전 편찬사로 수렴된다. 사전에서 대표 어휘를 정하는 일과 표준어를 정하는 일이 겹치고, 사전에 올릴 어휘의 형태를 정하는 일과 표기법을 정하는 일이 겹친다. 한글 표기법을 정하기 위한 경쟁 과정에서 사전 편찬은 한글 표기 규범을 선점하는 의미가 있었다. 여러 논란에도 표기 규범으로서 『한글 마춤법 통일안』(1933)의 위상이 조금도 흔들리지 않았던 이유 중 하나는 1938년에 편찬된 『조선어사전』의 성공이었다. 국어사전이 반영하지 않는 표기가 규범으로 인정받는 것은 불가능했다. 그런데 사전은 만들기 쉬운 책이 아니다. 사전을 출판하는 것이 자신이 주장하는 표기법의 위상을 높일 수 있는 기회라는 걸 알았어도, 공신력 있는 사전을 편찬하는 것은 사회적 지지 없이는 이룰 수 없는 일이었다. 조선어학회가 1929년 각계 명망가 108인과 함께 조선어사전편찬회를 조직한 것도, 편찬 과정에서 『한글 마춤법 통일안』과 『조선어 표준말 모음』(1938)을 공표한 것도, 사전의 공신력을 높이고 이를 통해 어문규범의 권위를 확보하기 위한 노력의 일환이었다.

1897년
주시경, 국어사전의 필요성을 이야기하다

주시경은 'dictionary'를 '옥편'(玉篇)으로 불렀다. 서양 선교사들은 '한불 사전'을 편찬하고 여기에 『한불자전』(韓佛字典)이라 이름 붙였고, '한영 사전'을 편찬하고는 『한영자전』(韓英字典)이라 이름 붙였다. '자전'과 '옥편'은 한자를 모아 일정한 순서로 배열하고 그 독법(讀法)과 의미 등을 해설한 책을 가리키는 말이었지만, '사전'이란 말이 쓰이기 전 이들은 '사전'을 가리키는 말로 쓰였다. 이름이 자리 잡지 못했던 시대, 사전의 형식과 내용 역시 자리 잡지 못한 상황에서, 주시경은 '옥편'과 'dictionary' 사이에서 국어사전의 형식과 내용을 구상했다.

> 불가불 국문으로 옥편을 만들어야 할지라. 옥편을 만들자면 각색 말의 글자들을 다 모으고 글자들마다 뜻들도 다 자세히 내려니와 불가불 글자들의 음을 분명하게 표하여야 할 터인데, 그 높고 낮은음의 글자에 표를 각기 하자면, 음이 높은 글자에는 점 하나를 치고 음이 낮은 글자에는 점을 치지 말고 점이 없는 것으로 표를 삼아 옥편을 꾸밀 것 같으면, 누구든지 글을 짓거나 책을 보다가 무슨 말의 음이 분명치 못한 곳이 있는 때에는 옥편만 펴고 보면 환하게 알지라. (…) 점치는 법이 아니면 높고 낮은 말의 음을 분간하는 것이 공평치가 못하니 불가불 옥편에는 점치는 법을 써야 하겠고…….
>
> — 주시경, 『독립신문』, 1897. 9. 25.

주시경은 국어사전에서 갖춰야 할 사항으로, '글자(어휘)의 수집', '글자(어휘)의 뜻풀이', '글자(어휘)의 발음 표시' 등을 거론하고 있다. '자전'(字典)에서 '사전'(辭典)으로 나아가는 과도기적 상황에서, 글자와 어휘의 의미가 혼재되어 쓰이는 것이 두드러진다. 그런데 내용상 두드러진 점은 글자들의 음을 분명하게 표시하는 문제, 즉 높은음과 낮은음의 글자를 구별하여 표시하는 문제를 집중적으로 설명한다는 사실이다. 국어사전의 편찬에서 왜 음의 높고 낮음을 표시하는 문제를 이처럼 중시했던 것일까? 이는 한글로만 글을 쓸 때 같은 글자로 쓰는 말의 의미를 명확히 구분할 필요가 있었기 때문이다. 주시경은 조선말이 된 것은 그 원어가 한자어일지라도 한글로 써야 한다고 강조했다.

> 글자들을 모아 옥편을 꾸밀 때에, '門 문'이라 할 것 같으면 도무지 한문을 못 배운 사람이 한문으로 '문 문' 자는 모르나, '문'이라 하는 것은 '열면 사람들이 드나들고 닫히면 사람들이 드나들지 못하는 것'인 줄로는 다 아니, '문'이라 하는 것은 한문 글자의 음일지라도 곧 조선말이니, '문'이라고 쓰는 것이 마땅할 것이요, 또 '飮食 음식'이라 할 것 같으면 '마실 음 밥 식' 자인 줄을 모르는 사람이라도 사람들의 입으로 먹는 물건들을 음식이라 하는 줄은 다 아니, 이런 말도 또한 마땅히 쓸 것이오. ─ 주시경, 『독립신문』, 1897. 9. 25.

한글로 사전의 올림말(표제어)을 표기하고 같은 글자의 어휘를 높고 낮은 음을 표시하여 구분한 후, 이들 어휘의 뜻을 풀이하는 것. 이것이 주시경이 구상한 국어사전의 첫 모습이었다. 그러나 말을 설명하는 국어사전에서 보여 줘야 할 언어 정보는 이것뿐이 아니었다. 올림말을 한글로 했어도 한자어와 외래어는 그 기원을 표시할 필요가 있었고, 단어의 문법적 쓰임을 나타내는 품사도 표시할 필요가 있었고, 뜻풀이의 근거인 용례도, 올림말의 관련어도 표시할 필요가 있었다. 국어사전 편찬의 요구가 높아지면서 사전을 편찬하려는 이들의 구상도 구체화되었다.

1909년
지석영, 『언문』을 간행하다

국어사전에 실을 올림말을 어떻게 선정할까? 국한문 글쓰기가 일반화된 상황에서, 국한문에 쓸 수 있는 한자어의 범위를 정하는 문제가 중요해졌고, 국한문에 쓸 수 있는 한자어를 제시하는 사전이 필요해졌다. 이러한 요구에 가장 먼저 반응한 어문학자는 지석영이었다. 우리말에 대한 지석영의 관심은 표기법 원리에 대한 탐구에서 시작되었지만, 국한문과 국문의 이중적 글쓰기가 이루어지는 상황에서, 그는 한자의 음과 훈을 정확히 기록하는 일과 더불어 한자어를 수집해 정리하는 일에도 관심을 기울였다. 1909년에 간행된 『자전석요』(字典釋要)와 『언문』(言文)은 그런 관심의 결과다.

『자전석요』는 당시 사용하던 한자에 대하여 한글로 음과 훈을 적은 자전(字典)이다. 오늘날 우리가 사용하는 한자 옥편의 체제는 『자전석요』에서 비롯되었다고 할 만큼 수요가 많았다. 『언문』은 상하편으로 구성되었는데, 상편에서는 한자어를 국문과 한문으로 제시하였고, 하편에서는 한자어를 구성하는 한자의 음과 훈을 제시하였다. 그런 점에서 우리말 사전과 직접적으로 연결되는 것은 『언문』이라 할 수 있다.

지석영은 『언문』의 서문에서 "상편에는 한자로 국문을 대조하여 국어 된 소이연(所以然)을 밝히고, 하편에는 한자의 자의를 국문으로 주석하였으니, 국문만 통하면 아무 때나 두루 쓰는 국어의 본 면목을 가히 막힘없이 환하게 깨달을 것이다"라고 밝혔다. "한자로 국문을 대조하여 국어 된 소이연을 밝히"는 것은 한자어의 한자를 밝혀 그 기원을 알게 한다는 의미가 있고, "한자의 자의를 국문으로 주석"하는 것은 한자어를 구성하는 단위인 한자의 뜻을 밝힌다는 의미가 있다. 이런 목적에 따라 『언문』은 다음과 같은 구조를 갖추었다.

『언문』(상편)

가 가로街路 가로상街路上 가동주졸街童走卒 가긱歌客
가곡歌曲 가ᄉᆞ歌詞 가무歌舞 가례嘉禮 가선嘉善 ……
가친家親 가장家長 ……

각 각패角牌 각ᄃᆡ角帶 각궁角弓 각지角指 ……

『언문』(하편)

가 街거리 歌노래 嘉아름다울 家집 ……

각 角뿔 各각각 ……

간 看볼 奸통간할 肝간 ……

근 艱어려울 懇지성스러울 ……

따라서 『언문』의 상하편을 교차 활용하면, 국문 문장을 읽을 때는 국문으로 표기된 한자어의 원어를 파악해 문장의 의미를 명확히 알 수 있고, 국한문 문장을 읽을 때는 한자로 쓰인 한자어의 의미를 파악해 문장의 의미를 명확히 알 수 있다. 『언문』을 활용하면 지석영의 말대로 "국문만 통하면 아무 때나 두루 쓰는 국어의 본 면목을 가히 막힘없이 환하게 깨달을" 수 있는 것이다.

고유어 어휘를 제외하고 한자어와 한자만을 풀이했다는 한계는 있었지만, 한글만 아는 사람이 글을 읽을 때 어려워했던 것이 한자어였음을 감안하면, 『언문』의 편찬은 우리말 사전을 편찬하기 위한 전초 작업이었다.

1911년
주시경과 최남선, 『말모이』 편찬에 나서다

한일 병합 후 지식인들은 "이미 지나간 것은 가라앉고 현재는 혼돈하고 장래는 아득한 이 땅"[1]에서도 민족 계몽은 지속적으로 추진해야 한다고 생각했고, 이를 통해 민족의 발전을 도모할 수 있다고 믿었다. 한일 병합 직후 조선광문회(朝鮮光文會)의 결성은 당시 계몽주의 지식인들의 현실 인식을 잘 보여 준다.

최남선은 1910년 10월에 민족 계몽운동 단체의 하나로 조선광문회를 설립했다. 조선광문회는 설립 취지로 특별히 세 가지를 내세웠는데, 그것은 수사(修史)·이언(理言)·입학(立學)이었다. 이중 '이언'이 언어 정리 문제와 관련되는 것이었음을 보면, 조선광문회의 설립자들은 민족 계몽운동의 일환으로 언어 정리, 즉 사전 편찬과 문법 정리에 임하였음을 알 수 있다. 그들의 생각은 최남선이 쓴 『신자전』(新字典)의 서문에서 확인할 수 있다.

> 사전 편찬과 문법 정리는 이언(理言)의 양대 안목이오, 우리의 언어와 관계가 깊고 절실한 어문의 대역(對譯) 사전을 작성함은 사전 계획의 한 요건이 되니, 짧지 않은 세월에 미력을 바치노라. 하나 재주가 너무 미치지 못하고 정성이 오히려 미치지 못하여, 오늘에 이르기까지 사람에게 보일 업적이 없거니와, 함께 우려하는 여러 사람들이 부단하게 열심히 하나 둘 이룸으로써 세상에 드러낼 기운(機運)을 주니, 이제 소편(小編, 『신자전』)도 또한 그중의 하나요, 오래지 않아 뒤따라 나올 우리말 사전과 우리말 문법이 다 그 일이라.[2]

그런데 흥미로운 것은 조선광문회에서 언어 정리를 위해 한 사업의 첫 결과물이 한자 자전인 『신자전』이었다는 사실이다. 중국 중심의 중세적 질서를 벗어나 근대화를 이루고자 했던 민족주의자들은 사전 편찬과 문법 정리의 과제를 내세우면서 왜 한자 자전을 먼저 출간했을까? 『신자전』을 편찬한 조선광문회의 의도는 한자 자전인 『자전석요』와 한자어 사전인 『언문』을 출간했던 지석영의 생각과 다르지 않았을 것이다. 그들에게 한자는 "우리의 언어와 관계가 깊고 절실한 어문"이었다.

다만 『자전석요』라는 근대적 한자 자전이 1909년에 출간되었음에도, 새로운 한자 자전을 기획한 것은 지석영이 시도하지 못했던 뭔가를 새롭게 시도할 필요가 있었기 때문이다. 『신자전』 편찬자들이 자전의 이름에 굳이 '신'(新)을 포함하면서 새롭게 시도한 것은 무엇일까? 그리고 그러한 시도는 우리말 사전의 편찬과 어떻게 관련되었을까?

『신자전』 편찬자는 "옛 문화를 상고하는 데 필요하며 새 문명을 맞이하는 데도 이롭다"[3]고 하면서 자전 편찬의 시대적 의미를 분명히 했다. 그리고 서구 사전의 가장 진보한 형식을 참조하여 새로운 한자 자전을 편찬했음을 밝혔다. 그들이 기존 한자 자전의 가장 큰 문제로 지적한 것은 뜻풀이가 정교하지 않고 용례와 출전을 제시하지 않은 점이었다.

결국 조선광문회는 한문으로 이루어진 전통문화를 연구하고 새 시대에 일반화된 국한문 글쓰기의 수요에 부응하기 위해 한자 자전을 편찬했고, 서구 사전의 구조를 참조해 한자 자전을 개편하면서 근대 사전의 구조를 모색했던 것이다. 『신자전』을 편찬했던 이들은 새로운 사전은 정교한 뜻풀이와 이를 뒷받침하는 용례를 갖춰야 한다고 했고, 이러한 문제의식은 『말모이』로 이어졌다. 『신자전』의 편집과 우리말 뜻풀이를 맡았던 인물이 주시경과 김두봉(金枓奉, 1889~1960)이었고, 이들이 『말모이』의 편찬을 주도했던 것은 자연스러운 일이었다.

『말모이』에서의 용례 제시 양상

ㄱ. **갈** (밝) 박굼(옷을 -아 입)

갈 (밝) 문대어 깎이게(칼을 -)

갈 (밝) 쟁기 따위로 땅을 잇다라 깊게 헤침(논을 -)

ㄴ. **깜깜** (억) ㉠빛이 없는 것(그믐밤이 -) ㉡아주 모르는 것(글이 -)

ㄷ. **가락** (넛) 갈죽하게 만들어 놓은 작은 몬의 셈 이름(술 -.

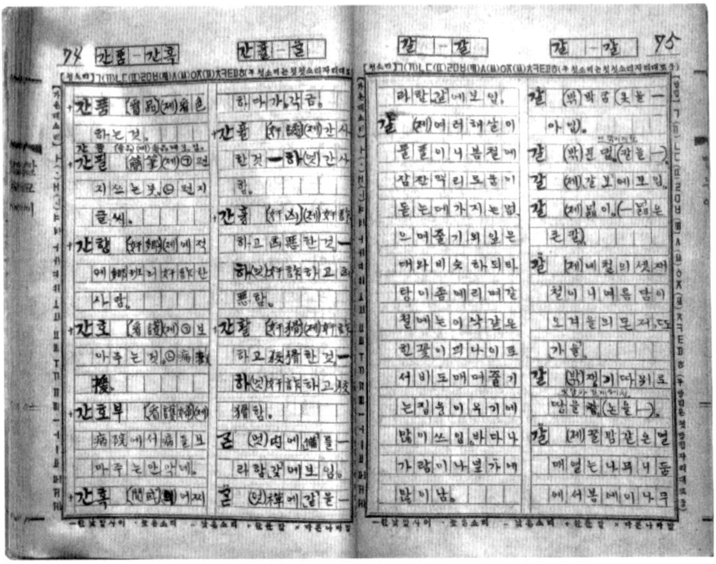

『말모이』 원고 1914년 경, 국립한글박물관 소장

현전하는 『말모이』 원고는 240자 원고지로 153면이다. 이 원고에는 'ㄱ'부터 '걀죽'까지의 올림말만 수록되어 있지만, '알기'(일러두기), '본문', '찾기', '자획 찾기' 등을 함께 보여 주고 있어, 153면만으로도 전체 사전의 구조를 가늠할 수 있다. 이런 점에서 이 원고본은 사전의 체재와 내용을 보여 주기 위해 특별히 제작한 것으로 짐작된다.

• 타동사(밖); 『말모이』의 문법 범주

『말모이』에서는 22개의 문법 범주로 품사, 어미, 접사 등을 분류하여 보여 주었다. 제, 넛, 억, 언, 드, 안, 밖, 엇, 입, 읎, 업, 심, 맺, 둠, 갈, 손, 깁, 잇, 둘, 때, 높, 솔' 등이 그것이다. 이 용어와 분류 체계는 주시경의 『말의 소리』(1914)에 제시된 문법 범주의 체계인 '씨난의 틀'에서 변용된 것으로 볼 수 있다.

옛 –)

ㄹ. **가** (심) 어느 임을 다 만임이 되게 하는 홀소리 밑에 쓰는 토. (배– 뜨)

위의 예를 보면, 『말모이』에 제시된 용례가 풍부하지는 않지만, 여기에서 용례는 중요한 역할을 한다. 타동사(밖)* '갈다'를 기술한 (ㄱ)에서는 단어의 형태는 같지만 의미가 다른 동형어를 구분하는 근거로서 용례를 제시하였고, 부사(억) '깜깜'을 기술한 (ㄴ)에서는 다의 항목(㉠과 ㉡)을 구분하는 근거로서 용례를 보이고 있고, 의존명사(넛) '가락'과 조사(심) '가'를 기술한 (ㄷ), (ㄹ)에서는 문법적 사용 환경을 보이기 위해 용례를 제시하고 있다. 용례를 제시함으로써 의미를 정교하게 구분하고, 단어의 사용 환경을 정확하게 보여 줄 수 있게 된 것이다. 우리말을 우리말로 설명한 최초의 사전이었지만, 『말모이』의 이러한 성취는 이후 편찬된 우리말 사전의 전범이 될 만큼 뛰어난 것이었다. 그런데 『말모이』에서는 우리말을 우리말로 설명한다는 원칙을 지키면서도 한글 문장이 아닌 국한문 문장으로 뜻풀이를 하기도 했다.

가독샹쇽인[家督相續人] (제) [法]家督을 繼承하는 人이니 被相續人의 家族된 直系卑屬에 對하야 相續人되는 것은 寸數가 다른 사이에는 가깝은 者를 하고 寸數가 같은 사이에는 男을 하고 寸數가 같은 男 又는 女 사이에는 嫡子로 하고……

이를 보면 『말모이』 편찬자들은 1910년대 조선이 한글 문장과 국한문 문장의 이중적 글쓰기를 한다는 것을 염두에 두고 뜻풀이를 했던 것으로 보인다. '가독상속인'처럼 전문 용어인 올림말을 풀이할 때는 이러한 용어가 사용되는 영역 및 환경을 고려하여 국한문 뜻풀이를 했지만, '갈다'나 '깜깜'처럼 일반 용어인 고유어는 한글 문장으로 뜻풀이를 한 것이다. 당시 전문 용어가 포함된 교과서가 모두 국한문으로 쓰였던 것을 고려하면, 전문 용어를 국한문으로 뜻풀이한 『말모이』 편찬자들의 선택은 사용자의 요구를 의식한 것으로 볼 수 있다.

이처럼 현실적인 선택을 하면서도, 『말모이』 편찬자들은 사전 편찬이 민족어 정리 운동의 일환임을 의식하고 있었다. 조선광문회가 『말모이』 편찬을 시작한 1911년은 조선총독부가 조선의 구관 제도를 파악하기 위한 백과사전과 일본인의 조선어 학습을 위한 이중어 사전의 용도로 『조선어사전』의 편찬을 시작하고, 교과서의 표기법으로 사용하기 위해 『보통학교용 언문철자법』을 제정하기 위한 논의를 시작한 해이다. 조선총독부가 조선어 규범화를 주도한다는 것이 명확해졌다.

이런 상황에서 『말모이』 편찬자들은 조선인이 조선어를 학습하는 데 필요한 사전을 기획하여 편찬하기 시작했다. 그리고 조선총독부 학무국에서 정한 『보통학교용 언문철자법』을 적용하지 않고, 대한제국 국문연구소에서 합의되었던 표기 원칙인 형태주의 표기법을 적용하였다. 조선총독부가 정한 표기법은 발음대로 적는 것을 원칙으로 하는 음소주의 표기법이었기 때문에, 주시경이 일관되게 주장해 왔고 대한제국의 국문연구소에서 합의된 표기법과는 표기의 원칙이 달랐다.

이런 점에서 볼 때, 『말모이』는 단순한 학습용 실용 사전이 아니었음을 알 수 있다. 조선광문회는 우리말 사전을 편찬함으로써 조선어 규범화라는 시대적 과제를 수행할 주체가 누구인가에 대한 문제 제기를 했던 것이다.

그러나 주시경이 1914년 38세의 젊은 나이에 세상을 떠나면서 『말모이』 편찬은 위기를 맞았다. 1915년을 전후해 김두봉이 스승의 뜻을 이어 『말모이』를 『사전』이라는 이름으로 다시 고쳐 출판하려 한 시도는 있었지만, "조선의 지금 말 5만의 표준을 정하고 의의를 설명한 것이니 조선이 말을 가진 이후에 처음 있는 대저(大著)라. 우리의 정신적 혈액이 이로부터 일단의 생기를 얻을지니라"[4] 했던 김두봉의 벅찬 기대는 결국 실현되지 못했다. 그러나 그의 기대가 완전히 물거품이 된 것은 아니었다.

주시경이 조선광문회에서 이루고자 했던 우리말 사전 편찬의 꿈은 미완의 원고로 남았지만, 그 꿈은 1929년에 조선어사전편찬회를 결성하고, 일제의 탄압을 견디며 사전 편찬을 마무리할 수 있는 힘이 되었다. 그리고 그 꿈은 결국 해방 후 『큰 사전』을 완간하며 실현되었다. 주시경과 함께 『말모이』를 편찬했던 사람은 어떻게 되었을까?

김두봉은 1919년에 상해로 망명했다. 그렇지만 조선어사전편찬회의 사전 편찬을 주도했던 이윤재가 상해로 건너가 사전 편찬에 대해 상의했을 만큼, 김두봉은 조선어 사전 편찬 사업에 간접적으로나마 관여했다. 권덕규(權悳奎, 1890~1950)는 1921년 조선어연구회의 결성을 주도했고, 조선어연구회가 주도해 결성했던 조선어사전편찬회에서 사전 편찬에 직접 참여했다. 조선광문회의 결성을 주도했던 최남선은 계명구락부(啓明俱樂部)를 결성해 조선어 사전 편찬 사업을 다시 시작했다. 이들과 함께 『말모이』의 편찬 정신이 계명구락부의 조선어 사전 편찬 사업과 조선어사전편찬회 주도로 진행된 사전 편찬 사업으로 이어지면서, 『말모이』는 우리말 사전의 시원(始原)이 될 수 있었다.

1925년
심의린, 『보통학교 조선어사전』을 간행하다

근대 지식을 갖춘 지식인들이 부족하던 근대 초기, 교사들은 단순한 지식 전달자에 머물 수 없었다. 사회는 교사에게 새로운 시대를 설계하고 만들어 나가는 지식인으로서의 역할을 요구했고, 교사들은 시대의 요구에 따라 교육자이자 지식 생산자로서 맡은 바 역할을 했다. 이 시기 조선어 교사들의 활동은 특히 눈부셨다. 조선어 교사들은 학생들에게 우리말과 우리글을 가르쳤고, 더불어 우리말을 연구하고 정리하는 일에 앞장섰다. 일제강점기 우리말 운동의 기지였던 조선어학회도 조선어 교사들의 요구와 참여가 없었다면 결성될 수 없었을 만큼, 교사들의 역할은 절대적이었다.

일찍이 조선어 교사들은 사전의 필요성을 절감하고 있었다. 조선어 사전 없이 조선어 교육을 한다는 건 어려운 일이었기 때문이다. 그래서 일부 교사들은 개인적으로 사전을 편찬하기도 했다. 교사 개인이 교육 현장에서만 임시로 사용할 목적으로 편찬한 것이니 그 수준이 높을 수는 없었겠지만, 교사들이 집필했던 사전의 원고는 조선어 사전 편찬 사업을 촉진할 만큼 의미 있는 것이었다. 개성고보 조선어 교사 이상춘(李常春, 1882~?)이 집필한 사전의 초고는 조선어사전편찬회가 사전 편찬을 시작할 당

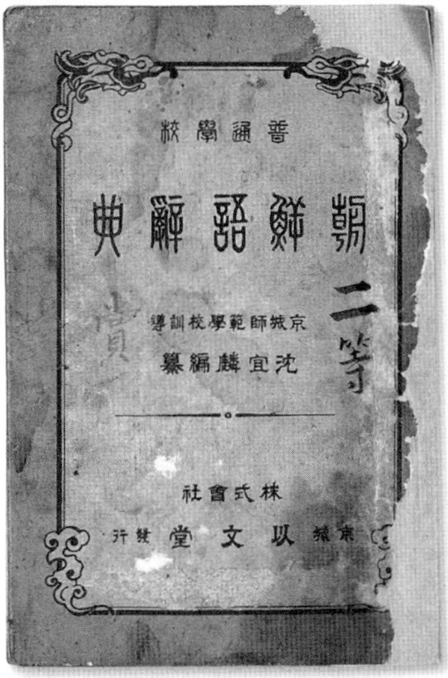

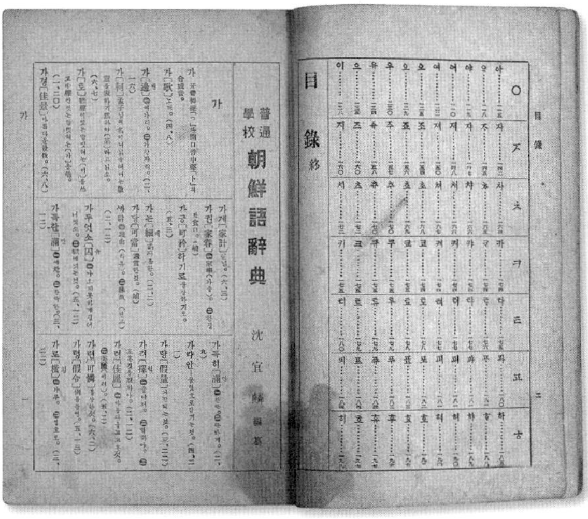

『보통학교 조선어사전』 심의린, 일제강점기, 국립중앙박물관 소장

시 기본 자료로 쓰였다.

경성사범부속보통학교 조선어 교사 심의린(沈宜麟, 1894~1951)도 조선어를 가르치며 사전 편찬을 계획했던 인물이다. 그런데 그는 일반 사전과 교육용 학습 사전의 차이를 의식했고, 교육적 필요에 부응할 수 있는 학습 사전을 편찬하려 했다는 점에서 다른 사전 편찬자와 달랐다. 일반 사전도 없었고 학습 사전도 없었던 상황에서 심의린은 스스로 학습 사전의 체제와 형식을 고안해야 했다.

『보통학교 조선어사전』은 6,106개의 표제어가 실린 소사전으로, 『보통학교 조선어독본』에서 사용된 어휘를 바탕으로 표제어를 선정했고, 여기에 신문이나 잡지에서 발췌한 어휘를 일부 보충하였다. 교과서에서 선정한 표제어의 경우 그 단어가 처음 나타나는 교과서의 권수와 과를 제시했는데, 2권 3과에 처음 나온 표제어의 경우 '二, 三'과 같이 표시했다. 『보통학교 조선어독본』을 학습하기 위해 만든 사전임을 철저히 의식하면서 사전을 편찬했던 것이다. 이처럼 『보통학교 조선어독본』의 학습을 목적으로 한 사전이었기 때문에, 보통학교 학생의 수준과 교육 현장에서의 요구를 고려하는 과정에서 독특한 기술 방식을 채택하게 되었다.

품사나 발음 정보가 나오지 않고, '먹게, 먹소, 먹어라, 먹엇나, 먹엇느냐, 먹이랴고, 먹힐가' 등처럼 활용형 각각을 표제어로 올리기도 하고, '덥허눌넛소', '이긔지못하얏소' 등과 같은 구절을 표제어로 수록하기도 했다. 뜻풀이도 교과서에서 그 단어가 쓰인 맥락을 고려하여 뜻풀이를 했다. '먹힐가'라는 단어의 의미를 '①죽을가 ②먹힘이 될가'로 풀이했는데, ①에 제시한 의미는 교과서의 특정 맥락에 나타난 의미일 가능성이 높다.

이런 점들만 부각하여 보면 『보통학교 조선어사전』이 자칫 일관성과 체계성이 떨어지는 것처럼 보일 수도 있다. 그러나 이 사전을 『보통학교 조선어독본』과 연결된 학습 사전으로 만들었다는 취지를 고려해 보면, 이 사전이 나름대로 학습자의 수준과 교육적 요구를 반영하여 기술되었다고 할 수 있다. 품사 정보를 사전에 포함하지 않는 것은 현재 초등용 국어사전에서도 마찬가지인 걸 볼 때, 심의린이 품사 정보를 뺀 이유는 보통학교에서 품사 체계에 대한 교육을 하지 않았기 때문임을 알 수 있다. 이런 이유를 발음 정보를 포함하지 않은 데도 적용할 수 있을까?

조선어 교과서를 읽으면서 강의하는 당시 보통학교의 교육 방식을 생각할 때 발음 교육은 교사와 학생의 상호 작용 과정에서 자연스럽게 이루어지는 것이었다. 그런 점에서 보면 사전에 발음 정보를 포함하지 않은 것은 보통학교 학생을 대상으로 한 발음 교육은 사전이 아닌 다른 방식으로 해야 한다고 판단했기 때문일 것이다. 사실 심의린은 발음 교육에 관심이 많은 교사였다.

심의린은 조선어학회가 표준어 사정을 할 당시 조선어 교육용 음반을 제작하는 데 참여했다. 「오케-敎育 레코-드 朝鮮語」가 그가 참여해 제작한 음반인데, 이는 경성사범부속보통학교 학생들이 조선어 독본을 직접 낭독한 것을 음반으로 제작한 것이었다. 이 음반의 제작 과정에서 심의린은 낭독법 지도를 맡았고, 음성학자 정인섭은 재료 선택 및 음성 지도를 맡았다. 사실 이와 같은 교육 음반 제작 사업은 일본어를 교육하기 위해 시작된 것이었지만, 심의린과 정인섭은 이를 조선어 교육과 표준어 보급에 활용했다. 심의린은 전국의 학생들이 음반에 녹음된 표준 발음을 들

보통학교 조선어독본「혹 뗀 이야기」

심의린 외, 일제강점기, 오케 레코드, 국립한글박물관 소장으면서 조선어 독본을 읽게 되면 정확한 발음 교육이 가능할 뿐만 아니라 표준어 보급을 빠르게 할 수 있다고 생각했을 것이다.

이상의 사실을 볼 때 『보통학교 조선어사전』은 철저하게 교육적 효과를 염두에 두고 형식과 내용을 결정했음을 알 수 있다. 그런 점에서 『보통학교 조선어사전』은 학습 사전으로서는 새로운 시도였다고 할 수 있지만, 바로 그런 점 때문에 일반적으로 사용되기는 어려운 사전이었다. 『보통학교 조선어사전』이 1925년에 출간되었음에도 이를 선뜻 최초의 우리말 사전이라고 하기 어려운 것은 이 때문이다. 최초로 출판된 우리말 사전으로 인정된 것은 1938년에 출간된 문세영(文世榮, 1888~?)의 『조선어사전』이다. 그러나 문세영이 사전 출판을 준비하기 이전인 1929년에 조선어사전편찬회가 결성되어 대대적인 사전 편찬 사업이 시작되었다.

1929년
조선어사전편찬회를 결성하다

1926년 11월 4일에 한글 반포 8회갑(480년) 기념식을 성대하게 치른 후 한글에 대한 사회적 관심이 높아졌다. 11월 9일, 「조선어 발달의 기초 조건」이란 제목의 『동아일보』 사설은 훈민정음 반포 8회갑을 기회로 조선 어문에 대한 민간의 관심이 높아졌음을 거론하며, 조선어 학자의 양성을 제안한다.

불우한 조선어 학자에게 생활의 안정을 주어 안심코 그의 일생을 조선 어문의 연구에 바치게 할 수가 있을까. 록펠러 연구소 모양으로 어떤 재산가가 혹은 독력으로 혹은 합하여 일 조선 어문 연구 기관을 설립하고 거기서 사전과 문전을 편찬케 하며 아울러 현재 우리가 소유한 조선 문학 중에 우수한 자를 택하여 그 용어(用語)와 용자(用字)를 표준어로 정리하고…… 일변 어학의 삼 기초라 할 사전, 문전, 문학을 민중에게 주며 일변 조선어 학자에게 안정한 연구의 기회와 생활비를 제공하도록 할 것이다.

한글 반포 기념일을 계기로 나온 조선 어문의 발전 방안은 조선 어문 연구 기관을 설립하여 조선어 사전과 문법서를 편찬하고 문학 작품의 언어를 표준어로 정리하자는 것이었다. 조선 어문 연구 기관을 설립하자는 것은 사전과 문법서를 편찬하는 일을 안정적으로 할 필요가 있다는 의미와 더불어 통일적인 사전과 문법서를 편찬하자는 의미를 갖는다. 개인이 각자의 관점에 따라 사전과 문법서를 편찬하는 것은 그 나름대로 의미가 있지만, 현 시점에서 중요한 것은 통일적인 언어생활을 할 수 있는 기반의 조성이라고 본 것이다.

이러한 제안을 볼 때, 1929년에 있었던 조선어사전편찬회의 결성은 예고된 것이라 할 수 있다. "어떤 재산가가 혹은 독력으로 혹은 합하여 일 조선 어문 연구 기관을 설립하고 거기서 사전과 문전을 편찬케" 한다는 제안은 1929년에 어떻게 실현되었을까? 각계의 108명 유지들이 발기인으로 나서고 재산이 있는 자들이 자금을 모아 조선어사전편찬회를 결성하여 사전의 편찬을 시작했다.

조선어사전편찬회는 주시경의 제자들로 구성된 조선어연구회가 결성을 주도했지만, 조선어사전편찬회는 조선어연구회를 넘어선 조직이 되었다. 여기에는 독일 베를린 대학에서 경제학 박사 학위를 취득하고 1929년에 귀국한 후 조선어연구회에 가입한 이극로의 역할이 컸다. 1927년 2월 벨기에 브뤼셀에서 열린 '세계피압박민족대회'에 조선 대표로 참가했던 인물이 조선어연구회를 활동 무대로 삼으면서, 조선어연구회의 활동에 대한 민족운동 진영의 관심도 높아졌다. 각계에서 활동하는 108인의 명망가들이 조선어연구회가 주도하는 조선어사전편찬회의 발기인으로 참여한 데서 높은 관심을 확인할 수 있다.

그렇다면 조선어연구회는 조선어 사전 편찬 계획을 세우면서, 왜 이렇게 각계의 명망가를 결집하려 했을까? 사전 편찬에 필요한 자금을 확보하는 것도 중요한 이유였겠지만, 이보다 더 중요했던 것은 앞으로 나올 조선어 사전의 권위였다. 조선어연구회는 전 민족적 지지를 통해 앞으로 편찬할 조선어 사전의 권위를 확보하고자 하였다. 사회 각계의 명망가뿐만 아니라 다양한 견해를 가진 조선어 연구자들을 망라하여 조선어사전편찬회를 조직한 것은 조선어연구회가 전 민족적 지지를 바탕으로 '조선어 규범화'를 주도하겠다는 의지의 표명이었다. 명실상부한 조선어 사전이 없는 상태에서 권위 있는 조선어 사전이 나온다면, 이 사전이 채택하는 철자법과 올림말이 곧 조선어의 표준이 될 것이기 때문이다. 이처럼 조선어연구회가 나서서 시작한 조선어 사전 편찬 사업에 각계의 명망가들이 호응하고, 사전 편찬의 취지가 대중의 공감을 얻으면서, 조선어 사전 편찬 사업은 민족적 대사업으로 자리매김하게 되었다.

금일 언어를 소유하고 문화를 소유한 민족으로서는 사전을 가지지 않은 민족이 없다. 그러하나, 우리 조선 민족은 언어를 소유하고 또 문자를 소유하면서도 금일까지에 아직 사전 한 권을 가지지 못하였다. 그러므로 조선의 언어는 극단으로 문란을 일으키게 된 것이요, 또 조선 민족의 문화적 생애는 금일과 같은 황폐를 이루게 된 것이라. 조선의 언어는 상술한 것처럼 어음·어법의 각 방면으로 표준이 없고 통일이 없으므로 하여, 동일한 사람으로도 조석(朝夕)이 상이하고 동일한 사실로도 경향(京鄉)이 불일(不一)할 뿐 아니라, 또는 어의(語義)의 미상(未詳)한 바가 있어도 이를 질정(叱正)할 만한 준거가 없기 때문에, 의사와 감정은 원만히 소통되고 충분히 이해될 길이 바이 없다. 이로 말미암아 문화의 향상과 보급은 막대한 손실을 면할 수 없게 되는 것이다.

—「조선어사전편찬회 취지서」(1929) 중에서

표준이 없고 통일이 없는 말과 글로는 문화의 향상과 보급이 이루어질 수 없다는 것이 조선어 사전을 편찬해야 하는 가장 큰 이유였다. 그러나 하나의 표준으로 말과 글을 통일하는 것, 즉 표기법과 표준어를 확정하는 것이야말로 난제 중의 난제였다.

어문 정리 방안을 두고 조선어연구회와 대립했던 인물들까지 포함하여 조선어사전편찬회를 조직했지만, 어문 정리 방안에 대한 입장 차이를 좁히기는 어려웠고, 표기가 합의되지 않는 한 사전 편찬은 한 걸음도 나아갈 수 없었다. 그러나 조선어 사전의 편찬을 통해 주시경의 형태주의 표기법을 표기의 통일안으로 확정하고자 했던 조선어연구회에게 다른 표기 원칙은 애초에 협의의 대상이 아니었다. 발기인으로 참여했고 사전 편찬 위원으로 이름을 올렸던 박승빈이 조선어사전편찬회와 결별하고 그 후 별도로 조선어 사전 편찬에 착수한 것은 이 때문이었다.

또한 "동일한 사실로도 경향(京鄕)이 불일(不一)"한 언어 현실이 이미 서울과 지방의 언어 차이만을 의미하는 것이 아니었던 만큼 이를 극복하는 것도 쉽지 않았다. 서울말을 표준으로 한다고 했지만, 전 지역의 말이 뒤섞인 서울말에서 동일한 사실을 서로 다른 어휘로 표현하는 일은 드물지 않은 일이었고, 각각의 어휘가 음운과 어감에 따라 고유의 가치를 지니는 경우도 많았다. 따라서 동일한 사실을 가리키는 어휘의 표준이 하나라는 관점을 유지하는 한 표준어를 정하는 일은 쉽지 않은 일이었고, 표준어가 정해지지 않는 한 사전 편찬은 한 걸음도 나아갈 수 없었다. 그러나 "만일 음운과 어감을 위하여 복표준어를 둔다면, 그 목적을 위하여는 이개(二個) 이상 얼마든지 둘 수가 있을 것이니, 필경에는 표준어가 없다는 말밖에 남을 것이 없다"[5]는 입장이 분명했던 이상, 하나의 표준어를 정하기 위한 별도의 절차가 필요했다. 실제 『한글 마춤법 통일안』(1933)에서는 "무릇 어떠한 품사를 물론하고 한 가지 뜻을 나타내는 말이 두 가지 이상 있음을 특별한 경우에만 인정한다"는 표준어 사정 원칙을 밝히며, '삼'(三)을 나타내는 관형사로 '서, 석, 세'를 인정하는 예를 들었다. 이와 같은 단수 표준어 원칙은 『조선어 표준말 모음』으로 이어졌다.

이러한 상황에서 조선어사전편찬회는 표기법과 표준어를 정하는 것을 우선 과제로 정했다. 이처럼 어문규범을 확정하는 것이 중요해졌던 만큼 사전 편찬 사업에서 조선어연구회의 역할이 더 커질 수밖에 없었다. 조선어연구회가 조선어학회로 이름을 바꾸고 사전 편찬 사업을 인수한 것은 이런 맥락에서 이루어진 일이었다.

1938년
문세영, 첫 우리말 사전인 『조선어사전』을 출간하다

일제강점기에 우리말을 연구하는 것은 그 자체가 힘들고 어려운 일이었다. 그러나 그 시기에도 뛰어난 저술들이 나왔고, 그에 힘입어 우리말은 발전의 계기를 마련할 수 있었다. 그렇다면 일제강점기에 나온 저술 중 우리말에 가장 큰 영향을 미쳤던 것은 무엇이었을까? 당시의 문화 상황을 이해하는 사람이라면 주저 없이 문세영의 『조선어사전』을 꼽을 것이다. 그런데 어찌된 일인지 문세영을 기억하는 사람도 많지 않고, 그를 기억하는 사람조차도 문세영을 최초의 우리말 사전 편찬자로 선뜻 인정하지 않는 경우가 많다. 이는 문세영이 편찬한 『조선어사전』이 조선어학회의 사전 편찬 사업이 막바지에 이를 즈음에 나온 사전이었기 때문이다. 1929년에 민족적 대사업으로 시작한 사전 편찬 사업이 온갖 난관을 극복하고 막바지에 이를 즈음, 문세영이 조선어학회의 『한글 마춤법 통일안』에 따른 사전을 출간한다는 소식은 조선어학회 입장에서 달갑지 않은 일이었을 것이다.

"그래 출판은 어떤 경로로 하시게 되었습니까?"

출판입니까? 그게 또 눈물이 납니다. 처음 카드가 완성된 다음 환산 이윤재 씨께 이것을 갔다 뵈었습니다. 그리고 이것을

蘊蓄、四十餘星霜 朝鮮語辭典編纂

語彙實로十萬餘·文世榮氏의偉業

「조선어사전」이나왓다 十만여의 어휘(語彙)로된 一천七백「페이지」의당々한사전이다 이의저자는부내누상정(樓上町)一백五十九번지의九호 문세영(文世榮)(사진)씨다 씨는단독으로사전을맨들기로결심한후 만九년동안모든고난과싸호며 이제이것을완성한것이다 우리는이사전의내용을들추기전에누구던지로씨에게감사를올리지안흘수업다 씨는일즉이 배재고보(培材高普)에서교편을잡고잇섯스나 이웅대한사업을 완성하기위하야 직을버리고 이에전심하야온 독학자이다 씨는이에만족치안코 압흐로빠진것은넣고 그릇된것은바로잡아완편한사전을 맨들기위하야 一생을바칠결심이라한다 (사진은문세영씨와편찬된조선어사전)

매우장일

朴勝彬氏談

전기조선어사전 편찬에관하야 조선어문법을위하야 다년간 고심해온 박승빈(朴勝彬)씨는 다음과가티 말한다

아직책을보지못하얏슴으로 무어라고 말하기는어려우나 좌우간 장구한세월을걸려그만치 방대한 사전을개인의 힘으로 편찬해 내여노앗다는것은 무엇보다그노력과 성의가장하다고아니할수업다

“온축, 사십여 성상 조선어사전 편찬: 어휘 실로 십만여·문세영 씨의 위업”

『매일신보』 1938년 7월 20일 기사로 실린 『조선어사전』 편찬 소식. 국립중앙도서관 DB

어떻게 출판해 달라고 부탁을 했습니다. 그분은 조선어학회의 간부이기 때문에 조선어학회에서 어떻게 출판하여 주실 수가 없을까 한 때문이었습니다. 그러나 이윤재 씨는 간사회 결과 부결되었다고 하십니다. 그리고 그것을 조선어학회 내 조선어사전편찬회에 기부해 줄 수 없느냐는 것이었습니다. 물론 기부해도 좋았겠지만 그 방대한 사전이 언제 나올지도 모르는 것이므로 위선(爲先) 이것을 간행하는 것도 의의 있는 것 같아 그만 파의(破意)가 되었습니다. 그러나 여기저기 말해야 세상에 나오기는 대단히 어렵게 되었습니다. 그러다가 박문관 주 노익형 씨와 우연히 이 말이 있게 되었는데 노 씨는 조선어학회와 같은 태도로써 사전을 편찬했으니만큼 그 회의 감수로써 하는 것이 대외적으로 나을 것이라 하여 감수를 청했습니다. 그런데 조선어학회에서는 무슨 이유인지 이를 응해 주지 않고 오직 이윤재 씨만이 친히 이것을 교정해 주시고 또 여기 간접직접으로 후원을 해 주어서 이 책이 이 세상에 나오게 되었습니다. —「특파 기자 취재록」, 『조광』 4-9, 1938.

문세영의 말을 빌리면, 문세영은 조선어학회 간사였던 이윤재를 통해 조선어학회에서 자신의 사전을 출판해 달라고도 하고, 감수를 맡아 달라고도 했다. 이에 조선어학회는 문세영의 원고를 조선어사전편찬회에 기부하라고 종용했고, 문세영이 이를 거부하자 감수 요청을 거부했다. 문세영의 입장에서는 『조선어사전』 편찬의 관점, 특히 표기법이 조선어학회의 한글 맞춤법을 따랐던 만큼, 조선어학회의 지지와 성원이 절실히 필요했을 것이다. 그러나 조선어학회가 문세영에게 보인 태도는 전혀 호의적이지 않았다. 조선어학회가 조선어사전편찬회를 이어받아 민족적 대사업으로 조선어 사전을 편찬하고 있었기 때문이다. 조선어학회가 민족적 대사업을 맡아 한다는 명분이 있었기에, 문세영이 애써 작업한 결과물을 학회에 기부하라고 당당하게 요구하지 않았을까? 더구나 문세영은 조선어학회 회원이었고, 맞춤법과 표준어 제정위원이기도 했다.

그러나 사전 편찬에 인생을 건 문세영으로서는 조선어학회의 요구를 도저히 받아들일 수 없었을 것이다. "어휘를 모으기 시작한 것이 어느 정도로 끝나매 그것을 정리하기 위하여 재직 중이던 배재고보 교편까지 버리고 재산 전부를 팔아서 은행에 넣고 감꼬치 빼어 먹듯 하며 삼 년을 작정하고 들어앉아서는 하루 평균 네 시간의 수면으로써 밥도 제때에 못 먹고 오로지 일심정력을 다하여 한 것이 예정의 시일을 넘어 범 오 년이 걸리어 끝"[6] 난 일의 결과물을 어떻게 선뜻 기부할 수 있었겠는가.

결국 문세영은 『조선어사전』을 박문서관에서 출판했고, 일부 사람들은 문세영이 공명심에 눈이 멀었다고 비난하였다. 더구나 『조선어사전』이 이윤재의 도움을 받은 사전이었다는 점은 두고두고 『조선어사전』의 의의를 폄하하는 꼬투리가 되었다.

> 환산(桓山: 이윤재의 호)이 그날그날의 격무에 부대끼며, 밤이면은 집에서 사전 편찬을 위한 카드를 작성하고 있었는데, 이것을 안 청람(青嵐) 문세영 씨가 매일 밤 환산 댁을 내방하여 작업을 함께 하던 중, 일의 진척이 상당한 정도에 이르렀을 때에, 청람은 환산과 관계를 끊고 자기 단독의 명의로 『조선어사전』을 출판하였다. 그 재료나 원고(카드)의 태반은 실

로 환산의 손으로 되었던 것이다. 그럼에도 불구하고 청람으로부터 하등의 인사말이나 사례를 받아 보지 못한 환산은 고약한 친구라고 분개한 일이 있었다. —이희승, 「인간 이윤재」, 『신태양』, 1957. 8.

이희승의 증언을 제외하면, 문세영이 이윤재를 배신했고 이윤재가 이런 문세영을 비난했는지는 확인할 길이 없다. 이윤재는 이에 대한 소회를 밝힌 글을 남기지 않았다. 그러나 문세영이 『조선어사전』의 머리말에 이윤재에 대한 감사의 뜻을 특별히 밝힌 걸 보면 문세영이 이윤재의 자료를 도용할 정도로 파렴치한 행동을 했다고 하기는 어렵다. 이윤재 또한 조선어학회에서 편찬하고 있는 사전 외에도 다양한 규모와 용도의 사전이 출판되는 게 자연스럽고도 바람직한 일이라고 여겼기 때문에 문세영의 작업을 도왔을 것이다.

여러 기록을 종합하면, 이윤재와 문세영은 『조선어사전』의 체제를 결정할 때부터 원고를 완성할 때까지 상당히 오랫동안 함께 일을 한 것으로 보인다. 이윤재의 도움은 단순히 교정을 봐주는 정도의 도움은 아니었던 것이다. 그런데 그렇게 도움을 준 이윤재는 1937년 6월 수양동우회(修養同友會) 사건으로 검거되었고, 『조선어사전』이 출판된 뒤인 1938년 8월 보석으로 출옥하였다. 온 언론이 『조선어사전』을 조선인에 의한 최초의 사전이라 평가하며 그 편찬자인 문세영을 조명하고, 사전은 예상 밖의 판매고를 올렸다. 모든 관심이 문세영을 향하는 사이, 이윤재는 감옥에서 얻은 병과 일제의 감시로 힘든 시간을 보내고 있었으니, 사정을 아는 주변 사람들의 인심이 문세영에게 박했던 것은 어쩔

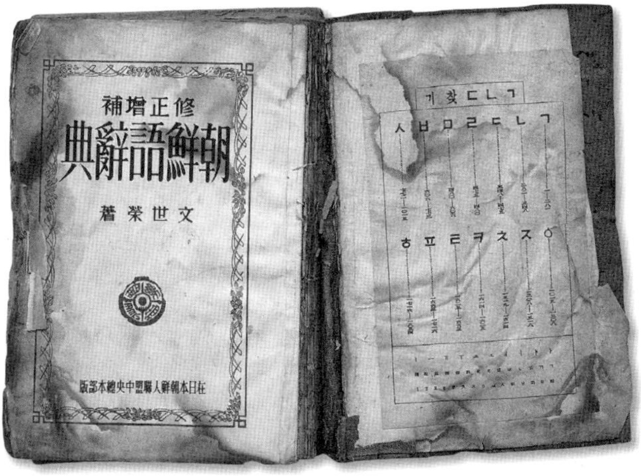

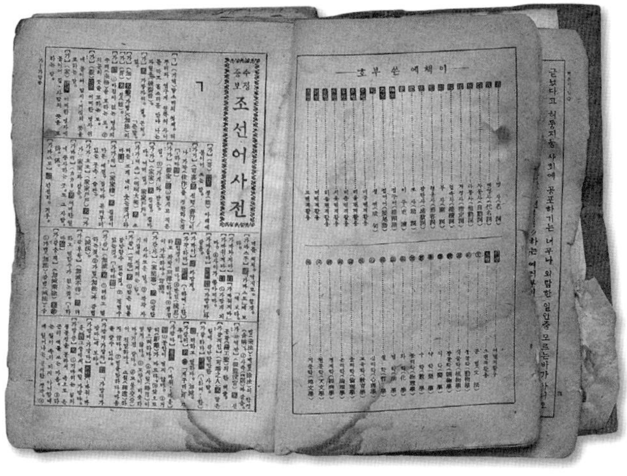

『조선어사전』 문세영, 1946년 수정증보판, 국립한글박물관 소장

수 없었을 것이다.

그러나 사전 원고를 기부해 달라는 조선어학회의 요구가 있었을 때, 문세영이 "그 방대한 사전이 언제 나올지도 모르는 것이므로 위선(爲先) 이것을 간행하는 것도 의의 있는 것 같"았다고 판단한 것은 결과적으로 옳았다. 문세영의 『조선어사전』은 1957년 『큰 사전』이 완간될 때까지 20년 가까운 세월 동안 가장 신뢰받는 사전으로 널리 이용되었다.

이처럼 『조선어사전』이 신뢰를 얻을 수 있었던 첫 번째 이유는 이 사전이 『한글 마춤법 통일안』을 표기의 기준으로 삼고, 『조선어 표준말 모음』을 어휘 선정의 기준으로 삼았기 때문이다. 『조선어사전』은 조선어학회의 규범 제정 성과에 기반함으로써 신뢰를 얻었고, 『조선어사전』이 간행됨으로써 비로소 사전을 통해 우리말 규범을 확인하고, 사전을 이용하여 우리말을 규범에 맞게 쓸 수 있는 길이 열리게 되었다. 다만 문세영은 언어 현실을 반영하여 조선어학회의 어문 규정을 조정하기도 했다.

한 예로, 『조선어사전』의 '일러두기'에는 "주해의 표준은 서울 중류 계급에서 쓰는 말로 하고 서울에 없는 말은 그 말 자체를 표준으로 삼아 주해를 붙였습니다"라는 원칙을 제시하며, 『조선어 표준말 모음』의 표준어 사정 원칙을 적용하였음을 밝혔다. 그러나 『조선어 표준말 모음』이 단수 표준어 원칙을 엄격히 적용한 데 비해, 『조선어사전』에서는 언어 현실을 반영해 한 가지 뜻을 나타내는 둘 이상의 말을 '같은 말', 즉 동의어로 처리한 경우가 많았다. 조선어학회에서 간행한 『큰 사전』에서도 단수 표준어 원칙을 완화한 사례가 많았다는 점에서, 당시 사전 편찬자들이 표준어 사정의 원칙과 언어 현실을 동시에 고려했음을 알 수 있다.

『조선어사전』에서 새롭게 선보인 기술 방식이 이후 간행된 국어사전에 수용된 데서도 이 사전에 대한 신뢰를 확인할 수 있다. 가장 특징적인 것으로는 뜻풀이의 풀이말을 명사 표제어의 경우는 명사형으로 동사 표제어의 경우는 동사형으로 끝을 맺는 등 뜻풀이 형식을 체계화한 것을 들 수 있다. 이를 이전의 사전과 비교해 보면 체계화의 양상을 가늠할 수 있다.

개 (안) 비나눈따위가오다가걷음. 『말모이』
감동[感動] (제) 저절로느끼어지는것. 『말모이』

기다려(待되) 싓나기까지잇는것. 『보통학교 조선어사전』
감동(感動) 늣기는것. 『보통학교 조선어사전』

개다 '自' 비가 그치고 구름 안개가 흩어지다. 『조선어사전』
감동(感動) '名' 마음에 깊이 느끼는것. [-하다 '他'] 『조선어사전』

뜻풀이의 체계화는 현대 국어사전의 중요한 특징이라 할 수 있는데, 이 사전에서 보이는 뜻풀이 형식은 당시 편찬 중이던 『큰 사전』의 원고에서도 확인할 수 있다. 이 사전의 편찬에 관여했던 문세영과 이윤재가 『큰 사전』의 편찬에 직간접적으로 관여하고 있었던 사실을 볼 때, 이러한 공통점은 『큰 사전』 편찬 과정에서 사전 편찬 방법론이 체계화될 수 있었고 문세영이 이 편찬 방법론을 『조선어사전』 편찬에 적용했음을 말해 준다.

이외에 『조선어사전』의 특징으로 거론할 것은 이 사전이 언어 사전으로서의 특성을 분명하게 드러냈다는 점이다. 이 사전에는 10만여 개의 올림말이 수록되어 있는데, 전문어나 방언은 수록한 반면 고유명사는 수록하지 않았다. 언어 사전으로서 이러한 특성은 『조선어사전』의 역할을 당시 조선어학회에서 편찬 중이던 『큰 사전』과 달리 보고 사전의 규모와 형식을 조정한 결과라 할 수 있다.

『조선어사전』은 이처럼 현대 국어사전의 모습을 갖추고 있지만, 용례가 제시되어 있지 않아 표제어의 용법을 구체적으로 파악하기가 어렵다는 한계도 보인다. 용례가 뜻풀이의 의미 항목을 구분하는 근거가 된다는 점을 고려하면, 용례를 제시하지 않은 것은 이 사전의 의미 기술이 정교하지 않다는 뜻이기도 하다. 이는 1910년대 조선광문회에서 편찬했던 『말모이』가 용례를 근거로 의미 항목을 구분하려 했던 것과 비교되는 태도이다. 용례를 포함하는 것을 사전의 혁신으로 생각했던 조선광문회의 태도에 비춰 볼 때, 용례를 제외한 『조선어사전』의 선택이 국어사전의 발전을 제한했음은 분명하다.

1947년
『조선 말 큰 사전』 첫째 권과 『표준 조선말 사전』을 출간하다

1948년 4월 6일 서울 기독교 청년회 회관에서 조선문학가동맹• 주최로 『조선 말 큰 사전』과 『표준

• 조선문학가동맹
1945년 12월 6일에 결성된 좌익계 문학운동 단체. 해방 직후 좌익계 문학운동 단체가 문화전선의 통일에 주력한 조선문학건설본부와 문화·예술의 계급적 원칙을 강조한 조선 프롤레타리아 문학동맹으로 양분되자 이 두 단체를 통합해서 만든 단체이다. '대중화'를 새로운 노선으로 채택한 이후 조선어학회 간사장을 역임했던 이병기가 중앙집행위원장에 보선되었다.

조선말 사전』의 간행을 기념하는 축하회가 열렸다. 『조선 말 큰 사전』은 1929년 조선어사전편찬회를 결성하여 추진했던 조선어 사전 편찬의 결과물이었고, 『표준 조선말 사전』은 이윤재와 김병제(金炳濟, 1905~1991)가 함께 편찬한 소사전이었다. 그런 두 개 사전을 함께 기념한 이유는 무엇이었을까? 그리고 이를 조선문학가동맹에서 주최한 것은 어떤 이유에서였을까?

> 우리 민족의 상징이요 우리 문화의 표상인 언어의 앙양은 실로 우리의 으뜸가는 과업의 하나가 아닐 수 없습니다. 그 시대 그 민족의 말은 그 자체가 그 시대 그 민족문화의 표상인 것입니다. 과거 사십 년간 일제의 폭압 아래서 짓밟히던 우리 말이 해방과 동시에 다시 올바른 길을 찾은 기쁨은 새삼스레 말하지 않거니와 이제 그 향상에 도움이 클 사전의 웅대한 간행은 어찌 우리 민족 전체의 경사가 아닐 수 있겠습니까. ……이제 건국과 아울러 건설 도상에 있는 우리 민족문화에 뜻을 둔 이의 감회와 임무가 큼은 물론이거니와 이 민족 부흥의 한 방패요 화살인 민족문화의 향상에 도움이 많을 사전 간행에 있어서 이를 전 민족적으로 기념 축하한다는 것은 실로 의의가 크다 아니할 수 없습니다.
>
> —『조선 말 큰 사전』, 『표준 조선말 사전』 간행 기념 축하회 청첩 중에서

조선어학회의 사전 간행은 조선어학회만의 기쁨이 아니었다. 『조선 말 큰 사전』의 간행은 모든 분야의 사람들이 갈망한 일이었기 때문에, 사전 간행 소식은 문화계 전체를 들뜨게 할 만한 사건이었다. 말의 표준, 표기의 표준이 절실했던 상황에서 발행

한 『조선 말 큰 사전』 첫째 권은 되찾은 우리말의 발전을 담보할 밑천이자 희망이었다. 주최와 일시와 장소를 달리하여 열린 두 번의 출판기념회는 『조선 말 큰 사전』이 조선어학회만의 것이 아닌 우리 민족의 자산임을 선언하는 의미를 띠고 있었다. 첫 번째 축하회는 천도교 회관에서 열리고 두 번째는 기독교 청년회 회관에서 열린 것이나, 첫 번째는 조선어학회에서 두 번째는 조선문학가동맹에서 행사를 주최한 것은 『조선 말 큰 사전』의 위상을 상징적으로 보여 준다. 종교와 정치적 지향을 떠나 문화계는 『조선 말 큰 사전』을 우리 민족이 거둔 자랑스러운 문화적 결실로 받아들인 것이다.

전 민족적인 축하 속에 『조선 말 큰 사전』의 첫째 권이 출간되었지만, 일제 경찰에 압수되었던 원고를 되찾아 수정하는 작업이 계속되고 있는 상황에서, 6권으로 예정된 이 사전이 완간되기까지 많은 시간이 걸릴 것이라는 건 누구나 예측할 수 있는 일이었다. 그런데 1947년 10월 『조선 말 큰 사전』 첫째 권이 출판되자 표준으로 삼을 사전에 대한 갈망은 더욱 커졌다. 이러한 갈망은 조선어학회가 편찬 중인 사전을 기다리는 마음이기도 했지만, 지금 당장 쓸 수 있는 사전을 편찬하라는 요구이기도 했다. 해방 이후 시급했던 우리말 교육에 곧바로 활용할 수 있는 실용적인 소사전이 필요했던 것이다.

조선어학회 사전 편찬원 김병제는 이러한 필요성을 일찍부터 알고 있었기에, 해방 후 사전 편찬을 재개할 때부터, 그의 장인이자 조선어학회의 중진이었던 이윤재가 남긴 소사전 원고를 수정·증보하는 작업에 돌입했고, 『조선 말 큰 사전』 첫째 권이 출간된 후인 1947년 12월에 『표준 조선말 사전』을 출간하였다.

이때 이 사전의 제목에 붙은 '표준'이라는 수식어는 이 사전의 역할과 의미를 함축적으로 표현하는 말이었다. 『조선 말 큰 사전』이 『큰 사전』으로 이름을 바꿔 1957년에 완성되었으니, 1947년 첫째 권 출간 후 10년 동안 『표준 조선말 사전』에 붙은 '표준'의 의미는 의미심장할 수밖에 없었다. 더구나 이 사전은 조선어학회 사전 편찬의 책임자였고 조선어학회 사건으로 옥사한 이윤재의 피와 땀이 스며 있는 유작이기도 했다. 1948년 4월 6일에 열린 『조선 말 큰 사전』 첫째 권 간행 축하회에서 『표준 조선말 사전』의 출판을 함께 기념한 것에서 이 사전의 위상을 짐작할 수 있다.

당시 『표준 조선말 사전』은 문세영의 『조선어사전』을 대체할 만한 규모이면서도 실용성과 규범성을 강화한 사전으로 평가를 받았다. 해방 직후 조선어학회 국어 강습소 강사로 활동했던 국어학자 김민수는 『표준 조선말 사전』을 엄격한 기준에 따라 편찬된 최초의 국어 규범 사전으로 평가하면서, "당시 학생들은 이 사전을 주로 찾아봤어요. 문세영 사전은 이렇게 저렇게 엉뚱하니까 그걸로 공부하고 시험을 쳤다가는 국어 시험에 낙제할지도 모르니까요"[7]라고 회고한 바 있다. 이는 표준어 규정을 완화했던 문세영의 사전과 달리 『표준 조선말 사전』이 『조선어 표준말 모음』의 기준을 엄격히 적용했음에 주목한 평가이다. 특히 『표준 조선말 사전』은 오류 빈도가 높은 비표준어들을 최대한 수록함으로써 맞는 표현과 틀린 표현을 비교할 수 있는 체제를 갖춰, 규범을 확인하고자 하는 이들의 요구에 부응한 면이 있었다.

이윤재가 이처럼 실용적인 규범 사전을 구상할 수 있었던 것은 한글 맞춤법과 표준어를 제정하는 일을 기획하고 실행했던 경험과 일찍부터 사전 편찬에 관여하면서 사전 편찬 방법론을 오랫동안 고민했던 경험이 있었기 때문이다. 이윤재는 1927년 계명구락부에서 사전 편찬 사업을 시작할 때, 최남선, 정인보(鄭寅普, 1893~1950), 임규(林圭, 1867~1948), 변영로(卞榮魯, 1898~1961), 양건식(梁建植, 1889~1944), 한징 등과 함께 사전 편찬에 참여했다. 그리고 이 단체의 편찬 사업이 지지부진해지자 1929년 조선어사전편찬회에 참여하여 이극로와 함께 사전 편찬을 주도하였다. 사전 편찬과 연계하여 한글 맞춤법과 표준어를 제정하면서 대중에게 어문규범을 알렸지만, 사전 편찬이 늦어지며 대중이 이 어문규범에 따라 글을 쓸 수 있는 여건이 마련되지 않았다.

이에 대한 문제의식이 있었기에 이윤재는 조선어학회 사업과 별도로 진행된 문세영의 사전 편찬 작업을 도왔고, 『조선어사전』의 완성에 결정적으로 기여하였다. 그러나 이윤재가 1937년 수양동우회 사건에 연루되어 투옥되면서 이 사전의 막바지 작업은 오로지 문세영이 했을 것이다. 이윤재는 출옥한 후 문세영의 사전을 어떻게 평가했을까? 『표준 조선말 사전』이 규범을 엄격하게 적용했음을 볼 때, 이윤재로서는 문세영이 표준어 규정을 완화하여 동의어를 확대하거나 규범을 바꾼 것을 한편으론 이해하면서도 한편으론 탐탁지 않게 여겼을 수 있다.

『조선어 표준말 모음』에서는 '가랑비'만 표준어로 인정하고 '가는비'와 '세우'는 비표준어로 판단했지만, 『조선어사전』에선 이를 모두 동의어로 처리하며 표준어로 인정했다. 반면 『표준 조선말 사전』에서는 『조선어 표준말 모음』에서와 같이 '가랑비'만을 표준어로 인정했다. 그렇다고 『표준 조선말 사전』이 『조선어 표준말 모음』을 전적으로 따른 것은 아니다. 『조선어 표준말 모음』에서는 '과실'만 표준어로 인정하고 '과일'과 '실과'는 비표

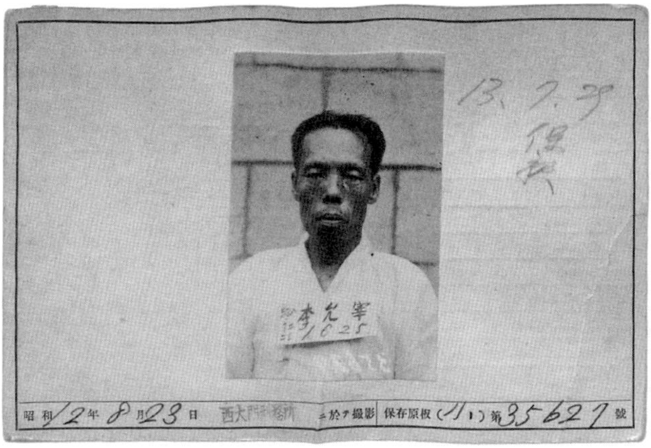

ㄱ

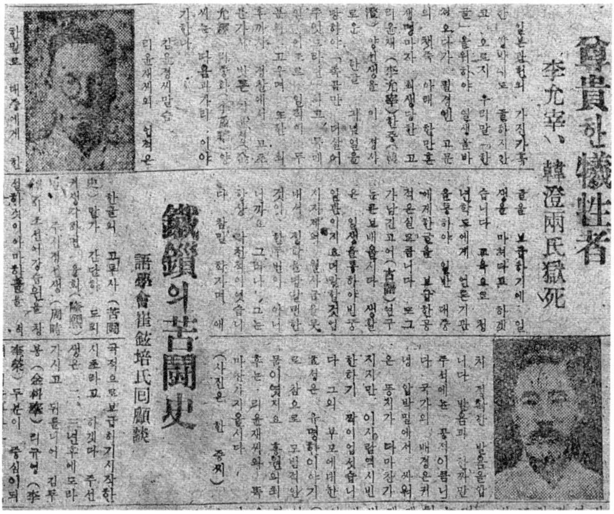

尊貴한 犧牲者
李允宰、韓澄兩氏獄死

鐵鎖의 苦鬪史
語學會 崔鉉培氏回顧談

ㄴ

ㄱ. **이윤재** 이윤재에 대한 일본 경찰의 감시 대상 인물 카드. 국사편찬위원회 한국 근대사료 DB

ㄴ. **"존귀한 희생자: 이윤재, 한징 양씨 옥사"** 1945년 10월 9일 한글날을 맞아 이윤재와 한징을 추도하는 기사가 실렸다. 『매일신문』, 1945.10.9. 국립중앙도서관 DB

준어로 판단했지만, 『조선어사전』에선 이를 모두 동의어로 처리하며 표준어로 인정했다. 반면 『표준 조선말 사전』에서는 '과실'과 '실과'를 표준어로 인정하되, '과일'은 비표준어로 판단했다. 표준어 규정을 완화하되 그 범위를 최소화하고자 했던 생각을 엿볼 수 있는 대목이다.

그러나 현재의 언어 현실을 보면, 엄격한 규범 적용이 언어 현실과의 괴리를 심화했음을 알 수 있다. 『큰 사전』이 『조선어 표준말 모음』에서 비표준어로 처리한 '과일, 실과'가 폭넓게 쓰이는 언어 현실을 반영하면서도 단수 표준어 원칙을 고수하기 위해, '과실, 과일, 실과'의 의미를 달리 규정하여 설명한 것은 고육지책이라 할 만하다. 『큰 사전』에서는 '과실'은 "가꾼 과목에서 열린 열매"로, '과일'은 "'과실'을 점잖게 이르는 말"로, '실과'는 "①모든 초목의 먹을 만한 열매의 통틀어 일컬음. ②열매로 된 과자" 등처럼 구분하였다.

표준어를 제정하는 과정에서 가장 주력했던 일은 '한 가지 뜻을 나타내는 말을 두 가지 이상 허용하지 않음'이라는 표준어 사정의 대원칙을 적용하는 것이었다. 이를 위해서는 두 가지 선택을 끊임없이 해야 했는데, 첫째는 하나만 표준어로 하고 나머지는 비표준어로 하기였다면, 둘째는 둘을 모두 표준어로 하되 그 미세한 의미 차이를 구분해 보이기였다. '과일'을 표준어에서 제외한 것은 첫째 선택의 결과였고, '엉덩이'와 '궁둥이'가 서로 다른 의미의 표준어로 인정된 것은 둘째 선택의 결과였다. 『표준 조선말 사전』은 이러한 노력으로 탄생한 『조선어 표준말 모음』의 규범성을 최대한 반영한 처음이자 마지막 사전이었다.

1957년
한글학회, 『큰 사전』을 완간하다

1957년에 완간된 『큰 사전』은 1929년 시작한 사전 편찬 사업의 최종 결과물 이름이다. 이 사전의 이름은 원고를 완성한 시점부터 완간한 시점까지, '조선어대사전', '조선 말 큰 사전', '큰 사전' 등으로 이름이 바뀌었다.

조선어학회는 조선어학회 기관지 『한글』 7-4(1939. 4.)를 통해 1939년 이내로 사전 편찬을 끝낼 것임을 예고하였고, 『한글』 10-1(1942. 1)을 통해 『조선어대사전』(朝鮮語大辭典)을 3권 혹은 4권 규모로 출간할 것임을 예고하였다. 이는 『큰 사전』이 애초에 『조선어대사전』이란 이름으로 출간될 예정이었고 그 사전의 원고가 늦게 잡아도 1942년에 완성되었음을 말해 준다. 실제 전체의 3분의 1에 해당하는 검열용 원고를 조선총독부에 제출하여 1940년 3월에 원고 수정을 조건으로 검열을 통과하였고, 초벌 풀이와 원고의 체계 잡기가 완성 단계에 이른 1942년 여름에 200여 면의 조판 교정이 진행되었다.[8] 그러나 1942년 10월 조선어학회 사건으로 학회가 와해되고, 사전 원고는 일본 경찰에 압수되었다.

해방 후 조선어학회는 되찾은 원고를 수정·보완하여, 1947년에 『조선 말 큰 사전』이란 이름으로 첫째 권을, 1949년에 둘째 권을 출간하였다. 1950년 출간한 셋째 권부터는 『큰 사전』이란 이름으로 출간하였고, 1957년에 여섯째 권을 출간하며 6권의 『큰 사전』을 완간하였다.

조선어사전편찬회를 결성한 1929년부터 조판을 시도한

1942년까지 원고 완성 기간이 13년, 첫째 권을 출간한 1947년부터 완간한 1957년까지 출판 기간이 10년이었다. 중간에 3년의 한국전쟁을 감안하더라도 출판에 이처럼 오랜 시간이 걸린 것은 출판을 원고의 수정·보완과 병행했기 때문이다. 그럼 무엇이 어떻게 바뀌었을까?

먼저 형식적인 측면에서 보면, 맞춤법의 조정과 문법 용어의 교체 등이 있다. 1933년 맞춤법이 제정된 이후 사전 출간 전까지 표기 규정을 바꾼 것은 1940년과 1946년의 개정이었다. 두 번의 개정은 모두 사이시옷의 표기 규정을 바꾸는 것이었는데, 1940년 개정안에서는 '뒷간, 곳집, 나뭇배……'를 '뒤ㅅ간, 고ㅅ집, 나무ㅅ배……'로 바꿨고, 1946년 개정안에서는 이를 다시 1933년의 맞춤법으로 회귀해 '뒷간, 곳집, 나뭇배……'로 바꿨다. 그런데 사전 원고가 1940년 개정안을 기준으로 작성되었기 때문에 원고 수정에서는 표기를 수정하는 것과 더불어 올림말의 배열 순서를 조정하는 개편이 이루어졌다. '나무ㅅ배'를 '나뭇배'로 바꾸면서 배열 순서가 달라진 것이다.

문법 용어는 '名(명사), 代(대명사), 數(수사), 形(형용사), 補形(보조형용사)……' 등처럼 한자로 표기된 한자어 문법 용어를 '이, 대, 셈, 어, 돕·어……'의 고유어 문법 용어로 바꿨다. 이러한 수정의 연장선에서 한자로 쓰인 전문어 분류 용어 '哲, 倫, 論, 心, 法, 經……'을 '철, 윤, 논, 심, 법, 경……'과 같이 한글 표기로 바꿨다.

내용적인 측면에서의 변경은 형식적인 측면보다 더 광범위하게 이루어졌다. 사전의 완성도를 높이기 위해 올림말의 첨삭과 풀이 내용의 수정이 이루어진 사례는 너무 많아 일일이 거론

하기도 어려울 정도였다. 두드러진 것은 '불경기(不景氣), 불경죄(不敬罪), 빙과자(氷菓子), 시보(試補), 십이분(十二分), 자열(刺熱), 지차불선(只此不宣), 진기력(盡其力), 탑연(嗒然)' 등의 한자어나 '가꾸야(ガクヤ=樂屋), 가끼도매(カキトメ=書留), 가다꼬이(カタコイ=片戀), 브라보(Bravo), 브라쉬(Brush), 뷰(View), 뷰로(Bureau), 비제(Bizet), 비프(Beef)' 등의 외래어들을 삭제한 것을 들 수 있다. 당시 현실을 반영한다고 수록한 어휘들이 적절치 못하다고 판단한 것이다.

그러나 이를 단순하게 언어 정화의 관점에서만 해석하는 것은 무리이다. 삭제한 것 못지않게 '불협화음(不協和音), 비망록(備忘錄), 직역(職域), 진권(進勸), 탈복(脫服), 파벌(派閥)' 등 많은 한자어와 '블리크(Blik), 비프스테익(Beef steak), 시가(Cigar), 잠바(jumper), 타임워취(Time-watch)' 등의 외래어가 추가되기도 313 했기 때문이다. 편찬자들이 중요하게 생각했던 것은 당시 상황에서 일반적으로 수용되는 말과 그렇지 않은 말이었을 것으로 보인다. '빙과자'(氷菓子)를 삭제하는 대신 '빙과'(氷菓)를 남긴 데서 그러한 원칙을 확인할 수 있다. 고유어의 경우, '불고기'와 '싱건지'를 추가하면서 '까끼춤'과 '잡개'를 삭제한 것이나, '비빈밥, 외김치'를 삭제하는 대신 '비빔밥, 오이김치'를 남긴 것 역시 그런 원칙에 따른 것이다.

다만 일본어의 잔재에 대해서는 엄격하게 제한하는 태도를 보였다. 일본어 기원 외래어를 삭제하거나 '불경죄, 비상대권, 천황' 등 일제 강점의 현실을 반영한 어휘는 삭제했다. 이는 올림말뿐만 아니라 용례와 뜻풀이에도 적용되었는데, 가령 '천황'(天皇)이라는 단어가 포함된 용례나 뜻풀이를 찾아 '통치자'로 교체

하는 것과 같은 수정 작업을 했다. 그러나 이처럼 제국주의의 잔재로 보이는 단어가 아니라면, 실제 생활에서의 쓰임이 수록 여부를 판단하는 일차 기준이 되었다.

일본어 발음이 고스란히 드러나는 단어 중에서 ‘가꾸야(=樂屋), 가끼도매(=書留), 가다꼬이(=片戀)’는 삭제했지만, ‘가다방(堅麪包), 간쓰메(=통조림), 다꾸앙(=단무지)’ 등은 그대로 수록하고, 『우리말 도로찾기』•에서 일본식 한자어로 지적하며 퇴출시킬 대상에 포함한 단어 중에서도, ‘불경기(不景氣), 입장(立場), 가쇄(假刷)……’ 등은 삭제했지만, ‘애매(曖昧), 원가(原價), 적자(赤字), 수속(手續)……’ 등을 『큰 사전』에 그대로 수록한 것에서 그러한 태도를 엿볼 수 있다.

이처럼 사회적 변화의 흐름과 사전 기술의 체계화 등을 염두에 둔 수정이 광범위하게 이루어지면서, 1942년에 완성한 원고와는 다른 체제와 내용의 출간본이 나오게 되었다. 수정 작업이 얼마나 광범위하게 이루어졌는지는 현재 남아 있는 『큰 사전』 원고를 보면 알 수 있다. 첨삭한 내용은 3천 5백여 장의 원고지 모

• 『우리말 도로찾기』
해방 이후 일제 잔재 청산 목적으로 추진된 언어 정화 운동의 지침으로 삼기 위해 1948년에 간행한 소책자. 1947년 1월 문교부에 설치한 국어정화위원회에서 943개의 정화 대상어를 선정하고 이를 정화한 대체어를 제시하였다. 이 책의 편찬과 간행은 문교부 편수국장 최현배와 조선어학회의 주도로 이루어졌다. “우리말 가운데, 한 마디라도, 일어가 남아 있는 동안에는, 곧 일본 정신이 우리에게 한 점 남아 있다는 것을 알아야 한다. ……우리는, 여기에, 찾아 놓은 우리말을 곧 쓰자. 그리함으로, 우리의 튼튼한 국민정신을, 살려 내자”라는 이 책의 「머리말」은 당시 문교부가 추진한 언어 정화 정책의 목표와 논리를 분명하게 보여 준다. 그러나 ‘결혼(結婚), 계산서(計算書), 상담(相談), 안내(案內), 역할(役割)……’을 정화 대상어에 포함한 데서 알 수 있듯이, 일본 한자어 청산 운동이 실질보다는 명분을 앞세워 거칠게 진행되면서 많은 비판을 받기도 했다. 이 책에 제시한 정화 대상어의 상당수가 조선어학회(한글학회)의 『큰 사전』에 수록된 것에서 일본 한자어 청산 운동의 한계를 짐작할 수 있다. 그러나 『우리말 도로찾기』는 오늘날 진행되고 있는 국어 순화 운동에서도 참조될 만큼 우리 언어 운동사에 깊은 영향을 미쳤다.

두에 서로 다른 글씨체의 깨알 같은 글씨로 빽빽하게 적혀 있고, 지면이 부족해 원고지를 덧대어 추가한 부분도 셀 수 없을 만큼 많다. 조금 더 완성도를 높이기 위해 또는 당시 인식의 변화를 반영하기 위해 덧대어 수정한 내용을 다음과 같이 풀어 보았다. 이를 보면 당시 사전 편찬자의 고민을 느껴볼 수 있을 것이다.

〈원고본〉 **자국** [名] 무엇이 나 지나간 자리. 뒤에 남긴 흔적. (자곡. 자옥. 자욱. 자족. 자죽). (二)사물(事物)이 생겨 난 본처(本處).

〈1차 수정〉 **자국** [이] ①물체와 물체가 닷거나 연장으로 나무나 돌 따위를 깎거나 할 때에 남은 흔적. (자곡. 자옥. 자욱. 자족. 자죽). ②물건이 생산(生産) 또는 집산(集散)되는 곳이나 일의 근원(根源)이 발단(發端)된 곳. ③어느 고정(固定)된 그 자리.

〈2차 수정〉 **자국**[1] [이] 어떠한 물건이나 곳에 다른 물건이 닿아서 생긴 자리. [발-. 손톱-] (자곡. 자옥. 자욱. 자족. 자죽).

자국[2] [이] ①물건이 생산(生産) 또는 집산(集散)되는 곳이나 일의 근원(根源)이 발단(發端)된 곳. ②붙배카로 있어야 할 자리.
박 이

〈원고본〉 **여성미**(女性美) 정숙(靜淑)하고 전아(典雅)하고 유화(柔和)한 미. ("남성미=男性美"의 대).

〈1차 수정〉 건강하고 튼튼하고 고요하고 매초롭고 얌전 아담하고 부드럽고 이여쁜 여성다운 아름다움. ("남성

316

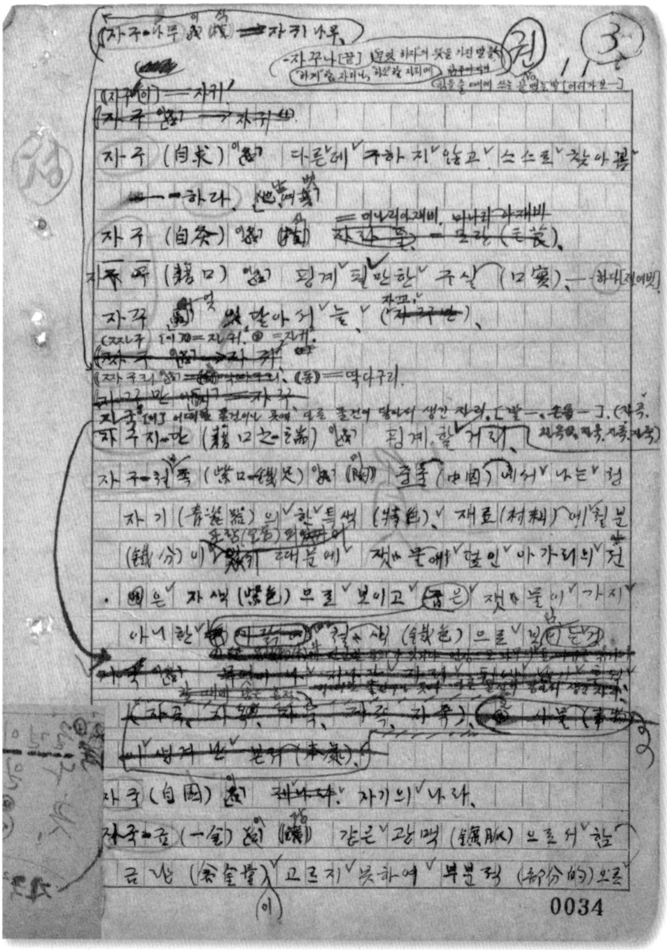
자구-나무 → 자귀나무
-자꾸나[끝] 무엇 하자는 뜻을 가진 말끝
자구(自求)[이] 다른 데 구하지 않고 스스로 찾아 꾀함. —하다.
자구(自咎)[이] 자책.
자구(藉口)[이] 핑계 될 만한 구실(口實). —하다
자국[이] 발이 뒤
자구지단(藉口之端)[이] 핑계 할 거리.
자구철족(紫口鐵足)[이] 중국(中國)에서 나는 청자기(靑瓷器)의 한 특색(特色). 재료(材料)에 철분(鐵分)이 잿물에 덮인 아가리의 전은 자색(紫色)으로 보이고 잿물이 가지 아니한 철색(鐵色)으로 보이는 것.
자국(自國)[이] 자기의 나라.
자금-금(一金)[이] 같은 광맥(鑛脈)으로서 함금량(含金量)이 고르지 못하여 부분적(部分的)으로
0034

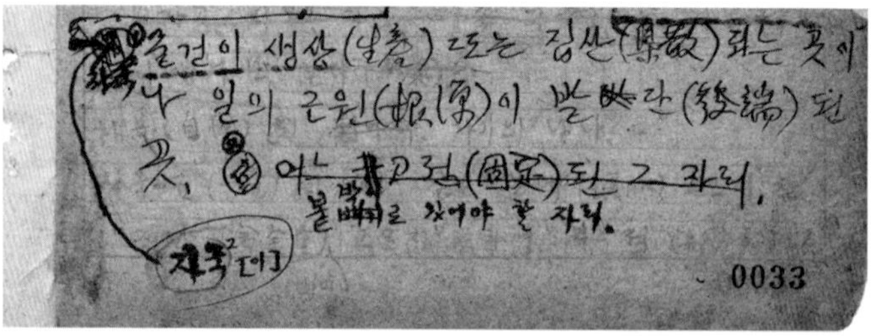
물건이 생산(生產)되는 곳 집산(集散)되는 곳이나 일의 근원(根源)이 발단(發端)된 곳, 어느 고정(固定)된 그 자리.
붙박이로 있어야 할 자리.
자국²[이]
0033

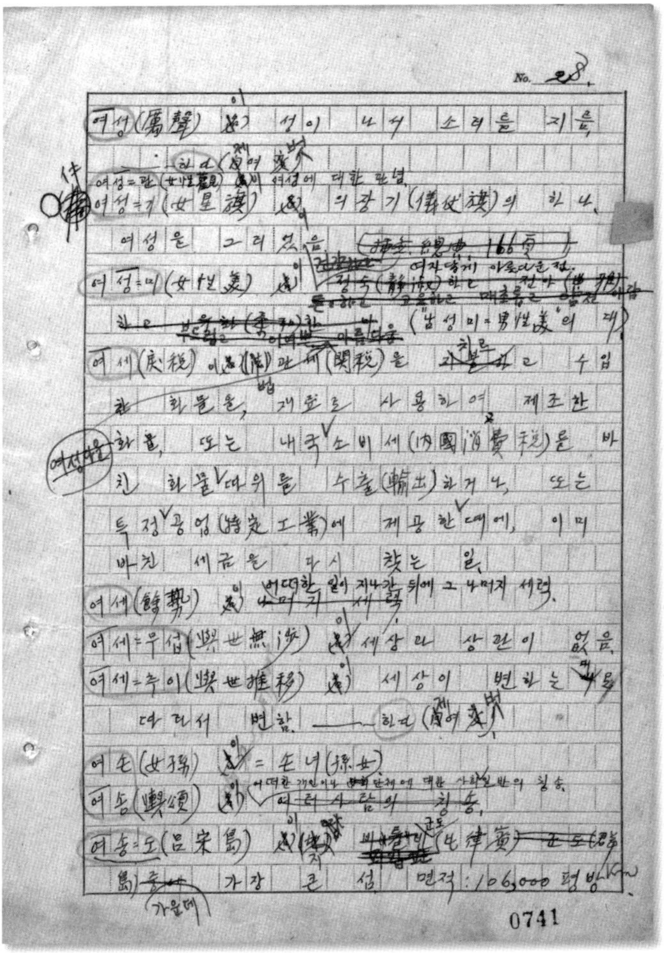

ㄷ

ㄱ. 『큰 사전』 원고 '자국' 항목, 독립기념관 소장
ㄴ. 『큰 사전』 원고 '자국' 항목 부전지, 독립기념관 소장
ㄷ. 『큰 사전』 원고('여성미' 항목), 독립기념관 소장

『큰 사전』 완간 후 찍은 기념사진 국립한글박물관 소장
(앞줄 왼쪽부터) 이강로, 권승욱, 정인서, 정인승, 유제한, 한종수
(뒷줄 왼쪽 끝) 정재도
(뒷줄 오른쪽 끝) 김민수
최종 출판 단계의 편집위원 면면을 보여 준다.

미=男性美"의 대).

〈2차 수정〉 튼튼하고 고요하고 매초롭고 얌전 아담하고 부드럽고 이여쁜 아름다움. ("남성미=男性美"의 대)

〈3차 수정〉 여자답게 아름다운 점. ("남성미=男性美"의 대).

수정 내용을 보면, 왜 첫째 권 출간 이후 완간까지 10년의 세월이 필요했는지를 짐작할 수 있을 것이다. 그렇다면 이러한 수정 작업은 새로운 사전을 편찬하는 것이나 다름없었을 텐데, 어떤 사람들이 이 작업을 했을까? 해방 이후 사전 편찬 작업에 참여했던 사람은 많았는데, 1957년 완간 당시 편찬원은 권승욱, 김민수, 유제한, 이강로, 정인서, 정인승, 정재도, 한종수 등 여덟 명이었다. 이들 중 이 수정 작업을 지휘하고 수정 내용을 최종 결정했던 사람은 정인승이다.

정인승이 조선어학회의 조선어 사전 편찬 사업에 참여한 때는 사전 집필이 본격화되던 1936년이었다. 1936년은 조선어학회가 표준어 사정의 결과물인 『조선어 표준말 모음』을 발표하며, 조선어 사전 편찬을 위한 기반을 갖춘 해였다. 이에 따라 사전 집필을 전담할 유능한 사전 편찬원이 필요했는데, 사전 편찬위원이었던 최현배가 전북 고창고보에서 영어와 조선어를 가르쳤던 정인승에게 사전 편찬에 참여할 것을 요청하였다. 정인승은 연희전문 재학 시절 선배 김윤경의 영향으로 주시경의 어문민족주의에 감화되어 조선어 연구에 관심이 많았던 인물인 데다가, 1935년 조선총독부의 고창고보 공립화에 반대하여 학교를 사직한 상태였기 때문에 사전 편찬 업무를 전담할 적임자였다.

정인승은 조선어학회 사건으로 투옥된 기간과 한국전쟁

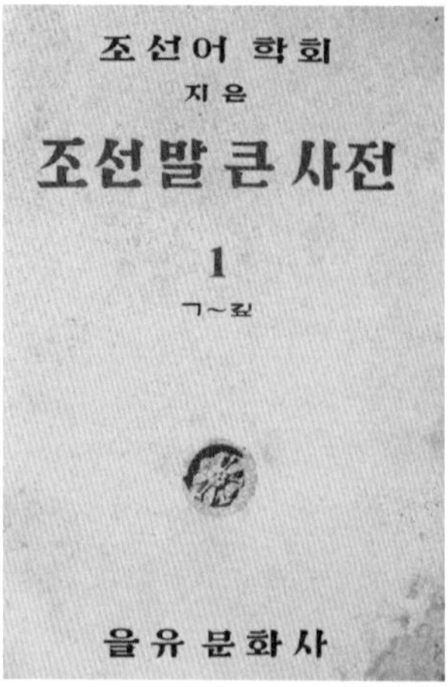

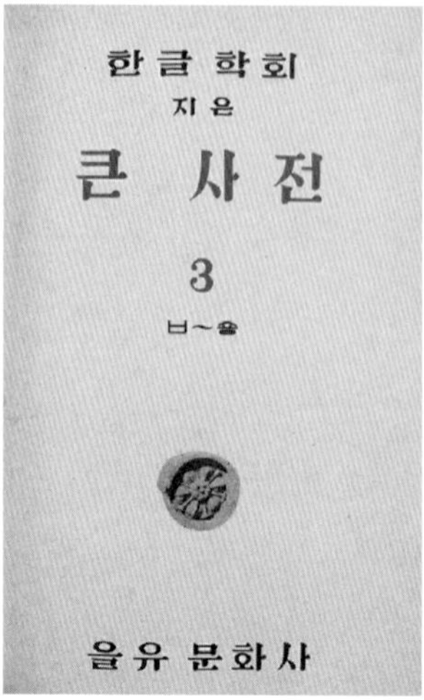

『큰 사전』 국립한글박물관 소장. 1권과 2권은 『조선 말 큰 사전』으로, 3권부터는 『큰 사전』으로 출간되었다. 1949년 조선어학회가 한글학회로 이름을 바꾸면서, "조선어학회 지은"이 "한글학회 지은"으로 바뀌었다. 1957년 『큰 사전』이라는 제목으로 모두 6권이 완간되었다.

기간을 제외한, 1936년부터 1957년 사전이 완간될 때까지 사전 편찬실을 지킨 유일한 인물이었다. 이윤재, 최현배 등 사전 편찬의 주역들이 흥업구락부(興業俱樂部) 사건과 수양동우회 사건에 연루되어 1937년 이후 실질적으로 활동하지 못했고, 해방 이후에는 최현배와 이희승이 국어 정책 기관과 대학의 책임자로 활동하고, 이극로와 김병제가 정치적 이유로 월북한 상황 등을 감안하면, 사전 편찬 사업에서 그의 비중이 얼마나 컸는지 짐작할 수 있다. 이런 사정을 아는 사람은 해방 이후 전혀 다른 면모로 재탄생한 『큰 사전』을 보면서 많은 사람이 이렇게 말했다고 한다. 한글학회의 『큰 사전』은 정인승의 주도로 만들어진 정인승의 사전이라고.

1961년
『국어대사전』의 출간,
우리말 집대성을 위한 사전 편찬의 시대를 열다

이희승은 『국어대사전』(1961)의 머리말에서 "언어는 그 민족의 생활 전부 즉 문화 전체가 담겨 있는 그릇이라 할 수 있고, 사전은 그러한 언어가 담겨 있는 또한 그릇이 되는 것"이라고 밝혔는데, 이처럼 언어를 민족의 문화 전체가 담겨 있는 그릇으로 본다면, 국어사전의 수록 어휘 수는 국어사전의 수준을 가늠하는 중요한 지표가 될 것이다. 그런 점에서 『큰 사전』의 편찬은 "민족의 생활 전부 즉 문화 전체가 담겨 있는 그릇"의 크기를 가늠해 본 최초의 성과라는 점에서 의미를 찾을 수 있다.

이처럼 어휘 수를 중요시하는 분위기는 국어사전에 신어와 시사 용어를 최대한 수용하는 분위기로 이어졌다. 『큰 사전』 완간 후, 국어국문학회는 "나날이 뭇 사람들의 입에 새로 등장하고, 신문, 잡지, 학술 서적 등을 통하여 연달아 소개되는 새로운 말들은, 헤아리기 어려울 정도의 복잡과 혼란을 이루고 있어, 어제의 사전이 오늘의 언어의 모습을 제대로 반영시킬 수는 없다는 것을 절실히 느끼게 하는 바"라며 『국어 새 사전』(1958) 편찬의 필요성을 강조했으며, 구자균(具滋均, 1912~1964)은 이 사전의 의의로서 "싣고 있는 어휘가 십오만인데다 일반어를 중심으로 하여 고어, 학술 전문어, 외래어를 널리 망라하였고, 영구성 있을 가능성이 있는 신어, 시사어를 많이 실어 재래의 국어사전에서 전연 다루지 못했던 것을 보충"[9]하였다고 강조했다.

이런 맥락에서 『큰 사전』을 완간한 4년 뒤에 『큰 사전』의 수록어보다 7만 가까이 많은 23만 수록어의 『국어대사전』을 출간한 것은, 당대의 시각으로 보면, 국어사전의 새 시대를 연 것으로 볼 수 있었다. 『국어대사전』에 대한 평가와 홍보 과정에서 가장 부각된 것은 "일반 국어 어휘뿐만 아니라 현대 생활에 필요한 전반의 사항을 총망라해서 단권에 수록하였다"는 점이었다. 이처럼 일반어와 전문어, 신어와 고어, 고유어와 외래어를 망라함으로써 『국어대사전』은 언어 사전과 백과사전의 역할을 겸할 수 있었다. 이 점 때문에 『국어대사전』은 『큰 사전』을 압도하는 판매고를 올렸다.

사전의 수록어 수가 사전의 평가 지표로 부각되는 것은 1990년대에도 마찬가지였다. 한글학회 『우리말 큰사전』(1992) 출간 소식을 전하는 신문 기사는 그간의 사전 편찬 흐름을 올림말

(표제어) 수의 증가로 정리하고 있다.

> 61년 간행된 이희승 편 『국어대사전』(민중서관)은 표제어가 23만, 74년 간행 신기철 신용철의 『새 우리말 큰사전』(삼성출판사)은 31만, 82년 간행 이희승 편저 『국어대사전』(민중서림)은 42만을 수록했다. (…) 우리 사전의 본류라 할 한글학회 『우리말 큰사전』은 모두 4권에 45만 어휘를 담았고 (…) 금성출판사 간 『국어대사전』은 40만 어휘를 한 권에 담았고 (…) 한편 이들 사전 제작에 참여한 전문 학자들은 앞으로의 과제로 ▲북한과의 표준어 공동 제정 ▲중국·일본·미국 등 해외 교포의 사용 언어 수록 ▲사전의 CD롬 제작 등을 제시했다. —「45만 어휘 『우리말 큰사전』 완간」, 『경향신문』, 1992. 4. 29.

위의 기사를 통해 수록 어휘의 수를 늘리는 것을 국어사전 편찬의 과제와 연결하고 있음을 확인할 수 있는데, "북한과의 표준어 공동 제정"이나 "해외 교포의 사용 언어 수록"은 결국 표제어의 확대를 염두에 둔 것으로 볼 수 있다. 여기서 과제로 제시한 국어사전은 1999년 『표준국어대사전』이란 이름으로 간행되었다. 이를 보면 『표준국어대사전』은 우리말의 집대성을 위한 사전 편찬 사업의 결과를 수렴한 사전으로서 의미를 갖는다.

다만 『표준국어대사전』은 북한어를 특수어의 일종으로 수록함으로써 원래의 취지를 살리지 못한 측면이 있다. 1992년의 제안은 비로소 2005년 남북 합의로 시작한 겨레말큰사전 편찬 사업에서 구체화될 수 있었다. 겨레말큰사전은 남북한의 우리말뿐만 아니라 중국, 러시아 등에서 사용하는 재외 교포들의 우리말을 포함하는 언어 통합 사전을 지향한다.

『표준국어대사전』의 간행 이후 수록어를 확대하는 경쟁은 더 이상 일어나지 않았다. 한국의 사전 편찬 환경에서 국가가 막대한 자금과 인력을 투입해 만든 사전과 수록어의 양을 두고 경쟁할 수 있는 사전을 상상할 수 없었기 때문이다. 『표준국어대사전』의 등장으로 수록어 확대 경쟁이 사라진 후, 사전 편찬자들의 관심은 어휘의 사용 환경을 파악하여 그 언어 정보를 정교하게 기술하는 데로 모아졌다. 언어 정보를 정교하게 기술한다는 것은 사용례에 기반하여 의미 구분을 정교화하거나 다양한 차원에서 관련어를 포착해 제시한다는 의미인데, 사전 편찬에 정보 기술이 접목되면서 이러한 시도가 이루어질 수 있었다.

1998년
정보화 기술을 국어사전 편찬에 적용하다

사전 편찬에 정보 기술이 접목되면서, 사전 편찬자들은 수록어를 늘리는 것보다 이전과 비교할 수 없이 축적한 언어 자료, 즉 코퍼스(corpus, 말뭉치)에서 언어 사용과 관련한 다양한 언어 정보를 발굴하는 데 관심을 집중했다. 이러한 분위기를 형성하는 데에는 『연세한국어사전』(1998)이 선도적인 역할을 했다. 소사전 규모의 『연세한국어사전』은 언어 사전으로서의 어휘 사전과 현대 한국어 학습 사전의 편찬을 목표로 하면서, 실질적으로 쓰이는 말을 수록하고 그 말의 사용 양상을 기술하여 보여 주고자 했다. 이러한 태도는 그 뒤에 이어지는 대사전의 편찬에도 영향을 미쳤는데, 2009년에 간행된 『고려대한국어대사전』도 코퍼스에 기반한 편찬 방법론으로 국어사전을 편찬했다.

이처럼 코퍼스에 기반한 편찬 방법론이 일반화하면서, 우리가 실제 사용하는 말의 사용 양상을 객관화하여 사전에 반영할 수 있었다. 이에 따라 나타난 변화 중 하나는 올림말을 현실 언어의 사용 양상을 기반으로 채택한다는 점이다. 규범적 판단과 상관없이 다양한 구어 표현(그니까, 그치만, 니……)을 수록하는 것, 신어가 사전에 수록할 만큼 일반화되었는지 혹은 어떤 단어가 사어가 되어 가고 있는지 사용 빈도로 계량화해 수록 여부를 판단하는 것 등이 그것이다.

사전 편찬 방법의 변화는 올림말을 결정하는 것뿐만 아니라 올림말의 설명 방식에도 깊은 영향을 미쳤다. 한 단어를 설명할 때 그 단어가 어떤 문장에 쓰일 수 있는지 그 가능성을 다양하게 보여 주게 된 것이다. 『연세한국어사전』과 『고려대한국어대사전』의 뜻풀이는 올림말의 사용 환경을 정교하게 보여 준다는 점에서 이전 국어사전의 뜻풀이와 다르다. 이는 코퍼스를 통해 그 사용 환경을 객관화한 결과이다.

절대로

『연세한국어사전』〔부정의 서술어와 함께 쓰이어〕 어떤 일이 있어도 반드시 꼭.

『고려대한국어대사전』 ①(부정어와 함께 쓰여) 어떤 일이 있더라도. ②(일부 단어와 함께 쓰여) 무슨 일이 있어도 반드시.

이루다

『**연세한국어사전**』 ① ㉠(어떠한 상태나 상황으로) 되게 하다. ㉡(여럿이 모여 무엇을) 구성하다. 형성하다. 만들다. (…) ④〔주로 '잠을 못 ~' 꼴로, 부정의 뜻으로 쓰이어〕 (잠을) 자기 시작하다. (잠이) 들다.

『**고려대한국어대사전**』 ①(무엇이 어떤 대상을) 만들거나 구성하는 주된 요소로 작용하다. (…) ④('못', '못하다' 따위의 부정어와 함께 쓰여) (사람이 잠을) 자기 시작하다.

이런 뜻풀이는 한 단어가 어떤 환경에서 어떤 단어와 주로 어울리는지를 제시함으로써 이용자가 언어 사용 환경을 정확하게 파악하고 이를 언어 학습에 적용하는 데 도움을 줄 수 있다. 이 과정에서 뜻풀이를 뒷받침하는 용례를 제시하는 것은 필수적이다. 실제 언어 사용 자료에서 확인되는 용례가 정교한 뜻풀이를 가능하게 하고, 정교한 뜻풀이를 용례가 뒷받침하면서 언어 학습을 돕는 것이다.

"세월이 흘러 어휘를 가져올 당시의 뜻과 달라졌는데도 여전히 사전에 옛 뜻풀이가 올라 있는 경우도 있습니다. 『표준국어대사전』은 '간담회'(懇談會)를 '정답게 서로 이야기를 나누는 모임'이라고 풀이했는데 과연 그럴까요? '친밀하고 진지하게 이야기하면서 서로의 의견을 나누는 모임'이라는 『고려대한국어사전』의 풀이가 현재 '간담회'의 의미에 더 가깝다는 것입니다"[10]와 같은 비평은 결국 용례에 근거해 뜻을 기술하는 방법론이 기본이 되어야 함을 말해 준다. 특히 다양성을 존중하는 시대일수록 언어 사용자의 언어 감정을 정확하게 파악하는 것이 중요해지는 만큼, 특정 표현의 사용 환경과 감정적 효과를 정밀하게 기술하는 것은 사전 편찬자의 과제가 될 것이다.

21세기 들어 종이 사전이 몰락하고 웹 사전의 시대가 열리면서 이러한 사전 편찬 방법론은 더욱 빛을 발했다. 분량을 제한할 필요가 없는 웹의 특성상 종이 사전에서는 상상할 수 없을 만큼 충분하게 용례를 제시하고, 단어의 사용 환경을 충실하게 풀이할 수 있기 때문이다. 특히 2016년 웹 사전으로 개통한 『우리말샘』은 분량의 제한이 없는 웹 사전의 장점을 잘 보여 준다. 『우리말샘』은 100만 개의 올림말로 출발했고 신어를 지속적으로 등록하면서 그 올림말이 계속 증가하고 있다. 웹상에서 발견되는 모든 말이 올림말의 대상이 되고, 사용자가 편찬자로서 참여해 올림말을 제안하고 풀이하는 게 가능해지면서, 사전의 규모는 지속적으로 확대되고 그 풀이는 지금보다 더 다양해질 것이다.

이렇게 변화한 현실에서 국어사전의 미래는 밝은가? 종이 사전의 몰락을 안타까워했던 사람들은 국어사전의 미래를 비관적으로 본다. 국가 사전인 『표준국어대사전』의 간행 후 민간 사전의 몰락을 안타까워했던 사람들 역시 국어사전의 미래를 비관적으로 본다. "사전 편찬자의 권한은 막강하다. 어떤 단어를 선택하고 배제할지, 그 단어를 어떻게 정의할지를 결정한다. 그 권한을 국가가 독점하는 것은 시대착오적이고 위험하다"[11]는 비평은 다양성이 사라진 사전 생태계의 파괴를 우려한 것이다.

표준과 규범이 중요했던 시대에 국가의 개입을 통한 국어사전의 출판은 분명 효율적인 측면이 있었다. 그리고 막대한 돈과 인력을 필요로 하는 대사전 편찬의 경우 국가의 개입은 사전의 질적 수준을 높이는 데 기여했다. 그러나 이러한 긍정성에도 불구하고, 국가가 직접 편찬에 개입함으로써 국어사전의 가능성이 줄어드는 게 현실이라면, 지금은 표준을 제시한다는 명분으로 개입한 국가의 진퇴를 진지하게 고민할 때인 것이다. 국가의 역할에 대한 고민과 함께.

8장 세계에 한글을 알리자—

한국어 세계화의 연대기

근대 초, 한글을 세계에 알리겠다는 열망은 세계와 연대해 민족의 위기를 타개하겠다는 열망과 맞물려 있었다. 김규식은 미국에서, 이극로는 독일에서, 한글과 한국어를 알리며, 조선이 독자적인 문화를 가진, 그래서 독립 국가를 유지할 자격이 있는 민족임을 강조했다. 이때 해외 한국인 공동체에서 한글과 한국어를 교육하는 일은 민족의 정체성을 유지하려는 몸부림이면서 한국인 공동체의 존재를 세상에 알리는 일이었다.

한글과 한국어를 알리는 일이 정치, 경제, 사회, 문화적 교류의 차원에서 이루어진 것은 한국이 경제 개발을 본격화한 시점부터다. 이는 한국어 교육을 체계화하는 역사와 맞물려 있는데, 전문적인 한국어 교육 기관의 설립은 그 시작이었고, 한국어를 배우는 세계인을 대상으로 한국어능력시험을 실시한 것은 새로운 전환점이었다. 한국어를 배우려는 수요가 폭발적으로 증가하면서 한국어의 세계화라는 목표는 한국어 문화 권역의 확대라는 개념으로 구체화되었다.

1900년
김규식, 미국 대학의 학보에 한국어론을 발표하다

1900년 5월 「The Korean Language」라는 글이 『로녹 대학 학보』(Roanoke Collegian)에 실렸다. 이 글을 쓴 이는 19세의 한국인 유학생 김규식(金奎植, 1881~1950). 김규식은 한국을 궁금해하는 동료 학생들에게 한국어에 대해 설명하며 동방의 낯선 나라 한국을 알렸다. 김규식은 한국어가 인구어(印歐語: 인도에서 유럽에 걸친 지역에서 쓰이는 언어)와 어떻게 다른지 그리고 한국어가 중국어나 일본어와는 어떤 차이가 있는지를 중심으로 우리말의 역사, 문자, 서사법, 문법 구조 등을 설명했다.

19세기 말과 20세기 초에 조선에서 선교 활동을 하던 서양 선교사 중에는 한국어 문법서를 편찬하며 한글과 한국어의 특성을 상세히 기술한 이들이 있었다. 김규식은 이들의 연구를 참조하여 글을 썼을 것이다. 그러나 이러한 성과는 결국 외부인의 시선으로 본 한글과 한국어의 모습이었다. 그런 점에서 김규식은 종합적인 우리말 구조론을 쓴 최초의 한국인이라 할 수 있다. 김규식은 한국어를 어떻게 설명했을까?

> 라틴어나 희랍어보다 더 종합적이므로, 한국어(韓國語)는 접두사나 접미사가 아주 적다는 것은 짐작할 수 있다. 동사, 명사, 대명사, 형용사, 부사, 전치사, 접속사는 전부 어미로 혹은 어미에 의하여 변화한다. 동사는 라틴어처럼 활용하며, 그 어미에 의하여 서법과 시칭의 차이를 보인다. 그러나 인칭과 수는 동사 그 자체로 표시되지 않고 수반하는 대명사나 명사

의 어미로 표시된다. 명사나 대명사의 변화는 라틴어처럼 6격을 갖고 있다. 형용사나 부사의 비교급은 접두사로 형성되는데, 같은 어근에 붙이는 접미사로 구별할 수 있다. 이 언어에 전치사는 없으나, 그 관계는 어미로써만 표시된다. 접속사는 그 자체가 다른 단어나 절에 덧붙는 외에 접미사를 갖고 있다.

— 김규식, 「한국어론」(The Korean Language), 1900.[1]

김규식은 서구 문법과 비교하며 우리말 문법의 체계를 설명하고 그 구체적 특징을 설명하고 있다. 한국어에서 대부분의 문법적 역할을 어미로 표시한다는 그의 설명은 한국어 문법의 핵심을 꿰뚫는다. 19세에 불과했던 김규식은 어떻게 이런 글을 쓸 수 있었을까? 한국어를 말할 수 있는 사람은 많았지만 이를 대상화해 설명할 수 있는 사람은 드물었던 시절, 선교사 언더우드(H. G. Underwood, 1859~1916)와의 만남은 김규식이 한국어를 객관적 대상으로 사고할 수 있는 결정적 계기가 되었을 것이다.

김규식은 어린 나이에 언더우드 학당에서 신교육을 받았다. 김규식이 언더우드 목사와 인연을 맺은 건 그의 가정에 닥친 비극 때문이었다. 김규식이 네 살 되던 해 그의 아버지 김지성은 유배를 떠났고, 여섯 살 되던 해 어머니가 세상을 떠났다. 친척집을 전전하던 중 아버지마저 세상을 떠나자 김규식은 언더우드 목사의 집에서 성장하였다.

언더우드 목사가 누구인가? 1890년에 『한영문법』(韓英文法; An Introduction to the Korean Spoken Language)을 저술하고, 『한영ᄌᆞ뎐』(韓英字典; A Concise Dictionary of the Korean Language in Two Parts Korean-English & English-Korean)을 편

ㄱ

ㄴ

ㄱ. **김규식** 1897년 입학 당시, 로녹 대학 소장
ㄴ. **김규식(아랫줄 왼쪽 끝)** 1903년 졸업 사진, 로녹 대학 소장

찬한 인물이었다. 언더우드 밑에서 공부하며 재능을 꽃피우던 김규식은 16세 되던 1897년에 언더우드의 지원으로 미국 버지니아주 로녹 대학 예과에 입학하였다.

김규식은 청소년기부터 서양 선교사들의 연구 성과를 접했을 것이며, 신교육을 받는 학생으로서 갑오개혁 이후부터 활성화된 국어 문법 연구의 문제의식을 공유하고 있었을 것이다. 그가 미국에서 발표한 「한국어론」에는 오랜 시간 한국어를 관찰한 관찰자의 시각과 한국인으로서 한국어의 의미를 숙고했던 내부자의 시각이 교차하고 있다. 그는 한글에 대해 다음과 같이 설명했다.

> 한국어의 자모는 한 음을 나타내는 25개의 표음문자로 구성되어 있다. 이 25자는 시차적 기호(distinct symbols: 한 글자를 다른 글자와 구별해 주는 기호)를 가진 13개의 자음과 각각 다른 점 및 선의 위치로 표시된 12개의 모음으로 구분된다. 실상 이 점에서 한국 문자는 다소 영문 속기(速記, shorthand)와 부합된다. 이 표음문자의 조직은 직접 범자(梵字)에서 유래한 것이다.

흥미롭게도 김규식은 한글이 영문 속기와 유사하다고 봤다. 영문 알파벳과 유사하다고 하지 않고 왜 영문 속기와 유사하다고 했을까? 속기를 위한 문자의 특성, 즉 문자 간의 공통점과 차이점이 분명히 드러나는 특성에 주목했기 때문이다. 김규식은 한글을 시차적 기호로 설명한 최초의 인물이기도 하다. 한글은 어떤 점에서 시차적 기호인가? 예를 들어, 자음 글자인 'ㄱ'과 'ㅋ'은 두 글자의 공통점을 'ㄱ'으로 그 차이점을 '-'의 있고 없음으로 보여 준다. 이 점이 시차적 기호의 특징인 것이다. 모음 또한 'ㅣ'와 'ㅡ'의 선에 상하좌우로 점을 붙여 글자를 구분한다. 김규식은 가장 경제적으로 글자를 구별하여 쓰기의 속도를 최대로 높이는 속기 문자를 처음 접하며, 한글의 특성을 새롭게 발견했던 것이다.

영국의 언어학자 제프리 샘슨(Geoffrey Sampson)은 한글의 '자질문자'(資質文字, featural system)•적 특성을 포착해 설명한 인물로 널리 알려져 있다. 그는 자신의 저서인 『Writing System』(1985)에서 한국어 음운의 '변별적 자질'이 한글의 글자에 반영되었다는 점을 설명하기 위해 한글을 '자질문자'로 설명했다. 샘슨의 설명은 해례본 『훈민정음』에서 밝힌 한글의 제자 원리에 대한 기존의 연구를 바탕으로 한 것이었다. 그러나 김규식은 『훈민정음』이 발견되기 전이라 한글의 제자 원리를 명확하게 알 수 없었던 상태에서, 오직 영문 속기를 접한 경험을 바탕으로 한글의 자질문자적 특성을 포착했다. 짧지만 예리한 그의 설명에 특별히 주목해야 하는 이유가 여기에 있다.

이에 더해 김규식은 세계 문자사의 차원에서 한글의 기원을 설명하려고 시도하는데, 한글의 조직이 범자, 즉 고대 인도 문자에서 유래했다는 설명이 그것이다. 그 근거를 밝히고 있지는 않지만, 한글 기원설이 다양했던 만큼 김규식은 범자 기원

• 자질문자(資質文字)
자질문자는 문자가 나타내는 소리의 특성이 그 문자의 모양에 체계적으로 반영되어 있는 문자 체계이다. 이런 점에서 한글은 대표적인 자질문자인데, 예를 들어, '입술소리'라는 조음 위치 자질은 'ㅁ'과 'ㅂ'에서 볼 수 있듯이 형태상 유사성으로 나타나고, '거센소리'라는 조음 방법 자질은 'ㄱ, ㅋ', 'ㄷ, ㅌ'에서 볼 수 있듯이 예시소리(ㄱ, ㄷ)에 획을 더하는 방식으로 나타난다. 이처럼 같은 계열의 소리를 나타내는 문자를 그 모양에서도 공통성을 보이도록 설계한 것이 자질문자로서 한글의 특징이다. 이는 같은 계열의 소리를 나타내는 알파벳 'm'과 'p', 'g'와 'k', 'd', 't'가 문자 모양에서 아무런 공통성을 보이지 않는 것과 대비된다.

설을 가장 합리적인 것으로 판단했음을 알 수 있다. 범자 기원설에 대한 설명은 한글 자모의 운용법에 대한 설명으로 이어진다.

> 이 25자는 합쳐서 한 음절표인 191개의 단순한 음절의 표가 되는데, 이 음절표는 7세기 중엽에 신라 왕조의 설총이라는 재상에 의하여 처음으로 범자(梵字)에서 도입되었으며, 15세기 초에 조선의 가장 유능한 학자 성삼문에 의해 완성되었다. 이것은 반절이라고 하며, 우리 것을 모방한 것으로 믿어지는 일본의 가나 50음표에 해당한다. 처음에 읽고 쓰기를 배우는 아이는 이 음절표를 마음, 귀, 눈, 손으로 암기하지 않으면 안 된다. 이것이 익숙해지면 단어나 한 자음 이상의 음절을 만들기 위해서 하나나 그 이상의 음절을 합치는 법을 배운다. 가령 '각'(käk)이라는 음절은 영어에서처럼 'k-a-k'이라고 줄이지 않고 읽는 대신에, 'ㄱ'(k)음을 '가'(kä)에 붙여 '각'(käk)을 만든다.

한글 자모를 모아서 음절을 만드는 법을 보여 주는 음절표가 범자에서 유래했고 이를 도입한 인물이 설총이라는 설명은 흥미롭지만 근거는 없다. 다만 음절표, 즉 반절표로 한글을 익히는 교육 방식을 설명하고, 일본 가나 50음표가 이 음절표를 모방한 것임을 단언하는 데서 한글의 역사에 대한 자부심을 읽는 건 어렵지 않다. 그런데 김규식의 설명에서 가장 두드러진 것은 비교의 관점이다. 김규식은 이러한 비교의 관점을 한글 쓰기의 방식을 설명하는 데서 일관되게 유지한다.

아주(亞洲) 제어(諸語)는 구두점이 없다. 대문자, 휴식부, 종지부, 의문부, 인용부 등이 다 없다. 단어, 구, 문 등은 말할 때에 분명히 구별되나, 쓸 때는 구별이 없다. 모든 것을 앞뒤 문맥에서 얻는다. (…) 그래서, 동양 문장에서는 단어와 문을 한 눈으로 구별하기 곤란하다. 이것은 이상하게 여겨질지 모르나, 모든 것을 간단하게 한다. (…) 우리 동양인이 수평적으로 가로 읽거나 쓰지 않고, 수직적으로 위에서 아래로 읽는다는 것은 누구나 다 알고 있다고 생각된다. 우리는 또 좌측에서 우측으로 계속하지 않고, 우측에서 좌측으로 읽는다. 나는 미국인이 한국 책을 집었을 때, 또는 한인이 미국 책을 집었을 때에 처음부터 시작하지 않고 끝에서부터 시작하는 것을 자주 보았다. 어떤 사람은 영어처럼 펜으로 쓰지 않고 붓으로 쓰는 것이 매우 더디다고 생각한다. 그러나 우리는 영문보다 더 빨리 쓸 수 있는 초서라는 것이 있다.

김규식은 음절 단위로 모아쓰기를 하는 한글의 특성을 영어의 풀어쓰기 방식과 비교하면서도 어느 한쪽의 우월함을 이야기하지 않는다. 문장부호가 없고 띄어쓰기도 하지 않고 가로쓰기가 아닌 세로쓰기를 하는 한글의 특성을 이야기하면서도, 이를 동양과 서양의 차이로 파악할 뿐 어느 한쪽의 우월성을 이야기하지 않는다. 이러한 김규식의 태도는 당시 어문학자들이 서구어 정서법의 우월성과 편리성을 강조하며, 극단적으로는 영어식 풀어쓰기로의 문자 개혁을 주장했던 것과 비교된다.

이상의 내용을 볼 때, 김규식이 미국 학생의 질문에 대답하는 형식으로 쓴 「한국어론」은 한국어와 한글의 특성을 종합적으로 정리한 최초의 논의라 할 수 있다. 역사비교언어학적 관점에서 한국어의 계통, 음운 및 문법 구조 등의 특성을 설명한 점, 다른 언어와 한국어를 비교하면서 한국어의 음운 및 문법 구조의 특성을 지적한 점, 문자론과 문자사적 관점에서 한글의 특성과 위상을 분명히 한 점 등에서 김규식의 언어학적 식견을 확인할 수 있다.

김규식은 미국 유학 생활 중 발표했던 「한국어론」을 귀국 후에 더 구체화하여, 1908년에는 『대한문법』을 저술하였다. 『대한문법』에서 김규식은 한국어를 우랄-알타이어의 하나로 보면서 북방 언어와 남방 언어의 유입을 통해 한국어가 형성되었다고 논하였다. 이는 선교사 헐버트(Homer Hulbert)의 견해에 영향을 받은 것이었지만, 여러 서양 학자의 견해 중 하나를 선택한 후 부여계 언어와 삼한계 언어가 통일신라 시대에 융합되어 중세어로 이어진다는 설명을 덧붙인 것은 그의 탁견이라 할 만하다. 이처럼 계통적 관점에서 한국어의 기원을 파악한 김규식의 견해는 민족 형성의 관점에서 한국어의 기원을 파악했던 유길준, 주시경 등의 견해와는 다른 것이었다.

김규식은 문법의 역할이 단순히 규범을 제시하는 데에 머물지 않고, 언어 현상을 객관적으로 파악하여 그 규칙을 세우는 것임을 강조했다. 그는 '언어의 변화에 따라 문법이 바뀌고 문법을 따르기 위해 현행의 언어를 옛 문법으로 되돌릴 수 없다'는 점을 분명히 했다. 또한 '문법 규칙은 일반적으로 사용하는 추세를 따라 정한다'라는 점을 밝히면서, 문법 기술의 대상이 되는 언어가 일반적으로 사용되는 언어여야 함을 분명히 했다. 이는 표준어의 기준을 제시하고 문법 기술의 대상을 밝힌 것으로 평가할

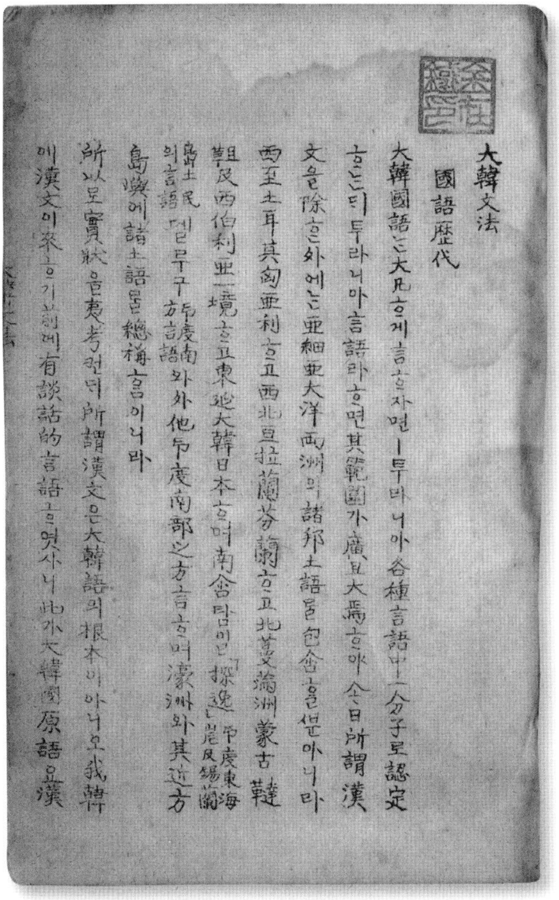
大韓文法
國語歷代
大韓國語ᄂᆞᆫ大凡ᄒᆞ게言ᄒᆞ자면 ㅣ투라니아各種言語中一分子로認定ᄒᆞᄂᆞ니 투라니아言語라ᄒᆞ면其範圍가廣ᄒᆞ고大焉ᄒᆞ야今日所謂漢文을除ᄒᆞᆫ外에ᄂᆞᆫ亞細亞大洋兩洲의諸邦土語를包含ᄒᆞᆯ뿐아니라西至土耳其匈亞利ᄒᆞ고西北至拉蘭芬蘭ᄒᆞ고北至滿洲蒙古韃靼及西伯利亞一境ᄒᆞ고東至大韓日本ᄒᆞ며南含타미르「探逸」印度東海島土民의言語텔루구印度南外外他印度南部之方言ᄒᆞ며濠洲와其近方島嶼에諸土語를總稱ᄒᆞᆷ이니라
所以로實狀을更考컨ᄃᆡ所謂漢文은大韓語의根本이아니오我韓에漢文이來ᄒᆞ기前에有談話的言語ᄒᆞ얏ᄉᆞ니此가大韓國原語오漢

『대한문법』 김규식, 1908, 국립한글박물관 소장

수도 있지만, 문법의 본령이 언어 현상을 기술하는 데 있다는 생각을 구체화했다는 데서도 의의를 찾을 수 있다.

김규식이 남긴 국어학 업적은 그리 많지 않다. 미국 유학 시절 발표했던 「한국어론」과 귀국 후 저술했던 『대한문법』이 전부다. 그러나 초기 국어학자로서 그가 보였던 언어관과 국어학적 문제의식은 국어학사에서 중요한 의미를 지닌다. 특히 어문민족주의를 우리말 연구의 사상적 기반으로 삼을 수밖에 없었던 시대 상황에서 우리말과 한글을 객관적으로 기술하고자 했던 노력, 우리말을 기획하여 우리말의 발전 방향을 제시해야 한다고 믿었던 근대 어문학자들의 틈새에서 언어 현상을 있는 그대로 파악하여 기술하는 것의 중요성을 강조한 점은 새롭게 평가할 부분이다. 이러한 언어관과 국어학적 문제의식은 대의를 따르되 이념에 경도되지 않았고, 희망을 간직하되 현실을 직시하고자 했던 그의 정치적 태도를 연상케 한다.

1923년
이극로, 한글과 한국어를 알리며 일제 강점의 부당성과 조선 독립의 정당성을 알리다

1920년대 독일 베를린 대학에서 유학한 이극로는 경제학을 전공해 1927년 박사 학위를 받았다. 귀국 후 1928년 조선어학회에 가입했고 1929년 조선어사전편찬회를 조직하여 사전 편찬 사업을 주도했다. 어쩌면 조선인 최초의 경제학 박사였을 이극로는 왜 경제학과 별 상관이 없는 조선어 연구에 뛰어들었을까? 경제학자에서 조선어 연구자로의 전환은 뼛속까지 민족주의자였던 이극로였기에 선택할 수 있는 길이었다.

이극로는 일본의 경제 체제에 완전히 편입된 조선에서 자신이 배운 경제학은 조선 민족을 위한 도구로 사용될 수 없다고 생각했다. 이런 이유로 조선어 연구라는 새길을 모색한 이극로였지만, 그는 사실 독일로 유학을 떠나기 전부터 조선어를 연구하고 정리하는 일이 민족의 생존과 발전에 필요한 일이라는 생각을 가지고 있었다. 그는 자신의 회고록에서 우리말 연구의 계기가 되었던 일화 하나를 들려준다.

> 나로서는 그때 압록강 항로(航路)에서 얻은 느낌이 중대한 것을 이제 다시 인식하게 되는 것이 있다. 그것은 그때에 느낌이 내가 조선어 연구에 관심하게 된 첫 출발점이오, 또 조선어 정리로 '한글 맞춤법 통일안'과 '외래어 표기법 통일안'과 '표준어 사정'과 '조선어 대사전 편찬' 등의 일에 전력(全力)을 바치게 된 동기이다. 이 항행(航行) 중에 하루는 일행이 평북 창성 땅인 압록강 변 한 농촌에 들어가서 아침밥을 사서 먹는데 조선 사람의 밥상에는 떠날 수 없는 고추장이 밥상에 없었다. 일행 중의 한 사람이 고추장을 청하였으나 고추장이란 말을 몰라서 그것을 가지고 오지 못한다. 그래서 우리는 여러 가지로 형용을 하였더니 마지막에는 "옳소 댕가지장 말씀이오" 하더니 고추장을 가지고 나온다. "사투리로 말미암아 일상생활에 많이 쓰이는 고추라는 말을 서로 통하지 못하니 얼마나 답답한 일일까." 표준어 사정은 이십오 년 후에 와서 문제를 삼아 해결하게 되었으니 우리는 국어에 대한 관심이 일

반으로 부족한 것을 아니 느낄 수 없다.

— 이극로, 『고투 사십년』(苦鬪四十年), 1947.

이극로가 한일 병합 후 독립운동에 뜻을 두고 간도로 향할 때의 일화이다. 그는 표준어 규범의 필요성을 강조하기 위해 이 이야기를 꺼낸 것이지만, 이 일화에는 말의 표준을 세우지 못한 것에 대한 답답함과 부끄러움이 있다. 보통 사람들은 '말이 이렇게 지역마다 다르구나!'라고 생각하며 넘겼을 일을 그는 '말이 이렇게 지역마다 다른데도 표준을 세우지 않았으니 이 얼마나 한심한 일이야!'라고 생각했던 것이다. 이 답답함과 부끄러움은 민족어의 표준화가 곧 민족정신의 통일이고 민족문화의 발전이라는 믿음에서 비롯한 것이었다. 이러한 문제의식은 독일 유학 시절에 더 구체화되었다.

식민지 조선에서 온 유학생 이극로는 1923년 조선어 강좌가 없었던 베를린 대학 동방학부에 조선어 과목을 개설할 것을 건의했다. 중국어와 일본어 강좌는 있는데 조선어 강좌가 없는 것에 자존심이 상했던 것이다. 그리고 대학 당국을 설득하기 위해 3년간 무보수 강사 생활을 자청했다. 그가 어떻게 우리말을 가르쳤는지 알 수는 없지만, 그리고 해외에서 우리말을 가르쳤을 인물은 이극로 이전에도 여럿 있었겠지만, 이극로가 외국어로서의 한국어 교육 방법론을 고민하고 한국어의 국제화를 위해 노력한 최초의 국어학자임은 분명하다.

그는 회고록 『고투 사십년』에서 이 시절을 회상하면서, 조선어를 배우는 독일 학생들로부터 '당신네 말은 어째서 철자법도 통일되지 않고 사전도 없느냐'는 말을 듣고 부끄러움을 느꼈다고 했다. 이국땅 독일에서 그것도 식민 지배를 받는 민족의 일개 유학생으로서 이극로가 느꼈을 부끄러움은 압록강 변에서 느꼈던 부끄러움과는 다른 차원의 부끄러움이었을 것이다. 상처받은 민족적 자존심은 조선을 제대로 알리겠다는 소명 의식으로 발전했다.

이극로는 독일 현지에서 한글 활자로 한글 서적을 인쇄할 계획을 세웠다. 이를 위해 독일 국립 인쇄소의 지원을 받아 냈으며, 중국에 망명 중인 김두봉에게 활자 한 벌을 받아 그것을 본떠 만든 활자로 베를린 대학 동방학부 연감에 「허생전」 몇 장을 인쇄했다. 박사 학위를 받은 후에는 프랑스의 언어학자 페르디낭 브뤼노(Ferdinand Brunot)의 구술 아카이브(Archives de la Parole) 작업에 참여하여 한글 창제의 내력과 조선어의 자모음을 설명하는 육성 녹음을 남겼다. 그가 한 녹음은 1928년 5월 프랑스 소르본 대학 인류학 팀과 녹음한 자료로, 현재 프랑스 국립도서관에 2종이 남아 있는데 그중 하나가 한글에 대한 소개이다.•

• 1928년 이극로 선생의 육성 녹음.

조선 글씨와 조선 말소리

이제 쓰는 조선 글씨는 조선 임금 세종이 서력 1443년에 대궐 안에 정음궁을 열고 여러 학자로 더불어 연구하신 끝에 온전히 과학적으로 새로 지으신 글씨인데 서력 1446년에 안팎에 되었습니다. 이 글씨는 홀소리 열한 자와 닿소리 열일곱 자로 모다 스물여덟 자올시다. 그 뒤에 점점 변하야 닿소리 석 자가 줄었고 홀소리는 그대로 있으되 한 자는 아주 그르게 읽어서 '아래아 자'라 합니다. 이 자는 이제 말소리에 쓰일 필요가 없으므로 점점 없어져 갑니다.

이극로는 먼저 한글 창제의 역사를 이야기한다. 그리고 한글 창제 당시 28자였던 글자에서 자음 3자(ㆆ, ㅿ, ㆁ)가 없어지고 모음은 1자(아래아, ㆍ)가 없어지는 중이라 설명한다. 이러한 개괄적인 설명이 끝난 후에는 조선어의 모음과 자음을 다음과 같이 발음하며 그 발음의 실체를 기록하였다.

> 요사이에 쓰이는 글씨는 아래와 같습니다. "아, 야, 어, 여, 오, 요, 우, 유, 으, 이, 그, 느, 드, 르, 므, 브, 스, 으, 즈, 츠, 크, 트, 프, 흐" 이제 조선말에 쓰이는 소리를 소리갈의 결대로 보자면 아래와 같습니다. 홀소리 'ㅏ, ㅓ, ㅗ, ㅜ, ㅐ, ㅔ, ㅣ, ㅡ', 홀소리의 거듭 'ㅑ, ㅕ, ㅛ, ㅠ, ㅒ, ㅖ, ㅘ, ㅝ, ㅙ, ㅞ, ㅟ, ㅢ' 이 소리들의 본보기를 말에서 들겠습니다. "ㅏ, 간다, 잘자", "ㅓ, 너 저것", "ㅗ, 돈도 좋고", "ㅜ, 두루 눈" (…) 닿소리 "그 끄 크 응 드 뜨 트 는 스 쓰 즈 쯔 츠 브 쁘 프 음 르 흐"

이극로가 아카이브에 남긴 기록은 단순하지만, 한국어의 자음과 모음 체계를 보여 주고 이 소리가 어떤 단어를 이루는지 그 본보기를 통해 한국어의 실체를 보여 준다는 점에서 의미가 있다. 그가 한글 창제의 내력과 한국의 자모음을 설명하기로 했을 때 그는 무슨 생각을 했을까? 식민 지배를 받는 조선이 사라질 수도 있다는 두려움에 우리말이라도 그 기록을 남겨야 한다고 생각했을까? 아니면 세계 문화의 중심인 유럽의 한복판에 조선어와 한글에 대한 기록을 남겨 우리말과 글의 존재를 널리 알려야 한다고 생각했을까? 베를린 대학 동방학부 연감에 「허생전」

몇 장을 인쇄하기 위해 한글 활자를 백방으로 구했던 그 정성을 생각하면, 유학 생활 내내 그 두 가지 생각이 그의 머릿속을 떠나지 않았을 것이다.

이극로가 조선어와 한글을 알리고자 했던 활동은 일제 강점의 부당성과 조선 독립의 정당성을 세상에 알리고자 분투했던 활동과 맞물려 있었다. 이극로는 1927년 2월 벨기에 브뤼셀에서 열린 '세계피압박민족대회'(International Congress against Colonial Oppression and Imperialism)에 김법린(金法麟, 1899~1964), 이미륵(李彌勒, 1899~1950), 황우일(黃祐日) 등과 함께 조선 대표로 참가하였다. 그들은 일제의 조선 침탈이 부당함을 알리고 조선 독립의 정당성을 호소하며 상해 임시정부를 승인할 것을 요구했다. 이 대회에서 각국 대표와 기자들에게 배포한 「한국의 문제」(The Korean Problem)라는 문건은 다음 말로 시작한다.

> 역사가 시작된 이래로 먼 옛날부터 한국은 한민족, 즉 고대 우랄 알타이의 민족에 속했는데 이 종족은 중국 민족이나 일본 민족과는 직접적인 관계가 없는 것으로 여겨진다. 한민족은 4천 년 이상 내정과 외교 정책 양면에서 지속적인 자유를 누려 왔다. 그들은 자신들만의 문화를 창조하여 발전시키고, 외국 문화를 흡수하고, 그리고 자신들의 문화를 인접 국가들에게 전달할 줄 알았다.[2]

이 글은 이극로가 썼을 것으로 추정[3]된다. 그런 점에서 이 문건의 첫 문장에서 한민족을 우랄 알타이 민족으로 규정하며 한민족이 중국 민족이나 일본 민족과 직접적인 관계가 없다고 한

ㄱ

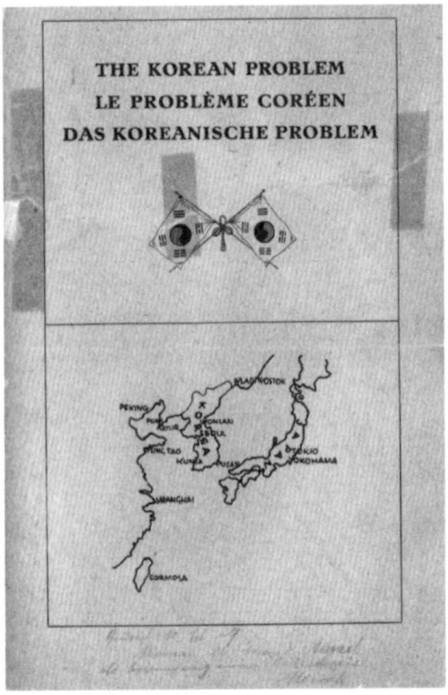

THE KOREAN PROBLEM
LE PROBLÈME CORÉEN
DAS KOREANISCHE PROBLEM

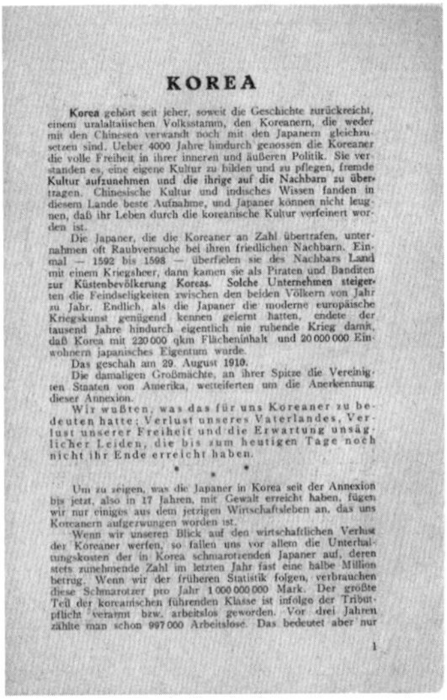

KOREA

Korea gehört seit jeher, soweit die Geschichte zurückreicht, einem uralaltaiischen Volksstamm, den Koreanern, die weder mit den Chinesen verwandt noch mit den Japanern gleichzusetzen sind. Ueber 4000 Jahre hindurch genossen die Koreaner die volle Freiheit in ihrer inneren und äußeren Politik. Sie verstanden es, eine eigene Kultur zu bilden und zu pflegen, fremde **Kultur aufzunehmen und die ihrige auf die Nachbarn zu übertragen.** Chinesische Kultur und indisches Wissen fanden in diesem Lande beste Aufnahme, und Japaner können nicht leugnen, daß ihr Leben durch die koreanische Kultur verfeinert worden ist.

Die Japaner, die die Koreaner an Zahl übertrafen, unternahmen oft Raubversuche bei ihren friedlichen Nachbarn. Einmal — 1592 bis 1598 — überfielen sie des Nachbars Land mit einem Kriegsheer, dann kamen sie als Piraten und Banditen **zur Küstenbevölkerung Koreas. Solche Unternehmen steiger**ten die Feindseligkeiten zwischen den beiden Völkern von Jahr zu Jahr. Endlich, als die Japaner die moderne europäische Kriegskunst genügend kennen gelernt hatten, endete der tausend Jahre hindurch eigentlich nie ruhende Krieg damit, daß Korea mit 220 000 qkm Flächeninhalt und 20 000 000 Einwohnern japanisches Eigentum wurde.

Das geschah am 29. August 1910.

Die damaligen Großmächte, an ihrer Spitze die Vereinigten Staaten von Amerika, wetteiferten um die Anerkennung dieser Annexion.

Wir wußten, was das für uns Koreaner zu bedeuten hatte: Verlust unseres Vaterlandes, Verlust unserer Freiheit und die Erwartung unsäglicher Leiden, die bis zum heutigen Tage noch nicht ihr Ende erreicht haben.

* * *

Um zu zeigen, was die Japaner in Korea seit der Annexion bis jetzt, also in 17 Jahren, mit Gewalt erreicht haben, fügen wir nur einiges aus dem jetzigen Wirtschaftsleben an, das uns Koreanern aufgezwungen worden ist.

Wenn wir unseren Blick auf den wirtschaftlichen Verlust der Koreaner werfen, so fallen uns vor allem die Unterhaltungskosten der in Korea schmarotzenden Japaner auf, deren stets zunehmende Zahl im letzten Jahr fast eine halbe Million betrug. Wenn wir der früheren Statistik folgen, verbrauchen diese Schmarotzer pro Jahr 1 000 000 000 Mark. Der größte Teil der koreanischen führenden Klasse ist infolge der Tributpflicht verarmt bzw. arbeitslos geworden. Vor drei Jahren zählte man schon 997 000 Arbeitslose. Das bedeutet aber nur

1

ㄴ

ㄱ. **1927년 세계피압박민족대회에 파견된 이극로** 왼쪽부터 황우일, 허헌, 김법린, 가타야마 센, 이미륵, 이극로. 『조선일보』 1927년 5월 14일자 기사

ㄴ. **「한국의 문제」**(The Korean Problem) 독립기념관 소장. 1927년 2월 10일부터 14일까지 벨기에 브뤼셀에서 열린 세계피압박민족대회에 참가했던 한국 대표단이 각국 대표와 신문기자들에게 배포한 문건으로, 한국 대표단의 일원이었던 이미륵이 소장했던 것이다.

것은 의미심장하다. 한국어가 중국어나 일본어와 달리 우랄·알타이어족에 속한다는 언어 계통론을 한민족의 정치, 외교, 문화적 독립성을 밝히는 근거로 활용했다고 볼 수 있기 때문이다. 일제 강점의 부당성과 한국 독립의 정당성을 호소하는 글의 첫 문장에서 이극로는 왜 우랄·알타이어족설을 환기했을까? 이극로에게는 조선이 일본과 다른 언어를 쓰고 다른 문자를 쓰는 민족임을 알리는 일이 조선 독립의 정당성을 알리는 일의 시작이었던 것이다.

이처럼 이극로는 식민 지배를 받는 민족의 위기에 맞서 조선어를 알리고 남기는 활동을 시작했고, 이 과정에서 조선어 학자이자 민족어 운동가로서의 목표를 구체화하였다. 한글 맞춤법과 외래어 표기를 통일하는 것, 표준어를 정하는 것, 그리고 이를 토대로 조선어 사전을 편찬하는 것에 대한 문제의식은 압록강 변의 한 농가에서 싹텄지만, 그 싹은 베를린 대학에서의 조선어 강의, 한글 서적 인쇄, 한글과 조선어를 유럽에 소개하는 구술의 경험 속에서 잎을 내고 줄기를 세웠다. 그런 점에서 이극로의 삶이 경제학자에서 언어학자로 전환된 것은 예고된 운명 같은 것이었다.

이극로는 독일, 프랑스, 영국의 권위 있는 음성학자들과 교류하면서 음성학의 이론과 실제를 체계적으로 습득하였다. 독일에서 경제학 박사 학위를 받은 후 영국으로 건너가, 당시 음성학의 최고 권위자로 국제음성기호(IPA)를 제안한 바 있는 대니얼 존스 교수를 방문하여 조선어 음성에 대한 의견을 교환하던 것에서 그의 학문적 열정과 지향을 가늠해 볼 수 있다. 이극로는 유럽 유학 시절 실험음성학을 익히고, 이후 이를 우리말 연구에 적용한 『실험 도해 조선어 음성학』(1947)을 저술하였다. 우리말 규범

ㄱ

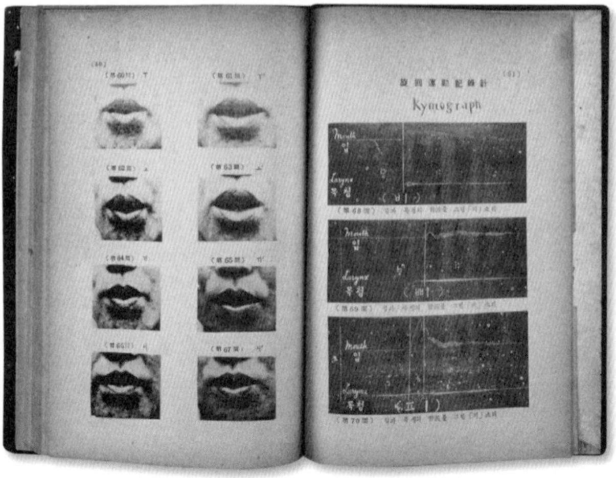

ㄴ

ㄱ. **이극로** 출처–한국민족문화대백과사전

ㄴ. **『실험 도해 조선어 음성학』** 이극로, 1947, 국립한글박물관 소장

화 사업에서 이극로의 위상을 고려하면, 그가 유럽에서 한 연구가 조선어의 특성을 객관화하고 보편타당한 외래어 표기법 통일안을 만드는 토대가 되었을 것임은 미루어 짐작할 수 있다.

1939년
대한인국민회, 재외 동포 국어 교과서의 정체성을 모색하다

1939년 6월 22일, 미국에서 결성된 독립운동 단체인 대한인국민회의 기관지 『신한민보』에 '국어 교과서 편찬회' 결성 소식이 실렸다. 이 기사는 국어 교과서의 편찬 원칙 및 계획을 다음과 같이 소개한다.

테제

1. 미주 한인 제2세를 가르칠 교과서의 정신은 미주 한인의 생활을 표준할 일.
2. 국문을 쓰난 법은 『한글 맞침법 통일안』을 표준할 일.
3. 한문 글자의 삽입은 제9권으로부터 비롯할 일.
4. 교과서 전부를 16권으로 정하고 매 권 40과 내외를 편찬하며 이를 매년 두 권을 읽어 4년에 마치게 할 일.

1939년에 16권의 국어 교과서를 편찬하겠다는 미주 한인 사회의 계획은 어떤 맥락에서 이루어진 것일까? 1939년 미주 한인 사회의 국어 교과서 편찬은 이주 초기부터 시작된 국어 교육 활동의 연장선에 있는 사업이었다.

1902년 하와이에 첫발을 디딘 한국인들은 1909년 국어 교과서를 출간할 정도로 민족 교육에 열정적이었다. 첫 교과서는 모국의 국어 교육에 활용되던 『유년필독』(幼年必讀)을 『국민독본』으로 제목만 바꿔 출판한 것이었지만, 1921년에는 대한인국민회에서 초등국민독습 편찬위원회를 꾸리고 초등 국어 교과서를 편찬했다. 1939년의 국어 교과서 편찬 사업은 이러한 흐름 속에 있었다. 다만 1909년에 간행한 국어 교과서는 교포 2세의 특수성을 전혀 고려하지 않은 것이었고, 1922년에 펴낸 교과서는 통일된 어문규범을 적용하지 못한 한계를 안고 있었다. 그런 점에서 1939년의 국어 교과서 개편은 이러한 한계를 극복한다는 의미가 있다. 이는 '테제'라는 제목 아래 제시된 국어 교과서 편찬 원칙에서 확인할 수 있다.

간명한 편찬 원칙이지만, 이 원칙에는 미주 한인들의 국가관과 교육관과 언어관이 담겨 있다. '조선어'라는 말 대신 '국어'를 쓴 데서는 독립국가 건설의 의지를, '교과서의 정신으로 미주 한인 생활의 표준'을 명시한 데서는 민족 정체성 유지의 의지를, 『한글 마춤법 통일안』을 표준으로 함을 명시한 데서는 우리말 규범화에 대한 의지를 읽을 수 있는 것이다. 미주 한인들의 의지는 자연스럽게 교과서 편찬의 이유를 설명해 준다. 대한인국민회의 1939년 국어 교과서 편찬은 교포 2세를 위한 국어 교과서의 정체성을 특별히 고려했다는 점에서, 민족어의 규범화에 발맞춰 기존의 교과서를 개정한다는 점에서 역사적 의미가 있었던 것이다.

「국어 교과서 편찬에 대하여」란 『신한민보』(1939. 6. 29.)의 논설은 이러한 의미를 분명하게 드러낸다. 이 논설에서는 교과서를 편찬하는 사람이 "참 재미 한인의 생활과 목적을 가져" 교과서의 정신을 구현해야 함을 강조하면서, 『한글 마춤법 통일안』을 표준으로 삼아 교과서를 편찬하는 것의 의미를 다음과 같이 설명하고 있다.

> 국문 쓰는 법을 『한글 맛침법 통일안』을 표준하자는 본의는 우리말을 법대로 쓰자는 것이니 여기 딸려 묻어가는 문제는 술어 사용이다. 만일 글자는 우리 글자를 쓰고 술어는 남의 술어를 쓴다면 그 글자는 남의 술어를 위하여 된 글자라고 할 수 있는 것이다. 돌아보건대 우리가 왜놈의 문화 침략을 입은 지 30년이 돼 보통 방언과 문학상 술어가 거의 다 변해졌고 변한 줄 모르는 무리는 이를 시대적이라고 한다. 그러나 왜놈의 문화 침략을 절대 반항하는 우리 재미 한인은 그 술어가 우리 제2세 교과서에 들어와 섞이는 것을 원치 않는 것이다. 또 그다음 문제는 방언 통일이거니와 이는 교과서 교수법 제1항의 규정이 있으니 그대로 될 줄 믿는 것이다.

이 논설을 보면, 대한인국민회가 조선어학회의 맞춤법 통일안에 따라 교과서를 편찬하는 것을 표기를 정하는 문제 이상의 것으로 보고 있음을 알 수 있다. 맞춤법 통일안에 따라 글을 쓰는 것의 의미를 일본식 술어를 퇴출시켜 우리말의 정체성을 지키는 것과 방언의 통일로 연결 짓는 논리는 다소 비약적인 면이 있다. 그러나 이러한 논리가 한글 맞춤법과 우리말 규범을 동일시한 데서 비롯한 것이라면, 한글 맞춤법을 지켜 쓰는 것은 표준어를 정확히 쓰는 것과 분리될 수 없고, 표준어를 세우는 일은 우리말을 잠식하고 있는 일본어를 축출하는 일과 분리될 수 없다. 『한글 마춤법 통일안』을 표준으로 삼자는 것은 결국 우리말을 우리말답게 쓰자는 말이었던 것이다.

그런데 여기에서 눈여겨봐야 할 것은 일본식 술어 문제에 대해서는 민족 감정을 앞세우지만, 방언의 통일 문제에서는 구체적인 안을 제시한다는 것이다. 교수법 제1항에서 "'하늘'은 '하늘' 한 가지로 정하여 '하날' '하늘'로 각기 달리 가르치는 폐단이 없게 하기"를 강조하며 교과서 편찬 시 매 과정에 주석을 더할 것을 규정한 것은 교육 현장에서 교수 언어 문제가 심각했음을 말해준다. 대한인국민회가 1933년에 『한글 마춤법 통일안』, 1936년에 『조선어 표준말 모음』을 발표했던 조선어학회의 어문 정리 사업을 관심 있게 지켜본 것은 이 때문이었을 것이다.

이처럼 교포 2세들을 위한 국어 교과서 편찬 사업은 모국의 어문규범화 사업이 성과를 내는 국면에서 구체화되었다. 국어 교과서의 편찬 시 어문규범은 모국의 것을 따르고 교과서의 정신은 미주 한인의 생활을 표준으로 한다는 원칙이 확립되었던 것이다. 이런 점에서 1939년 미국에서 진행된 국어 교과서 편찬 사업은 해외 교포를 대상으로 한 우리말 교육을 체계화한 사례로서 주목할 필요가 있다.

이후 국어 교과서 편찬 사업은 어떻게 진행되었을까? 『신한민보』에서 교과서 편찬 사업에 관련되는 기사와 논설을 게재하며 그 진행 과정을 상세하게 보도한 점을 보면, '대한인국민회'가 국어 교과서 편찬을 재외 동포 민족운동의 우선 과제로 설정했음을 알 수 있다. 특히 교과서 검정과 출판 사항에 대한 구체적인 계획이 세워지고, '역사, 지리, 풍속, 수신(위생, 윤리, 도덕),

문법, 노래, 동화, 격언, 현인 사적, 체육' 등 각 과목의 집필자까지 정해진 것을 볼 때, 교과서 편찬 사업은 1939년 6월 당시 집필 단계로 접어들었던 것으로 보인다. 1920년 12월에 국어 교과서 편찬 계획을 세우고 1921년 2월부터 편찬을 시작해 1922년 2월 『초등 국민독습』이 출간된 전례에 비춰 보면(『신한민보』, 1922. 2. 9.),[4] 16권으로 예정했던 교과서 중 일부는 1940년경에 출간되었을 가능성이 높다. 그런데 현재 이 교과서의 실체를 확인할 수는 없어 그 출간을 단정할 수는 없다.

만약 1939년 편찬을 시작한 국어 교과서가 없는 이유가 1940년 들어 국어 교과서 편찬 사업의 동력이 약화되었고 이로 인해 교과서 출간이 어려워진 결과라면, 국어 교과서 편찬의 동력이 약화된 원인을 따로 찾을 필요는 있을 것이다. 그 원인으로 생각할 수 있는 것 중 하나는 1940년대부터 교포 2세를 위한 한국어 교육이 미국인을 위한 한국어 교육으로 확대된 것이다. 1939년에 미주 한인을 위한 국어 교과서 편찬 사업에 참여했던 최봉윤은 1943년 한국어를 배우는 미국인을 위한 한국어 교과서를 독자적으로 편찬했다. 모어로서의 한국어 교육을 위한 교과서 편찬이 외국어로서의 한국어 교육을 위한 교과서 편찬의 바탕이 되었을 것이지만, 이는 교포 2세의 모어 교육만을 위한 교과서 편찬이 과연 필요한 것인지에 대해 의문을 품는 계기가 되었을 것이다.

1943년
최봉윤, 버클리 대학에서 한국어 교재를 출판하다

1938년에 조선에서 미국으로 유학을 온 청년 최봉윤(崔鳳潤, 1914~2005)은 흥사단에 가입하여 활동하면서, 교포 2세들에게 우리말을 가르쳤다. 그 인연으로 대한인국민회의 국어 교과서 편찬 사업에 참여했다. 1939년 6월에 구성된 '국어 교과서 편찬 위원회'의 편찬원으로 임명된 것이다. 최봉윤은 국어 교과서 과목 중 '동화' 과목의 편찬을 담당했다. 이러한 분담은 최봉윤이 조선에 있을 때부터 오랜 기간 아동을 가르친 경력을 고려했던 것으로 짐작된다.

최봉윤은 1930년 조만식이 세운 평양숭인상업학교에 입학한 후, 기독교 학생청년회에서 활동하며 주일학교에서 학생들을 가르쳤고, 여름방학이 되면 농촌에 성경학교를 열어 학생들을 가르쳤다. 그리고 이런 활동의 연장선에서 1932년 한글 보급 운동에 참여했다. 최봉윤은 그의 회고록[5]에서 조만식의 영향으로 기독교와 민족주의 사상을 싹틔웠다고 회고했다. 그는 조만식의 가르침을 받은 것을 일생의 큰 의의라고 하면서 조만식을 잊을 수 없는 스승으로 꼽았다. 그렇다면 한글 교육에 대한 그의 관심 역시 조만식의 영향이라 할 수 있을 것이다. 조만식은 대표적인 기독교계 민족 지도자로서, 1929년에 조선어사전편찬회 발기인으로, 1931년에는 조선어사전편찬회 편찬위원으로 조선어 사전 편찬 사업에 참여했다.

조선어 사전 편찬 사업이 시작되면서 민족어 운동이 활기를 띠던 시기, 최봉윤은 그가 존경한 스승 조만식의 행보를 보면서, 민족운동의 일환으로서 한글운동의 의미를 깨달았을 것이다. 그런 그가 대한인국민회의 국어 교과서 편찬 사업에 참여한 것은 자연스러운 일이었다.

대학을 다니면서 교포들을 위한 우리말 교육에 관심을 쏟던 최봉윤은 대학 졸업 후인 1941년 일본의 진주만 공습으로 태평양전쟁이 일어나자, 한인국방경비대(맹호군)•에 들어가 군사훈련을 받는 한편 FBI에 일어 통역과 번역을 제공하는 일을 했다. 그리고 1942년 버클리 대학교 동양언어학부의 일본어 강사가 된 후, 1943년에 미국 학생들을 교육하기 위한 한국어 교재인 『초등한글교과서』를 편찬했다. 그런데 일본어 강사로 채용된 최봉윤은 어떤 맥락에서 한국어 교재를 편찬한 것일까?

> 태평양전쟁의 전개로 육해군과 기타 관계 각 방면의 인사들이 조선 국어를 배우고자 하는 요구가 매우 절실하고 많아지므로 미주의 각 대학에서는 조선어 강좌를 열고 조선어를 교수하며 교과서를 발행하는 등 매우 유익한 사업을 진행함은 우리의 관심을 깊이 끄는 바 있거니와 워싱턴 대학과 가주 대학에서 그에 대한 특수한 모범을 보였으며 한인 청년 학자들이 그 교수에 피임되었고 장래의 발전을 좇아서 조선의 역사와 문학 등을 교수하게 되리라 한다. —「미국 대학의 한어 교수」, 『국민보』, 1944. 4. 12.

• 한인국방경비대(韓人國防警備隊) 1942년 2월, 미국의 로스앤젤레스에서 조직된 한인 군사 조직. 재미한족연합위원회 국방과가 주관하여 미주 한인의 대일 전선 동참과 미군을 후원할 목적으로 만들어졌다. 맹호군(猛虎軍), 한인경위대(韓人警衛隊)라고도 한다. 1941년 12월 태평양전쟁이 일어나고 대한민국 임시정부가 대일 선전포고를 하자 미주 한인 사회는 이에 고무되어 대일 전선에의 직접 참여와 미군 후원 활동을 전개했다.

하와이에 거주하는 한인들이 간행한 신문인 『국민보』는 태평양전쟁 중 미국 대학들이 한국어 강좌를 열고 한인 교수를 채용했다는 소식을 전하고 있다. 일본과의 전쟁 상황에서 미국은 일본의 식민 지배를 받고 있던 조선에 관심을 가지게 되었고, 이를 계기로 한국어 교육이 본격적으로 이루어지게 된 것인데, 한인 신문이 여기에 관심을 가졌던 것은 한국어 강좌의 확대가 미국 내에서 재미 한인들의 위상과 연동되는 문제였기 때문이다.

한인 학자들이 미국 대학에 진출해 한국어를 가르치면서 외국인을 위한 한국어 교재를 편찬하는 것이 시급한 과제가 되었다. 전쟁 수행의 필요로 개설된 한국어 강좌였던 만큼, 교재 편찬을 위한 준비를 제대로 할 수 없었던 상황에서, 최봉윤의 한글 교육 경험과 국어 교과서 편찬 경험이 빛을 발했다.

『초등한글교과서』는 한글 쓰기, 문장 쓰기, 어휘 연습 부문, 회화 연습 부문, 한국을 이해하는 데 필요한 지리, 역사, 풍속 등에 대한 설명 부문, 동요, 수필 등의 문학 작품 제시 부문 등으로 구성되어 있다. 이 책의 구성과 내용은 편찬자의 문제의식과 연동된다고 할 수 있는데, 이 책의 서문에는 교과서의 구성과 관련하여 최봉윤이 가졌던 문제의식이 잘 나타나 있다.

> 1942년부터 캘리포니아 대학의 동양언어학부에서 기초 한국어 수업을 개설해 왔고, 이는 초보자를 위한 첫 한국어 읽기 교재를 낼 기회라고 생각했다. 이 책의 주요한 목적은 학생들이 한국어를 말하고, 읽고, 쓰는 첫걸음을 쉽게 뗄 수 있도록 하는 것이다. 한자로 인한 어려움에 대비하기 위해서 본문 뒤에 기초 한자 소개를 두었다. 이 책에 사용된 단어나 문장은

일상의 대화, 이야기에서 가져왔고, 전문 용어도 어느 정도 사용되었다. 일반적으로 책의 제재로는 한국 역사, 문화, 지리, 관습, 시 등에 주안점을 두었다. (…) 세 번째 섹션은 상급 학생을 위한 것으로 14과로 구성되어 있는데, 두각을 보이는 한국의 저술가들, 이광수, 이윤재, 김윤경, 주요한 등의 에세이에서 선정한 것으로 이루어졌다.

최봉윤은 한국어 기초 교육을 목표로 하면서도, 책의 제재로 한국의 역사, 문화, 지리, 관습, 문학 등을 균형 있게 갖춰, 한국어 교육을 역사 문화 교육으로 확장하는 데에 주의를 기울였다. 민족 정체성을 환기하기 위해 국어 교과서에 포함했던 역사, 문화 등의 부문을 한국어를 교육하고 한국을 알리기 위한 제재로 활용했던 것이다. 『초등한글교과서』의 서문에는 원고를 검토해 준 최창희와 제재 수집에 도움을 준 이경선에 대한 감사의 말이 있는데, 이들은 대한인국민회의 국어 교과서 편찬 사업에서 최봉윤과 함께 편찬원으로 활동했던 인물들이다. 최창희는 문법 부문을, 이경선은 지리 부문을 담당했다. 이를 보면 교포 2세를 위한 국어 교과서 편찬 경험이 미국인 학생을 위한 한국어 교재 편찬으로 이어졌음을 알 수 있다.

한국의 역사, 문화, 지리, 관습, 문학 등과 관련된 글들을 당대의 명망 있는 저술가들의 글에서 선택한 점도 눈길을 끈다. 그가 서문에서 특별히 이광수(李光洙, 1892~1950), 이윤재, 김윤경, 주요한 등의 글을 실었다는 점을 거론한 것은 이를 『초등한글교과서』의 특징으로 봤기 때문일 것이다. 이는 한국어 교과서가 한국의 역사와 문화와 감성에 대한 현재적 인식을 보여 줘야 한다는 최봉윤의 문제의식에서 비롯한 선택이라 할 수 있다. 역사 부문에서 이순신, 세종, 훈민정음 등뿐만 아니라 갑신정변부터 6·10만세운동까지의 '조선 혁명 운동'을 상세하게 다룬 데서도 이러한 문제의식을 확인할 수 있다. 한국 현대사의 맥락 안에서 한국의 현실을 보여 주고자 했던 최봉윤의 편집 의도는 결국 국어 교과서의 정신을 "참 재미 한인의 생활과 목적"에 두었던 대한인국민회의 인식과 맞닿아 있다.

미국인 학생을 대상으로 한 한국어 교재를 편찬하는 과정에서 최봉윤은 모어로서의 한국어 교육과 외국어로서의 한국어 교육의 차이를 고민했을 것이다. 그러나 『초등한글교과서』의 내용을 보면, 그는 차이를 분명히 하기보다는 이를 통합하는 데 주의를 기울였던 것으로 보인다. 한국을 제대로 이해하기 위해서는 한국의 역사와 문화와 감성을 제대로 이해해야 한다고 생각했던 최봉윤으로서는 외국인으로서 한국을 이해하는 데 필요한 것과 한인 2, 3세가 한국을 이해하는 데 필요한 것이 크게 다르지 않다고 생각했을 것이다. 이는 그의 교육관이 외국어로서의 한국어 교육을 기능 교육으로 보는 관점과 거리가 있었음을 말해 준다.

그가 생각했을 차이라면, 한국의 역사와 문화에 대한 이해가 "한국과 한국인에 대한 이해의 폭을 넓히는 역할을 하느냐" 아니면 "한국인으로서의 정체성을 환기하는 역할을 하느냐" 정도의 차이가 아니었을까?

1959년
연세대학교, 국내 최초로 한국어학당을 설립하다

한국어학당 창립 이념

1. 한국어를 가르치고 배움으로써 한국인과 한국 사회에 대한 이해를 넓힌다.
2. 언어와 문화의 교류를 통해서 문화 간 상호 이해와 존중의 정신을 기른다.
3. 국제 사회의 발전과 인류의 번영에 이바지함으로써 연세의 교육 이념을 실현한다.

연세대학교는 1959년에 한국어학당을 설립했다. 이해에 한국어학당을 설립한 것은 미국의 대외 원조 기관인 USOM (United States Operations Mission)의 구성원들에게 한국어를 교육한 것이 계기가 되었다. 미국의 기관과 연계하여 시작한 한국어 교육은 유학생 및 한국 체류 외국인을 포함하면서 규모를 키웠다.

연세대학교 한국어학당은 미국 기관의 위탁 교육을 계기로 설립되었지만, 그 창립 이념은 언어를 민족정신과 민족문화의 근간으로 여기며 식민지 언어정책에 저항한 민족어 운동의 이념을 확장한 것으로 볼 수 있다. 강압적인 민족어 억압 정책에 저항한 경험을 언어 학습을 통한 상호 이해와 존중의 정신으로 승화한 것이다. 이러한 창립 이념은 한국어학당 설립을 추진했던 이들의 언어관과도 밀접히 관련된다.

한국어학당 창립 당시 연세대학교 총장은 백낙준(白樂濬,

1895~1985), 부총장은 최현배였다. 백낙준은 1929년 조선어사전 편찬회가 결성될 당시 발기인이자 기독교계와 학계를 대표하는 편찬위원으로 활동했던 인물이다. 최현배는 일제강점기 조선어 학회를 이끌며 『조선 말 큰 사전』 편찬 사업을 마무리했고, 해방 후 문교부 편수국장으로 국어 정책을 총괄했다. 연세대학교 한국어학당이 자리 잡는 데 이들의 행정적 지원과 언어관이 큰 역할을 했을 것임은 미루어 짐작할 수 있다.

게다가 한국어학당의 교육 체계를 만든 초대 학감은 박창해(朴昌海, 1916~2010)였다. 박창해는 최현배의 연희전문 제자이자 미군정 학무국 편수관으로 최현배를 도와 해방 이후 국어 정책의 실무를 책임졌던 인물이다. 그는 행정 실무를 담당하는 한편, 중등학교 문법 교재로 활용된 『쉬운 조선말본』(1946)을 저술하고, 문교부에서 발행한 최초의 국정 교과서이자 국어 교과서인 『바둑이와 철수』(1948)를 편찬하기도 했다.

국어학자로서 국어 문법 교육의 방법론을 고민했고, 문교부 편수관으로서 민주주의 국가의 국어 교과서는 어떤 체재와 내용을 갖춰야 하는지를 고민했던 박창해는 한국어학당을 운영하는 책임자가 되면서 외국어로서의 한국어 교재는 어떤 체재와 내용을 갖춰야 하는지를 고민했다. 그 고민의 결과가 한국어학당 설립 1년 후인 1960년에 연세대 출판부에서 간행된 그의 저서 『한국어 교본』 1(An Intensive Course in Korean I)과 1965년에 간행된 『한국어 교본』 2(An Intensive Course in Korean II)였다.

영어판으로 편찬한 『한국어 교본』의 매 Unit는 Conversation(회화), Pronunciation(발음), Grammar(문법), Sentence Patterns and Review(문장 유형과 복습) 등 네 부분으로 구성되

『바둑이와 철수』(국어 1-1) 문교부, 1948, 국립한글박물관 소장. 박창해가 편찬을 주도했던 국어 교과서 『바둑이와 철수』는 자모 교육 중심의 국어 교과서였던 『한글 첫걸음』과 달리 문장과 의사소통 중심 교육을 지향했다는 점에서 혁신적이었다. 『바둑이와 철수』에 나타난 박창해의 언어 교육관은 그가 편찬한 한국어 교재로 이어진다.

었다. 이 책에서는 한국어 문법 용어를 영어와 대응시켰고, 한국어 예시에 대한 영어 번역을 제시함과 더불어 이에 대한 한국어 발음을 발음 기호로 제시했다. 이 책에서 제시하는 한국어 용례에서는 규범적인 용례뿐만 아니라 실제로 실현되는 개별적이고 임의적인 현상까지를 포함해 다루고 있다. 여기에서 외국어로서 한국어 교육 교재의 서술 방식과 원칙에 대한 박창해의 생각을 읽을 수 있는데, 이러한 서술 방식과 원칙은 구조·기술 언어학을 연구했던 국어학자로서의 관점이 반영된 것으로 볼 수 있다.

박창해는 『한국어 교본』을 저술하며, 한국어와 영어의 구조를 대비하여 한국어의 구조적 특징을 파악하고, 한국어의 표기와 발음의 관계를 파악하고, 실생활에 쓰이는 한국어를 보여 주어 한국어의 실상을 파악하는 데 도움을 줄 수 있는 교재를 만들고자 했던 것이다. 특히 박창해는 한국어 교육에서 한국어 구조에 대한 이해의 중요성을 강조했는데, 한국어 구조에 대한 이해의 중요성은 그가 국어 문법 교육에서 강조한 바이기도 했다.

> 연세대 박창해 교수는 『언어교육과 사고』에서 "지금까지 언어 기술 향상에 치중한 학교 언어교육의 방향을 사고 구조의 발전으로 바꿔야 한다"고 말했다. 그에 의하면 "한국인의 사고 구조 유형은 언어 구조에 의하여 특징지어진다." 한국인의 사고 유형을 언어 구조의 분석에 따라 살피면, ①상대적 주관형 ②첨가적 우회형 ③정서적 다양성 ④강조적 긍정형과 부정형 등 7개 형이나 된다. "언어교육은 사고 구조의 이해와 형식 이해에 있어야 한다"고 하면서 "언어 분석에 의해 찾아진 사고 구조의 장단점을 발전시키고 보완시킬 수 있는 능력

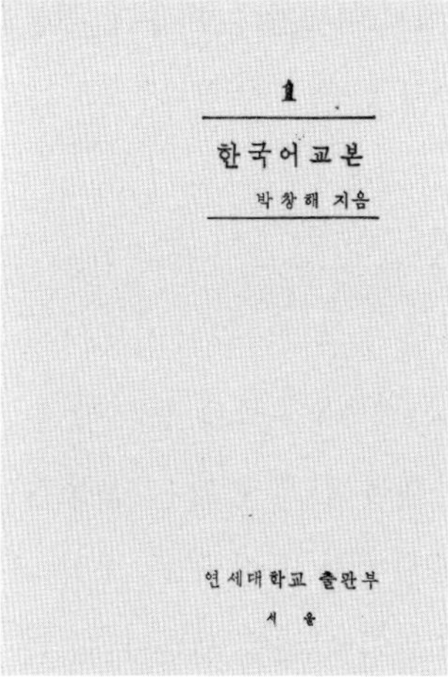

1

한국어 교본

박창해 지음

연세대학교 출판부

서 울

An Intensive Course in Korean I

by

Chang-Hai Park

Professor of Korean and Linguistics Yonsei University

Yonsei University Press

Seoul, Korea

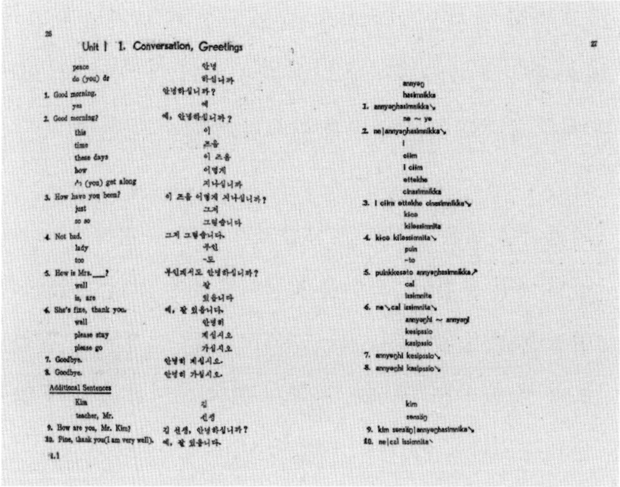

26

Unit I 1. Conversation, Greetings

peace	안녕	annyeŋ
do (you) do	하십니까	hasimnikka
1. Good morning.	안녕하십니까?	1. annyeŋhasimnikka↘
yes	예	ne ~ ye
2. Good morning?	예, 안녕하십니까?	2. ne|annyeŋhasimnikka↘
this	이	i
time	즈음	ciim
these days	이 즈음	i ciim
how	어떻게	ettekhe
(you) get along	지나십니까	cinasimnikka
3. How have you been?	이 즈음 어떻게 지나십니까?	3. i ciim ettekhe cinasimnikka↘
just	그저	kice
so so	그렇습니다	kilessimnita
4. Not bad.	그저 그렇습니다.	4. kice kilessimnita↘
lady	부인	puin
too	-도	-to
5. How is Mrs.___?	부인께서도 안녕하십니까?	5. puinkkeseto annyeŋhasimnikka↗
well	잘	cal
is, are	있읍니다	issimnita
6. She's fine, thank you.	예, 잘 있읍니다.	6. ne↘cal issimnita↘
well	안녕히	annyeŋhi ~ annyeŋi
please stay	계십시오	kesipssio
please go	가십시오	kasipssio
7. Goodbye.	안녕히 계십시오.	7. annyeŋhi kesipssio↘
8. Goodbye.	안녕히 가십시오.	8. annyeŋhi kasipssio↘
Additional Sentences		
Kim	김	kim
teacher, Mr.	선생	sensäŋ
9. How are you, Mr. Kim?	김 선생, 안녕하십니까?	9. kim sensäŋ|annyeŋhasimnika↘
10. Fine, thank you(I am very well).	예, 잘 있읍니다.	10. ne|cal issimnita↘

1.1

27

『한국어 교본』1 속표지와 본문 1960, 연세대학교 출판부 소장. 속표지의 첫 장은 한국어 제목, 둘째 장은 영어로 쓰여 있다.

있는 국민 교육이 각급 학교에서 이뤄져야 한다"고 결론했다.

—'사고 구조의 발전 꾀할 때' 언어교육의 새 방향 세미나로 발제 강연, 『조선일보』 1971. 10. 27.

박창해의 언어교육론에 기대어 보면, 외국어로서의 한국어 교육과 모어로서의 국어 교육은 언어 구조를 분석하여 그 언어를 쓰는 사람과 사회에 대한 이해를 깊게 한다는 공통점이 있다. 한국어 교육 방법론의 발전 과정에서 언어 구조 중심 교육의 한계가 지적된 바 있지만, 언어 구조의 이해를 통해 문화 간 상호 이해와 존중의 정신을 기른다는 교육 목표가 부정된 적은 없다. 이런 맥락에서 국어 교과서에 나온 박창해의 글 「언어의 차이」는 언어를 배우고 가르치는 의미를 다시금 생각하게 한다.

외국어를 배우는 사람은 모름지기 그가 불편하게 느끼는 그 말의 어떤 용법이, 그 말을 모국어로 하는 사람들에겐 추호도 불편한 점이 없다는 사실, 그리고 모든 언어는 그 나름의 구조가 있고, 이 구조에는 우열이 없다는 사실도 함께 알아 둘 필요가 있다고 하겠다. —박창해, 「언어의 차이」, 『국어』 1

한국을 알리고, 해외에 사는 교포 2세들의 민족의식을 고취하는 것을 목표로 시작했던 한국어 교육은 그 규모를 확장하면서 문화 간 상호 이해와 존중의 정신을 강조하는 흐름으로 바뀌었다. 한국어 학습자 대부분이 미국과 같은 서구 선진국의 국민이던 시절, 문화 간 상호 이해와 존중의 정신을 강조하는 한국어 교육은 한국어가 서구 언어와 동등함을 설득하는 과정이기도 했다. 그러나 한국의 국가 경쟁력이 상승하면서, 한국어 교육은 국제 사회에 한국어를 전파하며 한국의 영향력을 높이는 정책 수단이 되었다. 1997년 한국어능력시험을 실시하면서, '한국어의 국제화' 혹은 '한국어의 세계화'라는 말은 자연스럽게 한국어 교육의 궁극적 목표를 나타내는 말로 자리 잡았다.

1997년
첫 한국어능력시험을 실시하다

김영삼 정부가 1994년에 '세계화 추진 기구'를 발족하고 "세계화의 본격 추진"을 정부의 제1 과제로 천명하면서, 국가의 한국어 교육 정책도 구체화되었다. 국가가 정책적으로 한국어 교육을 지원하면서, 한국어 교육계는 '한국어 교육의 방법론'을 모색하고 '한국어 교육의 평가 방법'을 확립하기 위한 논의를 본격적으로 시작했다.

이러한 논의의 결실 중 하나가 '한국어능력시험'(TOPIK, Test of Proficiency in Korean)이다. 교육부는 1997년 10월 26일에 외국인을 대상으로 하는 한국어능력시험을 한국, 일본, 중국, 카자흐스탄, 우즈베키스탄 등 5개국 16개 도시에서 최초 시행했다. 이 시험을 주관한 교육부는 한국어능력시험 실시의 의미로 "한국어의 국제화와 외국인을 위한 한국어 교육 과정 및 평가의 표준화", "극히 저조한 수준에 머물고 있는 외국 학생들의 국내 유학 유치에 긍정적인 역할" 등을 들었다. 이러한 흐름 속에서 '한국어 세계화 추진위원회'의 발족(1998), '한국어세계화재단'의 설립(2001), '세종학당' 개설(2007), '세종학당재단' 설립(2012) 등이 정부 주도로 이루어졌다.

21세기에는 한국어능력시험을 실시하는 나라가 전 세계로 확대되고, 정부가 주도하는 세종학당 역시 전 세계에 빠른 속도로 설립되면서, 한국어 교육은 이전의 규모와는 차원이 다른 새로운 단계에 접어들었다. '한국어의 세계화'가 '한국어 문화 권역의 확대'라는 개념으로 구체화되면서, 세종학당의 설립이 제국주의적 언어·문화 침략으로 의심받았다는 사실이 한국과 한국어의 달라진 위상을 웅변해 준다.

이극로가 베를린 대학에 한국어 강좌를 개설하려고 3년간 무급 강사를 자청할 수밖에 없었던 1923년으로부터 100년이 흐른 오늘날, 이제는 한국어학과를 개설한 대학이 없는 나라가 없을 정도가 되었다. 한국어를 배우는 외국인의 수를 헤아리는 게 쉽지 않은 현재, 언어의 힘은 결국 그 언어를 모어로 하는 국가의 힘이 결정한다는 냉정한 현실을 다시 확인하게 된다.

9장
글씨 쓰는 기계와 한글의 만남—

한글 기계화의 연대기

가장 과학적인 문자라는 한글. 그런데 현대인의 필수품인 컴퓨터와 휴대전화에서 한글을 구현할 수 없다면 한글을 과학적인 문자라고 말할 수 있을까? 그래서 그간 우리는 노력했다. 문자 생활과 관련한 문명의 이기가 새로 출현할 때마다 거기에 한글을 구현하기 위해서, 즉 한글의 기계화를 위해서 말이다. 근대사를 돌이켜보면 한글 기계화에 대한 고민은 '타자기'와의 만남에서부터 시작되었다. 한글 타자기를 고안하는 일은 한글의 과학성을 증명하는 것이자 한글 문명의 발전을 기약하는 일이었다.

그런데 이 과정은 한글의 우수성을 보여 준다기보다는 한글도 로마자에 못지않음을 입증하는 과정이었다. 시험과 비교의 연속이었던 한글 기계화 역사에서 한글 쓰기를 로마자처럼 하자는 주장이 힘을 받기도 했지만, 컴퓨터 워드프로세서의 개발은 결국 한글과 로마자의 우열을 없앴다.

반전은 휴대전화가 등장하고 문자가 전화 소통의 방식으로 자리 잡으면서 시작되었다. 휴대전화의 좁은 공간에서 문자를 구현해야 하는 상황에서, 기본자와 파생자로 이루어진 한글의 제자 원리가 빛을 발한 것이다. 이제 한글의 절대적 우월성은 입증되었는가?

한글 기계화의 연대기가 보여 주는 것은 한글은 변하지 않았는데 기계가 변했고, 기계가 변하는 과정에서 한글의 우수성에 대한 평가도 달라졌다는 사실이다.

1914년
이원익, 한글 타자기를 개발하다

서구 사회를 경험한 조선의 지식인들에게 놀라움과 자괴감을 안겨 준 것 중 하나가 타자기였다. 대부분의 서양인이 타자기를 이용해 빠르면서도 정갈하게 문서를 작성하는 데 놀랐고 그렇게 할 수 없는 우리의 상황에 절망했다. 타자기로 글쓰기의 혁신을 이루지 못하면 우리 문명은 도태될 수밖에 없다고 생각했지만, 이런 상황을 타개할 길이 보이지 않았기 때문이다. 가장 큰 문제는 모아쓰기를 하는 한글의 특성상 받침을 입력해야 했기 때문에 풀어쓰기에 맞게 만들어진 영문 타자기를 개량해 활용하기가 어렵다는 점이었다. 더구나 당시는 가로쓰기가 아닌 세로쓰기로 문서를 작성한 시대이기도 했다.

1914년에 이원익(李元翼)이 고안한 한글 타자기는 레밍턴사에서 만든 영문 타자기에 한글 활자를 붙여서 개조한 것이었다. 그런데 모아쓰기를 실현하기 위해 다섯벌식 타자기로 만들면서 89개의 많은 키가 필요했고, 음절을 완성하는 과정에 많은 시간이 소요되어 실용성이 없었다. 한자에 대비하여 한글의 우월성을 강조했고, 소리를 정밀하게 표기하면서도 배우기 쉬운 한글에 자부심을 키우는 상황에서, 타자기와의 만남에서 부각되는 한글의 단점을 받아들이는 것은 쉽지 않은 일이었다.

이처럼 곤란한 상황을 타개할 수 있는 방법은 두 가지였다. 첫째는 1909년 국문연구소의 논의 과정에서 주시경이 제안한 풀어쓰기 표기법을 수용하는 것이고, 둘째는 모아쓰기에 효율적인 타자기를 개발하는 것이었다. 그러나 두 가지 중 어느 것도 쉽게 이룰 수 있는 일이 아니었다. 이에 한글 타자기를 만들고자 했던 이들은 한편으론 글쓰기의 혁신과 문자의 혁신을 주장했고, 한편으론 한글 타자기를 개발하는 일에 몰두했다.

1927년
송기주, 영문 타자기를 풀어쓰기 한글 타자기로 개조하다

모아쓰기용 한글 타자기의 개발이 쉽지 않았던 상황에서, 미국 유학 중이던 송기주(宋基柱)는 한글을 풀어쓰는 타자기를 개발했다. 그런데 이 타자기는 영문 글쇠를 떼고 이를 한글 자모 글쇠로 대체한 것이었다. 송기주로서는 새로운 한글 타자기를 고안하는 것보다 한글을 풀어쓰는 것이 더 빠를 것으로 기대했을 수는 있겠지만, 한글 풀어쓰기가 받아들여지지 않은 현실에서 타자기만을 개조하는 것은 의미 없는 일이었다.

주시경이 국문연구소에서 풀어쓰기를 처음 제안했을 때 이 제안이 거부되었던 것도 현실에서의 수용 가능성이 없기 때문이었다. 그러나 서구적 문명화를 지향하는 근대 개혁에서 로마자처럼 풀어쓰는 것을 발전이라 생각했다면, 풀어쓰기 타자기를 상용화하는 것 역시 발전으로 여겼을 것이다. 주시경은 풀어쓰기로의 개혁이 음소문자인 한글의 본질을 살리는 길이라 생각했고, 이를 실현하고자 했다. 그의 노력은 김두봉과 최현배 등 그의 제자들에게 계승되었고, 그들은 풀어쓰기로의 문자 개혁을 한글 타자기의 효율화와 연관 지어 그 당위성을 주장했다.

그런데 송기주는 자신이 고안한 풀어쓰기 한글 타자기가 받아들여지지 않는 현실을 인정하고, 이원익이 고안한 모아쓰기 한글 타자기를 개량하는 데 집중했다. 그리고 1933년 다섯벌식 타자기를 네벌식 타자기로 단순화하며 키를 89개에서 42개로 줄인 한글 타자기를 개발하기에 이른다. 한글 타자기를 상품화할 수 있는 길이 열린 것이다.

1934년
한글 타자기를 출시하다

한글 타자기가 한글 공동체에 영향을 미치기 시작한 것은 송기주의 한글 타자기가 출시된 1934년부터였다. 송기주의 타자기는 영문 타자기에 한글 활자를 붙여 개량한 것이 아니라 한글만을 위해 고안한 타자기로, 한글 기계화의 장을 연 타자기였다. 소설가 이광수는 "조선 글은 송 씨의 타자기로 하야 이 원시 상태를 벗어나게 되었다"는 말로 송기주 타자기의 역사적 의미를 강조했다.

> 송 씨가 발명한 것은 단지 마흔두 개의 키를 가지고 어떠한 조선 글이든지 어떠한 철자법이든지 다 찍게 되었다. 쉽게 말하면 영문이나 독일문 타자기와 다름이 없는 것이다. 진실로 조선 글을 위하여서는 획기적인 큰 발명이다. 만일 조선 사람들이 한문자를 버리고 조선 글만을 쓴다 하면 이 타자기와 또 이 시스템을 기초로 한 인쇄술로 하여 조선 문화의 발달에 큰

송기주 네벌식 한글 타자기 1934년 송기주가 뉴욕의 타자기 제조 회사인 언더우드사(Underwood-Elliott-Fisher Co.)와 함께 만든 네벌식 한글 타자기. 국립한글박물관 소장

혁명을 일으킬 것이다. ……문필에 종사하는 이로서 아직 원고를 손으로 쓰는 것은 아마 동양 사람들뿐일 것이어니와 이제 조선 글은 송 씨의 타자기로 하야 이 원시 상태를 벗어나게 되었다.

— 장백산인(長白山人), 「송기주 씨의 한글 타자기」, 『조선일보』, 1934. 3. 2.

이광수(필명 '장백산인')는 송기주 타자기가 영문이나 독일문 타자기와 다름없는 기능을 할 수 있다고 평가하면서, 이 타자기가 한글전용을 뒷받침하여 조선 문화 발달에 큰 기여를 할 것이란 벅찬 기대를 드러내고 있다. 이러한 기대가 이광수만의 기대가 아니었음은 김성수, 김연수, 김병로, 여운형, 이인, 주요한, 현상윤 등 문화계, 교육계, 재계, 법조계 등 각계의 조선인 유지들이 송기주의 귀국 환영회를 연 것에서도 확인할 수 있다.[1] 한글의 우수성을 전파하며 민족적 자의식을 일깨워 온 민족주의자로서는 한글과 타자기가 어울릴 수 없다는 사실을 받아들이기 어려웠다. 그런데 송기주의 한글 타자기를 통해 한글이 신문명에 어울리는 문자임을 확인했으니, 한글 타자기의 개발은 한글의 새로운 도약이었던 것이다.

지식인들 사이에서 송기주의 타자기가 화제이던 1935년, 평안남도 강서에 사는 김병준이 조선어학회에 한글 타자기를 기증한 사실이 신문에 보도되었다. 이 기사(『조선일보』, 1935.10.25.)에서 흥미로운 것은 "이백삼십구 원이나 되는 한글 타자기"라는 표현이다. 1935년 당시 239원은 어느 정도의 돈일까? 박태원의 『소설가 구보씨의 일일』(1934)에서 경성 다방 '낙랑파라'의 커피 한 잔 값이 10전이라 한 걸 볼 때, 239원은 커피 2,390잔을 살 수 있는 돈이었다. 그렇다면 김병준은 현재 가치로 따지면 최고 성능의 컴퓨터를 기증한 것보다 더 큰 기부를 했음을 알 수 있다. 평안도 유지 김병준의 타자기 기부가 신문에 보도되었다는 것은 이 한글 타자기가 그만큼 구하기 힘든 것이었음을 역설적으로 보여 준다. 송기주가 개발한 한글 타자기의 한계는 여기에 있다.

송기주의 타자기는 많은 이들의 관심과 기대를 받았지만, 워낙 비싸서 개인이 이를 구입해 활용하기는 어려웠다. 게다가 1937년 중일전쟁으로 전시체제가 되면서부터, 일제의 식민 통치 방식은 파쇼화되었고 우리말과 우리글을 사용할 수 있는 환경은 갈수록 열악해졌다. 송기주가 미국 언더우드사에 제작 주문해 들여온 타자기 30대를 해방이 될 때까지 다 소화하지 못한 데[2]서 그 열악했던 사정을 짐작할 수 있다. 결국 한글 타자기의 실용화와 대중화를 실현하기 위해서는 해방을 기다려야만 했다.

1947년
한글 타자기, 언어정책과 만나다

한글 타자기의 수요가 확대되는 시기에 한글 타자기는 언어 정책의 논리를 세우는 데 호출되곤 했다. 최현배는 1946년 '한글 가로글씨 연구회'를 창립하고 1947년에는 문교부에서 『글자의 혁명』을 출판하면서 풀어쓰기 방안을 구체화했다. 『글자의 혁명』을 저술한 문교부 편수국장 최현배는 한글 기계화에 풀어쓰기로의 문자 개혁이 필요한 정책이라는 점을 강조했다. 타자기로 한글을 입력할 때 가장 큰 문제가 받침을 입력해야 하는 데서 비롯된 것인 만큼 한글 타자기를 확대하기 위해서는 풀어쓰기로의 문자 개혁을 해야 한다는 게 문자 개혁론자들의 논리였다. 그러나 풀어쓰기로의 문자 개혁은 실제 언어정책으로 실현되지 않았다.

풀어쓰기로의 문자 개혁이 아닌 다른 방식으로 한글 맞춤법을 개량하고자 했던 이들은 타자기에 맞게 한글 맞춤법을 바꾸고자 했는데, 그 핵심은 받침의 수를 줄이는 방향이었다. 받침의 수를 줄이는 방법은 받침에서 소리가 나지 않는 'ㅈ, ㅊ, ㅌ, ㅍ, ㅎ' 등과 겹받침 'ㄳ, ㄵ, ㄶ, ㅀ' 등을 쓰지 않는 것이었다. 당시 대통령이었던 이승만은 1953년부터 '한글 간소화'란 명분으로 'ㄱ, ㄴ, ㄹ, ㅁ, ㅂ, ㅅ, ㅇ, ㄺ, ㄻ, ㄼ' 등 10개만을 받침에 허용하는 표기법 개혁에 착수했다. 이때 표기법 개혁의 명분 중 하나는 타자기를 사용하는 데 불편하지 않게 표기법을 바꾼다는 것이었다. 당시 정부에서 받침의 제한으로 얻는 이익으로 든 것은 '쓰기의 편리성', '인쇄의 능률 증진', '한글 타자기의 효율화', '민족의 전통적 미감에 맞는 글자 모양의 구현'(받침에 ㅅ을 쓰는 것), '문맹 퇴치에서의 효율성' 등이었다.

> 이로서 보건대 종성에서 발음되지 않는 받침은 흔히 실용되지 않는 것을 알 수 있으며, 따라서 이와 같은 실용 빈도가 희박한 받침들을 제한하게 됨에는 다음과 같은 실익이 있다. ……③최근 논의되고 있는 문자의 기계화 곧 한글 타자기를 사용하는 데 'ㄳ ㅍ', 'ㄼ ㅌ', 'ㅋ ㅆ' 등 3개 건반이 없어지고 윗받침쇠를 사용하게 되어 있는 'ㅈ, ㅊ, ㄷ, ㅎ, ㄵ, ㄶ, ㅀ, ㅄ, ㄲ' 등 9개 건반의 조작이 불필요하게 되므로 타자기를

간편하게 만들고 또 신속한 타자를 가능케 한다.

—「한글 간소화안」, 『동아일보』, 1954. 7. 7.

타자기 건반 수를 줄여 타자기를 효율화한다는 것은 나름 의미가 있는 제안이었지만, 이승만이 『한글 간소화 방안』을 강압적으로 시행하는 것에 반감을 품었던 이들과 『한글 맞춤법 통일안』을 지키려는 이들이 모두 『한글 간소화 방안』에 반대했다. 그런데 반대가 거세지면서 현실성이 없다는 이유로 시행되지 못하던 풀어쓰기로의 문자 개혁이 재부각되었다. 간소화를 제대로 하려면 완전한 풀어쓰기를 하는 것이 맞다는 논리가 다시 등장한 것이다.

『한글 간소화 방안』을 시행하라는 대통령 지시와 국무총리 훈령을 검토하기 위해 1953년 12월 29일 소집된 문교부 산하 국어심의위원회에서 시인 주요한은 "한글 간이화 방법은 한글을 가로 풀어쓰는 데 있다고 인정함"이란 수정 동의를 했고, 심의위원들은 이를 찬성 10, 반대 1, 기권 3으로 채택했다. 『한글 간소화 방안』에 부정적이었던 심의위원들이 심의 안건과 상관없는 풀어쓰기로의 문자 개혁을 제안한 것이다.

> 맞춤법을 고치자는 중요한 이유의 하나로서 타자기를 사용하는 데 불편하다는 것을 들고 있으나 이는 타자기라는 것이 문자를 위해서 있는 것이지 문자가 타자기를 위해서 있는 것이 아니라는 점을 망각한 주객전도의 설이다. 타자기를 이용하는 데는 차라리 가로 풀어쓰기 법을 채용하는 것이 타당하다. 국어심의회의 결론이 그러하였을 뿐만 아니라 원래 우리 한

글의 자형은 가로 풀어쓰기에 적합하도록 되어 있는 것이다. 그러므로 간소화의 방안으로 이 가로 풀어쓰기 법을 제창한다면 그것은 확실히 일고의 가치 있는 건설적인 제안이라 할 수 있다. —「양심과 양식에 살자」, 『경향신문』, 1954. 7. 14.

『한글 간소화 방안』을 비판하는 『경향신문』의 사설에서는 "타자기라는 것이 문자를 위해서 있는 것이지 문자가 타자기를 위해서 있는 것이 아니라는" 논리로 정부가 내세우는 한글 간소화 정책의 논리를 비판한다. 그런데 이 비판 논리는 타자기 효율화를 명분으로 풀어쓰기 문자 개혁을 주장하는 이들을 비판하기 위한 논리 중 하나였다. 풀어쓰기 문자 개혁론을 비판한 논리를 『한글 간소화 방안』을 비판하는 논리로 삼으면서, 간소화 안을 채택하느니 차라리 풀어쓰기 안을 채택하는 게 낫다고 주장하는 것이 흥미롭다.

이런 점을 보면, 풀어쓰기를 제안한 심의위원들 역시 풀어쓰기로의 문자 개혁을 시행하겠다는 의지가 있었다고 보기는 어렵다. 결국 한글 타자기의 효율화를 명분으로 표기법을 바꾸려 했던 시도는 모두 실패로 돌아갔다. 한글 타자기의 효율화는 한글 쓰기의 관습을 바꿔 해결하는 것이 아닌 기술을 발달시켜 해결할 문제였던 것이다. 그 가능성을 처음 보여 준 인물이 세벌식 타자기를 개발한 공병우(公丙禹, 1907~1995)였다.

1948년
공병우, 한글 타자기를 실용화하다

해방과 더불어 한글 시대가 열리면서, 한글 타자기의 실용화도 당면 과제의 하나가 되었다. 그런데 한글 타자기를 실용화하기 위해서는 무엇보다도 영문 타자기의 속도를 능가할 만한 타자기를 개발해야 했다. 이러한 사회적 요구에 따라 '조선 발명 장려회'는 1949년 3월 한글 타자기를 현상 공모했다. 이 현상 공모전을 통해 등장한 안과 의사 공병우는 이후 한글 타자기 실용화 사업의 대표 주자로 떠올랐다. 공병우는 이미 1948년 2월 세벌식의 쌍초점 타자기로 특허를 출원한 상태였는데, 이 공모전으로 그의 타자기가 세상에 널리 알려졌다.

공병우 타자기는 한국전쟁 시기에 군대 조직을 중심으로 보급되었다. 1952년에 해군 경리학교에서는 '한글타자기교육대'를 설치하여 5주 교육 과정을 개설해 운영했고, 이러한 한글 타자기 교육은 육·공군으로 확대되었다. 그렇다면 공병우 타자기가 군대에서 환영을 받았던 이유는 무엇이었을까? 자신이 개발한 한글 타자기를 설명하는 공병우의 말에 그 단서가 있다.

> 현재 국내의 모든 인사는 종래의 한글 활자의 체재에 대한 미적 관습상 글자의 높낮이, 동일한 실체로 찍을 수 있는 타자기를 요구하고 있으므로, 국내의 여러 연구자들은 한 갈래의 자모를 두 벌, 세 벌 만들어 가지고 복잡하고 비능률적인 타자기를 고안하고 있다. 나는 글자 체계에 대한 과학적 실용적 가치를 중시하고 종래의 근거 없는 다만 습관상의 미적 요구

에 응하기 위하여 비과학적 자체를 찍는 비능률적인 타자기를 고안하고 싶지는 않다. 나는 어디까지든지 과학적으로 조금도 모순이 없고, 실질적인 실체, 그 자신이 실용적 가치가 있다는 사실을 일반인에게 알려 주고 싶다.

— 공병우, 「내가 고안한 쌍촛점 한글 타자기」, 『한글』 107, 1949.

공병우의 말에서 실용성을 최우선으로 했던 그의 생각을 읽을 수 있다. 공병우 타자기는 한글의 조형미보다는 실용적 가치, 즉 속도를 중시했고, 속도와 통일성이 중요한 군대로서는 공병우 타자기를 선택하는 게 자연스러웠다.

사실 공병우 타자기는 한글의 조형미를 살리지 못했다는 비판을 많이 받았다. 받침이 있건 없건 짧은 모음 한 가지로 두루 쓰면서 글자들이 고르게 나오지 않은 점이 가장 비판을 받았다. 그러나 이러한 비판은 공병우에게 전혀 문제가 되지 않았다. 그에게 중요한 것은 식별할 수 있고 통일성이 있는 글씨로 빠르게 쓰는 것이었기 때문이다. 더구나 전쟁과 재건의 시대였던 1950년대는 실용주의자를 요구하는 시대였다. 한글의 조형미보다도 한글의 기능성을 최대한 살리고자 했던 공병우의 생각은 당시의 시대정신과 일치했다. 이런 시대 분위기에서 공병우 타자기는 가로모아쓰기를 실용적으로 구현한 타자기로 인정을 받을 수 있었다.

그런데 공병우는 실용적 가치만큼 과학적 가치를 강조했다. 이때 그가 말하는 과학적 가치는 한글의 창제 원리를 타자기에 구현하는 것이었다. 음절을 초성, 중성, 종성으로 나누어 본 한글 창제의 원리를 타자기의 자음, 모음, 받침의 글쇠로 구현하는 것이 그가 말하는 과학적 가치였다. 한글의 창제 원리라는 과

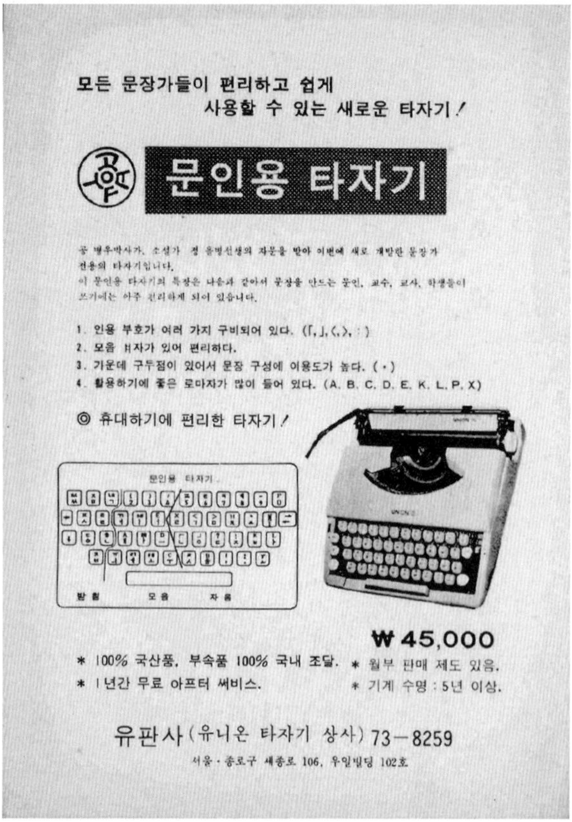

공병우 문인용 타자기 홍보 전단지

유판사(유니온 타자기 상사) 제작, 1970년대, 국립한글박물관 소장

한글날 기념 한글타자경연대회(1961)

학적 가치가 속도라는 실용적 가치와 결합하면서, 모아쓰기를 해야 하는 한글 타자기는 영문 타자기에 비해 성능이 떨어질 수밖에 없다는 편견도 깨졌다.

이처럼 속도의 한계를 깬 공병우 타자기는 한글의 우수성을 입증했을 뿐만 아니라, 한글전용과 한글 가로쓰기라는 당시 국어 정책의 과제를 실현하는 데도 기여했다. 빠른 속도는 타자기 사용자의 만족도를 높였고, 타자기의 수요가 늘면서 한글전용과 한글 가로쓰기도 힘을 얻었다. 공병우의 타자기는 그 실용성으로 관심을 받았지만, 공병우가 서울에서 가장 큰 안과 병원을 운영했던 의사라는 사실도 사람들의 관심을 받았다. 사람들은 공병우가 왜 본업보다 한글 타자기 개발에 열성을 보이게 되었는지에 호기심을 보였다.

공병우는 자서전에서 1938년에 조선어학회 간사장이었던 이극로를 만난 것이 그 시작이었다고 회고한다. 그런데 그가 해방 이후부터 한글의 원리를 본격적으로 탐구했던 것으로 볼 때, 한글 타자기에 대한 관심은 해방 공간의 분위기에서 비롯되었다고 할 수 있다. 젊은 시절부터 사회 계몽운동에 관심이 많았던 공병우는 독립 국가 건설기에 필요한 사회 계몽운동으로 한글운동을 생각했고, 한글 타자기의 개발은 이러한 의식의 연장선에서 이루어졌다.

> 나는 해방 이후 한글을 공부하다가 우리 한글의 우수성과 세종대왕의 업적에 깊이 느낀 바 있어 우리 한글이 현대 문명 과학의 기계화에 있어서도 또한 우수성을 가지고 있을 것이라는 생각으로 우선 우리가 일상생활에 필요한 타자기의 고

안에 전력을 기울이어 본 결과 영문의 자모보다도 우리 한글의 자모가 타자기와 같은 문명 이기를 만드는 데 있어서 더욱 간편한 우수성이 있다는 것을 입증하게 되었다.

— 공병우, 「내가 고안한 쌍촛점 한글 타자기」, 『한글』 107, 1949.

공병우는 한글 타자기를 개발하여 한글 기계화에 기여한 유능한 발명가이기에 앞서, 과학적 합리주의와 기술적 실용주의를 신봉했던 민족주의자였다. 그는 한글 타자기를 개발하여 한글의 과학성과 실용성을 입증하고 명실상부한 한글 시대를 열고자 했다. 한글전용주의자였던 공병우는 한글 타자기가 한글전용을 실시할 수 있는 기반을 제공할 수 있다고 믿었다. 당시의 기술적 조건에서 한글의 기계화는 한글전용과 떼려야 뗄 수 없는 관계에 있었다. 그는 우리나라의 과학과 기술이 선진국보다 뒤떨어진 근본 원인이 문화 발전에 해독이 심한 한자혼용 때문이라고 확신했고 세상을 떠날 때까지 한글전용 운동에 몰두했다.

그럼 1950년대 한글 타자기의 혁신이었던 공병우의 세벌식 타자기는 이후 어떻게 되었을까? 공병우 타자기는 군대에서 큰 호응을 받았지만, 관공서나 기업 등 일반 사회에서의 쓰임은 군대에서의 쓰임에 미치지 못했다. 한글 타자기에서도 효율성만큼 글자의 조형미를 중요시하는 수요자들이 있었기 때문이다. 공병우는 실용성이 곧 진정한 미적 기준이 될 수 있다고 생각했지만, 정갈한 문서를 쓸 필요가 있었던 수요자들은 다른 유형의 타자기를 찾았고, 이에 따라 네벌식과 다섯벌식 한글 타자기가 새로운 수요를 창출하며 한글 타자기 시장의 판도가 변했다.

이 때문에 정부는 타자기의 표준 자판을 제정할 필요가 있

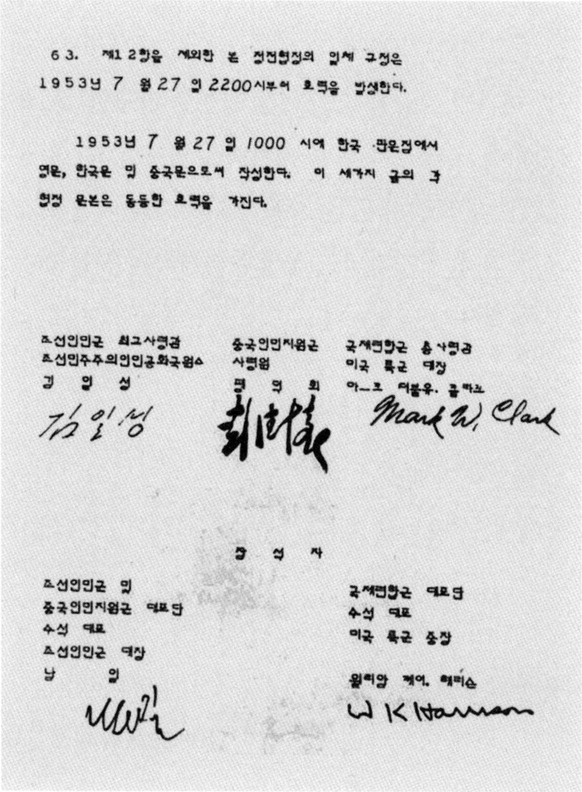

63. 제12항을 제외한 본 정전협정의 일체 규정은 1953년 7월 27일 2200시부터 효력을 발생한다.

1953년 7월 27일 1000시에 한국 판문점에서 영문, 한국문 및 중국문으로써 작성한다. 이 세가지 글의 각 협정 문본은 동등한 효력을 가진다.

조선인민군 최고사령관
조선민주주의인민공화국원수
김 일 성

중국인민지원군
사령원
평 덕 회

국제연합군 총사령관
미국 륙군 대장
마—크 더블유. 클라크

참 석 자

조선인민군 및
중국인민지원군 대표단
수석 대표
조선인민군 대장
남 일

국제연합군 대표단
수석 대표
미국 륙군 중장
윌리암 케이. 해리슨

한글 정전 협정문

공병우 타자기로 작성된 정전 협정문이다. 북한이 한국 군대에 보급되었던 타자기로 정전 협정문을 작성했다는 사실이 흥미롭다.

었고, 과학기술처는 1969년에 새로운 네벌식 자판을 한글 타자기의 표준 자판으로 삼았다. 그리고 국무총리훈령 81호(1969. 7. 28.)를 통해, "공무원들에게 한글 타자 기술을 조속히 습득시킬 것, 기존 한글 타자기는 표준 자판으로 개조 사용하도록 할 것, 표준 자판 타자기 보급을 위한 지원 방안을 강구할 것, 한글 타자기의 국산화를 촉진하기 위한 지원책을 연구할 것" 등을 지시했다. 공공기관이 표준 자판을 적용한 타자기를 사용하면서 한글 타자기 시장의 절대 강자였던 공병우 타자기의 시장 점유율도 줄어들기 시작했다.

1956년
송계범, 전자뇌를 이용한 '보류식 인쇄 전신기'를 개발하다

국어학자 김민수는 전자뇌(컴퓨터)를 이용한 한글 기계화 가능성을 거론하면서, 풀어쓰기 문자 개혁론자들의 주장, 즉 한글 기계화를 위해서 모아쓰기가 아닌 풀어쓰기로 한글 쓰기 규범을 바꾸자는 주장을 비판했다.

> 최근에는 한글을 풀어쓰기로 해야만 기계화할 수 있다는 종전의 얕고 조급한 생각을 전적으로 수정하지 않으면 안 되게 되었다. 즉, 근래에 출현한 송계범(宋啓範) 식(式) 텔렉스는 풀어쓰기와 같은 수효의 낱자를 가지고도 전자뇌를 이용하여 능히 모아쓰기로 표기될 수 있기 때문이다. 이것은 현대 과학 시대에 있어서 가장 유능한 기계화 방법이라고 생각하며, 인

송계범식 텔렉스 중앙포토 소장. 송계범 교수가 1966년 5월 19일 중앙일보사에 설치된 자신의 발명품인 텔렉스를 들여다보고 있다.

력으로 불가능하다고 생각했던 어려운 문제를 기계가 해결해 주게 된 것을 다 같이 기뻐해야 할 일인 줄로 안다.

— 김민수, 「풀어쓰기의 난점」, 『대한일보』, 1962. 11. 22.

김민수의 언급처럼 자모를 모아쓰는 한글 표기의 전통이 한글 기계화에 아무런 장애가 되지 않는다는 것이 확인된 상황이라면, 풀어쓰기로의 문자 개혁을 주장하는 건 어려울 수밖에 없다. 한글 타자기를 효율화하는 문제가 당면 과제였던 시대에, 한글 타자기의 효율화는 한글 쓰기 규범 문제와 연동될 만큼 중요한 문제였다. 공병우의 세벌식 타자기가 개발되며 속도 문제가 어느 정도 해결되었지만, 더 빠른 타자기를 원했던 이들은 두벌식 타자기를 요구했고, 한글 타자기를 두벌식으로 만들기 위해서는 모아쓰기 규범을 풀어쓰기 규범으로 바꿔야 했다. 이는 한글 쓰기의 관습을 완전히 바꾸는 것이었던 만큼 이를 받아들이기는 쉽지 않은 일이었지만, 한글 기계화의 당위성을 생각하면 이를 일고의 가치도 없는 것으로 거부하기도 쉽지 않았던 게 현실이었다. 그런 상황에서 송계범이 '보류식 인쇄 전신기'(保留式印刷電信機)를 개발하자, 한글 기계화 논의의 방향이 바뀌게 된다.

김민수는 "송계범식 텔렉스는 풀어쓰기와 같은 수효의 낱자를 가지고도 전자뇌를 이용하여 능히 모아쓰기로 표기될 수 있"다고 했는데, 이는 '보류식 인쇄 전신기'의 작동 원리를 설명한 것이다. 여기서 '보류식'이란 건반을 누르면 그 글자가 바로 찍히지 않고 기계가 한 음절 글자가 완성되었음을 확인한 후에 찍히는 방식이다. 이때 한 음절 글자가 완성되었음을 기계가 인식하는 것이 '보류식 인쇄 전신기'의 핵심 원리이다. 예를 들어 'ㄷ',

'ㅗ', 'ㄹ'을 입력하면 곧바로 '돌'이 찍히는 게 아니라 다음 자모의 입력을 기다리는데, 다음에 자음자를 입력하느냐 모음자를 입력하느냐에 따라 찍히는 글자가 달라지게 된다. 즉 모음자 'ㅣ'를 입력한다면 '도'가 찍히고 '리'는 다음 입력을 기다리게 되고, 자음자 'ㄷ'을 입력한다면 '돌'이 찍히고 'ㄷ'은 다음 입력을 기다리게 되는 것이다.

이런 방식으로 글자를 입력하게 되면 타자수는 음절 성립 여부를 확인할 필요 없이 자음자와 모음자를 순서대로 입력하기만 하면 되고, 신호화해 프린터로 전송한 글자가 종이에 찍히게 된다. 이는 오늘날 컴퓨터에서 한글 문서를 작성해 출력하는 방식과 같다. 국어학자 김민수가 송계범의 '보류식 인쇄 전신기'에 큰 기대를 건 것은 '타자기가 문자를 위해서 있는 것이지 문자가 타자기를 위해서 있는 것이 아니라는 점'을 분명히 할 수 있게 되었기 때문이다. 언론 역시 한글 기계화의 숙제, 즉 빠른 속도로 입력하면서도 한글의 조형미를 살리는 숙제를 전자뇌를 활용해 해결했다는 데 환호했다.

그러나 송계범의 인쇄 전신기는 1960년대 현실에서 대중적으로 상용화되기는 어려웠다. 너무 크고 비쌌기 때문이다. 정부 기관에서는 송계범식 인쇄 전신기를 다량 구매하여 표준으로 삼았지만, 민간에서는 이에 대한 수요가 많지 않았다고 한다. 한글 문서를 빠르고 쉽게 입력할 수 있게 된 것은 1980년대 후반 컴퓨터가 일반에 보급되고 한글 워드프로세스 프로그램인 '훈글'(아래아 한글)이 개발되면서부터였다.

1994년
휴대전화 자판 개발을 시작하다

타자기의 효율화를 중심으로 이루어진 자판 연구는 1990년대부터 문자 전송 기능이 있는 휴대전화가 사용되면서 새로운 국면에 접어들었다. 한 손에 잡히는 작은 휴대전화에 효율적으로 한글을 입력할 수 있는 자판 개발이 시작된 것이다. 핵심은 휴대전화의 좁은 공간에서 버튼의 조작을 효율화하여 입력 속도를 높이는 것. 한글 자모 수를 줄일 수 없으니 문자 입력 시스템을 혁신해야 했다. 이렇게 개발된 자판 중에서 가장 관심을 받은 것은 최대의 휴대전화 제작사인 삼성전자가 채택한 천지인• 자판이었다.

기말고사 때라 도서관이 상당히 붐볐습니다. 일반 책상이 꽉 차 PC를 올려놓은 테이블에 앉았어요. 책을 올려놓을 수가 없어 삐딱하게 앉아 공부했는데, 컴퓨터 자판을 보면서 아이디어가 떠올랐습니다. ㅣ, ㆍ, ㅡ 키를 만들어서 필기 순으로 글자를 입력하면 단모음 복모음을 모두 구현할 수 있다는 생각이 느닷없이 든 거예요. 'ㆍ'를 활용하면 정말 편리해지겠다는 구상이었습니다. 이튿날 도서관에서 훈민정음 관련 책을 찾아봤습니다. 『훈민정음 해례본』을 영어로 번역한 게 있었는데, 천지인이라는 제자(制字) 원리가 담겨 있더군요. 한글 창

• 천지인(天地人)
성리학에서는 天(하늘), 地(땅), 人(사람)을 우주를 구성하는 세 가지 요소(삼재三才)로 본다. 세종은 삼재의 원리에 따라 '하늘, 땅, 사람'의 모양을 'ㆍ, ㅡ, ㅣ'로 형상화하여 이를 기본 중성자(기본 모음자)로 삼았다. 그리고 하늘이 삼재의 으뜸으로 땅과 사람에 작용한다는 원리에 따라, 'ㆍ'를 'ㅡ'와 'ㅣ'의 상하 좌우에 결합시켜 'ㅗ, ㅏ, ㅜ, ㅓ'(초출자)와 'ㅛ, ㅑ, ㅠ, ㅕ'(재출자)를 만들었다.

제 시의 제자 원리인데 점(·)을 막대기로 바꿔 쓰다 보니 우리가 잊고 산 거죠. ㅣ, ·, ㅡ로 모든 모음의 조합이 가능하게끔 자판을 설계해 1996년 특허를 출원했습니다.

—「삼성과 다툰 천지인 스토리 '부러진 화살' 같은 영화로 제작한다」, 『신동아』, 2012. 3. 21.

천지인 자판은 'ㅣ, ·, ㅡ' 만을 이용해서 한글의 모든 모음을 표기할 수 있었기 때문에, 버튼의 공간을 효율적으로 사용하여 한글 입력 속도를 획기적으로 높일 수 있었다. 아래아(·)를 'ㅣ'와 'ㅡ'에 결합하여 모음자를 만드는 한글 창제의 원리를 적용하여 효율적인 자판을 개발한 것이다. 그럼 천지인 자판은 누가 개발했을까? 이 문제를 한마디로 정리하기에는 곡절이 제법 많았는데, 앞에 인용한 인터뷰의 주인공인 조관현과 삼성전자의 다툼에 대중의 관심이 쏠렸다.

천지인 자판을 채택한 삼성전자의 휴대전화가 출시되었을 때, 천지인 특허권자인 조관현은 삼성전자 천지인 자판의 개발자로 인정받지 못했다. 삼성전자는 1994년에 휴대전화에 적용할 한글 자판을 자체 개발하고 1995년에 특허를 냈기 때문이다. 조관현이 1995년에 한글 자판을 개발하고 1996년에 특허를 낸 것과 비교하면 1년이 빨랐다. 이에 조관현은 1995년 출원된 삼성전자의 특허는 천지인 자판과 전혀 다른 것이고, 애니콜 자판은 자신의 천지인 자판을 베꼈다고 주장하며 소송에 돌입했다. 이 소송은 조관현과 삼성전자가 합의하여 일단락되었고, 조관현은 자신의 천지인 특허권을 2010년 국가에 기증했다.

휴대전화 자판의 효율화를 위한 기업 간 경쟁이 치열한 상황이었기 때문에, 천지인 자판 이외에도 여러 한글 자판이 개발되었다. 그중 천지인 자판에 이어 사용자가 많았던 자판이 1999년 '언어과학'이라는 벤처기업에서 개발해 LG전자의 휴대전화에 적용한 '나랏글 자판'이었다. 모음자를 파생시키는 한글 창제 원리를 적용한 천지인 자판과 달리, 나랏글 자판은 자음자를 파생시키는 한글 창제 원리를 적용하여 입력시스템을 혁신했다. 즉, 기본자(ㄱ, ㄴ, ㅁ, ㅅ, ㅇ)에 가획하여 자음자를 파생시키는 창제 원리를 적용해, 자음자를 입력한 후 가획 키를 눌러 'ㄱ→ㅋ/ㄴ→ㄷ, ㅌ/ㅁ→ㅂ, ㅍ/ㅅ→ㅈ, ㅊ/ㅇ→ㆆ, ㅎ' 등처럼 자음자를 파생하는 방식으로, 버튼의 공간을 효율화하고 입력 속도를 높인 것이다.

이처럼 휴대전화 생산 업체마다 적용하는 자판이 다른 현실에서는 자연히 이를 표준화하라는 요구가 나오기 마련이다. 그런데 이해 당사자 간 의견이 맞서고 국가가 이를 조정하지 못하면서 휴대전화의 자판 표준화는 더 이상 진척되지 못했다. 이런 상황에서 2010년 중국이 한글 자판의 국제표준화를 추진한다는 보도 이후, 정부 주도로 기존 자판 중에서 표준을 정하기 위한 논의에 착수했다. 그리고 2011년 일반 휴대전화에 대해서는 천지인 단일 표준을, 스마트폰에 대해서는 천지인, 나랏글, SKY 등의 복수 표준을 채택하는 것으로 자판 표준화를 확정했다. 기존의 자판에서 표준을 선택하는 방식에 대한 반발이 거셌던 만큼, 정부는 한글 자판 표준화를 확정하면서 미래형 한글 자판 표준안을 도출할 계획을 천명했다.

그러나 스마트폰 시대가 열리고 버튼이 아닌 터치 패널을 사용하면서 휴대전화용으로 개발된 한글 자판의 시대도 저물어

갔다. 터치 패널의 특성상 자판이 들어갈 수 있는 영역이 넓어, 컴퓨터 자판과 동일한 쿼티(QWERTY) 자판을 사용하는 사람이 늘어나기 시작한 것이다. 이러한 추세에 따라 스마트폰 제작 회사는 스마트폰의 기본 자판을 쿼티 자판으로 변경했다. 1990년대부터 30여 년을 뜨겁게 달구었던 휴대전화의 한글 자판 개발 경쟁과 표준화 논쟁도 휴대전화 기기가 변화하면서 역사 속으로 사라지고 있는 것이다.

10장

특수문자로서 한글의 재탄생—

한글 응용의 연대기

근대 어문 개혁 과정에서 한글과 한국어는 떼려야 뗄 수 없는 관계를 맺었다. 문자의 이름인 한글이 한국어를 가리키는 이름으로도 쓰이는 현실은, 대중의 머릿속에, 한글과 한국어가 숙명적 관계로 각인되어 있음을 말해준다. 그러기에 한국어를 새로운 방식으로 표기해야 하는 특수한 상황에서도 한글은 호출되었다. 전신부호를 만들 때도, 시각장애인을 위한 점자를 만들 때도, 농인을 위한 지문자를 만들 때도 한글은 그 특수문자를 상상하는 모태가 되었다. 한글을 염두에 두고 만들어진 특수문자들은 한글의 가능성을 높이고, 한글 공동체의 영역을 넓히고 공고히 하는 데 기여했다.

1888년
김학우, 한글 전신부호를 만들다

한글 전신부호를 만든 김학우(金鶴羽, 1862~1894)에 대한 두 가지 기록이 있다.

황현의 『매천야록』에서 1894년 일을 기록한 부분 중 "10월에 어떤 자객이 김학우를 암살하였다. 김학우는 관북 사람으로 그는 먼 시골의 천한 가정에서 태어나 개화에 앞장을 섰으므로, 시속배들은 그의 재주에 감복하였다. 그는 수개월 사이에 법무협판에까지 임명되었다. ……이 사건은 대원군의 지시라고 하였으나, 결국 자세한 것은 밝혀지지 않았다"[1]는 대목을 통해서는 김학우가 개화파의 핵심 인물 중 하나였음을 알 수 있다.

3·1운동 때 민족 대표였던 권동진(權東鎭, 1861~1947)이 김학우를 회고한 부분, 즉 "재인(才人)을 말하는 까닭이니 한 사람 더 기록하건대, 그는 김학우다. 사람이 공순하고 말 잘하고 수정같이 투명 영롱한 사람이었다. 어학에도 천재라 하리만하야 일본 말을 그 당시 일본 사람 이상으로 하였고, 그 사람의 일본 말은 조선 사람인 줄 모를 만치 잘하였다. 가위(可謂) 희세(稀世)의 재자(才子)라 일컬을 것이다"[2]는 대목을 통해서는 김학우가 해외 사정에 무척 밝고 외국어에 능통한 외국통이었음을 알 수 있다.

황현은 김학우와 그 주변의 개화파 관료들을 '시속배'로 표현한 반면, 개화파의 일원이었던 권동진은 김학우를 '재인'으로 표현한다. 이처럼 상반된 평가지만 두 사람의 평에서 일치하는 것은 김학우가 개화와 관련한 일에서 특별한 재주를 보인 인물이었다는 점이다. 김학우는 기기국(機器局)과 전환국(典圜局) 등 개

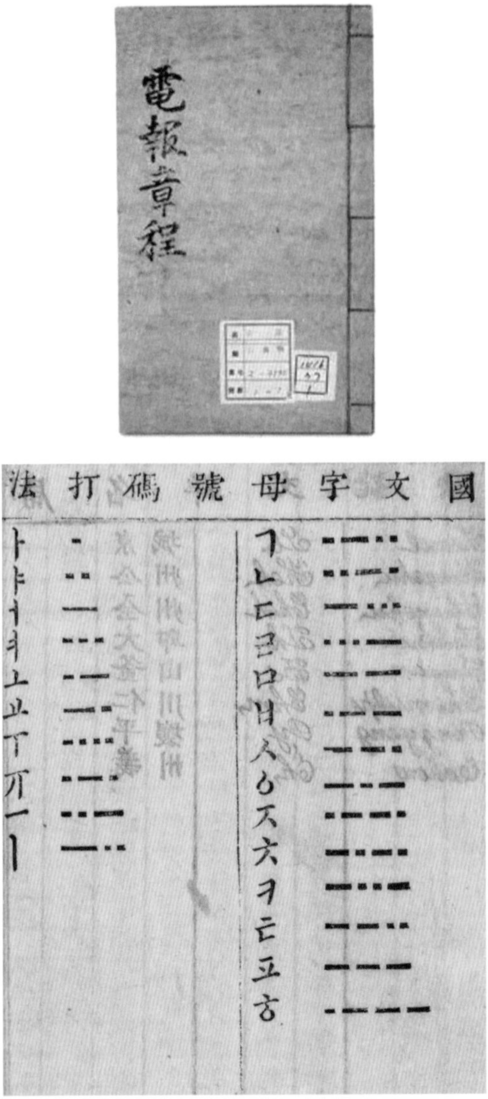

『**전보장정**』 1888년, 한국학중앙연구원 장서각 소장

화 담당 부서의 요직을 지내면서 그 능력을 인정받았는데, 한글 전신부호를 고안한 것도 근대 문물을 도입하는 데 중요한 역할을 하던 그의 능력이 발휘된 결과라 할 수 있다.

조선에서는 1887년에 조선전보총국을 설립한 후 1888년에는 전신규정(電信規程)과 전신부호 및 요금 등의 내용을 담은 『전보장정』(電報章程)을 발표했다. 여기에 제시된 '국문자모 호마타법'(國文字母號碼打法)이 김학우가 고안한 한글 전신부호로 오늘날까지 이어져 오고 있다. 김학우는 일본 전신국에서 전신기술을 배우면서 국문 전신부호를 고안한 것으로 알려져 있다.

'국문자모 호마타법'에서는 'ㄱ'에서 'ㅎ'까지 한글 자음자 14개와 'ㅏ'에서 'ㅣ'까지 한글 모음자 10개를 짧은 점과 긴 점의 두 가지 기호를 조합하여 만든 모스부호와 대응시켜 제시하였다. 여기에서 '호마타법'은 전신부호, 즉 모스부호를 쓰는 법을 가리키는 중국식 용어이다. 오늘날 사용하는 한글 전신부호는 이 '국문자모 호마타법'의 24개 자모에 'ㅔ'와 'ㅐ'의 두 글자에 대한 모스부호를 추가한 것이다.

여기에서 두드러진 것은 갑오개혁 이전인 1888년임에도 전신부호 설명에서 한글을 양문(로마자), 영문, 한문 등과 구분하기 위해 '국문'이란 명칭을 사용하고 있다는 점이다. '국문자모 호마타법'이 실린 『전보장정』은 중국의 전신규정을 전범으로 만들어진 것이고 규정 내용이 한문으로 기술되었다. 이러한 점은 당시까지 근대 문물의 도입이 중화 질서를 부정하지 않는 선에서 이루어졌음을 보여 준다. 그런 상황을 감안할 때, '한글'을 '국문'으로 명명한 것은 두드러질 수밖에 없는데, 이처럼 '국문'이란 명칭을 사용한 것에서 한글을 대하는 김학우와 개화파의 인식을 가능할 수 있다. 1894년 갑오개혁을 알리는 첫 칙령에 '국문을 본으로 한다'는 공문 작성의 원칙을 포함한 것은 이러한 흐름 속에서 이해할 필요가 있다.

또한 『전보장정』에 포함된 '국명양문첩법'(局名洋文捷法)에서 전신국이 있는 여덟 곳의 한자 지명을 로마자 표기와 대응시키고 로마자 표기의 약호를 제시한 것도 눈에 띈다. 『전보장정』에서는 영문 전신부호인 '영문자모 호마타법'(英文字母號碼打法)을 제시하면서, 별도로 '양문'(洋文)이란 용어를 사용하고 있는데, 이때 '양문'은 로마자 표기를 가리키는 말이다. 따라서 이러한 표현은 당시 '양문', 즉 로마자를 영문과 구분하여 국제적으로 통용되는 보편 문자로 인식했음을 보여 준다. 8개의 지명을 로마자화한 것에 불과하지만, 우리나라에서 공식화한 로마자 표기의 시초라는 점에서 의미가 있는 것이다.

'국명양문첩법'에서는 '경성'(京城)은 'Seoul'(서울), '공주'(公州)는 'Kongchu', '전주'(全州)는 'Chunchu', '대구'(大丘)는 Tehku, '부산'(釜山)은 'Fusan', '인천'(仁川)은 'Chemulpo'(제물포), '평양'(平壤)은 'Pingyang', '의주'(義州)는 'Echow'로 되어 있다. 당시 국내외에서 일반화된 'Seoul' 표기를 제외하고 그 표기 상황을 보면, 자음의 경우 'ㄱ-k', 'ㄷ-t', 'ㅂ-f', 'ㅈ-ch', 'ㅍ-p'와 같이 표기했고, 모음의 경우 'ㅓ-u', 'ㅜ-u/ow', 'ㅐ-eh', 'ㅔ-e', 'ㅢ-e', 'ㅕ-i'와 같이 표기했음을 알 수 있다. 이처럼 로마자 표기가 다소 일관성이 떨어지는 것을 보면, 『전보장정』의 편찬자들이 당시 서양인에 의해 제시된 한글 자모의 로마자 전사 체계나 '한국 지명표'의 로마자 표기를 참조하지 않았음을 알 수 있다.

1894년
선교사 로제타 셔우드 홀, 한글 점자를 만들다

미국 감리회 선교사이자 의사였던 로제타 셔우드 홀(Rosetta Sherwood Hall, 1865~1951)은 평양에 진료소를 개설하고 평양맹아학교의 전신인 평양여맹학교를 설립했다. 그리고 1894년부터 진료소 조수로 일하던 오석형의 딸 오복녀에게 점자를 가르쳤다.

홀이 만든 한글 점자는 점 4개를 한 칸으로 사용하는 뉴욕 포인트식 점자였다. 홀은 이 한글 점자로 초등 독본, 기도문, 십계명 등을 점역(點譯)했고, 구약성서와 신약성서를 점역했다. 홀은 자신이 만든 한글 점자를 평양 점자라 불렀는데, 이 점자는 점의 수가 적어서 편리한 점도 있지만, 점의 수가 적은 만큼 기호의 수가 부족했고 한글을 표현하기에는 체계가 잘 잡혀 있지 않은 문제가 있었다. 더구나 일본어 점자는 한 칸에 점 6개를 쓰는 브라유식 점자가 사용되고 있었기 때문에, 일본어와 조선어를 동시에 배워야 했던 현실에서 4점을 사용하는 점자 체계는 여러모로 불편할 수밖에 없었다.

한글 점자가 있었고 성경전서를 점역하기까지 했음에도, 새로운 한글 점자를 만들어야 한다는 문제의식이 생긴 것은 이 때문이었다. 박두성(朴斗星, 1888~1963)은 이런 문제의식을 구체화하며 한글 점자 개발에 나섰다.

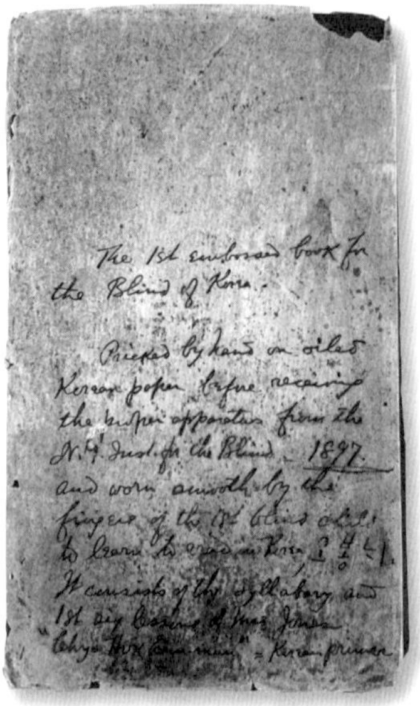

ㄱ

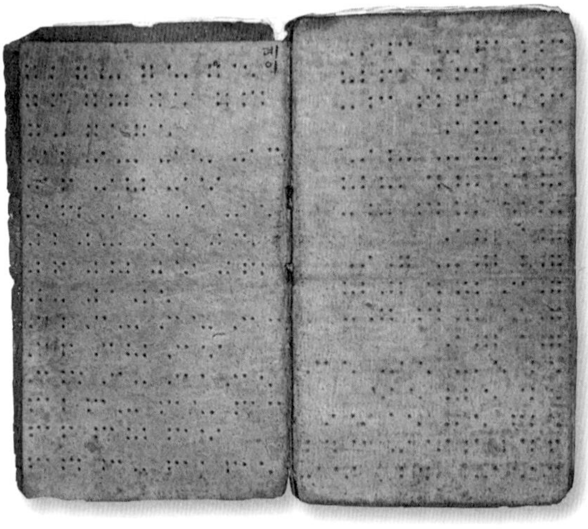

ㄴ

ㄱ. **로제타 셔우드 홀이 만든 한글 점자책** 1897년. 책 표지에 홀이 자필로 제작 경위와 사용자 설명을 기록하였다.

ㄴ. **로제타 셔우드 홀이 만든 한글 점자책 내지**

1926년
박두성, 한글 점자 '훈맹정음'을 만들다

세종대왕이 백성들을 위해 '훈민정음'을 창제했다면 교육자 박두성은 시각장애인을 위해 '훈맹정음'(訓盲正音)을 창안했다. 그리고 이는 현재 한글 점자의 기원이 되었다. 점자의 명칭을 '훈맹정음'이라 한 데서, 한글 창제의 정신을 살려 시각장애인의 의사소통 문제를 해결하고자 했던 그의 생각을 짐작할 수 있다.

1895년에 한성사범학교를 졸업하고 보통학교에서 학생을 가르친 박두성은 1913년에 제생원 맹아부 교사로 부임하면서 시각장애인을 위한 문자 교육에 관심을 갖게 되었다. 그리고 이러한 관심은 점자를 개발하고 보급하는 활동으로 이어졌다. 평양 점자의 한계를 알고 있던 박두성은 1920년부터 6점을 사용하는 브라유식 점자에 기반한 한글 점자를 개발하기 위한 연구를 시작했다.

1926년에 그가 완성하여 발표한 한글 점자 '훈맹정음'은 한글의 초성, 중성, 종성을 완전히 구분했고 대칭성을 활용해서 한글을 표시한 것이었다. 이처럼 점 6개를 사용하는 점자 체계를 만들면서 한글을 체계적으로 구현할 수 있게 되었다. 박두성은 한글 점자를 개발한 이유를 다음과 같이 이야기한다.

> 조선의 맹인은 어떠한가? 고래로 가르치고 배우는 방편이 없었고 9천여 명 되는 그들의 삶은 암흑하여 일반이 폐인으로 인정하니 이것이 어찌 참을 일이며 즐길 일이랴? 사람은 글을 배워야 한다. 일억 만사가 문리 아닌 것이 없고 모든 것이 상식 없이는 알 수 없는데 어찌 남의 구전으로만 들으며 일일

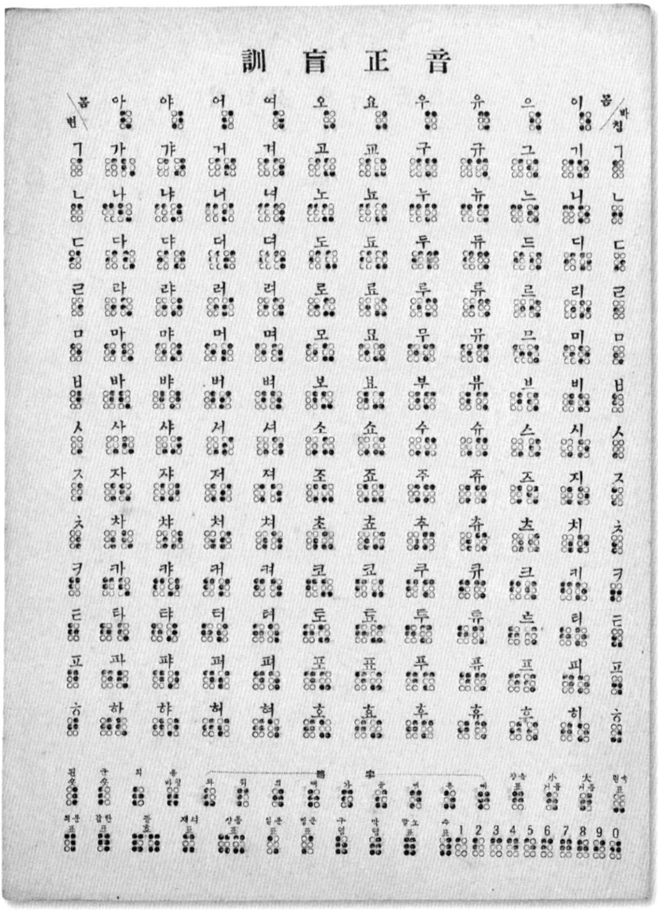

훈맹정음 박두성, 국립한글박물관 소장

> 이 일러 줄 사람이 있을까 보냐? ……점자는 어려운 것이 아니오. 배워 알기는 5분 동안이면 족하고 읽기는 반날에 지나지 아니하며 4~5일만 연습하면 능숙하게 쓰고 유창하게 읽을 수 있소. ……소경이라고 폐인으로 자초하지 말고 어서 바삐 맹인의 글인 점자를 배워야 원하는 대로 글을 읽게 되는 것이오. ─ 박두성, 『맹사일지』 중에서

그런데 박두성은 시각장애인의 교육만을 위해 점자 개발을 한 것은 아니다. 한글 점자의 개발은 일제강점기 민족문화운동의 일환으로 이루어졌다. 박두성이 '훈맹정음'을 고안하고 이를 완성한 시기는 우리 어문운동이 새로운 도약을 준비하는 시기이기도 했다. 조선어 사전 편찬을 위한 준비가 시작되었고, 한글 보급 운동이 본격화되었던 것이다. 박두성은 이러한 흐름에 맞춰, 시각장애인을 위해 한글을 연구하고 보급하는 일에 나섰다. 그가 '시각장애인이 조선어와 조선어 글자를 배워야 한다'고 특별히 강조했던 것은 이 때문이다.

> 조선 맹인에 대한 조선 사회의 상식을 향상시킴에, 무엇보다도 필요한 것이 조선어 글자이다. 그동안 수차례 회합하여 맹사에 대한 의사를 결정하고 '조선어 점자 연구회'를 조직하기로 천연동에서 결정하여 규약을 초하여 경향 각처 맹인에게 통지하노니 ……조선문 언어를 교육하지 않으면 아예 조선 맹인에게 상식을 줄 수가 있다 하겠느냐. 그래서 조선문을 가르치기 위해 조선어 점자 연구회를 조직하고자 한다.
>
> ─ 박두성, 『맹사일지』 중에서

일제의 국어 상용화 정책에 따라 시각장애인에게도 일본어 점자를 보급하려 했던 시절, 박두성은 조선의 시각장애인이 한글 점자를 배워야만 하는 이유를 강조했다. 그리고 이를 위해 조선어 점자 연구회를 조직하고 한글 점자를 보급하는 활동을 조직적으로 전개했다. 조선어 점자 연구회는 정규 교육 기관에 한글 점자를 보급했을 뿐만 아니라, 지역별로 강습회를 조직하여 시각장애인들에게 우리말과 우리글을 가르쳤다. 일제강점기 내내 시각장애인 교육에서 조선 어문 교육이 지속될 수 있었던 데에는 이처럼 한글 점자를 개발하고 보급한 박두성의 역할이 컸다.

특히 그의 활동에서 주목해야 할 점은 바로 통신 교육을 실시했다는 사실이다. 지역별로 강습회를 연다고 해도 시각장애인의 특성상 교육을 받기 위해 강습소로 오는 것은 힘들 수밖에 없었기 때문에, 박두성은 그러한 현실을 극복하는 방안으로 통신 교육을 생각했다. 그는 요청이 들어오는 대로 점자에 대한 설명서와 함께 그 자신이 점역한 『천자문』, 『조선어독본』 등을 발송했고, 시각장애인들은 이를 우편으로 받아 점자를 익히고 책을 읽을 수 있게 되었던 것이다. 박두성은 글을 깨우친 시각장애인을 위해서 『임꺽정전』, 『명심보감』, 『삼일운동비사』, 『맹인청년단규약』, 『이광수 전집』 등 소설이나 교양서적을 점역하기도 했다.

이처럼 현실에 기반한 활동을 중시한 그의 생각은 점자 강습회에서 채택한 교재에서도 찾을 수 있다. 당시 시각장애인들 중에는 점술업에 종사하는 사람들이 많았는데 박두성은 이들을 위해 점술서를 점역하여 교재로 채택했다. 그리고 점술업에 종사하는 시각장애인들에게 '점술을 하려면 점자책을 펴 놓고 학문으로 하라'고 강조했다. 여기에서 시각장애인의 현실을 인정한 상태에서 새로운 변화와 도약을 모색하고자 했던 그의 생각을 엿볼 수 있다.

1946년
윤백원, 한글 '지문자'를 만들다

해방 후 국어 재건의 시기에 한글 교육은 가장 절박한 시대적 과제였다. 당연히 장애인 교육에서도 이는 선결 과제가 되었다. 더구나 시각장애인과 농인을 대상으로 한 한글 교육의 경우는 비장애인을 대상으로 한 한글 교육과는 다른 차원의 준비가 필요했다. 그런데 해방 직후 상황을 보면, 시각장애인을 위한 한글 점자는 일제강점기에 박두성에 의해 개발되었던 반면, 농인을 위한 지문자(指文字)는 아직 개발되지 않은 상황이었다. 이에 국립서울맹아학교의 초대 교장이었던 윤백원(尹伯元, 1908~1995)은 1946년 9월에 한글 지문자를 개발했다. 한글 지문자의 필요성과 그 개발 과정에 대한 설명은 윤백원의 말로 대신한다.

> 농아자를 위하여 깊이 생각하고 널리 연구한 끝에 수화의 단점을 완전히 보충하여 우리말을 할 줄 알며 우리글을 읽을 줄 아는 보통 사람의 말 세계에 다가설 수 있는 농아자를 만들 수 있는 지문자를 만들기에 이르렀다. 다섯 손가락을 가지고 24자의 모음과 자음을 자유로이 표현할 수 있는 연구를 한다는 것은 보통이 아니었다. 기숙사생 1명을 집에다 데려다 놓고 나와 같이 숙식을 같이하며 생활을 해가면서 6개월 동안

연구한 결과 현 문자를 창안하게 되어 1946년 9월 1일 신학기부터 실제 수업을 개시하여 구화와 수화를 겸하여 지도한 끝에 좋은 성과를 얻게 되어 그로부터 전 학년에 사용하도록 하며 금일에 이르렀다. 참으로 농아자로 하여금 평생의 복음을 주고 있는 것이다. ―윤백원, 1946[3]

윤백원이 창안한 한글 지문자는 'ㄱ, ㅅ, ㅇ, ㅋ'이 수정된 것 외에는 그 체계를 그대로 유지하며 활용되고 있다. 그런데 수어(수화)라는 독립된 언어가 존재함에도 한글 지문자가 필요한 이유는 무엇일까? 첫째는 지문자가 수어를 보조하는 필수적인 역할을 하기 때문이고, 둘째는 한글문화권에 속해 있는 한 수어를 보조하는 지문자 역시 한글을 기반으로 하는 게 당연히 효율적이기 때문이다. 윤백원이 내세운 지문자 개발의 목표, 즉 "우리말을 할 줄 알며 우리글을 읽을 줄 아는 보통 사람의 말 세계에 다가설 수 있는 농아자를 만들 수 있는 지문자를 만들기"라는 목표는 농인 역시 한국어와 한글 공동체의 일원이라는 인식을 분명히 보여 준다. 이러한 인식은 "한국 수화언어가 국어와 동등한 자격을 가진 농인의 고유한 언어"[4]라는 것과 다른 차원에서 한국 농인의 언어적 정체성을 보여 준다. 그렇다면 수어를 보조하는, 윤백원의 말로는 "수화의 단점을 완전히 보충"하는 한글 지문자의 역할은 무엇일까?

수어의 표현상 한계는 '고유명사', '전문용어', '신어' 등을 표현하는 데서 두드러진다. 특히 교육 수준이 높아질수록 전문용어를 많이 접하고 이를 표현해야 하는 현실에서, 지문자의 적절한 사용은 농인의 교육에서 중요한 문제가 될 수밖에 없다. 그

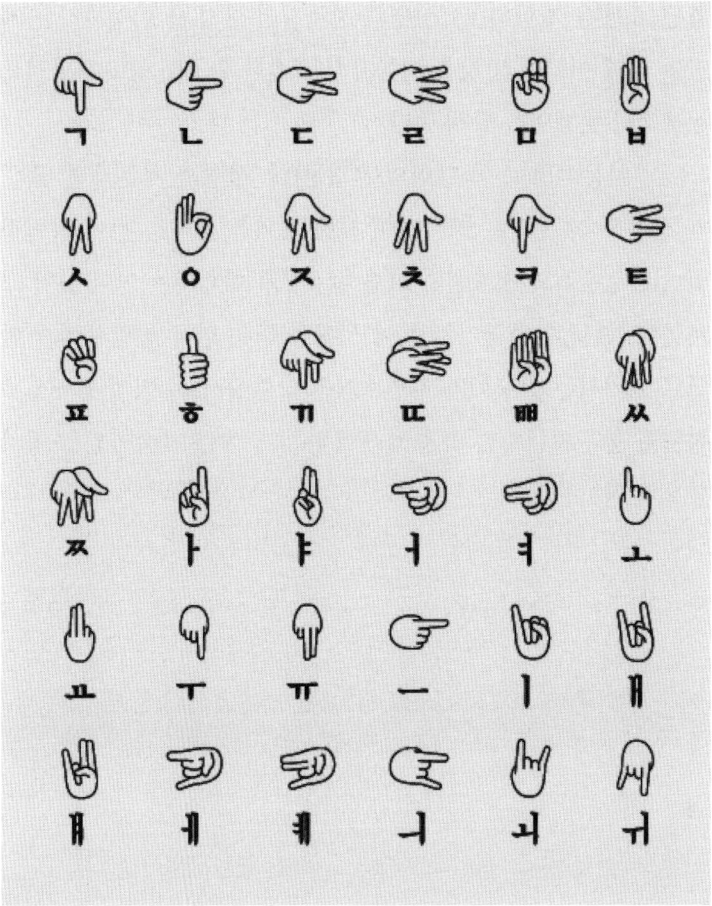

한글 지문자

런데 전문용어 수어 표현에 대한 제안[5]에서, 무리한 번역보다는 지문자를 허용할 것을 제안하면서도, '지문자와 수어 단어가 혼합된 표현'을 지양하고, '설명과 지문자의 병기'를 지양하자는 제안이 함께 이루어진 것은 지문자의 적절한 활용이 중요하면서도 논쟁적인 문제임을 말해 준다.

'지문자와 수어 단어의 혼합'이나 '설명과 지문자의 병기'가 문제가 되는 것은 지문자의 사용 영역을 넓히는 것이 독립적 언어로서 수어의 정체성을 확립하는 것과 대립되는 면이 있기 때문이다. 한글과 한국어로 문어 생활을 하는 한국 농인들에게 한글로 표기하는 한국어가 자연스러운 상황에서, 수어의 정체성을 확립하면서 지문자를 적절히 활용하는 문제는 지속적인 조정이 필요한 일이 아닐까?

11장 한글을 기념하다—

한글날 제정의 연대기

세종은 1443년 12월에 한글을 창제했고, 1446년 9월에 집현전 학사 정인지의 주도로 한글의 창제 목적을 밝히고 글자를 만든 원리와 쓰는 법 등을 해설한 『훈민정음』을 완성했다. 그런데 우리는 해설서 『훈민정음』을 완성한 1446년 9월을 기준으로 한글 기념일을 정했다. 그 이유는 해설서가 완성된 날에 한글을 반포했다고 봤기 때문이다.

해설서 『훈민정음』이 나온 날을 반포일이라고 본 근거는 무엇일까? 근거는 없다. 더 정확히 말하면 근거를 잘못 이해한 결과이다. "이달에 임금이 친히 언문 28자를 지었는데……"라는 『세종실록』(1443. 12. 30.)의 기록과 "이달에 훈민정음이 이루어졌다"라는 『세종실록』(1446. 9. 29.)의 기록을 비교하며, 1443년의 기록이 창제를 1446년의 기록이 반포의 사실을 밝힌 것으로 해석한 것이다. 『훈민정음』이란 책의 존재가 알려지기 전이었으니 그럴 수 있는 일이었다.

그런데 흥미로운 것은 그런 사정이 밝혀졌는데도 여전히 한글날을 한글 반포일로 설명하며 음력 9월 상한을 양력으로 환산한 10월 9일을 한글날로 기념한다는 점이다. 왜 그럴까? 한글날을 정한 계기와 이를 기념해 온 과정이 또 다른 역사가 되었기 때문이다. 한글을 반포한 날을 고증하는 것보다 중요했던 것이 한글날을 기념하며 일깨웠던 민족적 자의식을 키우는 것이 아니었을까?

1907년
서막: 주시경, 국어강습원을 설립하다

세종이 한글을 창제한 때부터 지금까지 나온 한글에 대한 평가는 다음 한 문장으로 요약된다.

"한글은 과학적 원리에 따라 만들어졌기 때문에, 말소리를 정밀하게 표기할 수 있으면서도 가장 쉽게 배울 수 있다."

한글의 제자 원리와 사용법을 해설한 책인 『훈민정음』의 정인지 서문에 나온 정인지의 말, 즉 "28자로 전환이 무궁하며 간단하지만 요긴하고 정밀하지만 소통이 쉽다. 그러므로 똑똑한 자는 반나절이면 깨우칠 수 있고 우둔한 자라도 열흘이면 배울 수 있다"라는 말은 한글에 대한 평가가 어디에서 연유했는지를 말해 준다.

그런데 흥미로운 것은 한글을 찬양하는 사람뿐만 아니라 한글 창제를 반대했던 이들의 평가도 다르지 않았다는 사실이다. 세종과 맞섰던 최만리는 한글이 28자만 배우면 모든 말을 표기할 수 있는 문자라는 점을 거론하면서 한글 사용을 반대했다. "만약에 언문을 시행하오면 관리된 자가 오로지 언문만을 습득하고 학문하는 문자를 돌보지 않아서 관리들이 둘로 나뉠 것"이라는 최만리의 우려는 "28자로 전환이 무궁하며 간단하지만 요긴하고 정밀하지만 소통이" 쉬운 한글의 장점을 부각할 뿐이었다.

이러한 문자였기에 중화적 질서에서 벗어나 근대의 문을 여는 시점에 한글에 대한 기대가 높아진 건 자연스러운 일이었다. 중국 중심의 세계관을 버리고 한문 글쓰기를 폐지하는 개혁 과정에서 한글의 우수성은 부각될 수밖에 없었다. 한글을 국문으로 삼는 것에 반대하는 수구파의 논리를 반박하며, "국문이란 것은 조선 글이요 세종대왕께서 만드신 것이라, 한문보다 백배가 낫고 편리한즉 내 나라에 좋은 게 있으면 그것을 쓰는 것이 옳"다고 한 『독립신문』(1896. 6. 4.)의 사설은 한글의 우수성을 확인하는 것이 곧 민족적 자존심을 세우고 그 우월성을 확인하는 것이었음을 말해 준다.

이처럼 한글을 국문으로 삼는 것이 근대 개혁의 상징적 조치가 되면서, 한글은 근대적 정체성을 확립하는 데 구심적 역할을 하게 되었다. 한글처럼 우수한 문자를 만든 민족으로서의 자부심으로 한글과 우리말을 부흥시키고, 이를 통해 민족과 국가의 부흥을 이끌겠다는 논리가 확립되었던 것이다. 이러한 상황에서 주시경을 비롯한 민족주의자들은 한글 창제일 기념식을 계획했다. 그 당시 만든 것으로 추정되는 「우리글 창제 기념가」에는 한글에 대한 자부심을 고리로 국민정신을 고양하고자 했던 민족주의자들의 열망이 담겨 있다.

2절: 거룩하고 밝은 우리 선왕조 세종/말에 맞은 글을 새로 지어내시니/아름답고 아름답다 우리나라 글/특성을 그렸도다
4절: 뇌수 중에 조국 정신 배양하기는/국문 숭용(崇用)함이 제일 필요하도다/경편(輕便)하고 간이(簡易)하다 우리 국문은/세계에 으뜸일세
5절: 기쁘도다 기쁘도다 오늘날이어/국문 창제 기념식 거행해 보세/바라노라 어서 속히 연구하야서/영원히 빛내 뵈세

「우리글 창제 기념가」의 가사는 한글 창제 기념식을 거행

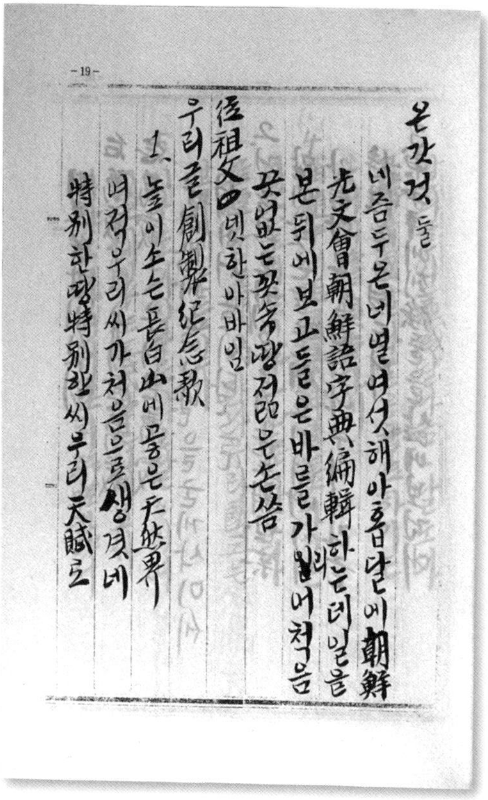
-19-
온갖것 둘
光文會朝鮮語字典編輯하는데일을
우리글創製紀念款
여러우리씨가처음으로생겨네
特別한땅特別한씨우리天賦로

『온갖것』(온갖것) 한국학중앙연구원 소장. 국어학자 이규영이 1910년대 초의 국어 연구에 관한 사실들을 수록한 비망록.

해야 하는 이유를 이야기한다. 첫째는 세종이 만든 글자이자 우리말에 맞는 아름다운 글자인 한글은 쉽고 편리한 점에서 세계 으뜸이라는 것, 둘째는 한글을 받들어 쓰는 것이 조국 정신, 즉 국민정신을 배양하는 데 가장 필요한 일이라는 것이다.

「우리글 창제 기념가」는 주시경의 제자인 이규영이 필사한 비망록인 『온갓것』(1912)에 기록되어 있다. 그러나 기념가를 만든 사람이 누구이고, 언제 만들었는지, 그리고 기념식을 거행했는지 등에 대해서는 아무런 내용도 기록하지 않았다. 다만 가사 내용으로 미루어 볼 때 기념가는 대한제국 시기에 작성된 것으로 보이고, 가사에 우리말과 우리글의 기원과 의의에 대한 주시경의 주장이 그대로 담겨 있는 것으로 보아, 이 노래의 작사는 주시경이 했을 것으로 짐작된다. 그리고 기념식을 거행했다면 그 행사는 당시 주시경이 운영했던 국어강습원이나 국어연구학회 등에서 주도했을 것이다. 특히 국어강습원은 국어와 국문을 가르쳐 국민 의식을 고양할 목적으로 설립한 것이었으니, 국문 창제 기념식은 의식화를 위한 행사로서 기획되었음 직하다.

나라의 존립이 위태로워지면서 우리말과 우리글의 존립도 보장할 수 없던 시기에 주시경은 한글의 창제 및 사용의 의미와 한글의 우수성을 강조한 「우리글 창제 기념가」를 썼다. 한글과 우리말의 운명을 국가의 운명과 연결 지으면서 우리말과 우리글을 지켜야 한다는 소명 의식을 심어 주고 싶었을 것이다. 여기서 일제강점기 일본의 국어 상용화 정책에 대항하여 우리말과 우리글을 지켜 낸 힘의 출처를 확인하는 건 어렵지 않다.

1924년
훈민정음 창제를 기념하는 기념식을 열다

1924년 1월 6일자 『조선일보』의 사설, 「조선 문화의 대기념」에서는 한글 창제의 역사를 밝히면서 한글 창제일을 기념하자고 제안한다. 『조선일보』는 왜 이날 사설에서 한글 창제일을 기념하자고 했을까? '세종이 언문 28자를 만들고 이를 훈민정음이라 하였다'는 1443년 12월의 『세종실록』에 근거하면 이때가 한글을 창제한 지 8회갑이 되는 해였기 때문이다. 실록의 날짜가 음력을 기준으로 했기 때문에, 1443년 12월 1일을 양력으로 환산한 1월 6일을 한글 창제 기념일로 제안한 것이다.

사설에서는 한글이 세계적 문화를 흡수함과 간편 영리함에서 다른 나라의 글자와 비교할 수 없을 만큼 탁월함을 강조하면서, 한글을 "만세불후의 대공업"으로 찬양하였다. "매년 이날로 우리 문화의 대기념일이라 하는 것"이라는 제안은 이처럼 한글의 우수성에 대한 찬양과 연결된다. 한글 창제 기념일은 탁월한 한글을 찬양하며 민족적 자부심을 고양하는 날이 될 수밖에 없었다. 그렇다면 이처럼 한글 창제 기념일을 정하려는 움직임은 대중적인 언어 문화 운동의 시작을 예고한 것으로 봐야 할 것이다.

주시경의 제자들이 결성한 조선어연구회는 1924년 2월 1일에 한글 창제 기념식을 치렀다. 조선어 연구에 관심을 갖는 사람들끼리 모인 소박한 기념식이었지만, 합법적으로 우리 민족의 우월성을 과시할 수 있는 기회였기에, 언론도 이에 관심을 보였다. 『동아일보』(1924. 2. 1.)는 조선어연구회가 휘문고등보통학교에서 기념식을 연다는 소식을 전하며, "그 기념식을 음력 12월 27일로 정하여 행하게 된 것은 처음으로 세종대왕께서 훈민정음을 창조하시기는 즉위 25년에 마쳤으나 반포하시기는 동 27년이었으므로, 27년이라는 27의 의미를 취하여 27일에 행하기로 한 것이라 더라"라고 기념일을 2월 1일에 연 이유를 밝혔다. 2월 1일은 음력 12월 27일을 양력으로 환산한 날이었던 것이다. 조선어연구회 초대 간사였던 휘문고보 조선어 교사 이병기는 그의 일기 속에 1924년 한글 창제 기념일의 풍경을 다음과 같이 기록했다.

> 1924년 2월 1일(금) 맑다. 오후 4시부터 휘문고등보통학교에서 훈민정음 8회갑 기념회를 하였다. 모인 이가 수십 명, 그 중에 다수는 조선어연구회원이고, 나머지는 동지자들이다. 동 교장 임경재 씨의 사회로 개회사를 마치고 신명균 군의 세종대왕의 공적에 대한 강화가 있었고, 그다음에는 장지영 군의 주시경 선생에 대한 강화가 있었고, 그다음에는 권덕규 군의 정음의 유래에 대한 이야기가 있었고, 그만 폐회하였다. 때는 오후 7시. 다시 교장실로 모여서 과자에 차를 먹었다. 그러고는 권 군하고 오다가 어느 음식점에 들러 요기를 하였다.
>
> — 이병기, 『가람일기』 1, 신구문화사, 1974.

1926년
훈민정음 반포를 기념하는 기념식을 열다

1924년 1월 6일을 한글 창제 기념일로 하자는 제안이 있은 후, 조선어연구회는 2월 1일을 한글 창제 기념일로 정해 첫 기념식을 열었다. 그런데 한글 기념일이 대중적으로 관심을 끌게 된 것은 1926년 11월 4일 훈민정음 반포 8회갑식을 치르면서부터이다. 창제 8회갑 기념일을 치른 조선어연구회는 2년 후인 1926년에 반포 8회갑 기념식을 준비하면서 한글에 대한 관심을 재환기할 계획을 세웠다.

1926년 11월 4일을 반포 기념일로 정한 것은 "이달에 훈민정음이 이루어지다"라는 1446년 9월 29일의 『세종실록』 기록에 근거하였다. 음력 9월 29일을 양력으로 환산한 날짜인 11월 4일을 한글 반포 기념일로 정한 것이다.

1924년의 한글 창제 기념식이 조선어연구회의 소규모 행사였던 것과 달리, 1926년 11월 4일의 한글 반포 기념식은 조선어연구회와 신민사가 공동으로 주최했고, 지석영, 박승빈, 윤치호, 송진우 등 학계, 언론계 등의 저명인사들이 참여하면서 행사 규모가 1924년과 비교할 수 없을 만큼 커졌다. 각계의 저명인사들이 모이면서 한글 반포 기념일과 관련한 논의도 이뤄졌다.

> 권덕규 씨의 금후로 기념할 날을 '가갸날'로 함이라든지 우리가 속칭 언문이라 종래 불러온 것을 크고 무한하다는 '한'이라는 것을 취택하야 '한글'이라 함은 어떠하냐는 의견 설명이 있었고, 그에 대하여 조선에서 가장 조선어 연구가 깊다는 어윤적 씨의 그에는 찬성치 않고 세종 때부터 불러온 정음날이라 함도 무방하다는 등 여러 가지 문답이 있는 외에…….
>
> —「이 하늘과 이 땅 위에 거듭 퍼진 한글의 빛」, 『동아일보』, 1926. 11. 6.

한글 반포 기념식 이후 좌담회에서는 한글 반포 기념일 명

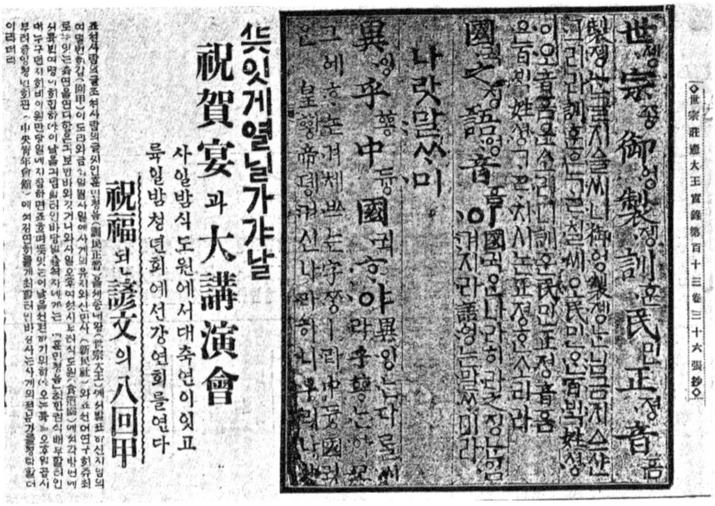

뜻잇게열닐가갸날

祝賀宴과大講演會

사일밤식도원에서대축연이잇고

륙일밤청년회에서강연회를연다

祝福된諺文의八回甲

"뜻잇게 열닐 가갸날, 축하연과 대강연회" 『매일신보』, 1926.11.4. 국립중앙도서관 DB

칭으로 '가갸날'과 '정음날' 중 무엇을 채택할지, '언문'을 대신할 이름으로 '한글'과 '정음' 중 무엇을 채택할지, 그리고 이 기념일을 기해 어떤 일을 해야 하는지에 대한 진지한 논의가 이어졌다. 후속 논의를 위해 각계의 대표 인사들이 별도의 실행 위원회인 '정음반포기념회'를 구성했는데, 10일에 열린 논의에서는 '언문'을 대신할 이름으로 '우리글'을, 한글 반포 기념일의 이름을 '정음날'로 하기로 결정하였다.[1] 다만 조선어연구회에서는 '가갸날'과 '한글'을 계속 썼고, 1928년부터는 글자 이름 '한글'에 맞춰 그 반포 기념일을 '가갸날'에서 '한글날'로 바꿨다. 그런데 조선어연구회가 이를 적극적으로 홍보하면서, '한글'과 '한글날'은 '우리글'과 '정음날'을 압도했다.

명칭을 둘러싼 논쟁은 이후 조선어 연구 및 표기법 제정 등에서의 논쟁으로 이어졌지만, 한글과 관련한 문제가 논쟁거리가 된 것 자체가 한글에 대한 사회적 관심이 그만큼 높아졌음을 보여 주는 면이 있다. "이번 훈민정음 반포 8회갑을 기회로 하여 조선어문에 대한 애정이 민간에 진작된 것은 가하(嘉賀)할 일이다"[2]란 평가에서 볼 수 있듯이, 1926년 11월 4일의 한글 반포 기념식은 일제강점기 우리말 운동이 대중화되는 전환점이 되었다.

11월 4일 이후 열린 한글 강연회에는 수많은 청중이 몰렸고, 이러한 분위기는 지방에서도 마찬가지였다. 사리원에서 11월 8일에 열린 기념 강연회의 소식을 「의미심장한 가갸날 축하회」란 제목으로 보도한 기사[3]는 "여러 가지 의견과 감상담의 교환으로 일반은 신생명의 역동을 맛보는 깊은 인상을 얻어가지고 동 11시에 산회하였다"로 끝을 맺는데, 늦은 밤 11시까지 한글에 대해 의견을 주고받는 것만으로도 "신생명의 역동"을 맛보았다는 참석자들의 소감은 한글 반포 기념행사가 민족적 자의식을 일깨우는 장이 되었음을 잘 보여 준다.

그러나 한글 반포 기념일에 대한 관심이 높아지면서, 이 기념일을 민족의식을 일깨우는 장으로 활용하는 것을 넘어 국수적 관념을 민중에게 주입하는 장으로 활용하는 것에 대한 반발도 터져 나왔다. 홍기문은 "이날을 문맹 퇴치의 의미로는 기념할 만하나, 조선 혼, 조선 정신 운운하기 위한 것이라면 반대 배척에서 더 나아가 그 기념을 박멸하고 싶다"[4]고 비판했다. 자기중심적 민족주의에 경도된 언어 연구는 한글과 조선어의 신성함만을 강조하는 방향으로 흐를 수 있다는 점에서, 홍기문의 비판은 타당한 면이 있었다. 그러나 홍기문의 주장은 반향을 불러일으키지 못했다. 무엇보다 민족적 자부심이 필요한 상황에서, 한글의 과학성과 우수성에 대한 찬양과 한글이 민족정신의 상징이자 민족 발전의 원동력이라는 호소가 대중적 공감을 얻었기 때문이다.

한글에 대한 자부심을 민족에 대한 자부심으로 승화하려 했던 이들은 조선이 식민지로 전락한 원인을 '표기법을 통일하지 못하고 우리말 사전 하나 편찬하지 못한 현실'에서 찾았다. 그러니 한글에 대한 자부심을 키울수록 통일된 표기법과 우리말 사전이 없는 현실에 대한 자괴감은 더 깊을 수밖에 없었다. 가장 문명화된 문자를 가진 자부심과 통일된 표기법과 모어 사전이 없는 자괴감의 괴리에서 오는 고통은 결국 민족어 운동에 나서는 동기이자 이유가 되었다. 일제의 방해와 탄압에도 불구하고, 1929년 조선어사전편찬회의 결성과 조선어 사전의 편찬, 1933년 『한글 마춤법 통일안』의 발표, 1936년 『조선어 표준말 모음』의 발표 등을 줄기차게 할 수 있었던 힘의 원천은 이 지점에서 찾을 수 있을 것이다.

그런데 바로 이 이유 때문에 일본 경찰은 표준어 사정안 발표회를 마지막으로 조선어학회가 주최하는 모든 집회를 금지하였다. 이에 따라 1937년부터 한글날 기념식은 열리지 못한다. 중일전쟁과 함께 시작된 전시체제기에 일본은 식민지 내에서 어떠한 민족주의 운동도 허용하지 않았고, 조선어학회의 이윤재, 최현배, 김윤경 등이 민족주의 단체 활동을 이유로 옥고를 치렀다. 그러한 상황에서도, 1942년 조선어학회 사건으로 와해되기 전까지, 조선어학회는 조선어 사전 편찬 사업을 지속했다. 일본의 국어 상용화 정책으로 우리말과 우리글의 존립을 예측할 수 없는 시기에, 사전 편찬을 지속했던 힘의 원천은 우리말과 우리글을 지켜 민족을 지켜야 한다는 소명 의식이었다. 1937년부터 한글날 기념식은 금지되었지만, 해마다 한글날이 오면 그들은 한글을 통해 맛보았던 "신생명의 역동"을 떠올리며 소명 의식을 새롭게 다지지 않았을까?

1945년
문화적 해방의 날로 한글날을 기념하다

해방 후 한글날은 10월 9일로 바뀐다. 1926년에 11월 4일을 한글 반포 기념일로 지정한 후, 한글날은 음력과 양력의 환산법을 바꾸면서 10월 29일과 28일로 날짜를 조정한 적이 있었다. 그런데 해방 후 한글날이 바뀐 것은, 1940년에 한글의 제자 원리와 창제 동기 등을 정리한 『훈민정음』이 발견되면서, 몰랐던 역사적 사실을 알게 되었기 때문이다.

이 책자의 말미에 적힌 저술 완결 시점은 1446년 9월 상한인데, 이를 통해 한글 반포일의 근거가 된 『세종실록』(1446. 9. 29.)의 기록, 즉 "이달에 훈민정음이 완성되었다"가 해례본 『훈민정음』의 완성을 뜻하는 것임을 알게 된 것이다. 드러난 역사적 사실은 한글날 지정의 근거를 흔들 수 있는 것이었다. 사실 해례본 『훈민정음』의 완성을 곧 한글의 반포로 볼 수 있는지는 분명치 않았기 때문이다. 그러나 그간 한글날을 한글 반포일로 기념했던 관례를 존중하면서 새로 발견된 기록을 반영한다는 취지에 따라, 음력 9월 29일이던 한글 반포일을 9월 상한이란 기록을 기준으로 다시 조정해, 10월 9일을 한글날로 확정했다.

해방 후 맞는 한글날은 해방의 기쁨을 나누고 해방 이후 국어 재건의 과제를 공유하고 점검하는 날이 되었다. 조선어학회 사건으로 사전 원고가 일본 경찰에 압수되는 바람에 마무리하지 못했던 우리말 사전의 출간, 학교 교육을 위한 한글 교과서 출간, 한글 보급을 위한 강습회 실시 등의 당면 과제를 한글날을 계기로 점검하고 구체화한 것이다. 한글날을 기념하며 한글의 과학성과 우수성을 확인하는 시간은 곧 우수한 우리 민족이 국가 재건의 과제를 차질 없이 수행할 수 있을 거라 확신하는 시간이기도 했다.

한글날의 역사적 그리고 현재적 의미가 이처럼 분명했기에, 미군정청은 1946년에 군정법률 제9호 「근무규정」에 의하여 한글날을 공휴일로 지정했다. 1946년 10월 9일에 열린 한글 반포 500돌 기념식에는 미군정청의 하지 사령관과 러취 장관이 참석하여 축사를 했고, 시민 2만여 명이 거리 행진을 했다. 이처럼 해방 공간에서 고양된 분위기는 정부 수립 후에도 이어졌는데, 1949년 국경일에 관한 법률을 제정할 당시, 조선어학회에서는 정치적으로 해방인 '광복'을 기념하는 것과 문화적 해방인 '한글 반포'를 기념하는 것을 같은 차원으로 보자는 논리로 한글날을 국경절로 지정하자고 주장했고, 그 이후도 이러한 논리는 더 강화되었다.

최현배는 한글날을 국경일로 지정해야 하는 이유로, "훈민정음은 정히 우리 배달겨레의 문화 독립선언이요 한글은 문화 독립의 기초"이며, "한글의 탄생은 다만 한 종류의 글자의 생겨남이 아니라 실로 그것은 겨레 의식 통일의 상징이요 겨레 문화의 영원한 발달의 원동력"이라 했다.[5] 한글의 운명을 민족의 운명과 연결 지으면서, 한글에 우리말을 표기하는 문자 이상의 의미를 부여한 것이다.

이러한 열망에도 한글날은 국경일에 포함되지 않았고, 지속된 청원에도 2005년까지 국경일에 관한 법률은 개정되지 않았다. 다만 어문민족주의자들이 한글에 부여했던 의미는 국민교육을 통해 상식으로 받아들여졌고, 한글날은 법률적 규정을 떠나 국민적 기념일로 자리 잡았다.

1981년
정부 주관으로 한글날을 기념하다

한글학회와 세종대왕기념사업회 등 한글 단체가 주관해오던 한글날 기념식은 1981년부터 정부가 주관하는 것으로 바뀌었다. 정부 주관 행사로 바뀌는 1981년은, 아시안게임과 올림픽을 유치하는 데 성공하면서, 한국도 선진국으로 도약할 수 있다는 자신감을 갖게 된 때였다. 이러한 분위기에서는, 한글을 통해 민족적 자부심을 고취하는 것보다는 한국 사회를 국제적 수준에 맞게 발전시키는 것이 중요할 수밖에 없었다. 1990년에 정부가 경제계의 요구를 받아들여 한글날을 공휴일에서 제외한 것은 이러한 흐름 속에서 이루어진 조치였다.

공휴일에서 제외되고 일반 기념일로 격하되었던 한글날은 2005년에 이르러서야 국경일로 격상되었고, 2013년에 공휴일로 부활했다. 그럼 21세기에 한글날을 국경일로 지정한 의미를 일제 강점기 때 한글날에 부여했던 의미처럼 민족적 자부심에서 찾거나, 해방 이후 한글날에 부여했던 의미처럼 문화적 독립선언이나 민족의식의 통일에서 찾을 수 있을까?

그러나 정치, 경제, 문화적인 좌절에서 벗어나고자 민족적 자부심과 문화적 독립 또는 민족의식의 통일을 애써 내세워야 했던 그때와 한국 사회가 모든 면에서 비약적으로 성장한 21세기를 같은 차원에서 볼 수는 없다. 지금까지 우리가 이룬 정치, 경제, 문화적인 성과 위에서 한글의 의미를 생각할 때인 것이다. 그렇다면 민족적 자부심에서 세계시민으로서의 자부심으로, 문화적 독립에서 문화적 베풂으로, 민족의식의 통일에서 민주 의식의 다양성으로 그 의미를 확장해 나아갈 수 있을 것이다.

분명한 것은 한글날 연대기 속에서 지금까지 만들어진 의미에 더해질 의미는 오늘 한글을 쓰면서 사는 우리가 만들어 나가야 한다는 것이다.

미주

참고문헌

찾아보기

濁而言之。ㄱㄷㅂㅈㅅㆆ。爲全清。
ㅋㅌㅍㅊㅎ。爲次清。ㄲㄸㅃㅉㅆ
ㆅ。爲全濁。ㆁㄴㅁㅇㄹㅿ。爲不清
不濁。ㄴㅁㅇ。其聲最不厲。故次序
雖在於後。而象形制字則爲之始。
ㅅㅈ雖皆爲全清。而ㅅ比ㅈ。聲不
厲。故亦爲制字之始。唯牙之ㆁ。雖

미주

1장 조선 시대 사람들에게 한글은 어떤 의미였을까?

1 是月, 上親制諺文二十八字, 其字倣古篆, 分爲初中終聲, 合之然後乃成字, 凡于文字及本國俚語, 皆可得而書, 字雖簡要, 轉換無窮, 是謂訓民正音.(『세종실록』, 1443. 12. 30.)

2 國之語音, 異乎中國, 與文字不相流通, 故愚民有所欲言, 而終不得伸其情者多矣. 予爲此憫然, 新制二十八字, 欲使人人易習, 便於日用耳.(어제 서문, 『훈민정음』, 1446.)

3 以二十八字而轉換無窮, 簡而要, 精而通, 故智者不終朝而會, 愚者可浹旬而學.(정인지 서문, 『훈민정음』, 1446.)

4 予若以諺文譯『三綱行實』, 頒諸民間, 則愚夫愚婦, 皆得易曉, 忠臣孝子烈女, 必輩出矣.(『세종실록』, 1444. 2. 20.)

5 演苛察又老耄, 行事多顚錯, 人有以諺字書壁上曰: "河政丞且休妄公事."(『세종실록』, 1449. 10. 5.)

6 德良等退去, 俄而復來, 以諺文二張入啓, 乃市人嘲訕判書、參判之言也. 其大略, 以市肆移排爲不出於公, 指判書爲吾子, 指參判爲受賂…….(『성종실록』, 1485. 7. 17.)

7 鐵非, 宗室女, 以諺字書上言之辭, 援例願蒙上德, 免爲私賤. 政院啓曰: "鐵非, 以諺呈上言, 至爲褻慢. 且其所願, 不可從也, 請推考治罪." 從之. 鐵非, 乃李顆母也.(『중종실록』, 1509. 9. 11.)

8 命政丞等及義禁府堂上, 聚五部中解諺文者試以書, 其筆跡皆大同而不可辨. 柳洵等啓: "以此得眞犯爲難, 請廣示匿名書認知筆跡者許告, 則萬一可得."(『연산군일기』, 1504. 7. 23.)

9 『三綱行實』 飜以諺文, 令京外士族家長父老或其教授訓導等, 教誨婦女小子, 使之曉解, 若能通大義有操行卓異者, 京漢城府外觀察使, 啓聞行賞.(『經國大典』 卷3, 「禮典」, '獎勸')

10 김슬옹, 『조선시대 언문의 제도적 사용 연구』, 2005, 64쪽.

11 請令典校署, 寫印傳旨, 頒之漢城府諸道諸邑, 懸于官門坊市村落閭巷, 上自大小朝臣, 下至僻居小民, 莫不知聖上導民之至意, 各懷警省, 毋令自貽困窮, 如是而猶有不悛者, 是乃自速厥辜, 刑之無赦何如, 命以諺字, 反譯印出, 頒中外, 使婦人小子, 無不周知.(『성종실록』, 1472. 9. 7.)

12 『三綱行實』其令諸邑校生講習, 監司講書時幷講, 以勵風俗.(『성종실록』, 1471. 3. 28.)

13 其印諺文『三綱行實列女圖』若干帙, 頒賜京中五部及諸道, 使村婦巷女, 皆得講習, 庶幾移風易俗.(『성종실록』, 1481. 3. 24.)

14 命頒賜『三綱行實』于京城五部及八道郡縣, 令愚夫愚婦, 無不周知.(『성종실록』, 1490. 4. 1.)

15 開城府人民等, 因前朝遺俗, 崇尙佛教, 不知彝倫, 誠爲可慮, 『三綱行實』, 令禮曹, 加數印出下送.(『중종실록』, 1515. 6. 9.)

16 然『三綱行實』所載, 率皆遭變, 故艱危之際, 孤特激越之行, 非日用動靜常行之道. 固不可人人而責之, 『小學』之書廼切於日用, 而閭巷庶民及婦人之目不知書者, 難以讀習矣. 乞於群書內, 最切日用者, 如『小學』, 如『列女傳』, 如『女誡』『女則』之類, 譯以諺字, 仍令印頒中外, 俾上自宮掖, 以及朝廷卿士之家, 下達于委巷小民, 無不周知, 而講習之, 使一國之家皆正.(『중종실록』, 1517. 6. 27.)

17 今乃幷著諺文字母, 使之先學諺文, 次學字會, 則庶可有曉誨之益矣.

18 癸亥冬, 我殿下創制正音二十八字, 略揭例義以示之, 名曰訓民正音.

19 이기문, 『훈몽자회연구』, 서울대학교 한국문화연구소, 1971, 56~62쪽.

20 昨日經筵官啓意, 則鄕曲賤庶, 不知五倫之道, 易至犯法, 而繩之以律, 不可云, 今此議得, 只擧其大綱. 監司巡到各邑, 以『小學』爲獎罰云, 此則言其學校之事, 而不言村巷敎之之方矣. 雖窮村僻巷, 豈無解文者乎. 各於閭里, 擇其解文者, 勿論賤庶以爲學長, 而使之開蒙敎誨, 節目令禮曹詳細磨鍊可也.(『명종실록』, 1546. 6. 10.)

21 조선 후기에 서당 교육이 얼마나 일반화되었는지는 한일 병합 이후 조선총독부의 통계 연보를 근거로 유추할 수 있다. 한일 병합 직후인 1911년에 전국적으로 서당이 16,540개가 있었고 재학 중인 학생의 수는 141,604명(여성 570명)이었다. 1911년 당시 남성 인구가 7,271,526명이었고 서당에서의 교육 기간이 그리 길지 않았음을 감안하면, 남성의 상당수는 서당 교육을 경험했을 것이라고 볼 수 있다.

22 고동환, 「조선후기 도시경제의 성장과 지식세계의 확대」, 한림대 한국학연구소 편, 『다시, 실학이란 무엇인가』, 푸른역사, 2007, 259~268쪽.

23 이전경, 「간경도감 불경언해 사업의 또 다른 함의」, 『한말연구』 34, 2014, 268~271쪽. 이 논문에서 이전경은 간경도감의 언해본이 승려 교육을 위한 것임과 이 언해본이 배포되어 불경 해석이 일원화되었음을 지적하였다.

24 백두현, 「훈민정음을 활용한 조선시대의 인민 통치」, 『진단학보』 108, 2009, 266쪽.

25 九萬曰: "式年文科, 每三年取三十三人, 而只取口誦, 專不解文義, 遐鄕鹵莽之人, 或以諺文, 自幼習讀, 及登科, 不能爲書札酬應, 故方今文官, 人數雖多, 三司等職, 每患乏人, 京外試官, 亦或苟充, 不可無更張."(『숙종실록』, 1684. 9. 11.)

26 竊觀近世閨閣之競以爲能事者, 惟稗說是崇. 日加月增, 千百其種, 僧家以是淨寫, 凡有借覽, 輒收其直以爲利. 婦女無見識, 或賣釵釧, 或求債銅, 爭相貰來以消永日, 不知有酒食之議組紃之責者, 往往皆是. 夫人獨能不屑爲習俗所移, 女紅之暇, 間以誦讀, 則惟女書之可以爲範於閨壼者耳.(蔡濟恭, 「女四書序」)

27 한국학중앙연구원 장서각, 『한글, 소통과 배려의 문자』, 한국학중앙연구원출판부, 2016, 254~269쪽.

28 이민희, 「조선후기 서적 통제, 그 아슬한 의식의 충돌과 타협」, 『한국한문학회』 68, 2017, 124쪽.

29 정병설, 「조선후기 한글 출판 성행의 매체사적 의미」, 『진단학보』 106, 2008, 160쪽.

30 에른스트 폰 헤세 바르텍, 『조선, 1894년 여름』, 책과함께, 2012(Ernst von Hesse-Wartegg, *Korea: eine Sommerreise nach dem Lande der Morgenruhe*, 1894, Dresden: C. Reissner, 1895), 212쪽.

31 奸民之出於浮俗, 卽朝家敎化不明之致.(『정조실록』, 1791. 2. 6.)

32 先以此下有旨, 眞諺翻謄, 大書一通, 揭于通衢, 仍以一本謄關宣示該邑士民, 俾各有恃無恐, 安業樂生.(『정조실록』, 1791. 2. 6.)

33 予之所大懼者, 不在讖緯, 亶在化未究俗未靖, 種種乖異之事, 發於本道也. 必復致復處以此傳敎曉諭後, 竝其家屬之滯囚者放送. ……渠輩亦具願忠之良心, 聞此必無頑忍不悛之人, 此密諭一通, 與仁邦正法結案, 眞諺謄給, 所放罪囚處, 亦爲面飭, 守宰必令宣布朝家之意, 務盡維新之效.(『정조실록』, 1782. 12. 10.)

34 今俗所謂西學, 誠一大變怪. 頃年聖教昭揭, 處分嚴正, 而日月稍久, 其端漸熾, 自都下以至遐鄕, 轉相誑誘, 雖至愚田氓, 沒知村夫, 諺謄其書, 奉如神明, 雖死靡悔, 若此不已, 則妖學末流之禍, 不知至於何境.(『정조실록』, 1788. 8. 2.)

35 予意則使吾道大明, 正學丕闡, 則如此邪說, 可以自起自滅, 而人其人火其書, 則可矣.(『정조실록』, 1788. 8. 3.)

36 김민수, 『신국어학사』, 일조각, 1980, 156쪽.

37 김지홍, 「'언문지'의 텍스트 분석」, 『진단학보』 118, 2013, 214쪽.

38 이상혁, 「조선후기 훈민정음의 유통과 담론의 양상」, 『한국실학연구』 29, 2015, 39~40쪽.

39 諺文字總數, 一萬零二百五十, 以諺盡人口所出聲, 人口所出聲, 一萬零二百五十, 以應盡天地萬物之數.(柳僖, 「全字例」, 『諺文志』)

40 則正音不止惠我一方, 而可以爲天下聲音大典也.(申景濬, 「韻解序」, 『旅菴遺稿』)

41 各國諺書, 可屬於陰, 古來蒼頡製字, 可屬於陽也. 各國科式文, 可屬於陰, 古人義理文, 可屬於陽也. 故諺文科文, 到處倍蓰, 古字古文, 到處漸縮. 如持東方一域, 而日觀於其消長之勢, 則不久, 似以諺文爲其域內公行文字. 卽今域有諺文疏本者云, 若公移文字難書, 倉卒者, 不無副急, 間間用諺文者, 此其兆矣. 物物事事, 無一物一事之不陰勝者.(李奎象, 「世界說」, 『一夢稿』)

42 則一治一亂, 亦在其中間, 雖有小康之治, 亦頹於宋明之間諸匈奴間矣. 然則大世界, 卒同歸於亂歟.

43 계승범, 「조선의 18세기와 탈중화 문제」, 『역사학보』 213, 2012, 90쪽.

44 何用改舊行無弊之文, 別創鄙諺無益之字乎. 若行諺文, 則爲吏者專習諺文, 不顧學問文字, 吏員岐而爲二. 苟爲吏者以諺文而宦達, 則後進皆見其如此也, 以爲二十七字諺文, 足以立身於世, 何須苦心勞思, 窮性理之學哉.(『세종실록』, 1444. 2. 20.)

45 『독립신문』, 1896. 6. 4. 현대어 표기로 전환.

2장 어떤 글이 한문을 대체할 수 있을까?

1 第十四條: 法律·勅令, 總以國文爲本, 漢文附譯, 或混用國漢文.(『고종실록』, 1894. 11. 21.)

2 第三款, 嗣後兩國往來公文, 日本用其國文, 自今十年間, 別具譯漢文一本, 朝鮮用眞文.(『고종실록』, 1876. 2. 3.)

3 外人의 交를 旣許홈애 國中人이 上下貴賤 婦人孺子를 毋論ᄒᆞ고 彼의 情形을 不知홈이 不可

ᄒᆞᆫ則 拙澁ᄒᆞᆫ 文字로 渾圇ᄒᆞᆫ 說語ᄅᆞᆯ 作ᄒᆞ야 情實의 齟齬ᄒᆞᆷ이 有ᄒᆞ기로ᄂᆞᆫ 暢達ᄒᆞᆫ 詞旨와 淺近ᄒᆞᆫ 語義ᄅᆞᆯ 憑ᄒᆞ야 眞境의 狀況을 務現ᄒᆞᆷ이 是可ᄒᆞ니…….

4 一은 語意의 平順ᄒᆞᆷ을 取ᄒᆞ야 文字ᄅᆞᆯ 略解ᄒᆞᄂᆞᆫ 者라도 易知ᄒᆞ기ᄅᆞᆯ 爲ᄒᆞᆷ이오 二ᄂᆞᆫ 余가 書ᄅᆞᆯ 讀ᄒᆞᆷ이 少ᄒᆞ야 作文ᄒᆞᄂᆞᆫ 法에 未熟ᄒᆞᆫ 故로 記寫의 便易ᄒᆞᆷ을 爲ᄒᆞᆷ이오 三은 我邦 七書諺解의 法을 大略 倣則ᄒᆞ야 詳明ᄒᆞᆷ을 爲ᄒᆞᆷ이라

5 國語文典의 硏究로 三十星霜ᄋᆞᆯ 經ᄒᆞ야 稿ᄅᆞᆯ 易ᄒᆞᆷ이 凡 八次에 此書가 始成ᄒᆞ니

6 我文은 卽 我 先王朝의 創造ᄒᆞ신 人文이오 漢字ᄂᆞᆫ 中國과 通用ᄒᆞᄂᆞᆫ 者라 余ᄂᆞᆫ 猶且 我文을 純用ᄒᆞ기 不能ᄒᆞᆷ을 是歉ᄒᆞ노니

7 欽惟大皇帝陛下ᄭᅴ셔 甲午中興之會ᄅᆞᆯ 適際ᄒᆞ샤 自主獨立ᄒᆞ시ᄂᆞᆫ 基礎ᄅᆞᆯ 確定ᄒᆞ시고 一新更張ᄒᆞ시ᄂᆞᆫ 政令을 頒布ᄒᆞ실ᄉᆡ 特이 箕聖의 遺傳ᄒᆞ신 文字와 先王의 創造ᄒᆞ신 文字로 並行코져ᄒᆞ샤 公私文牒을 國漢文으로 混用ᄒᆞ라신 勅敎ᄅᆞᆯ 下ᄒᆞ시니 百揆가 職을 率ᄒᆞ야 奔走奉行ᄒᆞ니 近日에 官報와 各府郡의 訓令指令과 各郡에 請願書報告書가 是라 現今에 本社에셔도 新聞을 擴張ᄒᆞᄂᆞᆫᄃᆡ 몬져 國漢文을 交用ᄒᆞᄂᆞᆫ거ᄉᆞᆫ 專혀 大皇帝陛下의 聖勅을 式遵ᄒᆞᄂᆞᆫ 本意오 其次ᄂᆞᆫ 古文과 今文을 幷傳코져ᄒᆞᆷ이오 其次ᄂᆞᆫ 僉君子의 供覽ᄒᆞ시ᄂᆞᆫᄃᆡ 便易ᄒᆞᆷ을 取ᄒᆞᆷ이로라

8 民間에 就하야 獨立協會에서 發行한 (독립신문)이 잇섯는대 此에 비로소 新意見 新思想을 宣傳하니 此 新聞은 純諺文으로 記한 바 論說雜筆은 當時 思想界의 形勢를 視하기 足하니라. 獨立協會가 解散한 後에는 光武 二年 三月에 皇城新聞 뎨국신문 等이 出하야 新文明 宣傳에 大力을 費하니 其中 皇城新聞은 國民의 大歡迎을 受하다. 其 執筆者는 柳瑾 張志淵 等 일새 其 文體는 獨立新聞과 異하야 諺漢文混用으로 漢文直譯體에 不過하고 文藻는 中國 飮氷室文集에 本하야 想보다 形을 重한지라 然이나 西洋 루소의 自由平等說이 自此로 流行하니라.

9 朝鮮文法에 對하야 純諺文을 쓰지 안코 漢字를 混用함이 不當한 듯하나 本來 朝鮮文學의 形式이 貴族的/平民的 卽 純漢文/純諺文 兩種으로 分立하얏다가 現今에 至하야는 此 階級을 打破하고 混用으로써 普通文体를 作한지라. 故로 本書의 体도 此를 採用치 안이키 不可하여 如是 混用하노라.

10 國漢字交用의 議가 起ᄒᆞ야 十餘年來 新聞 雜誌에 此道를 遵用ᄒᆞᆷ이 已久ᄒᆞ나 然ᄒᆞ나 其 文法을 觀ᄒᆞ건ᄃᆡ 或 漢文文法에 國文吐만 加ᄒᆞᄂᆞᆫ 者도 有ᄒᆞ며(一) 或 國文文勢로 下ᄒᆞ다가 突然히 漢文文法을 用ᄒᆞ고(二) 或 漢文文勢로 下ᄒᆞ다가 突然히 國文文法을 用ᄒᆞᄂᆞᆫ 者도 有ᄒᆞ야 譬컨ᄃᆡ 「學而時習之不亦悅乎」一句를 譯ᄒᆞᆷ에 或曰 「學而時習之면 不亦悅乎아」ᄒᆞ니 此ᄂᆞᆫ 壹에 屬ᄒᆞᆫ 者오 或曰 「學ᄒᆞ야 此를 時習ᄒᆞ면 不亦悅乎」ᄒᆞ니 此ᄂᆞᆫ 二에 屬ᄒᆞᆫ 者라. 同一ᄒᆞᆫ 事項 同一ᄒᆞᆫ 句語를 五人이 敍述ᄒᆞᆷ에 十人이 不同ᄒᆞ야 文法의 離奇ᄒᆞᆷ이 名狀키 難ᄒᆞ니 噫라.

11 近來 行用ᄒᆞ는 小學書籍을 觀ᄒᆞ건ᄃᆡ 國漢字를 混用ᄒᆞ야시나 漢字를 主位에 寘ᄒᆞ야 音讀ᄒᆞᄂᆞᆫ 法을 取ᄒᆞ고 國字ᄂᆞᆫ 附屬이 되야 小學用으로ᄂᆞᆫ 國文도 아니며 漢文도 아닌 一種 蝙蝠 書籍을 成ᄒᆞᆫ지라 是以로 滿堂ᄒᆞᆫ 小兒가 教師의 口를 隨ᄒᆞ야 高聲蛙鳴ᄒᆞ고 或 其 文意를 叩ᄒᆞᆫ則 茫然히 雲霧 中에 坐ᄒᆞ야 其 方向에 迷ᄒᆞᆫ 者가 十의 八九에 是居ᄒᆞ니

3장 한글 신문으로 공론의 장을 넓히자

1 안자산, 『조선문학사』, 1922, 120쪽.

2 이황직, 『서재필 평전–시민 정치로 근대를 열다』, 2020, 127~128쪽.

3 서순화, 「『독립신문』의 독자투고 연구」, 충남대학교 박사 학위 논문.

4 에른스트 폰 헤세 바르텍, 앞의 책, 2012, 212쪽.

5 이사벨라 비숍, 『조선과 그 이웃나라들』, 집문당, 2000(Bird Isabella Lucy, *Korea and her neighbors: a narrative of travel, with an account of the recent vicissitudes and present position of the country*, London: Fleming, 1898), 86쪽.

6 김상웅, 「이종일 독립선언서 쓰고자 했으나 최남선에게」, 『오마이뉴스』, 2023. 9. 23.

7 이숙, 「한국어 교사로 활동한 양시영과 양기탁 부자」, 『기독교사상』 730, 2019, 129쪽.

8 이상혁 외(2017), 『한글 창제, 사용의 사회·경제적 효과』, 한글박물관.

9 https://blog.naver.com/idaero47/222717123642

4장 세계를 어떻게 한글로 기록할 수 있을까?

1 地名及人名의 繙譯은 中國及日本의 繹字가 固有ᄒᆞ나 我의 聞見에 及ᄒᆞᄂᆞᆫ 者ᄂᆞᆫ 雖我音에 不合ᄒᆞ야도 採用ᄒᆞ니 英吉利及墺地利의 種類며 見聞의 不及ᄒᆞᄂᆞᆫ 者ᄂᆞᆫ 漢字로 我音에 務近ᄒᆞ게 繹出ᄒᆞ니 喜時遨及秋時伊의 種類라.(유길준, 『서유견문』)

2 총 675개의 인·지명 및 기타 항목이 기록되어 있는데 63개의 국명, 304개의 지명, 281개의 인명, 27개의 기타 명칭이 기록되어 있다.

3 讀他國書, 莫苦於人地諸名, 記憶不淸, 且鈔胥偶譌, 或有以一人而誤, 作兩人一地而誤分兩地者.(『泰西新史』)

4 『황성신문』, 1899. 7. 29.

5 此下 國漢文 人地諸名表 盖 因漢字與西字字音 逈殊卽如下文 第一段 歐羅巴以我音讀之 爲구라파矣 然而西洋元音則爲유롭 又第五段 太平洋我音爲틔평양 而洋音파시쀡씨 以此類 推其相謬誤可知 且파시쀡씨之쀡字 我國元無此字 然盖西人每多脣齒並發聲 不得已另設諺字以便曉解 第八段英吉利之잉그랜드之랜字 盖因其聲在란난之間 而且音節稍長 若但以我音란난辨之未免大失本音耳. 大抵此冊乃淸人所譯 而槪取西音之相似而已. 然我國與淸國音節又異 但隨其元本而讀之 卽歐羅巴畢竟 爲구라파 太平洋 爲틔평양 英吉利 爲영길리而已. 玆另作名表以誌 (建陽 二年 五月 學部 編輯局 增識)

6 無所用而不備, 無所往而不達, 雖風聲鶴唳鳴狗吠, 皆可得而書矣.(정인지 서문, 『훈민정음』, 1446.)

7 최현배, 「조선말과 흐린소리」, 『한글』 1–6, 1927, 6~8쪽.

5장 한글 쓰는 원칙을 세우자

1 諸友를 請ᄒᆞ여 朝鮮文 同式會를 組織ᄒᆞ고 朝鮮語에 ㄷㅌㅈㅊㅎㄲㅄㄵㅀ 등이 終聲으로 發ᄒᆞ는 者가 有ᄒᆞᆫ즉 朝鮮語대로 朝鮮文을 記用ᄒᆞ자 ᄒᆞ더니 同會 諸人이 獨立黨의 嫌으로 四處에 奔竄ᄒᆞ야 素志를 完成치 못ᄒᆞ엿으나……(『국어문전음학』, 51쪽)

2 이황직, 『서재필 평전–시민 정치로 근대를 열다』, 2020, 129쪽.

3 國文同式會를 規設ᄒᆞ다가 誠力이 不足ᄒᆞ엇던지 同意ᄒᆞ는 이를 別로 보지 못ᄒᆞ어 그 뜻을 이내 일우지 못ᄒᆞ고 다시 엇지ᄒᆞ면 國文이 修正될가 設力ᄒᆞ나 ᄯᅩᄒᆞᆫ 効驗을 보지 못ᄒᆞ고(『대한국어문법』, 1906, 5쪽)

4 1897. 4. 22./4. 24./9. 25./9. 28.

5 이 의견서는 순한문으로 『황성신문』 제2615호(1906. 6. 1-2)에 게재되었고, 같은 의견서가 국한문으로 『대한자강회 월보』 제6호(1906. 7. 31)에 게재되었다.

6 此後라도 閭巷間 書札 等에 便易를 從ᄒᆞ야 (ㅅ)자로 用ᄒᆞᄂᆞᆫ 것슨 本所의 相關를 바ㅣ 아니오 本所ᄂᆞᆫ 但 字典 辭典 教科書 等에 正理로 用ᄒᆞ야 標準을 삼음이 可ᄒᆞᆷ

7 박승빈, 「조선 문법에 대하야」, 『시사강연록』 제4집, 1926(초판 1922), 51쪽.

8 『동아일보』, 1932. 11. 5.

9 권녕중, 「음절문자의 제도」, 『정음』 6, 1935, 28쪽.

10 고재휴, 「조선어의 음절의 특징」, 『정음』 25, 1938. 7.

6장 쉬운 맞춤법이 진리

1 「서재인(書齋人) 방문기(7) 보전교장 박승빈 씨」, 『동아일보』, 1928. 12. 18.

2 홍기문, 「혼란 중의 철자법 그 정리의 일 안(20)」, 『조선일보』, 1933. 2. 28.

3 홍기문, 「혼란 중의 철자법 그 정리의 일 안(1)」, 『조선일보』, 1933. 1. 30.

4 홍기문, 「문맹 퇴치 의미로 기념하자」, 『조선일보』, 1927. 10. 25.

5 홍기문, 「철자 문제에 대하야–신영철 씨에게 회답함」, 『경향신문』, 1947. 2. 13.

6 김동명, 「피어린 역사에의 반성–한글 간소화 문제를 말함」, 『동아일보』, 1954. 6. 12.

7 최경봉 외, 『우리말이 국어가 되기까지』, 2023, 105~106쪽.

8 이숭녕, 「국어 교육계의 과제」, 『조선교육』 1–2, 1947, 52쪽.

9 국어국문학회, 「『한글 간소화 방안』 이유편에 대한 비판」, 1954. 7. 15. 김민수, 『국어학사의 기본이해』, 1987, 356쪽.

10 '설문조사'는 1288명을 대상으로 했는데, 대학 교수, 문인, 언론·연예계, 국민교 교사, 중고교 교사 등이 주요 대상이었다. 이에 대해서는 김민수(1973: 241~244)를 참조할 수 있다.

11 1973년 개정 시안의 반려 이유는 김민수(2007: 138)에서 찾을 수 있다.

7장 우리말 사전을 만들자

1 旣往은 湮沒하고 現在는 混沌하고 將來는 茫昧한 此地頭.(崔南善, 「敍」, 『新字典』, 朝鮮光文會, 1915.)

2 辭典編纂과 文法整理는 理言의 兩大眼目이오 我의 言語와 關繫가 深切한 語文의 對譯辭書를 作成함은 辭典 計劃의 一要件이 되니 不短한 歲月에 微力을 致하노라. 하나 才ㅣ 넘어 不及하고 誠이 오히려 未到하야 至今히 人에게 示할 業績이 無하거니와 同憂諸賢의 不斷한 熱心히 一二小成으로써 世에 公할 機運을 與하니 今此 小編도 또한 其中의 一이오 未久에 踵出할 俄語小典과 我文小法이 다 그 일이라.(崔南善, 「敍」, 『新字典』, 朝鮮光文會, 1915).

3 舊文化를 稽考함에 要하며 新文明을 導迎함에 利할진대(崔南善, 「敍」, 『新字典』, 朝鮮光文會, 1915).

4 『사전』 출간을 예고한 광고. 김두봉이 저술한 『조선말본』(1916)의 뒷면에 실렸다.

5 이극로, 「표준어와 사전」, 『한글』 47, 11쪽.

6 「단 두 평 되는 마루에서 조선어사전 완성」, 『동아일보』, 1939. 1. 1.

7 김민수 구술·최경봉 외 지음, 『우리말이 국어가 되기까지』, 2024, 푸른역사, 157쪽.

8 한글학회, 『한글학회 100년사』, 한글학회, 2009, 536쪽.

9 구자균, 「국어국문학회 편 『국어 새 사전』」, 『경향신문』, 1958. 4. 14.

10 유석재, 「표준국어대사전, 미로인가 개미지옥인가」, 『조선일보』(2024. 9. 27.)

11 김진해, 「국가 사전 폐기론」, 『한겨레』(2020. 12. 6.)

8장 세계에 한글을 알리자

1 김민수, 『국어학사의 기본이해』, 집문당, 1987, 215쪽.

2 김광식, 「김법린과 피압박민족대회」, 『불교평론』, 2008. 6. 8.

3 조준희, 「김법린의 민족의식 형성과 실천 -1927년 브뤼셀 연설을 중심으로-」, 『한국불교학』 53, 2009, 74쪽.

4 윤금선, 「1920년대 미주 한인의 국어교과서 연구」, 『국어교육』 155, 2016.

5 최봉윤, 『떠도는 영혼의 노래: 民族統一의 꿈을 안고』, 創民社, 1986.

9장 글씨 쓰는 기계와 한글의 만남

1 「타자기 완성한, 송기주씨 환영회, 20일 夜 명월관에서, 각계 유지의 발기로」, 『조선중앙일보』, 1934. 3. 18.

2 김태호, 『한글과 타자기』, 역사비평사, 2023, 97쪽.

10장 특수문자로서 한글의 재탄생

1 冬十月, 盜殺金鶴羽. 鶴羽, 關北人也, 起遐賤, 狂鶩開化, 時輩服其才. 數月中, 超擢法務協辦. 至是, ……事出雲峴指使云, 然其事終不能詳.(황현, 『매천야록』 권2.)

2 권동진, 「한말 인물의 回想, 생각나는대로 녯사람들을」, 『삼천리』 6-5, 1934, 104쪽.

3 김병하·박경란, 「한국 청각장애교육 연구의 학사적(學史的) 고찰: 1970년대 말까지」, 『특수교육 저널: 이론과 실천』 11-1, 2010, 184~185쪽.

4 「한국수화언어법」 제1조.

5 남기현, 민은주, 조희경, 「한국수어교육능력시험의 전문용어 수어표현의 적절성 연구」, 『한국청각·언어장애교육연구』 15-2, 2024, 19~38쪽.

11장 한글을 기념하다

1 「'우리글' '정음날'」, 『동아일보』, 1926. 11. 12.

2 『동아일보』, 1926. 11. 9.

3 『조선일보』, 1926. 11. 11.

4 홍기문, 「문맹퇴치 의미로 기념하자」, 『조선일보』, 1927. 10. 25.

5 최현배, 「한글은 겨레 정신의 결정 한글날을 국경일로 하자」, 『동아일보』, 1956. 10. 9.

참고문헌

강신항, 『훈민정음연구』(증보판), 성균관대학교출판부, 1996.

계승범, 「조선의 18세기와 탈중화 문제」, 『역사학보』 213, 2012.

고동환, 「조선후기 도시경제의 성장과 지식세계의 확대」, 한림대 한국학연구소 편, 『다시, 실학이란 무엇인가』, 푸른역사, 2007.

고영근, 『우리언어철학사』, 집문당, 2022.

고영진·김병문·조태린, 『식민지 시기 전후의 언어 문제』, 소명출판, 2012.

김동언, 『한글문화사』, 박이정, 2021.

김동준, 「이규상(李奎象)의 〈세계설(世界說)〉 다시 읽기」, 『문헌과 해석』46, 2009.

김민수, 『국어정책론』, 고려대출판부, 1973.

______, 『주시경 연구』(증보판), 탑출판사, 1986.

______, 『국어학사의 기본이해』, 집문당, 1987.

______, 『신국어학사』, 일조각, 1980.

______, 「『국문정식』의 인본 원형인 「대한국문」에 대하여」, 『주시경학보』 2, 1988.

______, 『현대어문정책론』, 한국문화사, 2007.

김민수 구술·최경봉 외 지음, 『우리말이 국어가 되기까지』, 푸른역사, 2024.

김병문, 『언어적 근대의 기획: 주시경과 그의 시대』, 소명출판, 2013.

______, 『'국어의 사상'을 넘어선다는 것에 대하여』, 소명출판, 2019.

______, 『한글맞춤법통일안 성립사를 통해 본 근대의 언어사상사』, 뿌리와이파리, 2022.

김병하·박경란, 「한국 청각장애교육 연구의 학사적(學史的) 고찰: 1970년대 말까지」, 『특수교육 저널: 이론과 실천』 11-1, 2010.

김선철 외, 『디지털 시대의 사전』, 한국문화사, 2019.

김슬옹, 『조선시대 언문의 제도적 사용 연구』, 한국문화사, 2005.

______, 『조선시대 훈민정음 발달사』, 역락, 2012.

김영민, 「근대계몽기 문체 연구: 유길준을 중심으로」, 『동방학지』 148, 2009.

김주성, 「'한글 맞춤법'(1988) 형성 과정에 대한 비판적 연구」, 연세대 박사학위논문, 2024.

김주필, 「대한제국 시기 국한문의 형성과 기원-언해와 관련하여」, 『반교어문연구』 38, 2004.

김지홍, 「'언문지'의 텍스트 분석」, 『진단학보』 118, 2013.

김태호, 『한글과 타자기-한글 기계화의 기술, 미학, 역사』, 역사비평사, 2023.

김해정, 『사서언해의 비교연구』, 보고사, 2006.

남기현·민은주·조희경, 「한국수어교육능력시험의 전문용어 수어표현의 적절성 연구」, 『한국청각·언어장애교육연구』 15-2, 2024.

노마 히데키, 김진아 외 역, 『한글의 탄생-〈문자〉라는 기적』, 돌베개, 2011.

문혜윤, 『문학어의 근대』, 소명출판, 2008.
민현식, 「언어 규범 정책의 방향」, 『국어교육연구』 12, 2003.
박승빈, 「조선 문법에 대하야」, 『시사강연록』 제4집, 1926(초판 1922).
박영준·시정곤·정주리·최경봉, 『우리말의 수수께끼』, 김영사, 2002.
박현수, 「소설에 나타난 식민지 조선의 물가 — 음식·가격을 중심으로」, 『대동문화연구』 121, 2023.
백낙청 외, 『한국어, 그 파란의 역사와 생명력』, 창비, 2020.
백두현, 「훈민정음을 활용한 조선시대의 인민 통치」, 『진단학보』108, 2009.
______, 『조선시대의 한글 교육과 확산: 문자사』 태학사, 2023.
배수찬, 『근대적 글쓰기의 형성 과정 연구–논설문의 성립 환경과 문장 모델을 중심으로』, 소명출판, 2008.
서민정·김인택, 『근대 지식인의 언어 인식: 언어 관련 저서의 머리말 역주를 통해』, 박이정, 2009.
서민정, 「'글자'에 대한 인식의 변화와 문화 번역–『훈민정음』(1446)과 『글자의 혁명』(1947)을 바탕으로–」, 『우리말연구』 29, 2011.
서순화, 「『독립신문』의 독자투고 연구」, 충남대학교 박사학위논문.
송철의, 『주시경의 언어이론과 표기법』, 서울대출판문화원, 2010.
시정곤, 『훈민정음을 사랑한 변호사 박승빈』, 박이정, 2015.
시정곤·최경봉, 『한글과 과학문명』, 책과함께, 2018.
안병희, 「훈민정음 사용에 관한 역사적 연구–창제로부터 19세기까지–」, 『동방학지』 48, 1985.
안예리, 『근대 한국어의 변이와 변화』, 소명출판, 2019.
______, 『근대 한국의 언어 문제』, 역락, 2020.
유경민, 「제임스 게일의 국한혼용문 번역 성경(1925)의 문체 연구」, 『국어국문학』 173, 2015.
유춘동, 『한국 고소설의 현장과 문화지형』, 소명출판, 2017.
유현경·남길임, 『한국어사전편찬학개론: 사전편찬의 이론과 실제』, 역락, 2009.
유현경, 「한국어사전 편찬의 현황과 이론적 전개」, 『한국사전학』17. 2011.
윤금선, 「1920년대 미주 한인의 국어교과서 연구」, 『국어교육』 155, 2016.
______, 「최봉윤의 국어 교과서 연구」, 『어문연구』 97, 2018.
이관규, 『한글 자모자 연구』, 박이정, 2024.
이기문, 『훈몽자회연구』, 서울대학교 한국문화연구소, 1971.
이동석, 『국어 어문 규범의 이해와 탐구』, 역락, 2023.
이민희, 「조선후기 서적 통제, 그 아슬한 의식의 충돌과 타협」, 『한국한문학회』 68, 2017.
이병근, 「유길준의 어문사용과 『서유견문』」, 『진단학보』 89, 2000.
______, 『한국어 사전의 역사와 방향』, 태학사, 2000.
이상혁, 「조선후기 훈민정음의 유통과 담론의 양상」, 『한국실학연구』 29, 2015.
이상혁 외, 『한글 창제, 사용의 사회·경제적 효과』, 한글박물관, 2017.
이숙, 「한국어 교사로 활동한 양시영과 양기탁 부자」, 『기독교사상』 730, 2019.
이영경, 「칠서의 언해와 그 국어사적 의의」, 『국학연구』 19, 2011.

이전경, 「간경도감 불경언해 사업의 또 다른 함의」, 『한말연구』 34, 2014.
이준환, 「근대 전환기 국한문체의 형성과 자전, 사전, 학습서의 편찬」, 『배달말』 65, 2019.
이황직, 『서재필 평전—시민 정치로 근대를 열다』, 신서원, 2020.
임상석, 『20세기 국한문체의 형성과정』, 지식산업사, 2008.
______, 「유길준의 국한문체 기획과 문화의 전환: 신채호, 최남선과의 비교연구」, 『우리어문연구』 43, 2012.
정광, 『훈민정음의 사람들』, 제이앤씨, 2006.
정병설, 「조선후기 한글소설의 성장과 유통—세책과 방각을 중심으로—」, 『진단학보』 100, 2005.
______, 「조선후기 한글 출판 성행의 매체사적 의미」, 『진단학보』 106, 2008.
정순우, 『18세기 서당연구』, 한국학대학원 박사논문, 1985.
정승철·최형용, 『안확의 국어연구』, 박이정, 2015.
정재환, 『한글의 시대를 열다—해방 후 한글학회 활동 연구—』, 경인문화사, 2013.
정주리·시정곤, 『조선언문실록』, 고즈윈, 2011.
조준희, 「김법린의 민족의식 형성과 실천—1927년 브뤼셀 연설을 중심으로—」, 『한국불교학』 53, 2009.
조태린, 「한국어 표기 규범의 존재 형식과 적용 방식에 대한 비판적 고찰: 〈한글 맞춤법〉 제30항 '사이시옷' 규정을 중심으로」, 『국어국문학』208, 2024.
차배근 외, 『우리 신문 100년』, 현암사, 2001.
최경봉·박영준·시정곤, 『한글에 대해 알아야 할 모든 것』, 책과함께, 2008.
최경봉, 『한글민주주의』, 책과함께, 2012.
______, 『근대국어학의 논리와 계보』, 일조각, 2016.
______, 『우리말의 탄생』(제2판), 책과함께, 2019.
______, 「전근대 시기 한글 보급의 동인과 시대적 의미」, 『동방학지』 189, 2019.
______, 「근대적 문어 양식의 성립과 국한문의 규범화」, 『국어학』 94, 2020.
______, 「박승빈 문법의 계보와 국어학사적 위상」, 『한국어학』 89, 2020.
______, 「'조선 말 큰 사전 원고'의 사전화 과정과 사전학적 의의」, 『민족문화연구』 91, 2021.
______, 「박정희 시대의 국어정책과 어문민족주의—한글 전용과 국어순화 정책을 중심으로—」, 『국어학』 105, 2023.
______, 「100여 년의 언어 변화와 규범—어문규범안과 국어사전의 길항 양상을 중심으로—」, 『국어학』 109, 2024.
______, 「국어사전 편찬 과제의 인식과 사전 구조의 변천」, 『한국어학』106, 2025.
______, 『민족어의 양면—남북의 언어정책과 어문민족주의』, 역사공간, 2025.
최용기, 『한국어 정책의 이해』, 한국문화사, 2010.
한국학중앙연구원 장서각, 『한글, 소통과 배려의 문자』, 한국학중앙연구원출판부, 2016.
한글학회, 『한글학회 100년사』, 한글학회, 2009.
한영균, 『현대 한국어 형성기의 새 국한혼용문의 등장과 그 변전』, 소명출판, 2021.
허재영, 『근현대 독본류의 분포와 우리말 교과서 연구』, 경진출판, 2024.
허철구, 『우리말 규범의 이해』(개정판), 역락, 2023.

홍윤표, 『한글 이야기 1』, 태학사, 2013.
______, 『국어 어문 문제 연구』, 태학사, 2025.
홍종선 외, 『국어사전학개론』, 제이앤씨, 2009.
홍종선, 「유길준의 국문 인식과 근대 전환기 언문일치의 실현 문제」, 『한국어학』 70, 2016.

찾아보기

ㄱ

가갸날 246, 417~419
강위(姜瑋) 77, 79, 80
『개정 한글 맞춤법(안)』 265
게일, 제임스(James S. Gale) 108, 127, 128, 130
겨레말큰사전 323
『경국대전』 32, 34, 48
계명구락부 285, 308
『고려대한국어대사전』 325, 326
『고투 사십년』 342
공문식(公文式) 81~83, 191
공병우(公丙禹) 377~384, 386
공용 문자 66, 68
공행 문자 66, 67
교화 정책 33, 35, 40, 42, 43, 47~51, 53, 60, 61, 63, 64, 121
구 철자법 257, 258
국문(國文) 27, 54, 68, 69, 72, 81~84, 91, 93, 95, 97~100, 102, 103, 105~107, 114, 117, 118, 124, 125, 128~131, 147, 148, 150, 156, 158, 187, 188, 191~196, 199, 201, 202, 204, 205, 255, 261, 275, 277~279, 349, 351, 397, 398, 411, 412, 414
국문동식회 114, 124, 187~189
국문연구소 130, 131, 158, 199~205, 207, 209, 220, 284, 369, 370
『국문연구안』 159
『국문연구의정안』 202, 205, 207~209, 213
국문연구회 125, 130, 200, 201
「국문일정의견」 199
국문자모 호마타법 397
『국문정리』 155~159
『국민독본』 350
국어강습원 411, 414
국어교육연구회 265
국어교육학회 265
국어국문학회 260, 263~265, 322
『국어대사전』 264, 321, 322
국어문화보급회 246
국어사전 7, 9, 131, 193, 263, 274~277, 289, 303, 304, 321~325, 327, 328
국어순화 정책 140
국어연구소 267~269
국어연구학회 414
「국어정서법(안)」 264, 265
국어조사연구위원회 265, 268
국어학회 265
국제음성기호 146, 174, 347
국한문 성경 95, 96, 98, 100
국한문의 규범화 88, 89, 97
『국한회어』 149
권덕규(權悳奎) 211, 285, 416, 417
권승욱(權承昱) 249, 318, 319
근대적 국한문 89, 90
김규식(金奎植) 330~340
김두봉(金枓奉) 281, 285, 343, 370
김민수(金敏洙) 254, 307, 318, 319, 384, 386, 387
김법린(金法麟) 249, 345
김병제(金炳濟) 305, 306, 321
김학우(金鶴羽) 395, 397

ㄴ

나랏글 자판 390
남궁훈(南宮薰) 132
『노동야학』 106, 107
『노동야학독본』 103~106
농민 지식인 50, 51
뉴욕 포인트식 점자 399

ㄷ

단수 표준어 295, 302, 310
『대한미일신보』(대한매일신보) 8, 98~100, 127, 128, 130~132
『대한국어문법』 188, 190
『대한문법』 338~340
대한인국민회 349~352, 354, 355, 357
『뎨국신문』(제국신문) 122, 125, 126, 128, 256
『독립신문』 68, 77, 80, 93, 94, 114~119, 122, 123, 125, 126, 128, 187~190, 275, 276, 412
독립협회 93, 118, 126, 128, 188
동문동궤(同文同軌) 36
『동아일보』/동아일보사 8, 132~136, 138, 141, 142, 176, 216, 217, 230, 234, 235, 266, 269, 291, 376, 415, 417
『들온말 적는 법』 171, 174~176

ㄹ

『로마자의 한글화 표기법』 175

ㅁ

마르크스주의자 237, 239
만국음성기호 65, 167
『말모이』 257, 279, 281~286, 303, 304
말뭉치 324
『미일신문』(매일신문) 124, 309
모아쓰기 337, 369, 371, 379, 381, 384, 386
모아쓰기 한글 타자기 370, 371
문세영(文世榮) 219, 291, 296~303, 307, 308
『문예독본』 109~111
문자 개혁 156, 337, 370, 374~377, 384, 386
『문자보급교재』 135, 136
문자보급운동 134, 135

ㅂ

『바둑이와 철수』 360, 361
바르텍, 에른스트 폰 헤세(Ernst von Hesse-Wartegg) 59, 120, 121
박두성(朴斗星) 399, 401~405
박승빈(朴勝彬) 101, 106~109, 208, 210, 215, 216, 222, 224, 225, 229~237, 239, 241, 295, 417
박영효(朴泳孝) 75, 77, 79, 80, 84
박정희(朴正熙) 137~139
박창해(朴昌海) 360~362, 364
반절표 45, 46, 156, 197, 336
방각본(坊刻本) 53, 55
백낙준(白樂濬) 249, 359, 360
변영로(卞榮魯) 308
보류식 인쇄 전신기 384, 386, 387
보통 문체 91, 94, 95
『보통학교 조선어독본』 288~290
『보통학교 조선어사전』 286~289, 291, 303
『보통학교용 언문철자법』 208~212, 257, 260, 284
복수 표기 176, 244
복표준어 295
브라유식 점자 401

ㅅ

사이시옷 규정 263, 271, 312
『삼강행실도』 26, 32, 34, 35, 40~42, 47, 52
삼성전자 388, 389
상용한자 139

서고문 82, 83
서당 47~51, 121
『서유견문』 84~90, 96~98, 101, 116, 148, 149
서재필(徐載弼) 75, 77, 115~118, 123
『세계대세론』 73~77, 86, 87, 98
세계피압박민족대회 293, 345, 346
세종학당 366
세책(貰冊) 55~57
송계범(宋啓範) 384~387
송기주(宋基柱) 370~374
수양동우회 300, 308, 321
수어(수화) 405, 406, 408
『쉬운 조선말본』 360
시차적 기호 334, 335
신경준(申景濬) 65
신기선(申箕善) 67~69
신남철(申南澈) 237, 239~241
신영철(申瑛澈) 115, 252, 253
『신자전』 280
『신정국문』 194, 195, 197, 199~201, 205
신채호(申采浩) 97, 98
『신철자편람』 135
심의린(沈宜麟) 286~290

ㅇ

『아학편』 159
안확(安廓) 94, 95, 118
앤더슨, 베네딕트(Benedict Anderson) 58
양건식(梁建植) 308
양기탁(梁起鐸) 128, 130, 132, 199
어문민족주의 9, 236, 319, 340, 423
언더우드, 호러스 그랜트(H. G. Underwood) 128, 332, 334
언문(諺文) 23, 26~32, 34, 35, 41, 45, 46, 52, 53, 60, 61, 66~69, 84, 93, 94, 118, 120, 153, 156, 159, 194, 235, 410, 411, 415, 417, 419
『언문』 277~280
『언문일치 일본국 육법전서』 106, 236
언문자모(諺文字母) 43~45
『언문지』 64, 65
『언문철자법』 212, 213, 219, 229, 231
언어 개량 137
언어과학 390
언어정책론 237
언어 정화 313, 314
『연세한국어사전』 324~326
올림말 276, 277, 282, 293, 304, 312, 322, 325, 327
외래어 표기법 9, 146, 162~165, 167~172, 174~176, 178~180, 182
『외래어 표기법』 169, 172, 178, 179, 181, 182
『외래어 표기법 통일안』 164~167, 169~172, 174, 175, 177~179, 219
우리글 419
「우리글 창제 기념가」 412, 414
『우리말 도로찾기』 314
『우리말 큰사전』 270, 322, 323
『우리말샘』 327
원음주의 170, 171
웹 사전 327
유근(柳瑾) 93, 132
유길준(兪吉濬) 72~77, 80, 84~90, 98, 101~107, 109, 116~118, 148, 338
『유년필독』 350
유제한(柳濟漢) 318, 319
유희(柳僖) 65, 66
윤돈구(尹敦求) 203, 204
윤백원(尹伯元) 405, 406
음소주의 표기법 125, 209, 210, 229, 232, 284
음절문자 223
음절표 336
이강로(李江魯) 318, 319

이광수(李光洙) 357, 371, 373, 404
이규상(李奎象) 66~69
이극로(李克魯) 161, 162, 164, 165, 167, 248, 293, 308, 321, 330, 340~349, 366, 381
이노우에 가쿠고로(井上角五郎) 77, 79, 80
이능화(李能和) 159, 199, 200
이미륵(李彌勒) 345, 346
이병기(李秉岐) 211, 249, 304, 416
이봉운(李鳳雲) 155~160
이상재(李商在) 132
이상춘(李常春) 286
이숭녕(李崇寧) 254, 255
이승만(李承晚) 123, 124, 137, 228, 255~257, 261, 262, 267, 375, 376
이원익(李元翼) 369, 371
이윤재(李允宰) 109~111, 162, 248, 285, 296, 298~300, 303, 305~309, 321, 357, 421
이종일(李鍾一) 125~127, 199, 200
이중어 사전 284
이중적 문어 상황 98, 100, 102, 106, 118
이희승(李熙昇) 165, 214~216, 248, 300, 321, 323
임규(林圭) 308

ㅈ

『자전석요』 277, 280
자질문자(資質文字) 335
전면적 한자 폐지론 252
『전보장정』 396~398
점진적 한자 폐지론 252
정규창(鄭圭昌) 216, 220
정음 65, 194, 195, 416, 419
『정음』 220~224, 237, 238
정음날 417, 419
정인보(鄭寅普) 308
정인서 318, 319
정인섭(鄭寅燮) 165, 289
정인승(鄭寅承) 248, 249, 318, 319, 321
정인지(鄭麟趾) 24, 25, 45, 124, 162, 163, 410, 411
정재도 318, 319
정지용(鄭芝溶) 163, 164
조관현 389
조만식(曺晚植) 132, 354
조선광문회 44, 279~281, 284, 285, 305
『조선 말 큰 사전』 175, 254, 304~307, 311, 320, 360
조선문기사정리기성회 217
조선문학가동맹 304~306
『조선어사전』 219, 257, 274, 284, 291, 296, 297, 299~304, 307, 308, 310
조선어사전편찬회 215, 274, 285, 286, 291~295, 298, 299, 305, 311, 340, 354, 360, 420
「조선어사전편찬회 취지서」 294
조선어연구회 208, 211, 285, 293~295, 415~417, 419
조선어 점자 연구회 404
『조선어 표준말 모음』 218, 219, 274, 295, 302, 307, 308, 310, 319, 352, 420
조선어학연구회 208, 215~217, 220~222, 224, 229, 231, 236, 237, 239~242, 244, 245, 250
조선어학회 110, 135, 161, 164~172, 174, 186, 208, 210~217, 219, 221, 224, 225, 229, 235~237, 239, 240, 242, 244~246, 248, 250~257, 268, 269, 274, 286, 289, 295, 296, 298~300, 302, 304~308, 311, 314, 319, 320, 351, 352, 373, 381, 421, 423
조선어학회 사건 170, 248, 249, 307, 421, 422
『조선일보』/조선일보사 8, 46, 132, 133, 135, 136, 143, 167, 235, 242, 244, 346, 364,

373, 415
조윤제(趙潤濟) 250, 251
주시경(周時經) 114, 123~125, 170, 187~191, 193, 194, 196, 198~200, 202, 203, 207, 208, 211, 213, 229~231, 233~236, 256, 257, 275, 276, 279, 281, 282, 285, 293, 294, 319, 338, 369, 370, 411, 412, 414~416
중화 문명 23, 36, 81
중화주의 69, 116
중화 질서 51, 69, 72, 81, 146, 147, 397, 411
지석영(池錫永) 125, 130, 158, 159, 191~203, 208, 277~280, 417

ㅊ

『척사윤음』 62, 63
천지인 자판 388~390
철자법 개량 조사위원회 211
철자법 토론회 216, 217, 220
『초등 국민독습』 353
『초등한글교과서』 356~358
최남선(崔南善) 127, 279, 280, 285, 308
최만리(崔萬理) 67~69, 411
최봉윤(崔鳳潤) 353~358
최세진(崔世珍) 43, 45
최현배(崔鉉培) 160, 169~174, 211, 216, 248, 249, 257, 314, 319, 321, 360, 370, 374, 421, 423
칠서언해 51, 52, 54, 86~90

ㅋ

코퍼스(corpus) 324, 325
『큰 사전』 263, 285, 302~304, 307, 310, 311, 314, 317, 318, 320~322

ㅌ

탈중화 의식 66, 69
『태서신사』 150, 151, 155, 163
「태서신사람요 인지제명표」 150, 152, 163

ㅍ

표음문자 222, 265, 334
『표준국어대사전』 182, 323, 324, 326, 327
『표준 국어사전』 263
표준어 9, 110, 125, 170, 219, 244, 245, 259, 260, 265, 267, 274, 289, 291, 292, 294, 295, 302, 307, 308, 310, 319, 323, 341, 342, 347, 351, 421
표준어 사정 원칙 295, 302, 310
『표준 조선말 사전』 304, 306~308, 310
풀어쓰기 203, 207, 337, 369~371, 374~377, 384, 386
풀어쓰기 한글 타자기 370

ㅎ

『한겨레신문』 8, 140~144
『한국어 교본』 360, 362, 363
한국어능력시험 365, 366
한국어문학회 265
한국어학당 359, 360
「한국의 문제」(The Korean Problem) 345, 346
ᄒᆞᆫ글(아래아한글) 387
『한글』 161, 162, 220, 236, 237, 311, 379, 382
한글 가로글씨 연구회 374
한글 간소화 124, 260, 375
『한글 간소화 방안』 258~262, 376, 377
한글 간소화 정책 175, 260, 262, 263, 267, 268
한글 간이화 정책 257
『한글갈』 172~174
한글 교육 27, 42, 43, 45, 47, 64, 354, 405
한글 교과서 27, 31, 35, 36, 40~43, 47, 49, 51, 54, 55, 58, 60, 120
한글 기계화 10, 367, 368, 371, 374, 382,

384, 386, 387
한글날 11, 143, 255, 309, 380, 409, 410, 419, 421~424
『한글 마춤법 통일안』 111, 135, 160, 161, 163~165, 167, 171, 175, 185, 186, 188, 208, 212~219, 222, 224, 225, 228, 229, 232, 234, 242, 248, 274, 295, 296, 302, 350~352, 420
『한글 맞춤법』 228, 267, 269~271
『한글 맞춤법 개정 시안』 266, 267
『한글 맞춤법 통일안』 114, 124, 228, 248, 250, 252~254, 256~258, 261~265, 268~270, 376
한글 반절표 46, 135, 197
한글 반포 기념식 291, 417, 419
한글 성경 95, 96, 98, 100
한글 소설 55~59, 120
「한글식 신철자법 반대성명서」 217
한글 실용서 36, 57
「한글원번」 46, 135
『한글원본』 135
한글 유지(有旨) 60, 63
한글 전신부호 395, 397
한글전용국민실천회 265
한글전용론 109, 137, 138, 140, 141, 169, 252
「한글전용 실천요강」 137
한글전용에 관한 법률 137
한글전용 정책 137~140
한글전용특별심의회 137
한글 점자 399~401, 403, 404
한글 지문자 405~407
한글 창제 기념식 412, 415, 417
「한글 철자법 시비에 대한 성명서」 235
한글 타자기 258, 368~375, 377~379, 381, 382, 384, 386
한글 파동 256, 262, 263
한글학회 256, 257, 262, 263, 265, 268~270, 311, 314, 320, 322, 423
한문(韓文) 27
『한성주보』 75~80
한자병용론 138, 140
한자 폐지 불가론 252
한자 폐지 정책 251
한자혼용론 109, 138, 141, 169, 262
한종수 318, 319
한징(韓澄) 248, 308, 309
허웅(許雄) 268, 269
『협셩회회보』(협성회회보) 122~124, 256
형태주의 125, 187, 207, 212~214, 232, 233, 241, 256~258, 264
형태주의 표기법 124~126, 163, 207~213, 215, 220, 225, 229, 246, 251, 257, 261, 265, 294
홀, 로제타 셔우드(Rosetta Sherwood Hall) 399, 400
홍기문(洪起文) 241~247, 250~253, 420
『황성신문』 91~94, 101, 102, 126, 132, 202
황우일(黃祐日) 345, 346
후쿠자와 유키치(福澤諭吉) 73~75, 77, 80, 115
훈맹정음(訓盲正音) 401~403
『훈몽자회』 43~45, 47, 50, 206
『훈민정음』 24, 25, 27, 45, 47, 66, 154, 163, 172, 174, 335, 388, 410, 411, 421, 422
『훈민정음도해』 65
흥업구락부 321

ᆫ주의자들,
ᆫ쟁에 뛰어들다

ᅡ회와 조선어학연구회
ᅥ 토론회가 열리다

933
ᆫ선어학회,
ᅡ글 마춤법 통일안」을
ᆫ성하다

ᅵ를 결성하다

ᆯ본」에서
험하다

1934
한글 타자기를 출시하다

1936
『조선어 표준말 모음』을
발행하다

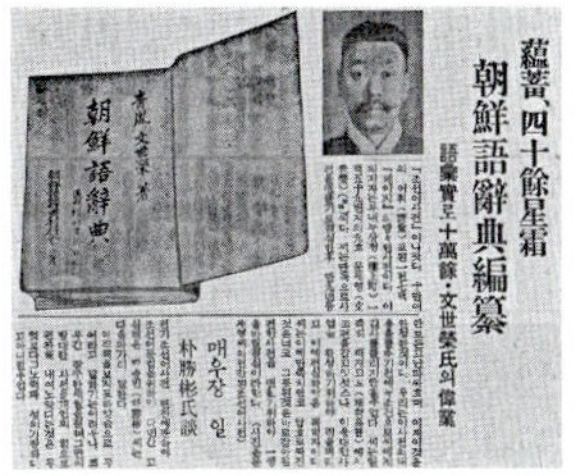

1938
문세영,
첫 우리말 사전인
『조선어사전』을 출간하다

1939
대한인국민회,
재외 동포 국어 교과서의
정체성을 모색하다

1940
조선어학회,
『외래어 표기법
통일안』을
완성하다

1942
조선어학회 사건이
일어나다

1943
최봉윤,
버클리 대학에서
한국어 교재를 출판하다

1945
문화적 해방의 날로
한글날을 기념하다

1946
윤백원,
한글 '지문자'를 만들다

1947
『조선 말 큰 사전』 첫째 권과
『표준 조선말 사전』을 출간하다

문교부, 『글자의 혁명』 출간,
한글 기계화를 명분으로
풀어쓰기 방안을 제시하다

홍기문과 조윤제,
형태주의 표기법의 문제를 다시 지적하다

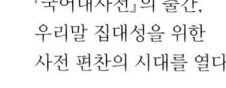

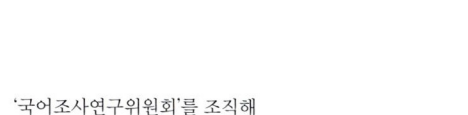

1948
공병우,
한글 타자기를 실용화하다

문교부,
『외래어 표기법 통일안』을 부정한
『외래어 표기법』을 확정하다

최초의 국정 국어 교과서
『바둑이와 철수』를 발행하다

문교부, 『우리말 도로찾기』
책자를 간행 배포하다

1952
문교부, 『들은 말 적는 법』
(외래어 표기법)을
발간하다

1953
대통령 이승만,
『한글 맞춤법 통일안』의
폐기를 시도하다

1955
문교부, 『우리말에서
쓰인 글자의 잦기(빈도)
조사』를 간행하다

1956
송계범, 전자뇌를 이용한
'보류식 인쇄 전신기'를 개발하다

문교부, 『우리말 말수 사용의
잦기 조사』를 간행하다

1957
한글학회,
『큰 사전』을 완간하다

1958
『한글 전용 실천요강』을
시행하다

1959
『외래어 표기법』을
개정하다

연세대학교, 국내
최초로 한국어학당을
설립하다

1961
『국어대사전』의 출간,
우리말 집대성을 위한
사전 편찬의 시대를 열다

1969
『외래어 표기법 통일안』의 대원칙을
완전 복원한 개정안이 문교부 심의를 통과하다

한글 타자기의
표준 자판(네벌식 자판)을 제정하다

1970
'국어조사연구위원회'를 조직해
어문규범 개정 작업에 착수하다

전면적 한글전용을 선포한 정부,
신문의 반발에 부딪히다

1972
문교부,
'상용한자'를 제정하다

1979
문교부, 『한글 맞춤법
개정 시안』을 발표하다

1981
정부 주관으로
한글날을 기념하다

1984
국어연구소를
설립하다

1986
『외래어 표기법』을
확정 공포하다

1988
문교부,
『한글 맞춤법』을 확정 고시하다

최초의 한글 가로쓰기 신문,
『한겨레신문』을 창간하다

1991
국립국어연구원을
개원하다

1994
휴대전화
자판 개발을
시작하다

1997
첫 한국어능력시험을
실시하다

1999
『표준국어대사전』을
간행하다

2000

2005
한글날을
국경일로 기념하다

국어기본법을 제정하다

겨레말 큰사전 공동편찬
위원회를 결성하다

2007
세종학당을 개설하다

2012
세종학당재단을
설립하다

2014
국립한글박물관을
개관하다

2016
사용자참여형 웹사전
『우리말샘』을 개통하다

연표 한글의 역사

1443 한글을 창제하다

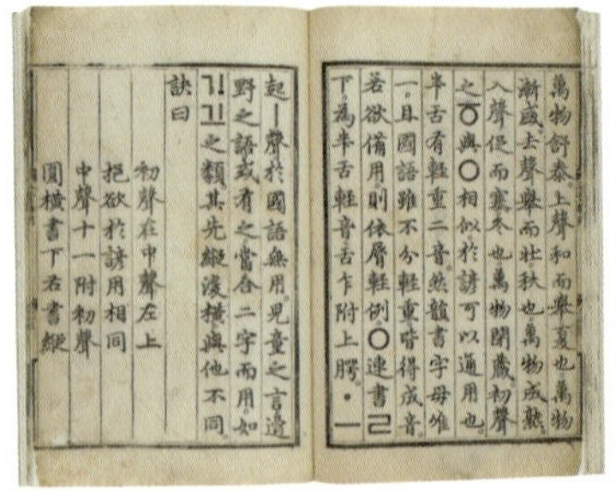

1449 한글을 배운 백성이 공론의 장으로 들어오다

1472 한글로 교화 시작, 「삼강행실도」를 한글로 번역하다

1489 한글 실용서의 출간, 「구급간이방언해」를 간행하다

1500

1517 「삼강행실도」에서 「소학」으로, 한글 교화서를 다양화하다

1527 한글 교육의 한 방법론, 「훈몽자회」를 간행하다

1546 한글 교육기관의 확대, 교화 기관으로서 서당 설립을 장려하다

1588 한글을 통한 유교 경전의 표준화, 칠서언해를 간행하다

1600

1637 한글문화의 형성, 한글 소설이 유행하기 시작하다

1700

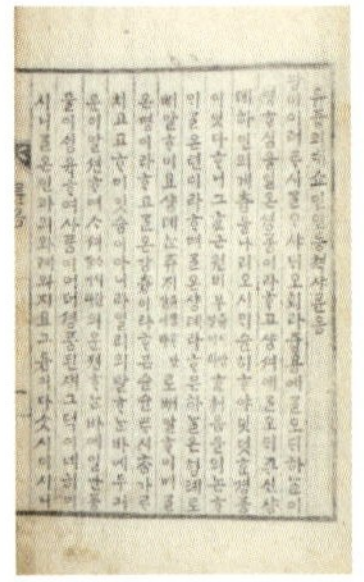

1782 한글 정치의 한 양상, 한글로 이질 사상에 대응하다

1800

1824 한글의 재평가, 「언문지」에서 한글의 우수성을 조명하다

1883 유길준, 「세계대세론」에서 한문 해체의 가능성을 보이다

1886 다양한 문체 실험의 장, 「한성주보」를 창간하다

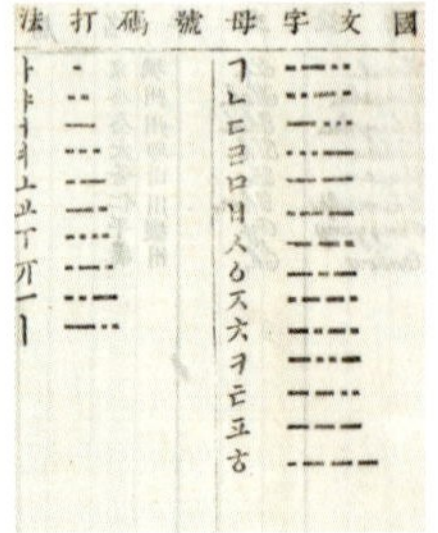

1888 김학우, 한글 전신부호를 만들다

1894 고종, 한글을 기본으로 하는 공문식을 공포하다

선교사 로제타 셔우드 홀, 한글 점자를 만들다

1895 유길준, 국한문 쓰기의 규범을 보여 준 「서유견문」을 출간하다

1896 주시경, 국문동식회를 조직하다

서재필, 최초의 한글 신문인 「독립신문」을 창간하다

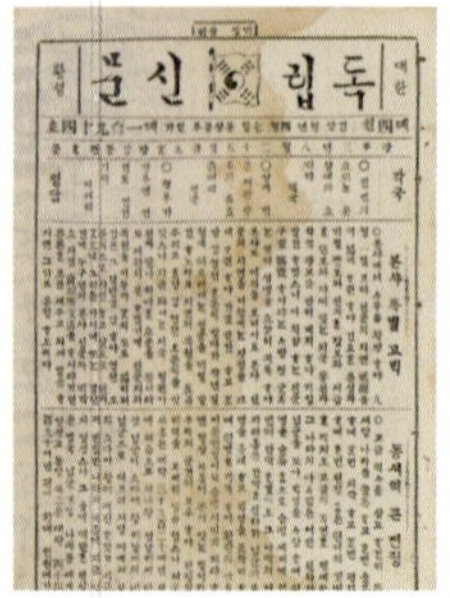

1897 이봉운, 「국문정리」에서 정밀한 한글 표기를 제안하다

주시경, 국어사전의 필요성을 이야기하다

주시경, 한글 표기법을 공개 제안하다

학부, 서양 인명 지명 표기의 규범을 제시하다

1898 「황성신문」을 창간하다

1900

1900 김규식, 미국 대학의 학보에 한국어론을 발표하다

1904 한글로 국한문으로, 한 제호 두 신문 「대한미일신보」를 발행하다

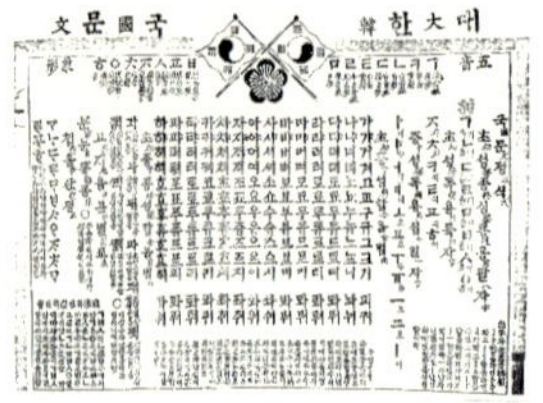

1905 지석영의 「신정국문」을 공식 표기법으로 공포하다

1906 기독교계, 한글 성경과 국한문 성경을 동시 발간하다

1907 주시경, 국어강습원을 설립하다

최초의 어문 연구 기관인 국문연구소를 설립하다

1908 유길준과 박승빈, 새로운 방식의 국한문을 선보이다

1909 국문연구소의 최종 보고서, 「국문연구의정안」을 완성하다

지석영, 「언문」을 간행하다

1911 주시경과 최남선, 「말모이」 편찬에 나서다

1912 조선총독부, 「보통학교용 언문철자법」을 제정하다

1914 이원익, 한글 타자기를 개발하다

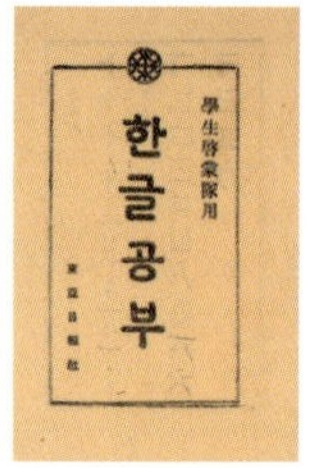

1920 일제 강점의 암흑기에 조선어 신문을 발행하다

1921 조선어연구회(조선어학회, 한글학회로 개명)를 창립하다

1923 이극로, 베를린 대학 동방학부에 한국어 강좌를 개설하다

1924 훈민정음 창 기념하는 기 열다